기업이 알아야 할

인사명령과 구제절차

| 조 정 호 |

(주) 중앙경제

기업이 알아야 할 인사명령과 구제절차

– 노동위원회 구제절차와 사례를 중심으로 –

초판 인쇄 | 2011년 8월 17일
초판 발행 | 2011년 9월 1일

지은이 | **조 정 호**
펴낸이 | **김 희 성**
펴낸곳 | (주)중앙경제
주 소 | 서울시 중구 신당2동 355-8 백석빌딩 신관 4층
출판등록 | 80. 6. 21 제 2-66호
전 화 | 02-2231-7293
팩 스 | 02-2235-5344
홈페이지 | www.elabor.co.kr
편집 · 디자인 | 한지희

ISBN 978-89-7017-262-0 (93330)
정가 30,000원

기업이 알아야 할
인사명령과 구제절차

– 노동위원회 구제절차와 사례를 중심으로 –

조 정 호

(주)중앙경제

머 리 말

중앙노동위원회에서 상임위원겸 사무처장으로 재식하면서 근로기준법에 따른 정당한 이유 없는 해고, 휴직, 정직, 전직, 감봉, 그 밖의 징벌(부당해고 등) 사건과 노동조합 및 노동관계조정법에 따른 불이익취급의 부당노동행위사건 등을 담당해 왔었다. 그 과정에서 노동위원회 구제신청사건의 대부분을 차지하고 있는 이러한 분야의 노동위원회의 처리절차를 상세히 설명해주고, 그 구제신청 결과는 어떤 정당성 기준에 따라 판정이 이루어지는가에 대한 실무지침서가 있다면, 기업의 담당자들이 근로자들에게 불이익이 가는 인사조치를 준비할 때, 그리고 인사조치가 부당하다고 여기는 해당 근로자들이 노동위원회에 구제를 신청할 때, 사건의 당사자는 물론이고, 사건을 대리하시는 분, 그리고 사건의 조사를 담당하시는 노동위원회의 조사관들에게 큰 도움이 되지 않을까 하는 생각이 머리를 떠나지 않았다.

사실 노동위원회 심판사건 업무분야에 많은 분들이 종사하고 있으나, 이 분들이 항상 이 분야에 종사하시기를 기대할 수는 없는 일이다 보니, 사용자의 인사조치가 부당하다고 생각하여 구제신청 사건을 노동위원회에 가져오시는 근로자분들은 물론이고, 그 인사조치는 종업원의 능력을 최대로 발휘하도록 하려는 정당한 절차를 거친 조치였음을 설명하셔야 하는 사업주와 인사담당자분들이 이 분야를 처음 접하는 경우가 많고, 구제신청사건을 대리하는 공인노무사나 변호사분들도 이 분야에 새로이 들어오거나, 새로운 사건에 접하는 경우도 많은 것 같다.

특히 최근 들어 근로기준법과 노동위원회법 개정으로 부당해고 등 구제절차에 있어서 이행강제금과 금전보상제도가 도입되고, 화해에 민사소송법의 재판상 효력이 부여되어 구제명령의 실효성이 높아졌으며, 단독심판제 도입으로 심판업무의 효율성을 높일 수 있게 되는 등 노사간 권리분쟁해결의 중심기관으로서 노동위원회의 기능이 대폭 강화되었고, 매년 10% 이상씩 노동위원회에 제기되는 구제신청사건이 증가하고 있는 상황에서 이러한 실무지침서의 필요성은 점점 더 커질 것으로 보인다. 실제로, 2005년의 경우 지방노동위원회에 6,284건의 사건이 접수되었으나, 2007년에는 7,403건, 2010년에는 11,278건의 사건이 접수되고 있다.

이 책에서는 다음과 같은 점을 중점적으로 다루려고 하였다.

첫째, 근로자 본인이 사용사로부터 정당한 이유가 없거나 절차 없이 해고를 당했다고 생각하는 경우, 전직명령을 받았으나 부당하다고 판단하는 경우 등 사용자의 인사관리처분에 대해 법적인 판단을 노동위원회에서 얻고자 할 때, 그 구제사건의 진행 및 처리에 관하여 노사 및 관계당사자가 알아야 할 사항을 업무처리 단계별로 구성함으로써 사건처리절차에 대해 당사자의 이해가 쉽도록 서술하였으며, 구제신청 대상 사건, 신청요건, 초심 · 재심 · 소송단계에서의 구제이익 등 관련 쟁점에 대한 기존 판단사례(관련판례)를 단계별로 기술하였다.

둘째, 해고, 휴직, 정직, 전직, 감봉, 그 밖의 징벌 등 사용자의 인사조치에 필요한 정당성 요건을 제시함으로써 기업 담당자들이나 사업주들이 인사조치를 정당하게 함으로써 나중에 구제절차를 둘러싼 노사간 갈등과 분쟁보다는 화해 등을 통해 가급적 조속히 문제를 해결토록 하여, 노사당사자 및 사건을 대리하는 법률전문가의 시간과 비용을 합리화하는데 도움이 될 수 있도록 하였다.

셋째, 궁극적으로는 노동위원회의 결정에 불복하는 경우, 소송을 통해 해결하게 되므로, 최근까지 노동위원회 판정 시 및 법원의 하급심에서 인용되는 대법 판례, 그리고 하급심에서 나타나고 있는 유형별 관련판례를 각 인사관리조치별로 정리하여 배치하였다. 따라서 사실관계에 대해서는 주장과 방어가 다를 수 있으나, 법리에 대해서는 노사 모두와 관련 당사자가 필요한 도움을 받을 수 있도록 하였다. 특히 이론이나 학설 보다는 판례가 사건을 어떻게 보고 있는가를 주로 설명하고자 하였다.

필자는 고용노동부에서 법무담당관으로 2년간 재직하면서 노동위원회 사건의 소송결과에 대해 유형별 정리의 필요성을 느껴 자료를 수집하여 오다가 이번에 완성시켰다는 점에서 이 책은 10여년에 걸친 작업이 되었다.

이 책의 내용은 제1편은 노동위원회 부당해고 등 구제제도와 구제신청의 요건, 사건 접수와 대리인 선임방법 등에 대해 설명하고, 제2편은 노동위원회 심문회의와 판정회의, 재심 및 소송절차에 대해 기술하며, 제3편은 인사관리 조치의 정당성 판단기준과 관련판례를 구제신청 유형별로 구분하여 기술하였다.

끝으로 이 책자가 빛을 볼 수 있도록 토론에 응해주신 중앙노동위원회의 김동욱 변호사님과 책을 완성할 수 있도록 격려를 아끼지 않으신 (주)중앙경제의 김희성 대표님과 출판과정에서 도움을 주신 출판사의 임직원 여러분께 감사를 드린다.

2011. 8

조 정 호

제1편 부당해고 등 구제제도와 사건접수

제2편 심문 · 판정회의 및 재심과 소송

제3편 인사관리조치의 정당성 기준

붙임. 노동위원회 구제신청관련서식

제1편 부당해고 등 구제제도와 사건접수

제1편 부당해고 등 구제제도와 사건접수

제1장 노동위원회구제제도

제1절 개 관

1. 의 의

노동위원회는 해고, 휴직, 정직, 전직, 감봉, 그 밖의 징벌을 둘러싼 노사간의 분쟁을 신속하게 해결하기 위하여 설치된 분쟁해결기구이다.[1)]

(1) 일반법원의 구제절차와의 관계

정당한 이유 없는 해고 · 휴직 · 정직, 전직, 감봉, 기타 징벌에 대한 사용자의 처분행위를 다툴 때에 근로자는 일반법원에도 무효확인의 소를 제기할 수 있다. 그 이유로는 사법관계로서 근로계약관계에서 발생되는 권리분쟁은 마땅히 법원이 그 관할권을 갖기 때문이다.

관련판례

노동위원회의 사용자에 대한 구제명령은 사용자에게 이에 복종하여야 할 공법상의 의무를 부담시킬 뿐, 직접 노사간의 사법상의 법률관계를 발생 또는 변경시키는 것은 아니라고 할 것이므로, 노동위원회로부터 부당해고라는 구제명령이 있었고 이것이 확정되었다는 사정만으로 새로이 제기된 민사소송에서 사용자가 이를 다투는 것이 신의칙이나 금반언의 원칙에 반하여 허용될 수 없는 것이라고 하기 어렵다는 등의 이유로, 이를 모두 배척하였는바, 기록에 의하여 살펴보면, 이러한 원심의 조치도 옳은 것으로 수긍이 가고, 거기에 채증법칙 위배나 심리미진으로 인하여 사실을 오인하거나 부당노동행위와 노동위원회 구제명령의 해석 또는 신의칙이나 금반언의 원칙에 관한 법리를 오해한 위법 등이 있다고 할 수 없다.[2)]

---

1) 근로기준법 제23조(해고등의 제한) ① 사용자는 근로자에게 정당한 이유없이 해고, 휴직, 정직, 전직, 감봉, 그 밖의 징벌(이하 "부당해고 등"이라 한다)을 하지 못한다. 제28조(부당해고등의 구제신청) ① 사용자가 근로자에게 부당해고 등을 하면 근로자는 노동위원회에 구제를 신청할 수 있다, 노동조합및노동관계조정법 제82조(구제신청) ① 사용자의 부당노동행위로 인하여 그 권리를 침해당한 근로자 또는 노동조합은 노동위원회에 그 구제를 신청할 수 있다.

2) 대법 2006.11.23. 선고 2006다49901 판결

(2) 장 점

정당한 이유 없는 해고 등의 구제에 대하여 일반법원 외에 노동위원회가 관할할 수 있게 한 것은 법원에서의 소송은 비교적 오랜 시일을 필요로 할 뿐만 아니라, 소송비용의 부담도 크므로, 근로자들이 일단 해고 또는 기타 불이익한 처분을 받으면 좀처럼 소송을 제기하기 어려운 것이 현실이기 때문이다. 이와 같이 부당해고 등을 둘러싼 노사 간의 분쟁을 해결하는 방법인 노동위원회제도 도입 취지의 논거로써 법원에 비하여 간명하고 신속한 절차, 저렴한 비용, 유연한 구제절차, 합목적성, 전문성 등이 제시되고 있다.

또한 노사문제에 관하여 전문성이 있는 위원과 조사관이 당사자가 수용할 수 있는 자주적인 해결방안을 제시하며 노사 당사자 간의 자주적인 분쟁해결을 촉진 또는 지원함으로써 화해를 도모할 수 있고, 판정에 있어서도 노사관계의 특성을 반영한 합목적적인 결론을 기대할 수 있다는 점에도 있다.

그동안 노동위원회는 이러한 장점을 활용한 제도운용으로 대부분의 분쟁을 해결함으로써 90% 이상의 높은 분쟁해결률을 유지해오고 있다. 즉 2005년의 경우 지방노동위원회에 6,284건의 사건이 접수되었으나, 행정소송으로 간 건수는 355건으로서 94.4%의 사건이 중앙노동위원회를 포함한 노동위원회 단계에서 사건이 해결되었으며, 2009년의 경우 지방노동위원회에 10,376건의 사건이 접수[3]되었으나 이중 367건만이 행정소송이 제기됨으로써 96.5%의 사건이 노동위원회에서 해결되었다고 볼 수 있다.

노동위원회의 구제절차와 법원의 소송은 당사자의 신청 또는 소제기에 의하여 절차가 개시된다는 점은 같지만 조사 등의 절차와 판정 · 판결의 효력이 다르다. 법원은 사실의 주장과 증거의 수집 · 제출의 책임을 당사자에게 맡기고 당사자가 수집하여 변론에서 제출한 소송자료만을 재판의 기초로 삼고 있는 변론주의를 택하고 있다. 그러나 노동위원회는 변론주의 외에 구제신청취지 범위 내에서 직권으로 사실을 조사하고 증거를 수집하는 직권주의를 가미하고 있다.

3) 이 중에서 부당노동행위 접수건수는 1,429건이고, 이 중 노동조합활동을 이유로 한 불이익취급 사건이 1,198건을 차지한다.

관련판례

근로기준법에서 사용자가 근로자에 대하여 정당한 이유 없이 정직 등 징계를 한 때 당해 근로자는 노동위원회에 구제를 신청할 수 있다고 규정한 것은 사용자의 정당한 이유 없는 정직 등에 대하여 일반법원에 의한 사법적인 구제방법 외에 노동위원회에 의한 행정적인 구제제도를 따로 마련하여 불이익처분을 받은 당해 근로자가 보다 간이, 신속하고 저렴한 비용으로 정당한 이유 없는 정직 등에 대한 구제를 받을 수 있도록 하는데 그 취지가 있는 것으로서, 관계 당사자에 대하여 심문과 반대 심문을 하는 등 그 심리방식에 관하여 다소 사법절차와 유사한 점이 없지는 않으나 기본적으로 행정절차라 할 것이고, 근로기준법 제28조 내지 제31조 등 관련 규정을 종합하여 보아도 확정된 중앙노동위원회의 재심판정에 대하여 기판력 등 확정판결과 같은 효력을 인정하고 있지 아니하다.[4)]

2. 노동위원회를 통한 구제방법

근로자의 구제신청사건은 노동위원회의 판정, 당사자의 사건의 취하 그리고 화해 성립으로 사건이 종결된다.

(1) 판 정

심판위원회의 판정이 있는 때에는 그 결과를 판정서 등을 첨부하여 당사자에게 서면으로 송부한다. 당사자는 판정결과에 불복하면 재심신청이나 행정소송을 제기할 수 있다.

1) 원직복직과 임금상당액 지급명령

근로자가 부당해고 등에 대한 구제를 신청하여 인용되는 경우 노동위원회는 원직복직과 임금상당액 지급 또는 금전보상 명령을 내리고 있다.

---

4) 서울고법 2010.3.18. 선고 2009누20849 판결

관련판례

중앙노동위원회의 재심판정 중 임금상당액의 지급명령은 해고가 부당한 이상 당해 해고가 없었더라면 근로자들이 근로를 제공하고 지급받을 수 있었던 임금상당액의 지급을 명하는 것인바, (중략) 노동위원회의 사용자에 대한 구제명령은 사용자에게 이에 복종하여야 할 공법상의 의무를 부담시킬 뿐 직접 노사 간의 사법상 법률관계를 발생 또는 변경시키는 것은 아닌 점,[5] 이 사건 재심판정 당시 중앙노동위원회는 이 사건 해고가 부당해고임을 인정한 뒤 원직복직과 함께 "해고기간 동안 근로하였다면 받을 수 있었던 임금상당액의 지급"을 명하였는데 구제명령 당시까지 참가인들의 원직복직이 이루어지지 않아 참가인(근로자)들에게 그 구제실익이 있었던 점, 구제명령 중 임금상당액의 지급 명령은 원직복직 명령에 수반되는 성질의 것으로서 이 사건 재심판정에서 임금 상당액의 금액을 특정하지 않았을 뿐더러 그 구체적 수액은 궁극적으로는 민사소송절차에 의하여 확정되어야 하는 점(따라서 그 금액이 정해지지 않아 명확성의 원칙에 반하여 무효라는 원고(사용자)의 주장은 받아들이지 아니한다) 등을 고려하면, 이 사건 재심판정 중 임금 상당액의 지급명령은 이 사건 해고가 없었더라면 원고가 참가인들에 대하여 지급할 임금이 있는 경우 이를 지급하라는 취지의 구제명령이라 할 것이므로, 이는 이 사건 해고가 부당해고임을 전제로 한 것일 뿐, 원고에게 참가인들에 대하여 지급할 임금이 있는 것을 전제로 한 것은 아니다. (중략) 그러므로 이 사건 재심판정에서 인정된 바와 같이 이 사건 해고가 부당한 이상, 이 사건 해고로 인하여 해고기간 동안 근로하였다면 받을 수 있었던 임금 상당액을 지급할 의무가 있다고 할 것이고, (중략) 이 사건 해고가 부당해고임을 전제로 이 사건 재심판정에서 한 임금상당액의 지급 명령 부분은 적법하다 할 것이다.[6]

2) 구제명령 불이행시 조치

판정내용에 부당해고 등에 대한 구제명령이 포함되어 있는 경우에는 사용자가 구제명령을 이행하지 아니하면 이행강제금이 부과될 수 있다. 2007.7.부터 부당해고 등에 대한 벌칙이 사라지고, 이행강제금제도가 도입되었다. 이행강제금 제도는 부당해고 등 구제명령에 대한 이행을 강제하여 구제명령의 실효성을 높이기 위한 방안의 일환으로 도입된 것이다.[7] 이밖에 불이익취급의

5) 대법 1996.4.23. 선고 95다53102 판결 참조
6) 서울고법 2010.10.22. 선고 2010누9763 판결
7) 2007.1.26. 근로기준법 개정시 이행강제금제도가 도입되면서 부당해고 등의 행위에 대한 처벌규정은 삭제되었으며, 확정된 구제명령 불이행에 대한 처벌규정이 법 제111조로 신설되었다.

부당노동행위[8]의 경우에는 별도의 벌칙규정이 적용될 수 있다.[9]

(2) 취 하

심판사건 신청인은 판정서 등이 도달하기 전까지 서면으로 구제신청에 대해 그 전부나 일부를 취하할 수 있다. 취하하는 경우 분쟁의 소지가 생기지 않도록 반드시 서면으로 취하서를 제출하여야 한다. 노동위원회는 취하서가 접수되면 당해사건을 종결하고 그 사실을 당사자 씽방에게 통지한다.

(3) 화 해

근로자가 노동위원회에 구제를 신청한 후 노사 당사자 간 화해로 당해사건을 해결하는 경우가 많다. 노동위원회는 조사과정에서, 그리고 당해 사건을 처리하는 심판위원회는 심문과정에서 언제든지 당사자에게 화해를 권고하거나 주선할 수 있다. 물론 화해안을 제시할 수 도있다. 화해는 노사 당사자간 대립된 입장을 해소시켜 주고, 사용자가 화해로 합의한 내용은 외부의 강제적인 힘이 아닌 사용자의 의지로 자발적으로 이행되는 측면도 있어서 근로자의 권리구제에 있어서도 효과적일 수 있다. 화해가 성립된 경우에는 당사자에게 화해조서 정본을 송부한다.

---

8) 노동조합및노동관계조정법 제81조 (부당노동행위) 사용자는 다유 각 호의 어느 하나에 해당하는 행위(이하 "부당노동행위"라 한다)를 할 수 없다.1. 근로자가 노동조합에 가입 또는 가입하려고 하였거나 노동조합을 조직하려고 하였거나 기타 노동조합의 업무를 위한 정당한 행위를 힌 섯을 이유로 그 근로자를 해고하거나 그 근로자에게 불이익을 주는 행위 5. 근로자가 정당한 단체행위에 참가한 것을 이유로 하거나 또는 노동위원회에 대하여 사용자가 이 조의 규정에 위반한 것을 신고하거나 그에 관한 증언을 하거나 기타 행정관청에 증거를 제출한 것을 이유로 그 근로자를 해고하거나 그 근로자에게 불이익을 주는 행위

9) 노동조합및노동관계조정법상 부당노동행위 금지규정을 위반한 자는 제90조의 벌칙이 적용되며, 확정된 구제명령 불이행에 대한 처벌규정은 제89조로 별도로 규정되어 있다.

제1편 부당해고 등 구제제도와 사건접수

제2장 구제신청요건

제1절 개 요

구제신청 사건이 신청요건을 갖추지 못하였거나 사건 진행 중 구제신청요건을 상실하여 구제절차를 유지할 수 없게 된 때에는 노동위원회는 해고 등의 사실 및 그 정당성 여부를 판단하지 않고 근로자의 구제신청을 각하하게 된다. 신청요건을 갖추지 못한 경우라 함은 신청기간을 지나서 신청하는 경우, 당사자적격이 없는 경우, 구제신청내용이 법령상 · 사실상 실현할 수 없거나 구제신청의 이익이 없음이 명백한 경우, 근로기준법 적용대상 사업이 아닌 경우 등을 들 수 있다.

제2절 구제신청기간

1. 신청기한

(1) 부당해고 등

1) 부당해고 등이 있은 날부터 3개월 이내

부당해고 등은 경고, 견책, 감급, 감봉, 배치전환, 전보, 전근, 전직, 전출, 전적, 승진누락, 호봉승급누락 · 정지, 직위해제, 대기발령, 정직, 해고, 직권면직 등 그 명칭에 관계없이 사용자가 근로자에게 행한 인사상 불이익 조치를 의미하며, 그에 대한 구제신청은 그 사유가 있은 날부터 3개월 이내에 하여야 한다.

관련판례

근로기준법 제27조의3(현행 제23조)제1항 소정의 근로자에 대한 정당한 이유 없는 해고 등의 불이익처분에 대한 노동위원회의 행정적 구제절차는 민사소송을 통한 통상적인 권리구제방법에 따른 소송절차의 번잡성, 절차의 지연, 과다한 비용 부담 등의 폐해를 지양하고 신속 · 간이한 행정적 구제절차로서의 기능을 확보할 목적으로 근로기준법 제27조의3(현행 제28조)제2항 및 이에 의하여 준용되는 노동조합법 제40조(현행 노동조합 및 노동관계조정법 제82조)제2항에 의하면 사용자의 근로자에 대한 정당한 이유 없는 해고 등의 불이익처분에 대한 구제신청은 그 행위가 있은 날(계속하는 행위는 그 종료일)로부터 3월 이내에 신청하도록 규정하고 있는바, 이와 같은 권리구제 신청기간은 제척기간이라 할 것이므로 그 기간이 경과하면 그로써 행정적 권리구제를 신청할 권리는 소멸하고, 신청인이 책임질 수 없는 사유로 그 기간을 준수하지 못하였다는 등 그 기간을 해태함에 정당한 사유가 있다고 하여 그 결론을 달리할 수 없다. 정당한 사유가 있는 경우에는 행정심판법 제18조(현행 제27조)제3항 본문의 행정심판 청구기간이 경과하여도 행정심판청구를 제기할 수 있다는 같은 항 단서는 행정처분에 대한 행정심판을 구하는 경우에 적용되는 규정인바,[1] 근로기준법 제27조의3 제1항, 제2항에 따른 부당해고 구제신청은 행정청의 위법 또는 부당한 처분 등에 대한 행정심판절차가 아니라 단지 행정처분인 노동위원회의 구제명령을 구하는 행위에 불과하여 행정처분 등에 대한 행정쟁송절차로서의 행정심판절차와는 그 법률적 성격이 전혀 상이하므로, 행정심판법의 위 규정을 부당해고 구제신청의 경우에 유추 적용할 수는 없다.[2]

2) 부당해고 등이 있은 날

(가) 개 념

부당해고 등이 있은 날은 사용자가 근로자에게 해고 등 인사상 불이익조치를 한 날을 의미한다. 사용자가 근로자에 대하여 해고 등 인사조치를 하는 경우 즉시 시행하거나 그 시행일을 장래의 특정일로 정하여 인사발령을 하는 경우가 일반적이다. 그러나, 해고 등에 있어서 시행일을 인사발령 이전일로 하는 소급해고의 경우 구제신청기산일을 언제로 할 것인가가 문제가 되며, 서면으로 통지하지 아니

---

1) 행정심판법 제27조(심판청구의 기간) ③ 행정심판은 처분이 있었던 날부터 180일이 지나면 청구하지 못한다. 다만, 정당한 사유가 있는 경우에는 그러하지 아니하다.
2) 대법 1997.2.14. 선고 96누5926 판결

한 경우 통지 여부에 대하여 당사자의 주장이 서로 다른 경우도 있다.

(나) 구체적인 사례

(a) 통 보

사용자가 근로자에게 해고 등 인사상 불이익조치의 통보를 하여야 하는 경우 해고 등이 있었던 날의 판단은 ① 당일 해고한다는 내용의 통지서를 당사자에게 직접 교부한 경우에는 당일, ② 당일 해고한다는 내용의 통지서를 발송하여, 그 후 근로자가 그 통지서를 수령한 경우에는, 통지서를 수령한 날, ③ 7일 후 해고한다는 내용의 통지서를 발송하여, 당해 근로자가 그 통지서를 수령하였고, 그 후 사용자가 당해 근로자를 퇴직 처리한 경우에는, 퇴직처리한 날, ④ 징계위원회에서 어느 근로자에 대하여 감급 1월을 의결하였고, 사용자가 당해 근로자에게 감급 1월에 처하며, 다음달 임금에서 총액의 1/10을 감액한다는 내용의 통지서를 발송하여, 당해 근로자가 그 통지서를 수령한 경우, 감급처분이 있었던 날은 통지서 수령일,[3] ⑤ 해고 이외의 불이익조치에 있어서 사용자가 당해 근로자에게 인사조치 사실을 서면으로 통지하지 아니하여 인사조치의 시기에 대하여 서로 주장이 다른 경우, 근로자가 인사상 불이익조치가 있었음을 안 날로 본다.

(b) 성격상 서면 통지 미요구

사용자가 근로자에게 서면 통지하는것이 요구되지 않는 경우에 근로계약종료(해고)의 기산일 적용은 ① 근로자가 "사기나 강박 등에 의하여 사직서를 제출하였는데 사용자가 이를 수리한 것은 부당해고"라고 주장하며 구제신청을 제기하는 경우, 구제신청기간의 기산일은 사직서 수리일, ② 기간제 근로계약에서 근로자가 근로계약 갱신을 거절당하여 이를 부당해고라고 주장하며 구제신청을 제기한 경우, 사용자가 근로계약 기간만료일에 근로관계를 청산한 경우에는 근로계약 종료통보 여부와 관계없이 그 기간만료일이 기산일. 다만, 근로계약 기간만료일로

---

3) 징계위원회의 결정은 사용자가 인사조치를 하기 위한 내부 의사결정 과정이고, 감급 1월에 처한다는 의사표시가 인사조치에 해당하며, 다음달 임금에서 감액하는 것은 인사조치에 따른 집행의 문제이다.

부터 상당한 기간이 지나서 근로관계를 청산한 경우에는 그 청산일이 기산일이 되며, 근로계약 기간만료일로부터 상당한 기간이 지난 시점에서 장래의 어느 날 근로관계를 종료할 것임을 통보하는 경우에는 장래의 어느 날이 기산일, ③ 사용자가 정년 일을 잘못 계산하여 부당하게 퇴직처리를 하였다고 주장하며 구제신청을 제기한 경우, 사용자의 착오에 의하여 정년 일을 정하고 이를 기초로 정년퇴직 처리를 하였다면 정년퇴직 처리일이 기산일이 된다.

(2) 부당노동행위

노동조합활동 등을 이유로 한 불이익 취급은 해고 등 징계 조치, 전보, 승진 등 인사면의 불이익, 임금 차별 등 경제적 불이익, 보직박탈 등 정신저 불이익, 조합활동에서의 불이익 등의 형태로 구분할 수 있으며, 부당노동행위가 성립되기 위해서는 이러한 사용자의 해고 등 불이익조치가 전제가 된다. 불이익 취급의 부당노동행위 구제신청은 부당노동행위가 있는 날(계속하는 행위는 그 종료일)부터 3월 이내에 하여야 한다. 이때 계속하는 행위란 동일한 부당노동행위 의사에 근거하여 계속적으로 반복되는 행위를 말하며, 사용자가 한 행위의 효과가 계속된다는 의미는 아니다.[4)]

관련판례

부당노동행위에 대한 행정적 구제절차에 있어서 그 심사대상은 구제신청의 대상이 된 부당노동행위를 구성하는 구체적 사실에 한정되므로[5)] 부당노동행위 등에 대한 구제신청기간은 신청인이 부당노동행위라고 주장하는 구체적 사실이 발생한 날이나 근로기준법 제27조의3 (현행 제23조) 소정의 해고 등 사용자의 불이익처분이 있은 날(다만 계속하는 행위인 경우에는 그 종료일)로부터 기산된다 할 것이고, (중략) 구제신청기간은 이와 같이 신속 · 간이한 행정적 구제절차로서의 기능을 확보하기 위한 것이므로 그 기간이 경과하면 그로써 행정적 권리구제를 신청할 권리는 소멸한다. (중략) 이 사건 구제신청을 하면

---

4) 무기정직 처분은 그 처분과 동시에 행위가 종료되나, 직장폐쇄와 같은 행위는 그 행위가 완결되지 아니하고 일정기간 계속되는 행위에 해당한다.
5) 대법 1995.4.7. 선고 94누1579 판결 참조

> 서 피고 보조참가인(사용자)의 부당노동행위 또는 부당해고 등 불이익처분으로 내세운 구체적 사실은 원고(근로자)에 대한 참가인의 6.1. 자 전임면직의 인사발령과 같은 해 11.8. 자 정직처분 및 같은 해 12.17. 자 해고처분임이 명백하고 그 밖에 참가인이 원고와의 합의사항을 이행하지 아니하였다는 점은 위와 같이 부당노동행위 등으로 내세우는 구체적 사실이나 처분이 있은 후에 이루어진 원고와의 합의내용을 참가인이 이행하고 있지 않다는 것이어서 원고가 그 자체를 구제신청의 대상이 되는 독립한 사실이나 처분으로 내세운 것으로 보기 어려워 단순히 그 후의 상황을 부가적으로 기재한 것에 불과한 것으로 보일 뿐만 아니라 그것이 노동조합법 제40조제2항(현행 제82조제2항) 소정의 "계속하는 행위"에 해당한다고도 할 수 없다.[6]

2. 구제신청기간의 계산방법

구제신청기간의 계산은 민법의 기간에 관한 규정을 적용한다.[7] ① 기간산정에 있어서 첫날은 산입하지 아니하며, 익일 00:00부터 기간 말일 24:00까지로 한다. 즉 해고일이 3.28.인 경우, 3.29. 00:00부터 6.28. 24:00까지이다. ② 기산일이 1일인 경우 세 번째 달의 말일로 기간이 만료된다. 최종의 월에 해당일이 없는 경우에는 그 월의 말일로 기간이 만료된다. 즉 해고일이 11.30.인 경우 3개월의 기간 말일은 다음연도 2.28.이다. ③ 기간의 말일이 토요일 또는 공휴일에 해당하는 때에는 휴일 다음의 첫 근무일에 기간이 만료된다.

3. 징계재심절차를 거친 경우

(1) 일반적인 기준

징계재심절차를 걸친 경우에 구제신청 기간의 기산일은 징계재심일이 아닌 원래의 징계처분을 받은 날로부터 진행된다.

---

6) 대법 1996.8.23. 선고 95누11238 판결
7) 민법 제155조, 기간의 계산은 법령, 재판상의 처분 또는 법률행위에 다른 정한 바가 없다면 본장의 규정에 의한다.

관련판례

① 근로기준법에 따른 부당해고 등 구제신청기간은 사용자의 해고 등 불이익처분이 있은 날로부터 기산된다 할 것이고 해고 등 불이익처분에 대하여 근로자가 취업규칙 등의 규정에 따라 재심절차를 밟았다 하더라도 그 결론을 달리할 것은 아니다.[8)]

② 근로기준법상 해고라 함은 그것이 징계해고이든 정리해고이든 사용자가 근로자의 의사와는 관계없이 일방적으로 근로계약 내지는 근로관계를 종료시키는 단독행위라고 할 것이고, 이러한 해고의 성질에 비추어 볼 때 회사의 단체협약에 징계처분을 받은 자가 이에 불복이 있는 경우 재심을 청구할 수 있도록 규정하고 있다고 하더라도, 이러한 재심의 절차는 근로자에 대한 하나의 구제절차에 불과하고 일단 내려진 징계해고는 그 즉시 효력을 발생하여 사용자와 징계해고된 근로자와의 근로관계는 종료된다고 할 것이며, 다만 재심에서 징계해고 처분이 취소되는 경우에는 소급하여 해고되지 아니한 것으로 볼 뿐이라고 할 것이다. 따라서 원심이 당초의 징계절치와 재심절차는 그 전체가 하나의 징계절차를 이루는 것으로 당초의 징계절차에서 내려진 징계해고의 효력은 재심절차가 종료되어야 비로소 발생한다고 판단하고 징계해고의 효력이 재심청구가 기각된 때에 발생한다고 보았음은 징계해고에 관한 법리를 오해한 위법이 있다.[9)]

(2) 예외적인 사례

징계재심절차에서 징벌의 사유는 있으나, 징벌의 양정이 문제가 되는 경우에는 원래의 징계처분일이 아닌 징계재심일로 보는 사례도 있다. 그러나 실무적으로는 징계재심에서 징계처분이 변경되는 경우에는 노동위원회 구제신청 취지를 변경할 수 있으므로,[10)] 원래의 징계처분일을 기준으로 구제신청을 접수하여야 한다.

관련판례

근로자가 재심절차를 거칠 때에도 해고 등 징벌의 효력은 해고 등 애초의 징벌처분이 있는 때에 곧 발생한다고 하더라도 구제신청기간에 있어서는 다음과 같은 점에서 재심결정의 통보를 받은 때를 기산점으로 보아야 할 것이다. 구 근로기준법 제33조제2항은 구제

8) 대법 1997.2.14. 선고 96누5926 판결 ; 대법 1996.8.23. 선고 95누11238 판결 등
9) 대법 1993.5.11. 선고 91누11698 판결
10) 제1편 제3장 제2절 5. (신청취지의 추가 · 변경) 부분 참조

신청기간에 관하여 부당노동행위 구제신청에 관한 노동조합 및 노동관계조정법 제82조 제2항을 준용하고 있고, 부당노동행위 구제신청에 있어서 신청기간에 관한 규정이 만들어지게 된 것은 ① 행위가 있은 시점으로부터 오랜 시간이 경과하면 증거의 수집이나 사실인정이 곤란하게 되는 점 ② 부당노동행위가 행하여진 시점으로부터 오랜 시간이 흐른 후에는 구제명령을 발하여도 효과를 보기 어려울 뿐 아니라 오히려 노사관계의 안정을 저해할 가능성이 있는 점을 고려했기 때문이라고 하는바, 그와 같은 사정은 부당해고 등 구제신청에 있어서도 마찬가지라고 할 것이다. 그런데 근로자가 해고 등 징벌처분을 받고 나서 사업체내에 마련된 재심절차를 거친 다음 구제신청을 하는 경우에는 앞서 본 바와 같은 문제점이 발생할 가능성이 전혀 없을 뿐 아니라, 징벌사유는 존재하지만 징벌의 양정이 무거운지 여부가 문제되는 사건에서는 사업체 내의 재심절차에서의 재심결정이 있는 시점에서 비로소 징벌의 양정이 무거운지 여부 즉 징벌이 정당한지 여부가 객관적으로 확정되게 되며 (애초에 정직 3월의 처분을 받았다가 재심절차에서 감봉 1월로 감경되었다면 징벌이 정당한지 여부는 감봉 1월을 기준으로 판단하여야 함이 당연하다), 구제신청을 할 경우 노사간의 감정대립이 심화될 수 있으므로 재심절차가 있는 경우 근로자로서는 재심절차에서의 구제를 기다려 본 다음 거기에서 구제를 받지 못하게 되었을 때 비로소 지방노동위원회에 구제신청을 하는 것이 보통일 것인 바, 이러한 점에 비추어 보면 부당해고 등 구제신청에서 재심절차를 마친 다음에 구제신청을 하는 경우에는 신청기간의 기산점은 재심결정의 통보를 받은 때로 보아야 할 것이다.[11]

---

11) 서울행법 2008.4.24. 선고 2007구합29352 판결

제3절 당사자적격

1. 당사자적격의 개념

당사자적격이란 구제신청절차에 있어서 신청인·피신청인이 될 수 있는 자격을 말한다. 즉 근로자와 사용자간에 인사조치로 분쟁이 발생하였을 때, 근로자 관련문제로 근로자성 판단(근로자인가)과 근로자의 사용자 결정(누구의 근로자인가)이 쟁점이 된다.

2. 신청인적격

(1) 부당해고 등 구제신청사건

구제신청사건의 신청인이 될 수 있는 자격이 있는 자는 근로기준법상의 근로자이다. 근로기준법상의 근로자는 직업의 종류를 불문하고 사업(장)에서 임금을 목적으로 종속적인 관계에서 사용자에게 근로를 제공하는 자를 말한다. 종속적인 관계가 있는지 여부는 당사자 사이의 관계 전반에 나타나는 사정 등을 종합적으로 고려하여 판단한다.

관련판례

① 사용자와 근로자 관계가 성립되기 위하여는 근로자가 사용자에게 근로를 제공하고 사용자는 이에 대하여 임금을 지급함을 목적으로 명시적 또는 묵시적으로 체결된 계약이 있거나 기타 법적근거가 있어야 할 것이다.[12)]

② 원고 회사의 승낙의 의사표시가 있어야만 비로소 근로계약이 성립한다고 할 것인데, 참가인 근로자들의 주장에 의하더라도 참가인 근로자들의 수락 의사표시에 대하여 원고 회사의 명시적인 승낙의 의사표시가 없었으므로 원고 회사와 참가인 근로자들 사이에 명시적인 근로계약관계가 성립되었다고 볼 수 없다. 다만, 근로계약의 성립에 필요한 사용

12) 대법 1972.11.14. 선고 72다895 판결

자의 의사표시는 반드시 명시적이어야 할 필요는 없고 묵시적으로 채용의 의사를 밝히는 것도 가능하다 할 것이나, 어떠한 사용자의 행위나 태도가 이러한 묵시적 의사표시에 해당한다고 하기 위해서는 사회통념상 그 행위나 태도에 근로계약 체결의 의사가 포함되어 있어 이를 명시적인 채용의 의사표시와 마찬가지로 봄이 상당하다고 할 수 있을 정도에 이르러야 할 것이고, 단순히 승낙 여부의 의사표시를 지체한 것만으로 묵시적 의사표시의 존재를 섣불리 의제해서는 안될 것이고 (중략) 참가인 근로자들이 채용의 기대를 가지고 임의로 근로를 제공하여 온 상황에서, 원고 회사의 채용심사가 다소 늦어지는 바람에 일 주일가량 늦게 채용거절의 의사를 표시하였다고 하더라도 이러한 사정만으로 원고 회사에게 묵시적 채용의 의사를 의제하여 원고 회사와 참가인 근로자들 사이에 묵시적인 근로계약관계가 성립되었다고 볼 수는 없다.[13)]

(2) 부당노동행위 구제신청사건

불이익취급의 부당노동행위 구제신청권자는 기본적으로 불이익취급을 받은 근로자이며, 법에 의하여 설립된 노동조합도 그 권리를 침해당할 수 있으므로 노동조합도 자신의 명의로 부당노동행위에 대한 구제신청권이 있다. 그러나 일시적인 쟁의단이나 근로자 단체 등은 법상 노동조합이 아니므로 구제신청의 주체가 될 수 없다.

관련판례

① 노동조합법 제40조 (현행 제82조) 제1항에 의하면, 사용자의 부당노동행위로 인하여 그 권리를 침해당한 근로자 또는 노동조합은 노동위원회에 그 구제를 신청할 수 있도록 되어 있으므로 노동조합을 조직하려고 하였다는 것을 이유로 근로자에 대하여 한 부당노동행위에 대하여는 후에 설립된 노동조합도 독자적인 구제신청권을 가지고 있다고 보아야 할 것이다.[14)]

② 노동조합 및 노동관계조정법 제82조제1항[15)]에 의하면, 노동조합은 사용자의 부당노

---

13) 서울행법 2009.3.24. 선고 2008구합38650 판결 ; 대법 2010.2.25. 선고 2009두20656 판결
14) 대법 1991.1.25. 선고 90누4952 판결
15) 노동조합 및 노동관계조정법 제82조(구제신청) ① 사용자의 부당노동행위로 인하여 그 권리를 침해당한 근로자 또는 노동조합은 노동위원회에 그 구제를 신청할 수 있다.

동행위에 대하여 근로자 개인의 구제신청권과는 별개의 독자적인 구제신청권을 가진다고 할 것인바,[16] 노동조합에게 이와 같은 구제신청권을 인정한 이유가 노동조합의 단결권 또는 그 지위 및 기능의 보호 · 유지에 있고, 법 제5조가 근로자의 노동조합 결성 및 가입의 자유를 보장하고 있으며, 법 제81조제1호에서 사용자가 노동조합에 가입한 근로자에게 불이익을 주는 행위뿐만 아니라 노동조합에 가입하려고 한 근로자에게 불이익을 주는 행위에 대하여도 부당노동행위로 규정하여 이를 금지하고 있는 점에 비추어 보면, 노동조합으로서는 자신에 대한 사용자의 부당노동행위가 있는 경우뿐만 아니라, 그 소속 조합원으로 가입한 근로자 또는 그 소속 조합원으로 가입하려고 하는 근로자에 대하여 사용자의 부당노동행위가 있는 경우에도 노동조합의 권리가 침해당할 수 있으므로, 그 경우에도 노동조합은 자신의 명의로 그 부당노동행위에 대한 구제신청을 할 수 있는 권리를 가진다고 할 것이다.[17]

(3) 근로자성 판단기준의 구체적 사례

1) 계약상 도급, 위탁계약관계

(가) 고용종속관계

고용계약은 일의 완성과 보수지급을 약정함으로써 효력이 생기는 도급계약이나 사무처리를 위탁하고 이를 승낙함으로써 효력이 생기는 위임계약과 법률적으로는 구분되나, 실제로는 계약형태가 혼합되어 나타나므로 근로자 해당여부에 대한 기본적인 판단 기준은 계약의 형식을 보는 것이 아니라 그 실질에 근로자가 사업 또는 사업장에 임금을 목적으로 종속적인 관계에서 사용자에게 근로를 제공하였는지 여부를 고려하여야 한다.

관련판례

계약의 형식이 고용계약인지 도급계약인지에 관계없이 그 실질에 있어 근로자가 사업 또는 사업장에 임금을 목적으로 종속적인 관계에서 사용자에게 근로를 제공하였는지 여부

16) 대법 1979.2.13. 선고 78다2275 판결 참조
17) 대법 2009.7.2. 선고 2009두7073 판결

를 고려하여야 하고, 이때 종속적인 관계가 있는지 여부는 ① 업무의 내용이 사용자에 의하여 정하여지고 ② 취업규칙 또는 복무(인사)규정 등의 적용을 받으며 ③ 업무 수행 과정에 있어서도 사용자로부터 구체적, 개별적인 지휘 · 감독을 받는지 여부 ④ 사용자에 의하여 근무시간과 근무장소가 지정되고 이에 구속을 받는지 여부, ⑤ 근로자 스스로가 제3자를 고용하여 업무를 대행케 하는 등 업무의 대체성 유무 ⑥ 비품 · 원자재나 작업도구 등의 소유관계 ⑦ 보수의 성격이 근로 자체의 대상적 성격이 있는지 여부와 기본급이나 고정급이 정하여졌는지 여부 및 근로소득세의 원천징수 여부 등 보수에 관한 사항, ⑧ 근로 제공 관계의 계속성과 사용자에 대한 전속성의 유무와 정도, ⑨ 사회보장제도에 관한 법령 등 다른 법령에 의하여 근로자로서 지위를 인정받는시 여부 ⑩ 양 당사자의 경제 · 사회적 조건 등을 종합하여 판단하여야 한다.[18]

(나) 근로자성 판단기준의 수정

기존의 입시학원 단과반 강사의 근로자성을 부인했던 것[19]과는 달리, 대법은 2006년 종합반 강사의 퇴직금 청구사건에서 강사의 근로자성을 인정하면서 기존의 근로자성 판단기준을 수정하였으며, 기존의 판단기준과 달리 근로자성 인정을 위하여 업무수행과정에서 사용자의 구체적이고 직접적인 지휘 · 감독이 아닌 상당한 지휘 · 감독이 있으면 된다는 점과 사용자가 경제적으로 우월한 지위를 이용하여 임의로 정할 여지가 큰 요소들 즉, 기본급이나 고정급이 있는지, 근로소득세를 원천징수 하였는지, 사회보장제도에 관하여 근로자로 인정받는지 여부 등은 부차적인 것으로 볼 수 있다고 판단하고 있다.

관련판례

근로자 해당여부에 대한 기본적인 판단 기준은 계약의 형식이 고용계약인지 도급계약인지에 관계없이 그 실질에 있어 근로자가 사업 또는 사업장에 임금을 목적으로 종속적인 관계에서 사용자에게 근로를 제공하였는지 여부를 고려하여야 하고, 이때 종속적인 관계가 있는지 여부는 ① 업무 내용을 사용자가 정하고, ② 취업규칙 또는 복무(인사)규정 등

18) 대법 1994.12.9. 선고 94다22859 판결 참조
19) 대법 1996.7.30. 선고 96도732 판결

의 적용을 받으며, ③ 업무 수행 과정에서 사용자가 상당한 지휘 · 감독을 하는지, ④ 사용자가 근무시간과 근무 장소를 지정하고 근로자가 이에 구속을 받는지, ⑤ 노무제공자가 스스로 비품 · 원자재나 작업도구 등을 소유하거나 제3자를 고용하여 업무를 대행케 하는 등 독립하여 자신의 계산으로 사업을 영위할 수 있는지, 노무 제공을 통한 이윤의 창출과 손실의 초래 등 위험을 스스로 안고 있는지, ⑥ 보수의 성격이 근로 자체의 대상적 성격인지, 기본급이나 고정급이 정하여졌는지 및 근로소득세의 원천징수 여부 등 보수에 관한 사항, ⑦ 근로 제공 관계의 계속성과 사용자에 대한 전속성의 유무와 그 정도, ⑧ 사회보장제도에 관한 법령에서 근로자로서 지위를 인정받는지 등의 ⑨ 경제적 · 사회적 여러 조건을 종합하여 판단하여야 한다. 다만, 기본급이나 고정급이 정하여졌는지, 근로소득세를 원천징수하였는지, 사회보장제도에 관하여 근로자로 인정받는지 등의 사정은 사용자가 경제적으로 우월한 지위를 이용하여 임의로 정할 여지가 크기 때문에, 그러한 점들이 인정되지 않는다는 것만으로 근로자성을 쉽게 부정하여서는 안된다.[20]

(다) 구체적인 사례

(a) 근로자성 인정

㉠ 콜택시 운전기사

공단과 ○○○ 콜택시 운행에 관한 위 · 수탁 계약을 체결하고 계약갱신을 해오다가 계약갱신이 거절된 사건에서 ○○○ 콜택시 운전사의 근로자성이 인정된다.

관련판례

① 참가인(근로자)이 비록 위탁계약의 형식으로 채용되었고, 원고(사용자) 공단의 다른 근로자들에게 적용되는 취업규칙 · 인사규정 · 보수규정 등의 복무규정을 적용받지 않았으나, 참가인과 공단 사이에 체결된 ○○○ 콜택시 운행에 관한 위 · 수탁 계약은 그 명칭에도 불구하고 근로시간 · 근로장소 및 보수 등 사실상 근로조건에 해당하는 내용을 비교적 상세히 규정하고 있고, 업무수행과정에서도 참가인이 원고 공단의 업무위탁을 받은 콜센터의 구체적인 운행지시에 따라 ○○○ 콜택시를 운행하는 등으로 원고 공단으로부터 구체적 · 개별적인 지휘 · 감독을 받아 온 것으로 보이는 점 ② 또한 참가인은 원고 공단이 작성한 근무편성표 및 근무시간표에 정해진 운전원의 출퇴근시간 및 운행시간을 준

20) 대법 2006.12.7. 선고 2004다29736 판결 ; 대법 2009.10.29. 선고 2009다51417 판결 참조

수하여야 하고, (중략) 원고 공단에 의하여 참가인의 구체적인 근무시간과 장소가 지정되었던 점 ③ (중략) 제3자에 의한 업무의 대체성이 없는 점 ④ (중략) 엔진 수리 등 고가의 차량 수리비용 및 피복(제복)은 원고 공단이 제공하는 점 ⑤ 참가인이 원고 공단으로부터 매월 지급받는 보조금과 전액 참가인의 수입으로 하고 있는 운송 수입금은 참가인이 근로를 제공한 대가로서 지급받는 임금으로서의 성격을 가지는 점 ⑥ 참가인은 산재보험 등 4대보험에 가입되어 있는 점 등을 종합하여 보면, 참가인과 원고 공단 사이에 체결된 위 · 수탁 계약은 그 명칭과 형식에도 불구하고 실질적으로 근로계약에 해당하고, 참가인은 임금을 목적으로 종속적인 관계에서 사용자인 원고 공단에게 근로를 제공하는 근로기준법상의 근로자에 해당한다고 봄이 상당하다.

㉡ 채권추심원

채권회수를 위한 위임계약이 체결된 채권추심원의 근로자성이 인정된다.

관련판례

① 채권추심원들은 채무자 정보를 확인하거나 추심실적 등의 보고를 위해서 사무실에 출근하지 않고는 업무수행이 불가능하였던 점, ② 참가인(사용자) 회사가 (중략) 모든 비품을 마련해주고 그에 관한 이용요금 등을 따로 채권추심원에게 부담시키지 않은 점, ③ 원고(근로자)는 참가인 회사의 지시를 받아 참가인 회사의 채권추심과 관련된 민원을 처리하거나 참가인 회사에 채권추심원들의 채권회수실적 및 급여산출내역을 보고하는 등 참가인 회사로부터 지시, 감독을 받으면서 업무를 처리하였고, 이 사건 위임계약에서도 그러한 내용으로 약정되어 있는 점 ④ 채권추심원들이 제3자로 하여금 자신의 업무를 대신 수행하게 하는 것은 법적으로 불가능한 것이었고, 다른 회사와 고용관계를 유지하거나 그 업무에 종사하는 것은 위임계약에서 금지되어 있었던 점, ⑤ 참가인 회사는 전산시스템을 통하여 채권추 심원별 채권회수실적을 확인할 수 있었고, 채권회수실적이 기준에 미달하면 위임계약에 따라 위임계약을 해지할 수 있었던 전 (중략) 등을 종합적으로 고려하여 보면, 원고는 임금을 목적으로 종속적인 관계에서 참가인 회사에 근로를 제공하였다고 봄이 상당하므로 원고는 근로기준법 소정의 근로자에 해당한다. (중략) 채권추심원들이 근로소득세를 납부하지 않았고, 참가인 회사를 사업자로 한 4대보험에 가입하지 않았으며, 기본급 · 고정급이 없이 채권회수실적에 따라 수수료만을 지급받기도 하였지만, 이는 경제적으로 우월한 지위에 있는 참가인 회사가 채권회수업무의 특성을 감안하여 경영 효과 및 효율의 극대화를 위한 경영상 판단에 따라 임의적으로 정한 것에 불과하고, 또한 위임

계약에서 참가인 회사는 원고와 근로계약관계를 설정하지 아니하기로 되어 있으나 근로기준법상의 근로자인지 여부를 판단함에 있어서는 그 실질에 의하여야 하고 계약서의 형식에 구애받을 것은 아니다.[21)]

㉢ 학원강사

강사위촉계약을 체결한 학원강사의 근로자성이 인정된다.

관련판례

① 원고(근로자)는 출퇴근 시간의 제한을 받고, 결근 시에 참가인(사용자)의 허락을 받아야 하는 점, ② 원고는 (중략) 각종 회의를 통한 지시에 구체적, 개별적인 지휘 · 감독을 받은 것으로 보이는 점, ③ 원고는 (중략) 참가인이 작성한 강의시간표에 따라 강의했던 점, ④ 원고가 제3자로 하여금 자신의 강의 또는 담임업무를 대신 수행하게 하는 것이 허용되지 않았고, 원고는 이 사건 학원 이외에 다른 곳에 출강하는 것이 금지되는 등 원고의 노동력이 참가인에게 상당히 전속되어 있었던 점, ⑤ 원고는 매월 고정급인 월급여를 수령해 온 점, ⑥ 원고가 비록 월급여에서 근로소득세가 아닌 사업소득세에 해당하는 금액만을 공제한 나머지 금원을 수령하면서 이에 대해 별다른 이의제기를 하지 않았지만, 근로소득세 원천 징수는 사업자가 해야 되는 것일 뿐만 아니라, 사후라도 정산될 수 있으므로 이것만으로 원고가 자신을 근로자가 아니라고 인정하는 것이라고 할 수 없고, 원고가 고용보험 등 사회보장제도와 관련된 각종보험에 가입되어 있지 아니하지만 그 가입은 역시 참가인의 의무일 뿐이고 특히 고용보험 등은 원고와 참가인 사이의 사회, 경제적 지위로 보아 원고가 그러한 요구를 하는 것 또한 쉽지 않은 점, ⑦ 원고가 독립하여 사업소득자로서 등록하기는 하였지만 이는 입시학원가의 관행과 참가인의 요구에 따른 것이고, 독립하여 사업을 영위하려던 것으로는 보이지 아니하는 점, ⑧ 원고의 근무형태 및 보수지급 등의 내용이 참가인과 다른 강사들 사이에 체결된 강사위촉계약서의 내용과 유사하다고 할지라도, 근로자인지 여부를 판단함에 있어서는 그 실질에 의해야 하고 계약서의 형식에 구애받지 아니하는 점 등을 고려해 볼 때, 원고는 임금을 목적으로 종속적인 관계에서 참가인에게 근로를 제공했다고 봄이 상당하므로 원고는 근로기준법 소정의 근로자에 해당한다.[22)]

---

21) 서울고법 2009.1.21. 선고 2008누24356 판결

22) 서울고법 2007.11.21. 선고 2007누896 판결, 유사한 판결로는 대법 2006.12.7. 선고 2004다29736 판결(대학입시학원 종합반 강사) ; 대법 2007.1.25. 선고 2005두8436 판결(대학입시학원 강사) ; 대법 2007.3.29. 선고 2005두13018. 13025 판결(대학교 시간강사) ; 대법 2007.9.7. 선고 2006두777 판결(미용학원 강사) ; 대법 2008.9.11. 선고 2008다

㉣ 사회복지법인 텔레마케터

사회복지법인 월간지 판매 텔레마케터의 근로자성이 인정된다.

관련판례

① 참가인(사용자)은 원고(근로자)에게 예상 후원자들의 인적사항을 제공하고 업무방식을 한정하며 우편물의 내용물을 감독 · 통제하는 등의 방법으로 구체적 통화대상 및 통화내용을 제외한 업무내용을 대부분 정하였고, 이에 따라 원고가 업무내용의 결정에 있어 가지는 재량의 범위는 그리 넓지 못하였던 것으로 보인다. ② 원고는 비록 채용, 징계, 각종 근로조건, 정년 등에 있어서 취업규칙의 적용을 받지 아니하였으나, 취업규칙의 내용이나 그 적용 여부 등은 사용자가 우월한 지위를 이용하여 임의로 정할 여지가 큰 사항에 해당되는 것이어서 근로관계의 종속성 여부를 판단함에 있어 중요한 의미를 가지기 어렵다. ③ 참가인은 빈번한 회의를 통하여 원고에게 지시 · 주의사항을 통보하고 업무방식을 교육하며 업무기준을 제시하였고, 매일 원고로부터 업무수행결과를 구체적으로 보고 받았으며, 원고가 지정된 업무방식을 준수하지 아니할 경우에는 원고의 우편물 발송을 저지하는 등 업무수행과정에서 상당한 지휘감독을 하였다. ④ 참가인은 원고의 근무시간과 근무장소를 지정하였고 출결상황표의 작성과 출근수당 및 만근수당의 지급을 통하여 원고로 하여금 근무시간에 구속을 받게 하였다. (중략) ⑦ 원고는 근로소득세가 아닌 사업소득세를 납부하였고, 이른바 4대보험에 참가인의 사업장 근로자로서 가입되어 있지 아니하였으나, 이는 참가인이 우월한 지위를 이용하여 임의로 정한 데 따른 것으로 보이고, 원고가 이러한 상태의 법률적 · 경제적 의미를 정확히 인식하였음에도 불구하고 이를 묵인하였다는 등의 사정에 대한 주장 · 입증이 없는 이상, 단순히 원고가 이를 알고도 그에 대하여 이의를 제기하지 아니하였다는 사정은 별다른 의미를 가지지 아니한다. (중략) 따라서 원고는 근로기준법상의 근로자에 해당한다고 할 것이고, 이 사건 근로관계종료는 사용자의 일방적 의사에 의한 근로관계의 해지로서 해고에 해당한다고 할 것이다.[23)]

㉤ 수영장 셔틀버스 운전사

수영장 회원운송용 셔틀버스 운전사의 근로자성이 인정된다.

27035 판결(회사전속 강사) 참조

23) 서울고법 2008.9.10. 선고 2008누9883 판결

관련판례

원고(근로자)가 참가인(사용자)이 정한 운행시간 및 운행노선에 따라 회원운송용 버스를 왕복운행하고, 출근부와 차량운행일지를 작성하여 매일 결재를 받는 등 그 출퇴근 및 운행에 관하여 참가인의 지시 · 감독을 받았으며, 대체운행하게 하는 것이 사실상 거의 불가능하고 원고도 위 기간 중 대체운행을 하게 한 적이 없는 점, 원고가 이 사건 버스를 제공하고 그 유지관리비 등을 직접 부담하였지만 탑승인원에 관계없이 매월 정액을 지급받았고, 다만 그 중 일부는 버스 유지관리비 등에 대한 실비변상적 성격이 있는 점, 참가인이 위 지급액에서 원고를 독립된 사업주로 간주하여 사업소득세를 공제한 사실은 없는 점 등을 종합하면, 원고는 참가인에 대하여 사용종속적인 관계에서 이 사건 버스를 이용하여 근로를 제공하는 방법으로 근로를 제공하고 실비변상적인 금원을 포함한 포괄적인 형태의 임금을 받는 자로서, 근로기준법상의 근로자에 해당한다고 할 것이다. (중략) 한편, 이 사건 버스가 참가인 명의로 등록되어 있지 아니하지만 이는 참가인이 초기 투자비용 및 위험부담 때문에 차량을 매수하여 참가인 명의로 등록하지 아니한 것으로 보일 뿐이고, 나아가 원고에 대한 급여지급액 중 근로소득세가 원천징수되지 아니하였고 원고가 고용보험 등 사회보장제도에 관련한 각종 보험에 가입되어 있지 아니하지만 이는 참가인의 의무일 뿐이고 특히 고용보험 등은 원고와 참가인 사이의 사회, 경제적 지위로 보아 원고가 그러한 요구를 하는 것 또한 쉽지 않다는 점을 고려해 볼 때, 참가인 주장과 같은 사유만으로 원고를 근로기준법상 근로자가 아니라고 단정하기 어렵다.[24)]

(b) 근로자성 불인정

㉠ 학습지 교사

위탁계약을 체결한 학습지 교사의 근로자성이 인정되지 않는다.

관련판례

학습지교사는 참가인(사용자)과의 위탁계약에 따른 업무를 수행하는 과정에서 위탁업무의 내용이나 수행방법 및 업무시간 등에 관하여 참가인으로부터 구체적이고 직접적인 지휘 · 감독을 받고 있지 아니한 점, 학습지교사는 참가인의 정규사원과 달리 그 채용부터 소속지

24) 서울행법 2006.3.28. 선고 2005구합27499 판결

국의 결정, 출퇴근시간, 위탁관계의 종료에 이르기 까지 그 제한이 거의 없고 다른 곳에 취업하는 것에 관하여도 경쟁업종에의 이중취업이 위탁계약 해지사유로 되어 있을 뿐 특별한 제한이 없는 점에 비추어 참가인 회사에 전속되어 있다고 볼 수 없는 점, 학습지교사가 참가인으로부터 지급받는 수수료 및 수당은 그 위탁업무 수행을 위하여 학습지 교사가 제공하는 근로의 내용이나 시간과는 관계없이 오로지 신규회원의 증가나 월회비의 등록에 따른 회비의 수금실적이라는 객관적으로 나타난 위탁업무의 이행실적에 따라서만 그 지급여부 및 지급액이 결정되는 것이어서 근로제공의 대가로서의 임금이라고 보기 어려운 점 등 여러사정을 고려하여 보면, 위 학습지 교사를 노동조합 및 노동관계조정법에서 정한 사용종속관계에서 임금을 목적으로 근로를 제공하는 근로자라고 볼 수 없다.[25)]

㉡ 간병인

병원과 직업소개소와의 업무협약에 의하여 병원에서 근무하는 간병인의 근로자성이 인정되지 않는다.

관련판례

① 간병인은 ㅇㅇ병원 운영자인 원고(사용자)들과 사이에 근로계약 · 고용계약 등의 노무공급계약을 전혀 체결한 바 없고, 원고들이 간병인을 직접 모집하지 아니하고 직업소개소를 통하여 간병인을 소개받아 ㅇㅇ병원에서 간병업무를 수행하도록 하여온 점, ② (중략) 간병인의 업무 대부분은 환자 또는 그 보호자가 하여야 할 일을 대신하여 도와주는 것으로서 위와 같은 보조업무는 원래 병원측이 입원환자들에 대하여 당연히 제공하여야 하는 용역제공이 아니어서 간병인에 의한 이와같은 용역제공이 병원운영에 있어서 필요불가결한 것이라고 할 수 없는 점, ③ 참가인(간병인)은 ㅇㅇ병원 취업규칙 또는 인사규정의 적용을 받지 않았고 (중략), ④ 참가인들이 원고로부터 회비, 수수료를 공제한 간병료를 직접 지급받았다 할지라도, 이는 원고들과 ㅇㅇㅇ와의 합의에 따라 환자로부터 간병료의 수납과 간병인에 대한 간병료 지급이 이루어진 것일 뿐 원고들이 임금의 형태로 간병인들에게 이를 지급한 것으로 보기는 어려운 점, 간병인이 간병업무 수행과정에서 사고가 발생한 경우 원고들이 그 책임을 부담하여 왔던 것이 아니라 간병인 본인이 실질적으로 그 책임을 부담하였던 점, 원고들은 참가인에 대하여 직접 간병료를 지급하던 경우에도 근로소득세를 원천징수하지 않았고, 참가인 등 간병인들에 대하여 고용보험 등 이른바 4대보험에 가입하지

25) 서울고법 2007.10.23. 선고 2007누6757 판결

아니한 점 등을 인정할 수 있는 바, 이러한 여러 사정을 종합하여 보면, ㅇㅇ병원에서 일하는 간병인인 참가인은 ㅇㅇ병원 운영자인 원고들에 대하여 사용종속관계 아래에서 임금을 목적으로 근로를 제공하는 근로기준법에서 말하는 근로자로 볼 수 없다.[26)]

ⓒ 유치원 버스기사

차량지입계약을 체결하고 유치원 원생들의 수송업무를 담당한 버스기사에 대하여 근로자성이 인정되지 않는다.

관련판례

원고(버스기사)와 유치원 측 사이에 차량지입계약(그 계약의 성질은 운송용역제공을 주 내용으로 하는 도급과 원생에 대한 보호업무를 위탁받은 위임의 혼합계약이라고 볼 수 있다)만이 체결되고 근로계약이나 고용계약을 체결한 사실이 없는 점, 원고 운행차량의 운행지배권이 원고에게 있고 그 차량관리를 원고가 한 점, 유치원 측이 출근시간 · 원생들의 등 · 하원을 위한 차량운행시간 및 운행코스를 지정하는 것은 차량지입계약에 따른 운행업무의 내용을 특정하는 것이지 업무수행과정에서의 지휘 · 감독이라고 보기 어려운 점, 다른 사업장에서 운행업무를 수행할 수 있는 점, 원고가 수행한 차량운행 이외의 업무는 그다지 많은 시간이 소요되지 않았고 유치원 측의 업무지시에 따라 한 것이 아니고 관행적 · 자발적으로 운전기사가 해오던 것을 원고도 그 관행에 따라 수행한 것인 점 등을 고려하여 볼 때, 원고는 근로기준법상의 근로자라고 볼 수는 없다.[27)]

ⓓ 객 공

의류제조업체로부터 임가공할 물건을 수주받아 미싱 및 봉제업무를 하는 객공의 근로자성이 인정되지 않는다.

---

26) 대법 2009.12.24. 2009두18448 판결 - 심리불속행 기각
27) 서울고법 2008.10.29. 선고 2007누34127 판결

관련판례

객공들에게 기본적으로 출퇴근에 대한 제한이 없어 근무시간의 제한을 받지 않고있는 점(비록 객공들이 09:00부터 21:00경 까지 근무하였다고 하나 이는 작업량에 따라 보수가 결정되는 객공의 특성에 의한 것일 뿐이다), 일부 원고(사용자)가 하자발생 및 납기와 관련하여 작업지시를 하기도 하였으나, 이는 거래처와의 관계에서 원고가 자신의 영업이익, 신용 등을 위하여 업무수행 과정에서 어느 정도의 지휘 · 감독권을 행사한 것으로 그것이 사용종속관계를 의미할 정도가 아니며, 그 외 근무위반 등 행위에 있어 제한 등 징계권이 없는 점, 작업의 대가가 근로자체의 대상적 성격을 가신다고 볼 수 없고, 기본급, 고정급이 정해져 있지 않는 점, 객공들이 원고의 사업장뿐 아니라 다른 업체에서도 임가공을 맡아하고 있어 원고의 사업장에 전속되어 있다고 보기 어려운 점 등 제반 정황을 종합하면, 객공들을 근로자로 보기는 어렵다고 할 것이다.[28]

㉺ 부목사, 교육전도사

부목사와 신학대학원 학생신분의 교육전도사의 근로자성이 인정되지 않는다.

관련판례

먼저 부목사 부분을 보건대, 부목사는 담임목사와 마찬가지로 목사의 자격을 보유하여야 하고, 담임목사의 추천으로 구역인사위원회의 의결을 거쳐 감독이 파견하고 있으며, 담당 직무도 담임목사를 보좌하여 담임목사가 위임하는 직무를 수행하면서, 담임목사 유고시 직무를 대행할 권한을 가지고 있는 등 임면과 지위에 있어 담임목사와 직접적인 종속관계에 있다고 보기 어려운 점, 부목사에게 지급되는 금원도 근로기준법상 근로의 대가라기 보다는 목회활동의 대가로 지급되는 것으로서 생활보조금의 성격이 강하다고 보아야 하는 점 등에 비추어 원고 교회에 소속된 부목사는 근로기준법상 근로자에 해당한다고 볼 수 없다. 다음으로 교육진도시 부분을 보건대, 원고 교회에는 교육전도사라는 명칭으로 2명이 소속되어 있는 사실은 앞서 본 바와 같으나, 위 교육전도사들은 모두 이 사건 해고 당시 신학대학교 신학대학원 학생의 신분을 가지고 있어서 그들이 원고 교회에서 수행한 교리학습지도는 신학대학교 수업의 일환으로 볼 수 있는 점, 원고 교회가 위 교육전도사들에게 지급한 금원도 월 50만 원 정도에 불과하였고, 그것도 2004년 이후에 비로소 지

28) 서울고법 2007.7.12. 선고 2006누29173 판결

급된 것이었으며(근로소득세 원천징수도 하지 아니하였던 것으로 보인다), 더구나 위 교육전도사들은 평일에는 학교 수업을 받고 주말에만 일정시간을 내어 교인으로서 교회 소속 학생들을 상대로 교리학습을 지도한 점(이러한 점에서 통상 교회에 부설되어 운영되는 학교, 유아원 등과는 구별된다), 원고 교회는 위 교육전도사들과 별도의 근로계약을 체결한 바도 없고, 근로관계에서 필수적이라 할 수 있는 임금, 임면 등에 대한 별도의 규범이 마련되어 있지 아니한 점에 비추어, 위 교육전도사들은 임금을 목적으로 원고 교회에 근로를 제공하고 원고 교회로부터 급여를 지급받은 근로기준법상 근로자라고 보기 어렵고, 달리 이를 인정할 증거가 없다.[29)]

㉥ 사회복지법인 산하의 생활시설의 장

사회복지사업법상의 사회복지법인 산하 생활시설의 장의 근로자성이 부인된다.

관련판례

사회복지사업법상 사회복지법인의 이사는 사회복지시설의 장을 겸임할 수 있고(제21조 제1항), 사회복지법인의 대표이사와 사회복지시설의 장은 동일하게 후원금 관리업무를 부담하며(제45조제1항), 사회복지법인 재무 · 회계 규칙에 의하면 수입 · 지출사무관리, 수입원 · 지출원 임면, 계약사무, 물품관리, 물품출납원 지정, 재물조사, 후원금 관리 등의 업무 중 법인에 관한 것은 그 대표이사의 권한으로, 시설에 관한 것은 시설의 장의 권한으로 각 규정하고 있는 등 시설의 장을 법인의 대표이사와 거의 동일한 권한을 보유하는 주체로 규정하고 있을 뿐 시설의 장과 법인 사이에 고용관계가 있음을 예상한 규정을 찾아볼 수 없는 점 등에 비추어 보면, 법인으로부터 시설의 운영, 인사, 회계 등 전반에 관한 권한을 위임 받아 이를 독자적으로 처리하여 온 것일 뿐 그 업무집행에 관하여 법인의 구체적인 지휘 · 감독을 받는 근로자라고 볼 수는 없다.[30)]

㉦ 골프장 경기보조원

골프장 경기보조원은 임금을 목적으로 근로를 제공하는 것이 아니므로 근로자성이 인정되지 아니한다.

---

29) 서울행법 2005.12.27. 선고 2005구합13605 판결
30) 서울고법 2010.5.6. 선고 2009누32910 판결

관련판례

경기보조원에 대하여 하는 규제는 골프장 운영자로서 시설운영과 유지 및 관리를 위해 자신의 업무일환으로 하는 것으로, 경기보조원이 원고(사용자)의 지휘, 감독을 받는 것은 골프장에서 경기보조업무에 종사하면서 수입을 올리기 위하여 원고의 지휘, 감독을 감수하기로 약속하였기 때문이다. 경기보조원이 원고의 지휘, 감독을 받는다는 점만으로 막바로 원고와 경기보조원 사이에 묵시적인 근로계약관계가 형성되었다고 보기에 부족하고, 경기부조원은 원고로부터 구체적이고 직접적인 지휘감독을 받는 것을 감수하는 것을 전제로 골프장 이용객들에게 경기보조 용역을 제공하고 골프장 이용객들로부터 대가를 지급받는 것이지, 원고에게 임금을 목적으로 근로를 제공하는 것이 아니므로, 근로기준법상 근로자라고 보기 어렵다.[31]

2) 간부 및 임원

(가) 일반적인 기준

법인의 이사, 조합 등에서 대표자나 집행기관의 지위에 있는 자는 근로자가 아니며, 감사는 위임관계로 보는 것이 원칙이다.

관련판례

회사의 업무집행권을 가진 이사 등 임원은 그가 회사의 주주가 아니더라도 회사로부터 일정한 사무처리의 위임을 받고 있는 것이므로 특별한 사정이 없는 한 사용자의 지휘감독 아래 일정한 근로를 제공하고 소정의 임금을 받는 고용관계에 있는 것이 아니어서 근로기준법상의 근로자로 할 수 없다.[32]

(나) 예외적인 사례

명칭이 선무이사, 이사, 감사, 부사장이라도 근로자에 관한 사항에 대한 실질

31) 서울고법 2010.12.1. 선고 2009누40515 판결
32) 대법 1992.12.22. 선고 92다28229 판결

적인 업무집행권이 없고, 인사 노무관리 등 회사경영책임이 없으며, 대표이사와 종속적인 관계에서 근로를 제공하면 근로자로 본다.

관련판례

① 근로기준법의 적용을 받는 근로자에 해당하는지 여부는 계약의 형식에 관계없이 그 실질에 있어서 임금을 목적으로 종속적 관계에서 사용자에게 근로를 제공하였는지 여부에 따라 판단하여야 할 것이므로, 회사의 이사 또는 감사 등 임원이라고 하더라도 그 지위 또는 명칭이 형식적 · 명목적인 것이고 실제로는 매일 출근하여 업무집행권을 갖는 대표이사나 사용자의 지휘 · 감독아래 일정한 근로를 제공하면서 그 대가로 보수를 받는 관계에 있다거나 또는 회사로부터 위임받은 사무를 처리하는 외에 대표이사 등의 지휘 · 감독아래 일정한 노무를 담당하고 그 대가로 일정한 보수를 지급받아 왔다면 그러한 임원은 근로기준법상의 근로자에 해당한다.[33]

② 법인등기부상 이사로 등재된 후에도 임금이 조금 오른 것을 제외하고 업무내용이나 담당한 권한이 변하지 않았고, 공사현장에서 현장소장업무를 담당하였으며, 일반 근로자와 같이 징계위원회 심의를 거쳐 징계하였고, 근로자인 것을 전제로 국민연금, 건강보험 등에 가입하였다면 근로자로 보아야 한다.[34]

3) 학교 교직원

사립학교 교원은 원칙적으로 근로기준법이 적용되는 근로자이나, 사립학교법 규정에 따라 근로기준법 중 해고 및 퇴직금 관련조항이 적용되지 않는다. 그러나 사무직원의 경우 임면, 보수, 복무 및 신분보장에 관하여는 사립학교법에서 학교법인의 정관으로 정하도록 하였을 뿐이고, 그 내용을 규정한 바가 없으므로 근로기준법상 해고제한에 관한 규정이 적용된다.[35] 그리고 교원노동조합의 조합원인 근로자는 노동조합및노동관계조정법에 따른 불이익취급의 부당노동행위 구제신청이 가능하다. 공립유치원 전임강사는 임시적 공무원의 성격이므로 근로기준법상의 근로자로 보지 않는다.

33) 대법 2003.9.26. 선고 2002다64681 판결
34) 서울고법 2010.12.8. 선고 2010누19326 판결
35) 대법 1997.7.22. 선고 96다38995 판결 ; 서울행법 2007.12.13. 선고 2007구합29055 판결

관련판례

공립유치원 전임강사는 교육감으로부터 권한을 위임받은 공립교육기관의 장에 의하여 유치원 전임강사로 임용되어 공무원보수규정에 의한 보수를 지급받고, 공무원복무규정을 적용받고 있었을 뿐만 아니라 사실상 유치원교사와 동일한 직무를 수행하여 왔다면 참가인들의 위와 같은 근무관계는 사법상의 고용계약 관계로 보기 어렵고, 교육공무원에 준하여 신분보장을 받는 정원 외의 임시직 공무원의 성격으로 파악함이 상당하고,[36] 공립유치원 전임강사들에 대한 인사와 복무에 관하여는 유아교육법 및 이에 근거한 운영지침 등이 우선 적용되어 그 근로관계에 관하여 해고에 관한 근로기준법 제23조가 그대로 적용될 수 없으므로, 재임용 거부에 대한 공립유치원 전임강사들의 구제신청은 노동위원회법 제2조의 2에 정한 노동위원회의 소관업무에 해당하지 않아 노동위원회의 구제명령의 대상이 될 수 없다.[37]

4) 항운노조와 조합원의 관계

(가) 근로계약관계 인정

항운노조원은 항운노조와 근로계약관계를 맺은 근로자에 해당한다고 본다.

관련판례

① 항운노조원은 항만 · 철도 · 육상의 하역업이나 운송업 등을 영위하는 각 하역업체에 종사하는 근로자를 조합원으로 구성된 노동조합으로서, 직업안정법 규정에 의한 근로자공급사업허가를 받아 근로자공급사업을 영위하면서 각 하역업체와의 사이에 노무공급계약을 체결한 다음 각 하역업체의 요청이 있으면 그때마다 소속 조합원으로 하여금 그 하역업체에서 근로를 제공하도록 하여왔고, 조합원은 조합의 규약을 준수 · 이행할 의무가 있고, 조합의 작업지시에 따라 소정시간동안 지정된 하역업체에서 노무를 제공하여 왔으며, 조합이 하역업체로부터 임금을 일괄 지급받은 다음 그 중에서 조합비를 공제한 나머지를 각 조합원에게 분배하여 왔다면 조합원이 조합에 가입하거나 등록함으로써 조합과의 사이에 조합의 지시 감독아래 각 하역업체에게 노무를 제공하고 그에 따른 대가를 지

36) 대법 1991.5.10. 선고 90다10766 판결 등 참조
37) 대법 2009.1.15. 선고 2008두18304 판결

급받기로 하는 내용의 근로계약을 맺은 근로자에 해당한다.[38)]
② 하역업체가 조합원들의 갑종근로소득세 원천징수분이나 사용자 분담부분 건강보험료 등을 납부하였다 하더라도, 원고(근로자)를 포함한 참가인(항운노동조합)의 조합원들은 항운노동조합에 가입하거나 등록함으로써 항운노동조합과 사이에 항운노동조합의 지시 · 감독아래 각 하역업체에서 노무를 제공하고 그에 따른 대가를 항운노동조합으로부터 지급받게 되며, 반면 하역업체는 물류협회와 항운노동조합과 사이의 노임 협약에 따라 항운노동조합이 공급하는 조합원들을 근로에 종사시킨 다음 그 대가를 항운노동조합에게 지급하고, 근로제공자인 조합원들의 근무태도 등에 대하여 항운노동조합의 규율에 의존할 뿐 하역업체 스스로 조합원들을 규율하거나 제재를 가할 방법을 따로 가지고 있지 않음을 알 수 있으므로, 위와 같은 사정에 비추어 보면 원고는 항운노동조합과 사용 · 종속관계에 있는 근로자라고 할 것이다.[39)]

(나) 퇴직금 지급의무자

항운노조는 퇴직금 지급의무를 지는 사용자에 해당하지 않는다고 본다.

관련판례

근로기준법상 퇴직금 지급의무를 지는 사용자라 함은 실질적으로 근로자가 제공하는 노무에 대하여 보수를 지급할 의무를 지는 자를 말하는 것이고, 그러한 관계에 있지 않다면 근로기준법 기타 다른 법률 등에 의하여 사용자로 취급되는 경우가 있다고 하여 근로기준법상의 퇴직금 지급의무까지 진다고 할 수 없다. 도급제 일용직 근로, 근로자 공급사업의 영위, 이른바 클로즈드 숍(closed shop) 제도의 운영, 임금수령관계, 항만근로자에 대한 항만하역협회의 퇴직금 지급제도 도입 취지와 그 실제 운영현황 등을 종합하여 항운노동조합이 소속 조합원에 대하여 근로기준법상의 퇴직금 지급의무를 지는 사용자라고 보기 어렵다.[40)]

---

38) 대법 1996.3.8. 선고 94누15639 판결
39) 대법 2009.11.26. 선고 2009두15678 판결 – 심리불속행 기각
40) 대법 2007.3.30. 선고 2004다8333 판결

3. 피신청인적격

(1) 피신청인 적격자로서의 사업주

1) 사용자

(가) 개 념

기업의 해고 등 인사관리조치는 사용자에 의하여 행하여지므로, 행위의 주체자로서의 사용자라 함은 근로자와의 사이에 사용종속관계가 있는 자, 즉 근로자와의 사이에 그를 지휘 · 감독하면서 그로부터 근로를 제공받고 그 대가로서 임금을 지급하는 것을 목적으로 하는 명시적이거나 묵시적인 근로계약관계를 맺고 있는 자를 말한다. 사용종속관계의 판단기준은 근로자성 판단기준에서와 같다.

관련판례

① 근로기준법상의 근로자에 해당하는지 여부는 (중략) 이를 판단함에 있어서는 업무의 내용이 사용자에 의하여 정하여지고 취업규칙 · 복무규정 · 인사규정 등의 적용을 받으며 업무 수행 과정에 있어서도 사용자로부터 구체적이고 직접적인 지휘 · 감독을 받는지 여부, 사용자에 의하여 근무시간과 근무장소가 지정되고 이에 구속을 받는지 여부, 비품 · 원자재 · 작업도구 등의 소유관계, 보수가 근로 자체의 대상적 성격을 가지고 있는지 여부와 기본급이나 고정급이 정하여져 있는지 여부 및 근로소득세의 원천징수 여부 등 보수에 관한 사항, 근로제공관계의 계속성과 사용자에의 전속성의 유무와 정도, 사회보장제도에 관한 법령 등 다른 법령에 의하여 근로자로서의 지위를 인정하여야 하는지 여부, 양 당사자의 경제 · 사회적 조건 등을 종합적으로 고려하여 판단하여야 하고, 반대로 어떤 근로자에 대하여 누가 임금 및 퇴직금의 지급의무를 부담하는 사용자인가를 판단함에 있어서도 계약의 형식이나 관련 법규의 내용에 관계없이 실질적인 근로관계를 기준으로 하여야 하고, 이 때에도 위와 같은 여러 요소들을 종합적으로 고려하여야 한다.[41)]

② 노동조합법 소정의 사용자라 함은 근로자와의 사이에 사용종속관계가 있는 자, 즉 근로자와의 사이에 그를 지휘 · 감독하면서 그로부터 근로를 제공받고 그 대가로서 임금을 지급하는 것을 목적으로 하는 명시적이거나 묵시적인 근로계약관계를 맺고 있는 자를 말한다 할 것이다.[42)]

---

41) 대법 2008.10.23. 선고 2007다7973 판결
42) 대법 1995.12.22. 선고 95누3565 판결

(나) 구제명령 이행자로서의 사용자

근로기준법 및 노동조합및노동관계조정법에서 "사용자란 사업주 또는 사업 경영 담당자, 그 밖에 근로자에 관한 사항에 대하여 사업주를 위하여 행위하는 자를 말한다"라고 규정되어 있으며, 근로자에 관한 사항에 대하여 사업주를 위하여 행위하는 자란 인사 · 급여 · 후생 · 노무관리 등과 근로조건의 결정 또는 근로의 실시에 관해서 지휘 · 명령 내지 감독을 할 수 있는 일정한 책임과 권한이 사업주에 의하여 주어진 자라 할 수 있고,[43] 사업경영담당자는 사업경영 일반에 관하여 책임을 지는 자로서 사업주로부터 사업경영의 전부 또는 일부에 대하여 포괄적인 위임을 받고 대외적으로 사업을 대표하거나 대리하는 자를 말하며, 이에 해당하는 자로서는 주식회사의 경우 대표이사, 실질적으로 회사경영을 하여 이사, 설립 중의 회사의 발기인 등을 들 수 있다.[44]

(a) 부당해고 등

근로기준법과 노동조합및노동관계조정법은 구제신청인만 명시적으로 규정하고 있고, 사용자로서 피신청인은 규정하고 있지 않으나, 사업주, 사업경영담당자, 그 밖에 근로자에 관한 사항에 대하여 사업주를 위하여 행위하는 자 중에서 구제명령을 이행하여야 할 사용자, 즉 피신청인이 될 수 있는 자격이 있는 자는 행위주체와는 달리 사업주이다. 부당해고 등 구제신청사건의 경우 신청인인 근로자와 근로계약관계에 있는 사업주만을 당사자로 인정하고 있다. 따라서 노동위원회 구제신청서에 인사부장 등 근로자에 관한 사항에 있어서 사업주를 위하여 행위하는 자 또는 사업주가 설치한 시설의 장 등 사업주가 아닌 자를 피신청인으로 기재하여서는 안된다.

43) 대법 1983.6.28. 선고 83도1090 판결 ; 대법 2008.10.9. 선고 2008도5984 판결 등
44) 서울고법 2010.6.17. 선고 2009누38420 판결

관련판례

부당해고나 부당노동행위에 대하여 지방노동위원회 또는 특별노동위원회의 구제명령이 발하여진 경우 그 명령에 따라 이를 시정할 주체는 사업주인 사용자가 되어야 한다. 그러므로 그 구제명령이 사업주인 사용자의 일부조직이나 업무집행기관 또는 업무담당자에 대하여 행하여진 경우에는 사업주인 사용자에 대하여 행하여진 것으로 보아야 할 것이다. 따라서 이에 대한 중앙노동위원회에의 재심 신청이나 그 재심판정 취소소송 역시 당사자능력이 있는 당해 사업주만이 원고적격자로서 소송을 제기할 수 있다고 하여야 할 것이다.[45] 그런데 원심판결의 이유와 기록에 의하면, (중략) 원고 복지관은 원고 법인이 운영하는 사회복지시설에 불과할 뿐 원고 법인과 별도의 당사자능력을 갖는 법인격 없는 사단 또는 재단으로 볼 수 없어, 이 사건 재심판정에서 원고 복지관에게 부당해고 구제명령을 발한 것은 실질적으로 사업주인 원고 법인을 상대로 한 것이라 보아야 하고, 따라서 이 사건 재심판정에 대한 취소소송 역시 당사자능력이 있는 원고 법인만이 제기할 수 있다고 할 것이므로, 원고 복지관이 이 사건 재심판정의 취소를 구하는 부분은 당사자능력이 없는 자에 의하여 원고적격 없이 제기된 것으로서 부적법하다고 할 것이다. 이를 간과하고 이 부분 소의 본안에 관하여 심리 · 판단한 원심판결에는 법리를 오해하여 판결 결과에 영향을 미친 위법이 있다.[46]

(b) 부당노동행위

부당노동행위 구제신청사건의 경우 노동조합원인 근로자와 근로계약관계에 있거나 노동조합과 단체교섭의무가 있는 사업주를 말한다. 따라서 연구원의 선임연구부장 등은 부당노동행위 구제신청 사건의 당사자 적격이 인정되지 않는다.

관련판례

부당노동행위 구제신청사건은 부당노동행위에 대한 구제를 목적으로 하는 절차이므로 그 피신청인이 될 당사자적격은 구제명령의 이행의무를 지는 자에 한정된다고 봄이 타당하고, 구제명령을 이행할 주체가 사업주인 사용자인 이상 사업주인 사용자의 일부조직이나 업무집행기관 또는 업무담당자(선임연구부장 등)는 부당노동행위 구제신청사건에서 당사자적격이 인정되지 않는다고 봄이 타당하다(노동위원회가 당사자적격의 흠결을 간과하고

45) 대법 1999.4.9. 선고 97누19731 판결 등 참조
46) 대법 2006.2.24. 선고 2005두5673 판결

사업주인 사용자의 일부조직이나 업무집행기관 또는 업무담당자에 대하여 구제명령을 발하였다 하더라도 이는 사용주인 사용자에 대한 구제명령으로 보아야 한다는 것이다).[47]

2) 법 인

사업주는 개인 사업체인 경우에는 그 대표자, 법인 사업체인 경우에는 법인 그 자체이며, 법인은 설립등기를 한 법인뿐만 아니라 등기는 하지 아니하였지만 정관 · 대표자 등 법인으로서의 실질을 갖추고 있는 단체, 이른바 권리능력없는 사단 또는 재단도 포함된다. 권리능력 없는 사단으로는 아파트 입주자대표회의, 종친회, 학회, 동창회, 노동조합, 직장 · 지역 주택조합, 불교 신도회, 문중, 종중, 천주교 이외의 일반교회, 상가번영회, 설립중의 회사 등이 있으며, 법인이 아닌 재단으로는 사회사업을 위해 모금한 기부재산, 육영회, 대학교장학회 등을 들 수 있다.

관련판례

법인의 산하단체로서 법인의 업무상 지도감독을 받는다고 하더라도, 규약에 근거하여 의사결정기관과 집행기관 등의 조직을 갖추고 있고, 기관의 의결이나 업무집행방법이 다수결의 원칙에 의하여 행하여지며, 구성원의 가입 · 탈퇴 등으로 인한 변경에 관계없이 단체 그 자체가 존속된다면, 그 산하단체는 법인과는 별개의 독립된 비법인 사단이라고 볼 수 있으며, 사단의 실질을 구비한 이상 그 조직과 활동을 규율하는 규범이 상부 단체인 법인의 것이라 하여 사단성을 상실하는 것도 아니다.[48]

(2) 사용자성 판단기준의 구체적 사례

1) 하도급관계

도급인, 수급인, 근로자의 다면적 근로관계가 형성되어 있는 하도급계약에 있어서, 도급인과 수급인간의 도급계약에도 불구하고 수급인의 근로자를 도급인의

47) 서울행법 2010.11.12. 선고 2009구합50961 판결
48) 대법 2003.4.11. 선고 2002다59337 판결

근로자로 볼 수 있는지 여부 즉 묵시적 직접 근로계약관계의 성립여부와, 위장도급과 같은 불법파견의 경우에도 구 파견근로자보호등에관한법의 직접고용 간주규정(구 파견법 제6조제3항)이 적용되어 2년 이상 근로한 근로자를 도급인의 근로자로 볼 수 있겠는지가 주로 문제가 된다.

(가) 원청업체의 사용자성 인정기준

도급 또는 위임계약에 따라 수급인 · 수임인이 근로자를 채용하여 사업을 하는 경우 구제신청의 상대방인 사용자는 수급인 · 수임인이다. 다만, 도급인 · 위임인이 수급인 · 수임인의 근로자에 대하여 직접 작업지시 · 감독을 하는 등 도급 · 위임계약이 형식에 불과하게 된 경우에는 도급인 · 위임인이 수급인 · 수임인의 근로자에 대하여 근로기준법상 사용자 지위에 있다.

관련판례

① 원고용주(하청업체)에게 고용되어 제3자(원청업체)의 사업장에서 제3자의 업무에 종사하는 자를 제3자의 근로자라고 할 수 있으려면, 원고용주는 사업주로서의 독자성이 없거나 독립성을 결하여 제3자의 노무대행기관과 동일시할 수 있는 등 그 존재가 형식적, 명목적인 것에 지나지 아니하고, 사실상 당해 피고용인은 제3자와 종속적인 관계에 있으며, 실질적으로 임금을 지급하는 자도 제3자이고, 또 근로제공의 상대방도 제3자이어서 당해 피고용인과 제3자간에 묵시적 근로계약관계가 성립되어 있다고 평가될 수 있어야 한다.[49]

② 형식적으로는 피고(사용자) 회사와 도급계약을 체결하고 소속 근로자들인 원고(근로자)들로부터 노무를 제공받아 자신의 사업을 수행한 것과 같은 외관을 갖추었다고 하더라도, 실질적으로는 업무수행의 독자성이나, 사업경영의 독립성을 갖추지 못한 채, 피고 회사의 일개 사업부서로서 기능하거나, 노무대행기관의 역할을 수행하였을 뿐이고, 오히려 피고 회사가 원고들로부터 종속적인 관계에서 근로를 제공받고, 임금을 포함한 제반 근로조건을 정하였다고 봄이 상당하므로, 원고들과 피고 회사 사이에는 직접 피고 회사가 원고들을 채용한 것과 같은 묵시적인 근로계약관계가 성립되어 있었다고 보는 것이 옳다.[50]

---

49) 대법 1999.11.12. 선고 97누19946 판결 ; 대법 2009.4.23. 선고 2007두26636 판결 등
50) 대법 2008.7.10. 선고 2005다75088 판결

(나) 판단요소

(a) 근로자의 채용과정

㉠ 원청업체 주도

하청업체 소속 근로자의 채용과정에서 원청업체가 주도적으로 그 채용여부를 결정한 경우, 원청업체의 사용자 지위를 인정하는데 있어서 적극적 판단요소가 된다.

관련판례

피고 회사(원청업체)는 ○○기업(하청업체)이 모집해 온 근로자에 대하여 피고 회사가 요구하는 기능시험을 실시한 다음, 그 채용여부를 결정하였고, 그 시험 합격자에게만 피고 회사가 직접 지급하는 수당을 수령할 자격을 부여하였으며, (중략) 원고(근로자)들과 피고 회사 사이에는 직접 피고 회사가 원고들을 채용한 것과 같은 묵시적인 근로계약관계가 성립되어 있었다고 보는 것이 옳다.[51)]

㉡ 하청업체 개별적 채용

하청업체가 개별적으로 근로자와 직접 근로계약을 체결한 경우에는 원청업체의 사용자 지위를 부인하는 판단요소가 될 수 있다.

관련판례

윤○○와 김○○은 위 시공계약에 따라 선정자들을 비롯한 공사 근로자들을 채용하여 그 일당 등 근로조건을 결정하고 구체적인 작업지시 및 감독을 하였으며, (중략) 선정자(근로자)들은 원고(원청회사)로부터 공사를 재하도급 받은 시공참여자들에 의하여 고용된 근로자들이라고 봄이 상당하다.[52)]

---

51) 대법 2008.7.10. 선고 2005다75088 판결
52) 서울행법 2007.11.16. 선고 2007구합16042 판결

(b) 승진, 징계 등의 실질적 권한

하청업체 소속 근로자의 승진, 징계 등에 관하여 원청업체가 실질적 권한을 행사한 경우, 원청업체의 사용자 지위를 인정하는데 있어서 적극적 판단요소가 된다.

관련판례

ㅇㅇ기업 소속의 근로자들에 대하여 징계를 요구하거나, 승진대상자 명단을 통보하는 등, ㅇㅇ기업 소속 근로자들의 채용, 승진, 징계에 관하여 실질적인 권한을 행사하였다. (중략) 원고(근로자)들과 피고(원청) 회사 사이에는 직접 피고 회사가 원고들을 채용한 것과 같은 묵시적인 근로계약관계가 성립되어 있었다고 보는 것이 옳다.[53]

(c) 지휘 · 감독권의 행사

㉠ 원청업체의 지휘감독권

원청업체가 하청업체 소속 근로자들에게 구체적인 작업지시를 하고, 작업물량이 없는 경우에는 다른 업무를 지시하는 등 지휘 · 감독권을 행사하였다면 원청업체의 사용자 지위를 인정하는데 있어서 적극적 판단요소가 된다.

관련판례

① 피고(원청) 회사는 원고(근로자)들의 출근, 조퇴, 휴가, 연장근무, 근로시간, 근무태도 등을 점검하고, 원고들이 수행할 작업량과 작업 방법, 작업 순서, 업무 협력 방안을 결정하여 원고들을 직접 지휘하거나 또는 ㅇㅇ기업 소속 책임자를 통하여 원고들에게 구체적인 작업 지시를 하였으며, ㅇㅇ기업이 당초 수급한 업무 외에도 원고들로 하여금 피고 회사 소속 부서의 업무를 수행하게 하거나, ㅇㅇ기업의 작업물량이 없을 때에는 교육, 사업장 정리, 타 부서 업무지원 등의 명목으로 원고들에게 매월 일정 수준 이상의 소득을 보장하는 등, 직접적으로 원고들에 대한 지휘감독권을 행사하였다.(중략) 원고들과 피고 회사 사이에는 직접 피고 회사가 원고들을 채용한 것과 같은 묵시적인 근로계약관계가 성립되어 있었다고 보는 것이 옳다.[54]

---

53) 대법 2008.7.10. 선고 2005다75088 판결
54) 대법 2008.7.10. 선고 2005다75088 판결

> ② 임가공계약 체결시 근로자들의 임금 부족분을 주식회사 ○○이 보전하여 주는 것으로 약정되어 있으며, 나아가 주식회사 ○○이 소사장 법인들의 경리 등의 업무를 일괄 위탁받아 소사장 법인들에 임가공료를 지급하는 대신 이로써 직접 그 소속 근로자들에게 임금을 지급하고 소사장 법인이 생산활동을 위하여 구입한 부자재 등의 물품대금을 결제하고, 노무관리도 주식회사 ○○ 소속 공장장과 이른바 "직원봉사팀"이라는 소사장 법인 전담관리부서에서 출·퇴근의 확인부터 휴가의 승인까지 구체적이고도 직접적인 관리·감독을 하여 왔다. 앞서 본 법리와 이와 같은 사정들에 비추어 볼 때, 소사장 법인들은 사업주로서 독자성이 없거나 독립성이 결여되어 주식회사 ○○의 한 부서와 다를 바 없어 그 존재가 형식적, 명목적인 것에 지나지 아니하므로, 그 소속 근로자는 사실상 주식회사 ○○의 관리·감독 아래 주식회사 ○○에 근로를 제공하고 임금도 주식회사 ○○으로부터 지급받는 사용종속관계에 있다고 보지 않을 수 없다.[55]

㉡ 하청업체의 지휘감독권

원청업체가 하청업체 소속 근로자들에게 직접적으로 작업지시를 하지 않았다면 원청업체의 지휘·감독권의 행사가 부정된다.

> **관련판례**
>
> 윤○○와 김○○은 위 시공계약에 따라 선정자들을 비롯한 공사근로자들을 채용하여 그 일당 등 근로조건을 결정하고 구체적인 작업지시 및 감독을 하였으며, (중략) 선정자(근로자)들은 원고(원청업체)로부터 공사를 재하도급 받은 시공참여자들에 의하여 고용된 근로자들이라고 봄이 상당하다.[56]

(d) 임금 및 수당지급의 실질적 영향력

원청업체가 하청업체 소속 근로자들의 보수, 퇴직금 등을 산정하여 하청업체에 지급하였고, 상여금 등의 수당을 위 근로자들에게 직접 지급한 사정 등은 원청업체의 사용자 지위를 인정하는데 있어서 적극적 판단요소가 된다.

---

55) 대법 2002.11.26. 선고 2002도649 판결
56) 서울행법 2007.11.16. 선고 2007구합16042 판결

관련판례

ㅇㅇ기업은 원칙적으로 수급한 물량에 대하여 시간단위의 작업량 단가로 산정된 금액을 피고(원청) 회사로부터 수령하였지만, 피고 회사는 ㅇㅇ기업 소속 근로자들이 선박 수리와 직접적인 관련이 없는 피고 회사의 다른 부서 업무지원, 안전교육 및 직무교육 등에 종사하는 경우 이에 대한 보수도 산정하여 그 지급액을 결정하였을 뿐만 아니라, 원고(근로자)들에게 상여금, 퇴직금 등의 수당을 직접 지급하였다. 한편, ㅇㅇ기업에 대한 작업량 단가는 피고 회사 소속 근로자(이른바 직영근로자)로 조직된 ㅇㅇㅇ노동조합과 피고 회사 사이에 체결된 임금협약 결과에 따라 결정되었으며, 원고들의 퇴직금이나 건강보험 등 사회보험료 역시 피고 회사가 기성 대금과 함께 지급하는 등, 피고 회사가 원고들의 임금 등 제반 근로조건에 대하여 실질적인 영향력을 행사하였다. (중략) 원고들과 피고 회사 사이에는 직접 피고 회사가 원고들을 채용한 것과 같은 묵시적인 근로계약관계가 성립되어 있었다고 보는 것이 옳다.[57)]

(e) 사업경영상 독립적인 물적시설

하청업체의 업무가 원청업체가 제공하는 사무실에서 이루어지고, 하청업체가 독자적인 장비를 보유하지 않는 등 사업경영상 독립적인 물적시설을 보유하지 못한 경우, 원청업체의 사용자 지위를 인정하는데 있어서 적극적 판단요소가 된다.

관련판례

ㅇㅇ기업은 사업자등록 명의를 가지고 소속 근로자들에 대한 근로소득세 원천징수, 소득신고, 회계장부 기장 등의 사무를 처리하였으나, 이러한 사무는 피고(원청) 회사가 제공하는 사무실에서 이루어졌을 뿐만 아니라, ㅇㅇ기업은 독자적인 장비를 보유하지 않았으며, 소속 근로자의 교육 및 훈련 등에 필요한 사업경영상 독립적인 물적 시설을 갖추지 못하였다. (중략) 원고(근로자)들과 피고 회사 사이에는 직접 피고 회사가 원고들을 채용한 것과 같은 묵시적인 근로계약관계가 성립되어 있었다고 보는 것이 옳다.[58)]

57) 대법 2008.7.10. 선고 2005다75088 판결
58) 대법 2008.7.10. 선고 2005다75088 판결

(다) 직접고용 간주규정 적용

(a) 근로자 파견과 고용의제

근로자 파견은 파견사업주가 근로자를 고용한 후 그 고용관계를 유지하면서 사용사업주와 사이에 체결한 근로자 파견계약에 따라 사용사업주에게 근로자를 파견하여, 사용사업주의 지휘 · 명령을 받아 사용사업주를 위한 근로에 종사하게 하는 것을 말한다. 그리고 사용사업주가 2년을 초과하여 계속적으로 파견근로자를 사용하면 파견근로자를 고용한 것으로 보는 고용의제규정이 있었으나, 현재는 직접고용 의무 규정으로 대체되었다.

관련판례

① 파견근로자는 사용사업주의 사업장에서 그의 지시 · 감독을 받아 근로를 제공하기는 하지만 사용사업주와의 사이에는 고용관계가 존재하지 아니하는 반면, 파견사업주는 파견근로자의 근로계약상의 사용자로서 파견근로자에게 임금지급의무를 부담할 뿐만 아니라, 파견근로자가 사용사업자에게 근로를 제공함에 있어서 사용사업자가 행사하는 구체적인 업무상의 지휘 · 명령권을 제외한 파견근로자에 대한 파견명령권과 징계권 등 근로계약에 기한 모든 권한을 행사할 수 있으므로 파견근로자를 일반적으로 지휘 · 감독해야 할 지위에 있게 된다.[59]

② 직접고용 간주 규정은 사용사업주가 파견기간에 관한 제한 규정을 위반하여 계속적으로 파견근로자를 사용하는 행위에 대하여, 행정적 감독이나 형사처벌과는 별도로 사용사업주와 파견근로자 사이의 사법관계에서도 직접고용관계 성립을 의제함으로써 근로자파견의 상용화 · 장기화를 방지하고 그에 따른 파견근로자의 고용안정을 도모하는 데에 그 입법 취지가 있다고 할 것이다. (중략) 한편, 직접고용 간주 규정은 파견근로자보호법이 2006.12.21. 법률 제8076호로 개정되어 제6조의2로 신설된 "직접고용 의무 규정"으로 대체되었는데, 이와 같이 개정된 직접고용 의무 규정은 사용사업주가 근로자파견사업이 원칙적으로 허용되지 않는 업무에 파견근로자를 사용하는 경우와 근로자파견사업의 허가를 받지 않은 파견사업주로부터 근로자파견의 역무를 제공받은 경우에 대해서도 사용사업주에게 당해 파견근로자의 직접고용 의무를 부과하고 있다.[60]

---

59) 대법 2003.10.9. 선고 2001다24655 판결
60) 대법 2008.9.18. 선고 2007두22320 판결

(b) 불법파견의 경우

최근 들어 위장도급과 같은 불법파견의 경우에도 구 파견근로자 보호법상의 직접고용 간주규정이 적용된다고 보고 있다. 사용사업주인 원청기업과의 근로자 파견관계가 2년이상 인정되어 직접고용이 간주되는 경우 원청기업이 파견근로자를 직접 고용한 것으로 간주된다.

관련판례

① 구 파견근로자보호법 제6조제3항은 "사용사업주가 2년을 초과하여 계속적으로 파견근로자를 사용하는 경우에는 파견근로자를 고용한 것으로 본다"(직접고용 간주규정)고 규정하고 있을 뿐, 근로자파견이 파견근로자보호법 제5조에 정한 파견의 사유가 있는 경우라거나 또는 파견근로자보호법 제7조에 정한 근로자파견사업의 허가를 받은 파견사업주가 행하는 근로자파견에 해당할 것을 그 고용간주의 요건으로 들고 있지 않을 뿐만 아니라, 파견근로자보호법은 제6조제1항, 제2항에 파견업무에 따라 그 기간을 달리 정하여 근로자파견기간의 제한에 관한 규정을 두고, 제3항에 직접고용 간주규정을 둠으로써 위 직접고용 간주규정에 의한 사용사업주와 파견근로자 간의 고용성립의제는 사용사업주가 파견기간의 제한을 위반한 데 따른 것임을 분명히 하고 있다. 이러한 직접고용 간주 규정의 문언과 체계 및 그 입법취지 등을 종합하여 보면 위 규정은 파견근로자보호법 제2조제1호에서 정의하고 있는 "근로자파견"이 있고 그 근로자파견이 2년을 초과하여 계속되는 사실로부터 곧바로 사용사업주와 파견근로자 사이에 직접 근로관계가 성립한다는 의미이고, 이 경우 그 근로관계의 기간은 기한의 정함이 있는 것으로 볼만한 다른 특별한 사정이 없는 한 원칙적으로 기한의 정함이 없다고 보아야 할 것이다. 따라서 이와 달리 직접고용 간주규정이 파견근로자보호법 제5조에 정한 파견의 사유가 있고 파견근로자보호법 제7조의 허가를 받은 파견사업주가 행하는 이른바 "적법한 근로자파견"의 경우에만 적용된다고 축소하여 해석하는 것은 위와 같이 위 규정의 문언이나 입법취지 등에 비추어 아무런 근거가 없을 뿐만 아니라, 합리적이라거나 타당하다고 볼 수 없다.[61)]

② 원심이 인정한 사실관계에 의하면, 참가인(원청기업)과의 사이에 근로자파견 관계가 인정되는 원고(근로자)는 그 입사일인 2002.3.13.부터 2년이 경과된 이후에도 참가인에 의하여 사용되다가 2005.2.2. 그 소속 사내하청업체로부터 해고된 것이므로, 직접고용 간주 규정에 의하여 2004.3.13.부터 참가인이 위 원고를 직접 고용한 것으로 간주된다.[62)]

---

61) 대법 2008.9.18. 선고 2007두22320 판결
62) 대법 2010.7.22. 선고 2008두4367 판결

2) 공장, 지점 등 법인이 설치한 하부기관

공장, 지점 등 법인이 설치한 하부기관 또는 그 기관의 장은 사업주가 아니므로 구제신청의 상대방이 될 수 없다. 다만 지점, 지부, 분회의 명칭에도 불구하고 별도의 설립등기를 하였거나 별도의 정관 등 독립적인 단체로서의 실질을 갖추고 있는 경우에는 사업주로 볼 수 있다.[63)]

3) 국가 및 그 하부기관 · 시설

(가) 국가 또는 그 기관

국가 또는 그 소속기관이 행정상 사법활동을 할 때 사법상의 권리주체로서 사법상의 법인과 같은 사인으로 취급되고, 사인으로서의 국가는 공권력과 공법의 규율을 받을 수도 있으므로, 노동위원회가 행정청으로서 사인지위에 있는 국가에 대하여 구제명령이 가능하다.

관련판례

공무원의 자격, 임용, 복무, 신분보장, 권익의 보장, 징계 기타 불이익처분에 대한 행정심판 등의 불복절차에 관한 규정이 준용되지 아니하는 국가 또는 지방자치단체가 채용한 전문직공무원에 대하여는 근기법상 해고제한에 관한 규정이 적용된다.[64)]

(나) 국가하부기관

국립대학교 또는 국립대학교병원 등 국가 소속기관의 경우, 노동위원회 구제절차에서 사용자는 국가이므로 피신청인의 명의를 국가(대한민국)로 하고, 다만 하단에 소속기관을 명시한다.

---

63) 대법 2010.7.22. 선고 2008두4367 판결
64) 대법 2003.4.11. 선고 2002다59337 판결 ; 대법 2008.10.23. 선고 2007다7973 판결

관련판례

① 국가 산하의 행정관청이 사법상 근로계약을 체결한 경우 그 근로계약관계의 권리 · 의무는 행정주체인 국가에 귀속된다.[65]

② 국립대학교 총장은 참가인(근로자)들에 대한 사용자가 아니고, 국립대학교 총장 그 자체는 별도의 법인격을 가진 존재가 아니며, 국립대학교는 국가가 설립 · 경영하는 학교임은 공지의 사실이고, 학교는 법인도 아니고 대표자 있는 법인격 없는 사단 또는 재단도 아닌 교육시설의 명칭에 불과하여 당사자능력을 인정할 수 없고, 또한 구제신청의 상대방으로서의 적격을 인정할 수도 없다.[66]

(다) 공무원노조 및 교원노조

공무원의 노동조합 설립 및 운영 등에 관한 법률 제17조제2항에서 노동조합및노동관계조정법 중 사용자(동법 제30조의 사용자를 제외한다)는 "기관의 장, 공무원에 관한 사항에 대하여 기관의 장을 위하여 행동하는 자"라고 규정하고 있고, 교원의 노동조합 설립 및 운영 등에 관한 법률 제14조제1항에서 노조법 중 사용자는 "교육기술과학부장관, 시 · 도 교육감, 사립학교를 설립 · 경영하는 자 또는 교원에 관한 사항에 대하여 교육과학기술부 장관, 시 · 도 교육감, 사립학교를 설립 · 경영하는 자를 위하여 행동하는 자"로 규정하고 있으므로, 공무원노조 또는 교원노조와 관련된 부당노동행위 구제신청사건에서는 해당 법률의 특별한 규정에 따라 "해당 기관의 장"등을 사용자로 보고 있다.

4) 지방자치단체 및 그 하부기관 · 시설

지방자치단체는 지방자치법 제3조제1항에 따라 법인으로서 사업주에 해당하고, 공립학교, 공립학교 병설유치원, 도립국악원, 읍사무소 등은 하부기관 또는 시설에 불과하다. 다만, 공립학교 사건의 경우 사업주는 해당 (광역)지방자치단체이나 「지방교육자치에 관한 법률」 제18조에 따라 대표자는 교육감으로 한다.

---

65) 대법 2008.9.11. 선고 2006다40935 판결
66) 서울행법 2007.2.15. 선고 2006구합28758 판결

관련판례

행정소송에 있어서 원고는 소송법상의 당사자 능력자이어야 하므로, 자연인이나 법인, 또는 비법인 사단이나 재단은 행정소송의 원고가 될 수 있으나, 당사자능력이 없는 법인의 기관이나 행정청 등은 원고가 될 수 없다.[67)]

5) 아파트 종사근로자

아파트 관리형태는 입주자대표회의가 직접 관리하는 자치관리, 주택관리업체에 위탁하는 위탁관리, 입주자대표회의가 구성될 때까지 시공업체가 임시로 관리하는 사업주체관리[68)]로 나뉜다.

자치관리의 경우에는 입주자대표회의와 아파트 종사근로자간 근로계약을 기초로 하므로 사용자가 비교적 명확하여 다툼이 적으나 위탁관리의 경우는 입주자대표회의가 합리적인 아파트관리, 과다한 관리비 부담 방지 예방 등을 이유로 인사노무관리사항 등에 관여하는 일이 자주 발생하고 있어 해당 근로자에 대한 사용자가 입주자대표회의인지 또는 주택관리업체인지에 대한 다툼이 자주 발생한다(입주자대표회의의 사용자성 인정 여부 문제).

또한 시공업체의 의무관리기간 종료 후에 입주자대표회의로 아파트 관리권이 이전되면서 자치관리 또는 위탁관리로 변경,[69)] 입수자대표회의의 결의 등에 따라 자치관리에서 위탁관리 또는 위탁관리에서 자치관리로 변경 등 아파트 관리형태가 변경되거나 위탁관리형태 내에서 주택관리업체가 변경되는 경우에 소속 근로

67) 서울행법 2004.3.19. 선고 2003구합12608 판결

68) 주택법 제43조(관리주체 등) ① 대통령령으로 정하는 공동주택을 건설한 사업주체는 입주예정자의 과반수가 입주할 때까지 그 공동주택을 직접관리하여야 하며, 입주예정자의 과반수가 입주하였을 때에는 입주자에게 그 사실을 알리고 그 공동주택을 제2항에 따라 관리할 것을 요구하여야 한다.

69) 주택법 제43조(관리주체 등) ② 입주자는 제1항의 규정에 해당하는 공동주택을 제4항의 규정에 의하여 자치관리하거나 제53조의 규정에 의한 주택관리업자에게 위탁 관리하여야 한다. ④ 입주자대표회의가 공동주택을 자치관리하려는 경우에는 제1항에 따른 요구가 있었던 날부터 6개월 이내에 공동주택의 관리사무소장을 자치관리기구의 대표자로 선임하고, 대통령령으로 정하는 기술인력 및 장비를 갖춘 자치관리 기구를 구성하여야 한다. 다만, 제53조에 따른 주택관리업자에게 위탁관리하다가 자치관리로 관리방법을 변경할 경우에는 그 위탁관리의 종료일 까지 자치관리기구를 구성하여야 한다.

자들의 고용승계와 관련한 문제도 빈번하게 발생한다(관리형태 변경 및 주택관리업체 변경 에 따른 고용승계 여부 문제).

따라서 아파트를 위탁관리하는 경우 아파트 종사근로자에 대한 입주자대표회의의 사용자성 인정 여부와 아파트관리형태 변경 및 주택관리업체 변경에 따른 사업장 종사근로자에 대한 고용승계 여부를 중심으로 살펴 본다.

(가) 입주자대표회의의 사용자성

근로자와 형식적으로 근로계약을 체결한 주택관리업체를 사용자로 인정하는 것이 원칙이나, 직원들이 관리업체소속의 관리사무소장을 상대방으로 하여 체결한 근로계약이 형식적이고 명목적인 것에 지나지 않고, 근로자들이 사실상 입주자대표회의와 종속적인 관계에서 그에게 근로를 제공하며 입주자대표회의는 그 대가로 임금을 지급하는 사정 등이 존재하여, 관리사무소 직원들과 입주자대표회의와 사이에 적어도 묵시적인 근로계약관계가 성립되어 있다고 평가되면 입주자대표회의를 아파트 종사 근로자에 대한 사용자로 인정한다. 판례는 아파트관리사업장의 업무성격에 기인하는 위 · 수탁관리계약의 내용과 주택법 및 같은 법 시행령 규정 등을 고려하여, 입주자대표회의가 주택관리업체의 인사노무관리 사항에 대하여 일부 관여한다 하더라도 주택관리업체의 인사권과 업무지휘명령권이 배제 또는 형해화 되었다고 판단하지 않는 사례가 다수이다.

관련판례

아파트 입주자대표회의와 사이에 위 · 수탁관리계약을 체결한 아파트 관리업자가 관리사무소에서 근무하게 된 직원들을 채용하였다면 그 직원들은 아파트 관리업자의 피용인이라고 할 것이므로, 아파트 관리업자와 위 · 수탁관리계약을 체결하였을 뿐인 아파트 입주자대표회의가 직원들에 대하여 근로관계의 유지 및 임금지급 의무가 있는 사용자로 인정되기 위하여는 그 직원들과 관리업자 사이의 근로계약이 형식적이고 명목적인 것에 지나지 않고, 직원들이 사실상 입주자대표회의와 종속적인 관계에서 그에게 근로를 제공하며, 입주자대표회의는 그 대가로 임금을 지급하는 사정 등이 존재하여 관리사무소 직원들과 입주자대표회의와 사이에 적어도 묵시적인 근로계약관계가 성립되어 있다고 평가되어야 한다.[70)]

70) 대법 1999.11.12. 선고 97누19946 판결

(a) 사용자성 인정 근거

㉠ 인사권 및 업무지휘명령권

주택관리업체에 아파트 관리를 위탁한 후에도 입주자대표회의가 실질적인 인사권 및 사실상의 업무지휘명령권 등을 행사하는 경우 사용자로 인정된다.

관련판례

사실관계가 주택관리업체와 사이에 입주자대표회의가 인사관리규정과 취업규칙을 제정하고 주택관리업체와 공동으로 (사용자 지위에서) 단체협약을 체결하였으며, 노사협의회 개최요구 공문을 발송하고 노사협의회 사용자측 위원으로 참석하였음. (중략) 입주자대표회의는 주택관리업체에 이 사건 아파트의 관리를 위탁한 후에도 관리사무소 직원들의 사용자로서 실질적인 인사권 및 사실상의 업무지휘 명령권 등을 행사하여 왔고, 주택관리업체는 입주자대표회의로부터 위탁받은 관리권한에 의하여 입주자대표회의와 함께 이 사건 아파트의 관리사무소 직원들에 대한 노무지휘명령권 등을 행사하여 왔으므로, 입주자대표회의와 관리업체는 (중략) 사용자에 해당한다.[71)]

㉡ 아파트 관리권한과 노무관리권

아파트관리를 위탁한 후에도 실질적으로 아파트 관리권한과 책임을 주택관리업체에 이전해 주지 않은 채 입주자대표회의가 직접 행사하면서 관리사무소 직원들에 대한 노무관리권까지 유보한 경우 입주자대표회의의 사용자성이 인정된다.

관련판례

원고(입주자대표회의)는 형식적으로는 이 사건 아파트의 관리형태를 자치관리에서 위탁관리로 전환한다며 ○○와 사이에 아파트관리업무 위 · 수탁계약을 체결하였으나, 실질적으로는 위 · 수탁관리계약서의 구체적 내용을 통하여 아파트관리권한과 책임은 관리수탁업체인 ○○에 이전해주지 않은 채 여전히 자신이 직접 행사하면서 관리사무소 직원들에 대한 노무관리권까지 유보해 두었는바, 그렇다면 위와 같은 형식적인 아파트 관리형태이 변경만을 들어 원고가 근로자에 대한 사용자의 지위에서 이탈하였다고 볼 수는 없다.[72)]

71) 서울행법 2000.7.14. 선고 2000구900 판결
72) 서울행법 2001.11.22. 선고 2001구29700 판결

ⓒ **단체협약 체결**

관리업체에 아파트관리를 위탁한 후에도 관리사무소 직원들과 사이에 단체교섭에 직접 참여하여 자신의 명의로 단체협약을 체결하는 등의 사실이 인정되는 경우 입주자대표회의의 사용자성이 인정된다.

관련판례

① 원고(입주자대표회의)가 주택관리업자에게 아 사건 아파트의 관리업무를 위탁하고서도 관리사무소 직원들과 사이에 단체교섭에 직접 참여하여 자신의 명의로 단체협약을 체결하여 왔고, ② 전 관리업체에게 관리를 위탁함에 있어 직원들에 대한 인사관리권을 원고 자신이 보유하고, 전 관리업체는 단지 위와 같은 권한을 위탁받아 원고가 제정한 인사관리규정 및 단체협약, 취업규칙에 따라 입주자대표회의의 사전승인을 받은 후 인사관리를 실시하되, 불성실한 근무태도를 보이는 직원들에 대한 원고의 해임요구를 따르도록 약정하고, 실제로 직원들에 대한 징계권을 직접 행사하여 왔으며, ③ 입주민들에게 원고 자신이 관리사무소 직원들에 대한 사용자라는 점을 공고하고 관리사무소장을 통하여 직원들에 대한 업무지시를 내리기도 하였을 뿐 아니라 노동조합과 사이에 노사협의회를 개최하고 임금협약의 체결을 위한 협상을 주도하는 한편, 직원들의 임금 및 퇴직금의 지급여부 및 지급수준을 직접 결정하여 왔던 점 등을 종합하여 보면, 원고는 관리사무소 직원들의 근로조건인 임금, 퇴직금 등의 지급수준을 독자적으로 결정하고, 징계, 전 관리업체에 대한 구속력 있는 해임요구 등을 통하여 직접 인사권이나 업무지휘명령권을 행사하며 직원들로부터 근로를 제공받고 그 대가로 임금을 지급함으로써 실질적인 근로계약관계를 형성하여 온 사용자라 할 것이다.[73]

(b) 사용자성 부정 근거

㉠ **구체적 · 개별적인 지휘 · 감독**

입주자대표회의가 관리위탁자로서의 지위에서 갖는 감독권의 범위를 넘어선 사실은 인정되나, 관리사무소 직원들의 업무수행과정에서 구체적 · 개별적인 지휘 · 감독을 행하고 있다고 볼 수 없으면 사용자성을 인정할 수 없다.

---

73) 서울행법 2001.3.13. 선고 2000구6939 판결

관련판례

참가인(입주자대표회의)이 관리사무소 직원의 채용, 임금의 조정 등에 관하여 결의를 하고, 그 대표자가 임금 · 경비 등의 지급에 관한 서류에 결재를 하는 (중략) 등으로 관리사무소의 업무에 관여한 사실이 인정된다. 그러나 주택법 시행령 등에 의하면 주택관리업자는 입주자대표회의가 정한 관리규약 등에 따라 입주자로부터 관리비와 사용료를 징수하고 공동주택 공용부분의 유지 · 보수 및 안전관리 등의 업무를 처리하는 외에 입주자대표회의에서 결정한 사항을 집행하도록 되어 있고, 관련 사실관계에 따르면 선정자(근로자)들은 참가인이 아니라 ○○주택에 의해 채용되었고 관리사무소 직원의 채용이나 징계에 있어서도 참가인이 관여하나 직원들의 인사에 관한 최종적인 결정과 집행은 ○○주택이 행하며 ○○주택이 그 관리사무소장을 통하여 직원들의 구체적인 업무수행을 지휘 · 감독하고 직원들에게 임금을 지급한 사실도 알 수 있다. 종합하면 (중략) 주택관리업자가 근로계약 당사자로서 갖는 근로자들에 대한 임면, 징계, 배치 등 인사권과 업무지휘명령권이 모두 배제 또는 형해화되어 그들 사이의 근로계약관계가 형식적인 것에 지나지 않는다고 볼 수 없고, 또 참가인이 관리사무소 직원들의 업무내용을 정하고 그 업무수행과정에 있어 구체적 · 개별적인 지휘 · 감독을 행하고 있다고 볼 수도 없으므로 참가인이 선정자들에 대한 사용자라고 할 수 없다.[74]

㉡ 위 · 수탁관리계약서

입주자대표회의가 관리사무소 직원의 인건비를 비롯한 아파트 관리비용의 지출 등 아파트 관리업무와 관련된 주요사항을 최종 의결하였다 하더라도 이러한 점은 입주자대표회의와 주택관리업체 사이에 체결된 위 · 수탁관리계약서의 내용 또는 관련 법령에서 정해져 있으므로 입주자대표회의의 사용자성이 인정되지 않는다.

관련판례

참가인(입주자대표회의)이 관리사무소 직원의 인건비를 비롯한 아파트 관리비용의 지출 등 아파트 관리업무와 관련된 주요사항을 최종 의결하였으나, ① 관리비용에 대해서는 (중략) 주택관리업체(구체적으로는 관리사무소)가 매달 소요되는 비용을 산정하면 참가인이 이를 승인하고 관리사무소에서 입주자들에게 관리비를 부과 징수하는 방식으로 하기로 이미 참가인과 ○○건설 사이의 위 · 수탁관리계약에서 정하여져 있을 뿐만 아니라 (구)공동주택관

74) 서울행법 2007.10.12. 선고 2007구합21150 판결

리령에 의하더라도 위탁관리업체는 (중략) 관리비를 징수할 수 있고, 그 관리비 예산의 확정은 입주자대표회의의 의결사항으로 되어 있으며, ② 그밖에 관리대상 공동주택과 부대시설 및 복리시설과 각종 설비의 유지 · 보수와 안전관리, 관리사무소 직원들에 대한 인건비의 결정 및 직제조정 등은 주택관리업체의 고유업무이긴 하지만 참가인과 ㅇㅇ건설 사이의 위 · 수탁관리계약 등에 참가인의 승인을 받아야 하는 사항으로 규정되어 있고 (구)공동주택관리령에 따르더라도 그러한 사항에 대한 결정권은 입주자대표회의에 있고, 주택관리업체는 통상의 관리업무를 하는 외에 입주자대표회의에서 결정한 사항의 집행 등을 행하도록 되어 있으므로 참가인이 ㅇㅇ건설의 인건비를 포함한 비용지출을 승인하고 직원의 직제조정 등을 최종의결한 행위가 주택관리업체와 근로자들 사이의 근로계약을 부인하고 참가인과 원고(근로자)사이의 묵시적 근로계약을 인정할 징표라고 할 수 없다.[75]

㉢ **계약상 권리**

아파트를 위탁관리하는 경우 통상 입주자대표회의가 임용승인권이나 입주자대표회의와 관리사무소장이 공동으로 개설한 예금계좌에 관리비를 수납하여 지출하는 내용의 계약이 체결되는 것이 일반적이나, 이런 계약조항들은 입주자들의 부담이 가중되거나 공동주거생활의 안녕이 저해되는 것을 막기 위한 계약상 권리에 불과하므로 사용자성이 인정되지 않는다.

관련판례

아파트를 주택관리업자에게 위탁, 관리하는 경우에 통상 입주자대표회의가 관리소장 등에 대한 임용승인권이나 부적격 직원에 대한 해임요구권, 직원의 신규채용 등 관리사무소의 기구 및 인원에 대한 협의결정권을 갖고 직원들의 임금, 퇴직금 등의 지급이나 필요경비의 지출에 관한 결재권을 보유하는 한편, 입주자대표회의와 관리사무소장이 공동으로 개설한 예금계좌에 관리비를 수납하여 지출하는 내용의 계약이 체결되는 것이 일반적이지만, 위와 같은 계약조항들은 입주자대표회의가 수탁회사의 부적정한 급여 책정이나 인사권 행사 등으로 인하여 입주자들의 부담이 가중되거나 공동주거생활의 안녕이 저해되는 것을 막기 위하여 수탁회사가 가지고 있는 권한 행사에 일정한 제약을 가할 수 있는 계약상의 권리에 불과한 것이라 할 것이므로, 이러한 사정만으로 입주자대표회의가 급여 등의 책정이나 인사권 행사의 주체가 되는 것으로 볼 수는 없다.[76]

75) 서울행법 2002.10.10. 선고 2001구44723 판결
76) 서울행법 2000.9.8. 선고 2000구4759 판결

㉣ 권고수준의 통보

입주자대표회의가 징계문제 등과 관련한 결의를 하였으나 이러한 결의는 구체적 · 개별적인 내용에 관하여 결의하여 통보하는 것에 불과하므로 사용자 지위를 인정하기에는 부족하다.

관련판례

원고(입주자대표회의)는 경비원들의 정년연장 문제, 징계 문제, 직원들의 명칭 변경 및 직급 조정문제와 관련한 결의를 하였는바, 이러한 결의는 원고의 권한에 속하지 않는 사항에 대하여 결의를 한 것이라고 할 것이나 원고의 위와 같은 행위는, 아파트의 관리를 위탁하고 그 비용을 부담하는 원고가 수탁자인 관리업체에게 “원고에게 이익이 될 수 있는 내용의 근로관계를 유지 및 형성해 달라”는 취지로 구체직 · 개별적인 내용에 관하여 결의하여 통보하는 것에 불과하다고 할 것이므로, 이러한 결의를 근거로 원고가 사용자 지위에 있었다고 인정하기에는 부족하다.[77]

㉤ 위탁자의 지위에서의 업무지시

입주자대표회의가 위탁자의 지위에서 주택관리업체에 대하여 일부 업무지시를 행한 것으로는 사용자성을 인정하지 않는다.

관련판례

참가인(입주자 대표회의)이 직접 근로자에게 표창장을 수여하고 근로자로부터 시말서를 징구하거나, 관리소장에게 구체적인 경비업무의 지침을 제시하였다고 하더라도 이는 참가인이 위탁자로서의 지위에서 ㅇㅇ건설에 대한 업무지시의 일환으로 행한 것이고, 참가인이 근로계약상 사용자의 지위에서 근로자 개개인에게 위와 같이 관여하였다고는 인정되지 아니한다.[78]

77) 서울행법 2001.6.14. 선고 2000구37100 판결
78) 서울행법 2002.10.10. 선고 2001구44723 판결

(나) 관리형태 변경 등에 따른 고용승계

아파트 관리형태가 변경되는 예는 ① 자치관리에서 위탁관리로 변경된 경우 ② 위탁관리에서 자치관리로 변경된 경우로 나누어 볼 수 있고, 그 밖에 ③ 주택관리업체가 변경되는 경우로 구분할 수 있다. 이렇게 아파트 관리형태가 변경되는 경우 아파트 종사근로자들의 고용승계 여부가 문제가 된다.

판례는 아파트 관리형태가 변경되는 경우 원칙적으로 기존의 위탁관리업체 소속 식원들에 대한 고용관계가 새로이 관리업무를 맡게 된 입주자대표회의 등에게 당연히 승계된다고 볼 수는 없다는 입장이다. 즉, 입주자대표회의와 주택관리업체 사이에 체결되는 아파트 위·수탁관리계약은 민법상 일종의 "위임계약"에 해당하는데,[79] 이는 기업의 인적·물적 조직의 동일성은 유지되면서 일체로서 이전하게 되는 "영업양도"와는 다른 개념이므로 원칙적으로 아파트 관리형태 변경 등에 따라 근로자들의 고용이 변경된 관리주체에 승계되는 것으로 볼 수 없다는 견해[80]이다.

영업양도에 대해, 법원은 영업양도라 함은 일정한 영업목적에 의하여 조직화된 업체, 즉 인적·물적 조직을 그 동일성은 유지하면서 일체로서 이전하는 것으로서 영업의 일부만의 양도도 가능하고, 이러한 영업양도가 이루어진 경우에는 원칙적으로 해당 근로자들의 근로관계가 양수하는 기업에 포괄적으로 승계되는 바, 여기서 영업의 동일성 여부는 일반 사회관념에 의하여 결정되어져야 할 사실인정의 문제이기는 하지만, 문제의 행위(양도계약관계)가 영업의 양도로 인정되느냐 안되느냐는 단지 어떠한 영업재산이 어느 정도로 이전되어 있는가에 의하여 결정되어져야 하는 것이 아니고 거기에 종래의 영업조직이 유지되어 그 조직이 전부 또는 중요한 일부로서 기능할 수 있는 가에 의하여 결정되어져야 하는 것이므로, 예컨대 영업재산의 전부를 양도했어도 그 조직을 해체하여 양도했다면 영업의 양도는 되

79) 대법 1997.11.28. 선고 96다22365 판결 참조

80) 업무위탁 법률관계에서 근로관계 포괄승계 여부: 원래회사와 다른 회사 사이의 위탁협정에 따른 법률관계는 이관되는 물적 시설의 소유권을 원래회사가 계속 보유하고 있고 그에 관한 권리·의무도 포괄적으로 다른 회사에게 승계되지 않았다는 점 등에 비추어 볼 때 영업양도나 기업합병에 해당하지 아니함은 물론 기업의 일부가 분리 독립한 경우나 계열기업 사이에 조직 변경이나 사업의 이관이 있었던 경우 등과 같이 근로관계가 포괄적으로 승계되는 법률관계에 해당한다고 볼 수 없다(대법 1997.10.28. 선고 96다13415 판결)

지 않는 반면에 그 일부를 유보한 채 영업시설을 양도했어도 그 양도한 부분만으로 종래의 조직이 유지되어 있다고 사회관념상 인정되면 그것을 영업의 양도라 볼 것이다[81]라고 하여 영업양도의 의미와 그 판단기준에 대해 제시하고 있다.

(a) 자치관리에서 위탁관리로 변경

㉠ 위 · 수탁관리계약 체결

입주자대표회의와 주택관리업체가 위 · 수탁관리계약을 체결하였다는 이유만으로 주택관리업체가 입주자대표회의와 근로자 사이에 근로관계를 당연히 승계한다고 볼 수 없다.

관련판례

(근로자는 사업주체관리를 하는 업체 소속으로 보아야 하나) 가사 원고(근로자)가 주장하는 바와 같이 입주자대표회의가 종래 실질적인 의미에서 원고의 사용자에 해당하는 경우라 할지라도 입주자대표회의와 위 · 수탁관리계약을 체결하였다는 이유만으로 ㅇㅇ개발이 입주자대표회의와 원고사이에 근로관계를 당연히 승계받게 된다고 할 수도 없다 할 것이다. 설령 ㅇㅇ개발이 기존 관리인력에 관한 고용을 승계받기로 약정하였다 하더라도 이는 어디까지나 ㅇㅇ개발이 입주자대표회의에 대하여 부담하는 계약상 의무에 불과한 것이므로 (중략) 그로써 기존 관리인력에 대하여 개별적으로 같은 의무를 부담하게 되거나 별도의 채용절차 없이 기존의 근로관계가 ㅇㅇ개발에 곧바로 이전되는 것은 아니다.[82]

㉡ 해고의 성질

아파트 관리업무를 기존의 자치관리방식에서 위탁관리방식으로 변경하기로 하고, 관리사무소 직원 전원에 대해 해고를 한 경우, 그 성질상 정리해고에 해당한다.

81) 대법 2001.7.27. 선고 99두2680 판결
82) 서울행법 1999.7.15. 선고 99구14750 판결

관련판례

원고(입주자대표회의)는 상시 근로자 32명을 고용하여 ㅇㅇ아파트 관리사무소를 운영하는 사용자인바, 9.6. 동대표 회의를 개최하여 아파트 관리업무를 기존의 주민 자치 관리 방식에서 위탁 관리 방식으로 변경하기로 결의한 후 9.15. 다시 동대표 회의를 개최하여 관리사무소 직원들에 대하여 해고 예정일을 10.25.로 하는 해고 예고 통보를 발송할 것을 결의하였고, 이에 원고는 참가인(근로자)을 포함하여 관리사무소 직원 전원에 대해 해고 예고 통보를 발송하였는데, 원고가 위와 같이 해고 예고 통보를 함에 있어 참가인을 비롯한 관리사무소 직원들과는 아무런 사전 협의도 하지 아니하였다. 그 후 원고는 다음해 9.28. 동대표 회의를 개최하여 투표를 통해 아파트 관리 업무 수탁업체로 ㅇㅇ회사를 선정하였고, 10.21. 이 사건 회사와의 사이에 계약기간을 10.26.부터 1년간으로 하여 관리업무 위 · 수탁 계약을 체결하였으나 그 당시 해고 예고 통보된 관리사무소 직원들에 대한 고용승계 여부에 관하여 별다른 약정을 하지 아니하였을 뿐만 아니라 원고 및 이 사건 회사는 관리사무소 직원들에 대하여 고용승계에 관한 아무런 언급을 하지 아니하였는데, (중략) 이 사건 해고는 관리업무 일체를 양도하는 과정에서 이루어진 것으로 그 성질상 정리해고에 해당한다고 할 것이므로 이 사건 해고의 정당성 유무를 판단함에 있어서는 정리해고의 요건을 충족한 것인지를 살펴 보아야 할 것이다.[83)]

(b) 위탁관리에서 자치관리로 변경

㉠ 고용승계의무 미발생

아파트 시공업체의 사업주체 관리기간 중에는 아파트를 위탁관리하고 이 기간 종료 후에는 입주자대표회의가 자치관리하기로 한 경우에, 이와 관련한 관리방식의 변경은 영업양도라고 볼 수 없어 입주자대표회의에게 아파트 시공업체가 위탁한 주택관리업체 소속 근로자들에 대한 고용승계의무가 발생한다고 볼 수 없다.

관련판례

이 사건 아파트의 건설업체인 ㅇㅇ건설과 이 사건 아파트의 입주자대표회의인 원고는 서로 별도의 존재이므로 ㅇㅇ건설이 ㅇㅇ주택관리와 체결한 위 · 수탁계약이 원고에게 그대로

83) 서울행법 2000.10.6. 선고 2000구10877 판결

이전된다고 볼 수 없는 점, (중략) 법률의 규정에 따른 관리주체의 변경을 영업의 인적 · 물적 조직을 그 동일성을 유지하면서 일체로서 이전하기로 하는 합의인 영업양도라고 볼 수 없는 점, ○○건설은 이 사건 아파트에 입주예정자들 중 과반수가 입주하여 관리주체로서 기능할 때까지 한시적으로 이 사건 아파트를 관리하여 온 것에 불과하고, 위와 같은 사정을 고려하여 ○○주택관리와 위 · 수탁계약을 체결하면서 관리기간을 1년으로 하되, 계약기간 중이라도 원고가 구성되어 관리업무전환을 요청할 경우에는 관리기간이 종료하는 것으로 약정한 점, 만일 법령상 별도의 근거가 없음에도 불구하고 이러한 경우 원고에게 ○○ 관리업체 소속 근로자들의 고용을 승계하도록 한다면, 이는 원고의 관리방법 선택 또는 위탁업체 선정권을 지나치게 제약할 우려가 있을 뿐 아니라, 본래의 관리주체인 원고로 하여금 한시적인 관리주체인 ○○건설의 결정에 구속되도록 하는 것이 되어 부당한 점, (중략) 등을 고려하면, 관리주체의 변경 전후에 이 사건 아파트 관리업무의 내용이 동일하다는 사정만으로 원고에게 ○○주택관리 소속 근로자들에 대한 고용승계의무가 발생한다고 볼 수 없다.[84)]

㉡ 고용승계 의사표시

기존 위탁관리업체 소속 직원들에 대한 고용관계가 자치관리를 하는 입주자대표회의에게 당연히 승계된다고 볼 수 없지만, 고용승계의 의사표시가 있는 경우에는 예외가 인정된다.

관련판례

아파트 관리업무가 위탁관리에서 자치관리방식으로 변경되거나 위탁관리업체가 변경되는 경우에 있어 관리사무소장을 비롯하여 관리사무소 내 기존의 위탁관리업체 소속 직원들에 대한 고용관계가 새로이 관리업무를 맡게 된 아파트 입주자대표회의 등에게 언제나 당연히 승계된다고 볼 수는 없지만, 이 사건의 경우에는 참가인(입주자 대표회의)이 자치관리 방식으로 전환된 후 원고(근로자)에 대하여 해임을 통보하였다가 직위해제로 변경하는 한편, 해고인지 직위해제인지 인사조치의 내용을 명확히 하여 달라는 원고의 질의에 대하여 고용승계의사를 분명히 표시하였고, 이 사건 소송에 앞선 전심절차에서도 계속하여 원고에 대한 고용승계를 주장하여 왔던 점 등에 비추어 보면, 자치관리방식으로의 변경에 따라 기존의 관리사무소 직원들에 대한 고용관계가 당연 승계되는지 여부에 관계없이 적어도 원고에 대한 관계에서는 참가인의 위와 같은 고용승계의 의사표시에 따라 고용관계가 승계되었다고 볼 것이다.[85)]

---

84) 서울행법 2008.7.24. 선고 2008구합8857 판결
85) 서울행법 2002.1.29. 선고 2001구31864 판결

(다) 주택관리업체 변경

새로운 관리업체는 입주자대표회의와 사이에 새로운 위 · 수탁관리계약을 체결하여 입주자대표회의로부터 관리업무를 수탁 받았을 뿐이므로 종전 관리업체와 고용승계에 관한 별도의 약정을 하지 않는 한, 새로운 관리업체는 종전 관리업체 소속 근로자의 고용을 승계하여야 할 의무는 없음이 원칙이다. 다만, 종전 관리업체 소속 근로자와 입주자대표회의와 사이에 적어도 묵시적인 근로계약관계가 성립하였고, 위탁관리업체의 변경이 관리사무소 직원들에 대한 노무지휘권의 수임자를 바꾼 데 불과한 것으로 볼 수 있는 경우에는 근로관계가 이전된다고 본 사례도 있다.

(a) 업무인수인계기간의 노무제공

아파트 시공업체의 사업주체관리 기간이 종료하여 입주자대표회의가 아파트를 위탁관리하기로 한 경우 시공업체 소속 근로자의 근로관계가 주택관리업체에 당연히 승계되는 것이 아니며, 주택관리업체가 변경되는 시점 이후 종전 관리업체 소속 근로자가 업무 인수인계를 위하여 필요한 상당 기간동안 변경된 관리업체에 노무를 제공하였다는 사정만으로 변경된 관리업체가 종전 관리업체 소속 근로자를 묵시적으로 고용승계한 것으로 볼 수 없다.

관련판례

원고(주택관리업체) 회사가 ○○산업으로부터 이 사건 아파트의 관리업무에 관한 영업을 양수한 것이 아니라 그 입주자대표회의로부터 관리업무를 위탁받은 이상, ○○산업과 참가인(근로자)들 사이의 근로관계가 원고 회사에 승계되기 위하여는 입주자대표회의가 (중략)관리사무소의 직원들에 대한 급여 · 인사 · 노무지휘에 관하여 구체적이고 실질적인 권한을 행사함으로써 ○○산업과의 위수탁관리계약이 형식적이고 명목적인 것에 불과할 뿐이어서 그 직원들이 입주자대표회의에 종속적인 지위에서 근로를 제공하고 그 대가로 임금을 지급받는 등 입주자대표회의와 사이에 적어도 묵시적인 근로계약관계가 성립하여 위탁관리업체의 변경이 관리사무소 직원들에 대한 노무지휘권의 수임자를 바꾼데 불과한 것으로 볼 수 있어야 할 것인데, (중략) 입주자대표회의가 참가인들의 급여 · 인사 · 노무지휘 등에 관한 사항에 대하여 구체적이고 실질적인 권한을 행사한 사용자였다고 볼만한 자료가 없어 원고 회사가 ○○산업이나 입주자대표회의로부터 참가인들에 대한 고용관계를 승계하였다고 할 수 없고, 참가인들이 위와 같은 경위로 수일간 원고 회사에게 근로를 제공하였다는 등의 사정만으로 참가인들과 원고 회사 사이에 근로계약관계가 성립되었다고 할 수도 없으므로 원고 회사의 참가인들에 대한 채용 거부를 해고로 볼 수 없다.[86)]

(b) 경비업무 수탁

전 주택관리업체로부터 위 아파트 관리업무중 경비업무에 관한 영업을 양수하기로 약정한 바가 없으므로 근로자들 사이의 근로관계를 승계하였다고 볼 수 없다.

관련판례

○○시설은 위 입주자대표회의와 경비용역계약을 체결하여 아파트 경비업무를 수탁받았을 뿐 위 ○○산업(전 주택관리업체)으로부터 위 아파트 관리업무중 경비업무에 관한 영업을 양수하기로 약정한 바가 없으므로, ○○시설은 위 ○○산업으로부터 영업양도를 받은 것은 아니라고 할 것이어서 특별한 사정이 없는 한 ○○시설은 종전의 위 ○○산업과 참가인(근로자)들 사이의 근로관계를 승계하였다고 볼 수 없다.[87)]

(c) 잠정적인 근무

현재의 주택관리업체는 종전 관리업체와 별개의 법인이므로 동일한 자연인이 종전 관리업체의 전 대표이사였다가 현재 주택관리업체의 대표이사를 잠정적으로 맡게 되었다고 하여 종전 관리업체 근로자가 당연히 현재 주택관리업체의 근로자가 되는 것은 아니다.

86) 대법 2001.7.13. 선고 2001두3709 판결
87) 서울고법 1998.1.9. 선고 97구32744 판결

관련판례

참가인(근로자)과 위 아파트 입주자대표회의의 관계가 원만하지 못하여 입주자대표회의에서 원고(주택관리업체)에게 참가인의 교체를 강력히 요구하였던 점, 원고가 8.3 위 ○○○을 신임 관리소장으로 내정하고 8.7 참가인에게 인수인계 준비를 지시한 점, 이에 참가인이 8월 말까지 인수인계 하겠다고 하므로 그때까지 위 ○○○을 대기하도록 하였다가 8.30 참가인에게 출근하지 말라고 통보한 점 등을 종합하여 보면, 원고는 새로운 관리업체로 선정됨에 즈음하여 관리소장을 참가인에서 위 ○○○로 교체하기로 하고 참가인을 인수인계시인 8월 말까지만 잠정적으로 관리소장으로 근무하게 한 것일 뿐 묵시적으로 참가인을 고용승계하였다고 볼 수는 없다고 할 것이다.[88)]

(d) 구성원변동 없이 조직승계

임차인대표회의가 아파트의 소유권을 경락받은 후 입주자대표회의를 구성한 경우, 그 구성원의 변동 없이 조직이 그대로 승계된 경우라면 종전 근로자의 근로계약관계가 입주자대표회의에 승계된 것이다.

관련판례

주식회사 ○○가 부도처리되자 ○○아파트의 입주민들은 임차인대표회의를 구성하여 독자적으로 아파트를 관리하였고 그러한 과정에서 참가인(근로자)을 관리기사로 채용한 점, 그 후 임차인대표회의는 임차인들이 경락을 받아 소유자가 되면서 원고(입주자 대표회의)를 구성함으로써 그 구성원의 변동 없이 조직이 그대로 승계된 것이라 할 것이므로 참가인과의 근로계약관계 역시 원고와 사이에 그대로 유지된다고 할 것이다. 따라서 참가인을 해고하기 위해서는 근로기준법 제30조제1항 소정의 정당한 이유가 있어야 한다.[89)]

88) 서울고법 2003.10.10. 선고 2002누15145 판결
89) 서울행법 2005.3.10. 선고 2004구합28679 판결

제4절 구제신청의 이익

1. 개 념

구제이익 또는 구제신청의 이익이란 부당해고나 부당노동행위 등에 관하여 노동위원회로부터 구제명령을 받기 위한 구체적인 이익을 의미한다. 구별개념으로서 소의 이익이란 중앙노동위원회의 재심판정에 대하여 행정소송을 제기한 경우, 당해 명령이나 처분의 취소를 구할 법률상 이익을 의미한다. 근로자의 구제신청 이후 사용자의 폐업, 근로자의 사직, 사망 또는 정년도래, 근로계약기간 만료, 해당 인사처분이 확정적 취소 등과 같이 근로자의 원직복직이 불가능하거나 완전하게 실현되는 사정이 발생되는 경우(사정변경)가 자주 발생한다. 구제신청의 이익이 무엇인지에 대하여 노동관계법령에서 정의된 것은 없고, 노동위원회규칙에서 각하사유 중 하나로 규정하고 있을 뿐이다.

만약 당해 사건이 구제신청요건을 갖추지 못하였음에도 노동위원회가 이를 알지 못하거나 당사자가 이에 관하여 아무런 주장을 하지 아니하였다는 이유로 신청을 각하하지 아니하고 구제명령을 한다면 재심 또는 행정소송에서 취소사유가 된다.

관련판례

근로자가 부당해고 구제신청을 하여 해고의 효력을 다투던 중 근로계약기간의 만료로 근로관계가 종료되었다면 근로자로서는 비록 이미 지급받은 해고기간 중의 임금을 부당이득으로 반환하여야 하는 의무를 면하기 위한 필요가 있거나 퇴직금 산정시 재직기간에 해고기간을 합산할 실익이 있다고 하여도, 그러한 이익은 민사소송절차를 통하여 해결될 수 있어 더 이상 구제절차를 유지할 필요가 없게 되었으므로 구제이익은 소멸한다고 보아야 한다.[90]

---

90) 대법 2001.4.24. 선고 2000두7988 판결 참조

2. 구제신청의 이익 존재 요건

부당해고 등 구제신청 및 부당노동행위 구제신청 절차의 일반적인 요건은 다음과 같다.

(1) 법률적 다툼

구제신청이 노동위원회 권한 범위 내에 있는 구체적 권리에 관한 법률적 다툼이 아니면, 노동위원회의 구제명령 대상이 아니다.

관련판례

재심판정을 구하는 이유가 단순히 재심판정으로 입은 사회적인 명예의 손상을 회복하기 위한 것이라면 이는 사실상의 이익에 불과한 것이고, (중략) 명예회복을 위한 것이라거나 임금을 지급받기 위한 것이라는 등의 사유는 재심판정의 취소를 구할 법률상 이익에 해당된다고 볼 수 없다.[91)]

(2) 법률상 · 계약상 구제신청제기 금지사유

같은 구제신청을 거듭 제기하거나, 판정 이후 취하하였다가 다시 제기한 경우, 구제이익이 부인될 수 있다.

관련판례

특정한 권리나 법률관계에 관하여 분쟁이 있어도 제소하지 아니하기로 합의한 경우 이에 위반하여 제기한 소는 권리보호의 이익이 없고, 또한 권리의 행사와 의무의 이행은 신의에 좇아 성실히 하여야 한다는 신의성실의 원칙은 계약법뿐 아니라 모든 법률관계를 규제, 지배하는 법의 일반원칙으로서 민사소송에서도 당연히 요청된다.[92)]

---

91) 대법 1995.12.5. 선고 95누12347 판결
92) 대법 1993.5.14. 선고 92다21760 판결

(3) 확정된 판정

같은 당사자가 같은 구제신청에 대한 확정판정(화해조서 포함)이 있음에도 구제신청을 제기한 경우 노동위원회의 구제명령 대상이 아니다.

관련판례

행정처분취소청구를 기각하는 판결이 확정되면 그 처분이 적법하다는 점에 관하여 기판력이 생기고 이는 그 소의 원고뿐만 아니라 관계 행정기관도 이에 기속된다 할 것인즉, 위 면직처분이 위 판결에서 위법하지 아니하다는 점이 확정된 이상 원고가 다시 이를 무효라 하여 그 무효확인을 소 구할 수는 없다 할 것이다.[93)]

(4) 신의칙 위반의 구제신청

아무런 다툼없이 징계를 인정하여, 신청의 이익이 없음이 명백한 경우 노동위원회의 구제명령 대상이 아니다.

관련판례

① 회사의 자신에 대한 징계면직처분에 대하여 재심청구를 하였으나 기각되자 회사가 자신의 급여구좌에 입금한 해고예고수당을 반환하기 위하여 이를 공탁까지 하였다가 그 후 아무런 이의없이 회사로부터 퇴직금을 수령하고 그 후로는 부당노동행위 구제신청을 하는 등으로 징계면직처분을 다툼이 없이 다른 생업에 종사하여 오다가 징계면직일로부터 2년 10개월 가량이 경과한 후 제기한 해고무효확인의 소는 노동분쟁의 신속한 해결이라는 요청과 신의성실의 원칙 및 실효의 원칙에 비추어 허용될 수 없다.[94)]
② 사용자로부터 해고된 근로자가 퇴직금 등을 수령하면서 아무런 이의의 유보나 조건을 제기하지 않았다면 특별한 사정이 없는 한 그 해고의 효력을 인정하였다고 할 것이고 따라서 그로부터 오랜 기간이 지난 후에 그 해고의 효력을 다투는 소를 제기하는 것은 신의칙이나 금반언의 원칙에 위배되어 허용될 수 없다고 할 것이나, 다만, 이와 같은 경우라도

93) 대법 1992.12.8. 선고 92누6891 판결
94) 대법 1996.11.26. 선고 95다49004 판결

해고의 효력을 인정하지 아니하고 이를 다투고 있었다고 볼 수 있는 객관적인 사정이 있다거나 그 외에 상당한 이유가 있는 상황 하에서 이를 수령하는 등 반대의 사정이 있음이 엿보이는 때에는 명시적인 이의를 유보함이 없이 퇴직금을 수령한 경우라고 하더라도 일률적으로 해고의 효력을 인정하였다고 보아서는 안 될 것이다.[95)]

(5) 법률상 또는 사실상 실현 가능

신청하는 구제의 내용이 정년, 근로계약기간 만료 등으로 법령상이나 사실상 실현할 수 없는 경우 노동위원회의 구제명령 대상이 아니다.

관련판례

참가인(근로자)은 ○○지방노동위원회에 부당해고구제신청을 하여 위 사직이 사실상 부당해고라고 주장하며 그 효력을 다투던 중 위 근로계약기간이 만료된 사실을 인정한 다음, 원고(사용자)와 참가인 사이의 근로관계는 그 기간의 만료로 이 사건 재심판정 이전에 종료되었으므로 참가인으로서는 더 이상 구제절차를 유지할 이익이 없게 되었다고 판단하였다. 기록에 의하여 살펴보면, 원심의 이와 같은 사실인정과 판단은 옳다.[96)]

3. 구제신청의 이익 존재 판단 시점과 기준

(1) 판단시점

구제신청의 이익 존재 여부에 대한 판단 기준과 시점은 심급에 따라 달라진다. 초심구제절차에서는 근로자나 노동조합이 신청인이 되므로 근로자나 노동조합 측에 구제신청의 이익이 있는지 여부를 판단해야 하며, 그 판단시점은 초심판정 시가 된다. 변론주의를 채택하고 있는 법원에서는 소의 이익 존재 여부에 대한 판단 시점을 사실심 변론종결 시로 하고 있으나 직권주의를 채택하고 있는 노동위원회의 구제절차에서는 심문회의 종결 후에도 참고인 조사 또는 증거자료의 추가 제출

95) 대법 1993.9.24. 선고 93다21736 판결
96) 대법 2001.4.24. 선고 2000두7988 판결

명령 등 직권으로 추가적인 조사를 할 수 있으므로 초심판정 시를 구제신청의 이익 존재 여부의 판단 시로 본다.

관련판례

구제이익은 구제명령을 할 당시를 기준으로 판단하여야 하는 것으로서 구제명령 발령 당시에 근로자에게 구제이익이 있다고 인정되는 이상 사용자가 제기한 소송 도중에 정년 도래 등으로 원직에의 복귀가 불가능하다고 하더라도 이러한 사정은 사용자가 제기한 소의 이익의 문제에 불과할 뿐이고, 더 이상 근로자의 구제이익의 문제는 발생할 여지가 없다.[97]

(2) 판단기준

1) 구제이익 부정

(가) 구제의 목적 달성

근로자가 부당해고를 다투던 중에, 사용자가 임의로 근로자에 대한 해고처분을 취소하고 근로자를 복직시킨 경우 구제이익이 부정된다.

관련판례

근로자가 부당전보 내지 부당해고 구제신청을 하여 전보명령과 해고처분의 효력을 다투던 중 사용자가 그 전보명령과 해고처분을 철회 내지 취소하고 근로자를 복직시켰다면, 근로자로서는 구제를 구하는 사항이 위 복직 등에 의하여 실현됨으로써 구제신청의 목적을 달성하였으므로, 새로운 근무지로의 전보에 대한 효력을 다투는 것은 별론으로 하고, 더 이상 구제절차를 유지할 필요가 없게 되어 구제이익은 소멸한다고 보아야 할 것이다.[98]

(나) 근로관계 종료

근로자가 부당해고를 다투던 중에, 근로계약기간 만료, 사직서 제출 등의 사유

97) 대법 2004.1.15. 선고 2003두11247 판결
98) 대법 2002.2.8. 선고 2000두7186 판결

로 근로관계가 종료된 경우 구제이익이 부정된다.

관련판례

① 근로자가 부당해고구제신청을 하여 해고의 효력을 다투던 중 근로계약기간의 만료로 근로관계가 종료되었다면 근로자로서는 이미 지급받은 해고기간 중의 임금을 부당이득으로 빈환히여야 하는 의무를 면하기 위한 필요가 있거나 퇴직금 산정시 재직기간에 해고기간을 합산할 실익이 있다고 하여도, 그러한 이익은 민사소송절차를 통하여 해결될 수 있어 더 이상 구제절차를 유지할 필요가 없게 되었으므로 구제이익이 소멸한다고 보아야 할 것이다.[99)]
② 위 부당해고가 부당노동행위에도 해당됨을 들어 한 부당노동행위 구제신청 역시 그 근로계약기간의 만료로 근로관계가 종료되었다면 그 근로자 개인으로서는 어떠한 권익을 구제받게 되는 실익이 없어 더는 구제절차를 유지할 필요가 없게 되었으므로 구제이익은 소멸한다고 보아야 한다. 그런데 이 사건에서 앞서 본 바와 같이 참가인(근로자) ○○○은 2005.3.23., 참가인 ○○○은 2005.5.29. 계약기간 만료로 근로계약이 이 사건 초심명령일인 2005.7.1. 및 재심판정일인 2006.5.16. 이전에 종료되었으므로 그 당시 이 사건 부당해고 및 부당노동행위 구제신청에 대한 참가인들의 구제이익이 소멸하였다고 할 것이다.[100)]

(다) 사업체 소멸

근로자가 부당해고를 다투던 중에 사업체가 폐지된 경우, 구제이익이 부정된다.

관련판례

사용자가 그 경영의 사업체 전부를 폐업하고 이에 따라 그 소속 근로자 전원과의 근로관계를 종료시키는 것은 원칙적으로 기업 경영의 자유에 속하는 것이고, 근로자를 해고한 사용자가 사업장을 실질적으로 폐업하여 근로자들이 복귀할 사업장이 없어졌다면 사업

99) 대법 2001.4.24. 선고 2000두7988 판결
100) 서울행법 2007.2.22. 선고 2006구합23029 판결

체의 존속을 전제로 하는 근로계약관계 역시 유효하게 종료되는 것이어서 복직을 명하는 구제명령이 내려진다고 하더라도 그 실현이 객관적으로 불가능하게 되어 구제이익이 없을 것이며,[101] 이러한 폐업이 위장폐업이 아니라면 그 사업체를 폐업함으로써 근로자들이 복귀할 사업체가 없어진 이상 이들의 부당노동행위 구제신청은 실익이 없다.[102]

(라) 구제신청의 포기

(a) 출석의 불응

근로자가 부당노동행위 구제신청을 하였다가 2회 이상 출석통지를 받고도 이에 응하지 아니하면 구제신청이 각하될 수 있다.

관련판례

노동위원회 규칙 제32조(현행 제60조)[103]는 제1항에서 노동위원회가 구제신청을 각하할 수 있는 사유를 열거하면서 신청인이 2회이상 출석통지를 받고도 이에 응하지 아니하거나 신청인의 주소변경 등으로 소재불명 또는 기타 사유로 신청의 의사를 명백히 포기한 것으로 인정될 경우를 신청각하 사유의 하나로 들고 있으면서도 위 규칙 제32조제4항(현행 제45조제3항)[104]에서는 심사를 개시한 후 신청을 각하할 사유가 있음이 판명되었을 경우에는 제3항의 각하규정을 적용하도록 규정하고 있다. 위 규정취지에 의하면 위 규칙은 위 법 제18조(현행 노동위원회법 제25조)의 위임규정에 근거하여 그 범위 내에서 제정된 것이라고 볼 수 있고,[105] 구제신청을 한 신청인이 2회이상 출석통지를 받고도 이에

101) 대법 1991.12.24. 선고 91누2762 판결 참조
102) 대법 1990.2.27. 선고 89누6501 판결 참조
103) 노동위원회규칙 제60조(판정) ① 심판위원회는 심판사건이 다음 각 호 중 어느 하나에 해당하는 경우에는 각하한다. 7. 신청인이 2회 이상 출석에 불응하거나 주소불명이나 소재불명으로 2회 이상 출석통지서가 반송되거나 그 밖의 사유로 신청 의사를 포기한 것으로 인정될 경우
104) 노동위원회규칙 제45조(조사의 개시 등) ③ 조사관은 당해 사건이 구제신청 절차를 유지할 수 있는 요건을 갖추었는지 살펴보아야 한다. 이 때에 당해 구제신청이 명백히 제60조제1항에 따른 각하사유에 해당된다고 판단하는 때에는 조사를 중단하고 심판위원회에 보고하여야 한다.
105) 노동위원회법 제25조(중앙노동위원회의 규칙제정권) 중앙노동위원회는 중앙노동위원회 · 지방노동위원회 또는 특별노동위원회의 운영 기타 필요한 사항에 관한 규칙을 제정할 수 있다.

응하지 아니하는 경우에는 그의 책임없는 사유로 인하여 심문기일에 출석하지 못한 경우가 아닌 한, 노동위원회는 위 신청을 각하할 수 있고, 구제신청의 당부에 관하여 판단하여야 하는 것은 아니라고 할 것이다.[106]

(b) 취하합의

근로자가 전보발령이 부당하다고 다투던 중에 사용자와 합의를 하고, 구제신청을 취하한다는 의사표시를 한 경우 구제이익이 부정된다.

관련판례

원고(근로자)가 참가인(사용자)으로부터 이 사건 전보발령을 받은 뒤 원고와 참가인 사이에 "원고가 전보발령된 근무지에서 성실히 근무하기로 하고, 참가인은 ○○ 관리사무소장에게 원고의 근무여건이 개선될 수 있도록 권고하여, 원고는 ○○지방노동위원회에 제기한 구제신청을 취하한다"는 내용으로 합의를 한 사실을 인정할 수 있다. 따라서 원고로서는 이미 이 사건 전보발령의 결과에 동의하고 신청을 유지할 의사를 포기하였다고 할 것이어서 이 사건 전보발령에 관한 구제명령을 할 이익이 없다고 할 것이므로 원고의 구제신청을 각하한 이 사건 재심판정은 적법하다.[107]

2) 구제이익이 인정된 경우

(가) 후속징계의 효력

사용자가 전보명령 이후 해고를 한 경우, 해고의 효력을 다투고 있다면, 전보명령에 대한 구제이익을 인정한다.

관련판례

근로자들이 전보명령(보직해임처분 등) 이후 해고되었다고 하더라도 그 해고의 효력을 둘

106) 대법 1990.2.27. 선고 89누7337 판결
107) 서울행법 2005.6.3. 선고 2004구합39976 판결

러싸고 법률적인 다툼이 있어 그 해고가 정당한지 여부가 아직 확정되지 아니하였고, 더군다나 위 해고가 이 사건 전보명령(보직해임처분 등)에 따른 무단결근 등(의무의 불이행 등)을 그 해고사유로 삼고 있어서 이 사건 전보명령(보직해임처분 등)의 적법성 여부가 위 해고의 사유와도 직접 관련을 갖고 있다면, 이 사건 전보명령(보직해임처분 등)에 대한 구제의 이익이 있다.[108)]

(나) 사업의 일부 폐업

근로자들이 부당해고를 다투던 중, 사용자가 위 근로자들이 근무하던 사업부문만을 폐업한 경우에는 구제이익을 인정한다.

관련판례

참가인(사용자)이 모든 사업을 그만두고 폐업한 것이 아니라 그 일부인 ㅇㅇ식물원과 관련한 사업만을 폐업한 것이어서 나머지 사업이 남아있고, 이와 같은 사업양도에 있어서 근로자에게는 그 근로관계가 양수인에게 이전되는데 대하여 거부권을 갖고 있다 할 것인데 원고(근로자)들이 참가인에의 복직을 원하고 있음은 앞서 본 바와 같으므로, 참가인이 위와 같은 일부 사업부분의 폐지를 들어 그에 종사하던 근로자 가운데 근로관계의 승계를 거부하는 자들을 경영상 이유로 해고할 수 있음은 별론으로 하고, 사업부분을 폐지하였다는 이유만으로 원상회복의 가능성이 없어 원고들이 구제이익이 소멸하였다고 할 수 없다.[109)]

4. 대상적격

(1) 대상적격 판단기준

1) 구제신청사건의 대상

노동위원회규칙은 구제신청의 내용이 노동위원회의 구제명령대상이 아닌 경우 심판위원회는 심판사건을 각하하도록 규정하고 있다. 구제신청사건의 대상은 근

---

108) 대법 1995.2.17. 선고 94누7959 판결 ; 서울고법 2010.9.16. 선고 2010누4867 판결
109) 서울행법 2006.5.19. 선고 2005구합30181 판결

로기준법에 따른 정당한 이유 없는 해고, 휴직, 정직, 전직, 감봉, 그 밖의 징벌에 대한 구제명령과 노동조합및노동관계조정법에 따른 부당노동행위에 대한 구제명령이므로 구제신청의 내용이 노동위원회의 구제명령 대상이 되는지 여부를 확인하여야 한다.

2) 대상적격 판단

(가) 일반적인 기준

노동위원회는 구제신청의 신청하고 있는 구체적 사실에 대응하여 적절 · 타당하다고 인정하는 구제를 명할 수 있으므로 구제대상 적격판단과 관련하여 노동위원회의 재량이 넓게 인정되고 있다.

관련판례

부당해고구제신청서에 기재할 "청구할 구제의 내용"은 민사소송의 청구취지처럼 엄격하게 해석할 것은 아니고 신청전체의 취지로 보아 어떠한 구제를 구하고 있는지를 알 수 있을 정도면 되는 것으로서, 노동위원회는 재량에 의하여 신청하고 있는 구체적 사실에 대응하여 적절 · 타당하다고 인정하는 구제를 명할 수 있는 것이므로, 구제신청서에 구제의 내용이 구체적으로 특정되어 있지 않다고 하더라도 해당 법규에 정하여진 부당노동행위 또는 정당한 이유가 없는 해고 · 휴직 · 정직 · 전직 · 감봉 기타 징벌 등을 구성하는 구체적인 사실을 주장하고 있다면 그에 대한 구제도 신청하고 있는 것으로 보아야 한다.[110)]

(나) 구체적인 사례

(a) 사용자의 인사처분

㉠ 그 밖의 징벌에 대한 해석

근로기준법 제23조제1항의 "그 밖의 징벌"이라 함은 해고, 휴직, 정직, 전직,

110) 대법 2007.3.30. 선고 2005두8474 판결, 근로자가 구두해고에 대해 구제신청을 하였으나, 중앙노동위원회가 근로자에 대한 의원면직처분도 구제신청의 대상에 포함되었다고 판정한 사안에서 이러한 재심판정이 적법하다고 판단한 사례이다.

감봉을 제외한 처분으로서 사용자가 당해 근로자에게 제재로서 가하는 불이익한 처분만을 의미하고, 근로계약관계에서 일반적으로 일어날 수 있는 모든 불이익한 처분을 의미하는 것은 아니라고 본다.

관련판례

근로기준법이 제정될 당시부터 "정당한 이유없는 해고, 휴직, 정직, 전직, 감봉, 그 밖의 (기타) 징벌"을 노동위원회에 대한 구제신청 대상으로 규정하고 있고 그 규정내용이 변경되지 아니한 점과 당초 이러한 사용자의 부당해고 등에 대하여는 처벌규정을 두고 있어서 죄형법정주의의 원칙상 그 해석을 엄격히 해왔는데 조문내용 자체는 아무런 변경이 없고 이후 처벌규정만이 삭제되었다고 하여 그 해석을 달리해야 할 필요성이 있다고 보이지 않는 점, 원칙적으로 사적자치가 시배하는 사용자와 근로자 사이의 근로계약관계에서 일어날 수 있는 모든 불이익한 처분을 그 구제신청의 대상으로 삼는 것은 행정의 과도한 관여가 될 수 있다는 점 등에 비추어 보면, 근로기준법이 구제신청의 대상으로 삼고 있는 부당해고 등은 엄격하게 해석함이 상당하다. 인사평가 및 이에 따른 성과급 및 임금 미지급은 해고, 휴직, 정직, 전직에 해당하지 아니함은 그 문언의 해석상 명백하고, 감봉은 징계사유가 있음을 전제로 일정기간 임금을 삭감하는 징계 중 하나인데 반하여 이 사건에서 성과급은 징계사유와는 무관하게 실적에 따른 보상강화를 위하여 참가인이 지급하는 것으로 그 성질이 다르다. 나아가 "그밖의 징벌"에 해당하는지 여부가 문제되는바, 여기서 "그밖의 징벌"이라 함은 그 문언 자체의 뜻과 앞서 본 해석원칙에 비추어 보면, 해고, 휴직, 정직, 전직, 감봉을 제외한 처분으로서 사용자가 당해 근로자에게 제재로서 가하는 불이익한 처분만을 의미하고, 근로계약관계에서 일반적으로 일어날 수 있는 모든 불이익한 처분을 의미하는 것은 아니라고 할 것이다 (중략) 참가인의 인사평가 및 인사평가에 따른 상여금 및 임금상승률의 차등은 근로자의 근로의욕을 고취하고 생산성을 향상시키기 위한 것으로, 사용자의 인사 · 경영에 관한 영역에 속한다고 할 것이다. 따라서 이 사건 인사평가 및 이에 따른 성과급 및 임금 미지급은 근로기준법 제28조제1항의 노동위원회의 구제대상에 포함되지 아니한다.[111]

㉡ 불이익한 처분

사용자는 호봉승급누락, 승진누락, 인사평가, 성과급 미지급 등의 인사처분을 행할 수 있다. 문제는 노동위원회가 이에 대한 심판권한이 있는가인데, 일부 판례

111) 서울고법 2010.11.19. 선고 2010누14925 판결

의 태도는 호봉승급누락, 승진누락, 인사평가 등에 대해서는 노동위원회의 심판 권한이 부정된다는 입장으로 보인다.

그러나 판례가 제시하는 구별기준인 제재로서 가하는 불이익한 처분과, 근로계약관계에서 일반적으로 일어날 수 있는 모든 불이익한 처분은 실제로는 구별이 불가능하다. 예를 들어, 대기발령과 같은 인사명령의 경우 징계대체적인 성격을 가지면서 봉급의 삭감 등의 불이익이 수반되는 경우가 일반적인데, 판례는 이를 징계로 보고 있지 않다.[112] 따라서 형식적으로 제재가 아니라 인사명령으로 분류된다는 이유로 대기발령에 대한 근로기준법 제23조제1항의 적용을 배제하여 노동위원회가 심판하지 못한다고 해석한다면 부당한 대기발령을 당한 근로자들은 노동위원회를 통한 신속한 권리구제의 길이 막히게 되거나 제재가 아닌 불이익한 처분은 근로기준법 제23조제1항의 제한을 받지 않고 정당한 이유가 없더라도 마음대로 부과할 수 있다는 문제점이 생기게 된다.

또한 근로기준법 제23조제1항의 규정형식상 동 조항의 해고, 전보, 휴직 등은 "그 밖의 징벌"이라는 일반조항의 예시로 해석할 수 밖에 없다. 그런데 판례는 전보 · 전직 등도 대기발령과 같이 징계나 제재가 아니고 일반적인 인사명령으로 보므로, 판례와 같이 해석할 경우 근로기준법 제23조제1항은 제재로서의 불이익한 처분만을 의미하는 일반조항인 "그 밖의 징벌"의 예시로 "전보"라는 제재가 아닌 일반 인사처분을 규정하고 있는 모순된 구조의 규정이 된다.

관련판례

① 원고(사용자) 회사의 징계는 "표창징계규정"에 따라 직원이 법령을 위반하거나 고의

---

112) 근로자에 대한 직위해제는 일반적으로 근로자가 직무수행능력이 부족하거나 근무성적 또는 근무태도 등이 불량한 경우, 근로자에 대한 징계절차가 진행중인 경우, 근로자가 형사사건으로 기소된 경우 등에 있어서 당해 근로자가 장래에 있어서 계속 직무를 담당하게 될 경우 예상되는 업무상의 장애 등을 예방하기 위하여 일시적으로 당해 근로자에게 직위를 부여하지 아니함으로써 직무에 종사하지 못하도록 하는 잠정적인 조치로서의 보직의 해제를 의미하므로 과거의 근로자의 비위행위에 대하여 기업질서 유지를 목적으로 행하여지는 징벌적 제재로서의 징계와는 그 성질이 다르다(대법 2006.8.25. 선고 2006두5151 판결 ; 대법 1996.10.29. 선고 95누15926 판결 등).

또는 과실로 업무상 임무를 해태하여 손실을 유발한 경우 등 사유에 대하여 소정의 징계 절차를 거쳐 과하여지는 징벌인데 반해, 이 사건 업무지원역 발령은 "후선역 관리방안"에 따라 그 대상자를 "사고자 및 징계자"중 현업 배치 제한이 필요하다고 인정되는 직원에 대하여, 개인별 일일 활동 내용보고, 실적관리, 실적평가, 면담기록부 작성 등을 통해 지속적인 관리를 하여 업무 능력 제고를 위한 인사상 조치이다. 이 사건 업무지원역 발령으로 근로자가 제공하여야 할 근로의 종류나 내용, 장소, 임금 등에 변경을 가져오는 불이익이 있다고 하더라도, 기업 활동을 계속적으로 유지하기 위해서 노동력을 재배치하거나 그 수급 조절을 위하여 인사권자인 사용자가 고유 권한에 의하여 발령한 인사명령이지, 징계처분이라고 볼 수 없다. 따라서, 이 사건 감봉처분과 이 사건 업무지원역 발령이 동일한 사유에 기초하여 이루어졌다고 하여 이를 통털어 하나의 징계처분으로 볼 수 없다.[113)]

② 원심이 비록 4.1.자 (업무추진역, 상담역 등으로의) 전직발령 및 이 사건 각 인사발령에 따라 근로자가 제공하여야 할 근로의 종류나 내용 또는 장소 등에 변경을 가져오는 불이익이 있다고 하더라도, 그것들은 사용자가 업무상 필요하여 노동력을 재배치하는 등 그의 인사권한에 속하는 사항에 관한 것으로 구 근로기준법(2007.4.11. 법률 제8372호로 전문 개정되기 전의 것. 이하 '법'이라고 한다) 제30조제1항에서 정하는 "감봉 기타 징벌"에 해당하지 않으며, 그 적법 또는 유효 여부는 권리남용 해당 여부 등에 의하여 판단되어야 한다고 본 것은 정당하다. (중략) 근로자에 대한 전직이나 전보처분은 근로자가 제공하여야 할 근로의 종류 · 내용 · 장소 등에 변경을 가져온다는 점에서 근로자에게 불이익한 처분이 될 수도 있으나 원칙적으로 인사권자인 사용자의 권한에 속하므로 업무상 필요한 범위 안에서는 상당한 재량을 가지며, 그것이 앞서 본 법 제30조제1항에 위반되거나 권리남용에 해당하는 등 특별한 사정이 없는 한 무효라고는 할 수 없고, 전직처분 등이 정당한 인사권의 범위 내에 속하는지의 여부는 당해 전직처분 등의 업무상의 필요성과 전직에 따른 근로자의 생활상의 불이익을 비교 · 교량하고, 근로자가 속하는 노동조합(노동조합이 없으면 근로자 본인)과의 협의 등 그 전직처분을 하는 과정에서 신의칙상 요구되는 절차를 거쳤는지의 여부에 의하여 결정되어야 한다.[114)]

(b) 연속된 두 개의 처분

㉠ 감봉처분 후에 행해진 실제 급여의 삭감

감봉처분에 기하여 실제 급여가 삭감되는 것은 감봉처분의 집행행위에 불과하다고 보아 대상적격이 부정된다.

---

113) 서울고법 2010.9.8. 선고 2010누5402 판결
114) 대법 2009.3.26. 선고 2007다54498, 54504 판결

관련판례

원고(근로자)는 이 사건 징계에 대한 구제신청기간은 원고의 급여가 실제로 삭감된 8.25. 비로소 기산한다고 주장하므로 보건대, (중략) 3개월 이내에 구제신청을 제기하도록 규정하고 있는데, 여기서 감봉처분은 사용자의 일방적 의사표시에 의한 근로자의 급여를 삭감하는 불이익한 처분으로서 그 징계처분 자체가 구제신청의 대상이 되는 것이고, 그 감봉처분에 기하여 실제 급여가 삭감되는 것은 감봉처분의 집행행위에 불과하여 그러한 행위가 다시 감봉징계처분과 독립하여 별개의 구제신청의 대상이 되거나, 부당노동행위가 된다고 볼 수 없으므로, 이 사건 징계에 대한 구제신청기간 기신점이 실제 급여가 삭감된 시점부터 비로소 기산하는 것은 아니라고 할 것이다.[115]

㉡ 원직복직 명령을 이행 후 복직 취소

구제명령에 따른 잠정적인 복직조치 후 복직 취소는 잠정적인 지위에 대한 불이익처분에 불과하다고 보아 대상적격이 부정된다.

관련판례

이 사건 복직취소가 근로기준법상 노동위원회의 구제대상에 포함되는지에 관하여 본다. (중략) 노동위원회를 통한 구제절차는 민사소송에 비하여 신속 · 간이한 권리구제를 도모하기 위하여 특별히 마련된 절차인데, 만일 구제명령을 이행하지 않거나 일시적으로 이행하였다가 이를 취소한 경우까지 노동위원회의 구제대상에 포함시킨다면 분쟁이 끊임없이 생성 · 반복되어 그 입법취지를 몰각시킬 위험이 있는 점, 원고(사용자)가 위 구제명령을 일시적으로 이행하였다가 이를 취소한 것을 기존의 부당해고 등을 초과하는 독립적인 불이익처분이라고 보기는 어려운 점, 노동위원회가 근로자의 구제신청을 받아들여 사용자에 대하여 구제명령을 하는 경우 위 구제명령은 단순한 공법상의 의무를 부과하는 것에 불과하고 이로써 근로자와 사용자 사이에 부당해고 등이 있기 전의 사법상의 법률관계로 회복시키는 효력이 있는 것은 아니므로, 원고가 ○○지방노동위원회의 구제명령에 따라 참가인(근로자)을 복직시켰다 하더라도 재심청구나 소송을 통하여 위 부당해고 등의 정당성을 다투고 있는 이상, 위 복직은 어디까지나 잠정적인 지위 회복에 불과한 점 등을 고려하면, 구 근로기준법상 노동위원회에 구제를 신청할 수 있는 부당해고 등은 사용자

115) 서울행법 2006.12.19. 선고 2006구합33644 판결

와 근로자 사이의 확정적인 고용관계에 대한 불이익처분을 뜻한다 할 것이고, 이 사건 복직취소와 같이 구제명령 이행에 따른 잠정적인 지위에 대한 불이익처분까지 포함하는 것은 아니라 할 것이다. 따라서 이 사건 복직취소에 대한 참가인의 재심신청을 기각하였어야 할 것임에도 이와 결론을 달리하여 ㅇㅇ지방노동위원회의 초심판정을 취소하고 본안판단에까지 나아간 이 사건 재심판정은 더 나아가 살필 필요 없이 위법하다.[116]

㉢ 원징계처분 후 징계재심 결과의 통보

징계 재심결과 통보는 새로운 해고의 징계처분을 한 것으로 볼 수 없다고 보아 대상적격이 부정된다.

관련판례

원고(사용자)가 참가인(근로자)에 대하여 직권면직의 이 사건 해고를 하면서 "참가인이 이후 이 사건 비위사실에 관하여 무죄 또는 형의 감경 등의 판결을 받아 직권면직 처분에 이의를 제기할 수 있는 상황이 발생할 경우, 인사위원회에서 복직 등의 구제절차를 고려할 수 있다"는 내용의 이 사건 단서를 단 사실은 앞서 본 바와 같은바, 이 사건 단서가 "구제절차"를 고려할 수 있다고 규정하고 있는 점, 이 사건 해고처분서에 "참가인을 직권면직에 처한다"고 기재되어 있을 뿐, 그 징계처분의 효력의 존속에 관하여 어떠한 조건도 명시적으로 기재되어 있지 않은 점 등에 비추어 이 사건 단서의 취지는 참가인에 대하여 직권면직의 징계처분을 확정적으로 하되, 다만 참가인이 형사재판을 받고 있는 상황을 고려하여 재판결과 사정변경이 생기는 경우 참가인에게 원고의 인사규정이 정하는 징계처분에 대한 "구제절차", 즉 재심을 청구할 기회를 부여하여 복직 등 구제여부를 고려해 보겠다는 것으로 볼 수 있을 뿐, 사정변경이 생기는 경우 이 사건 해고를 당연히 무효로 한다든지, 참가인에 대하여 새로운 징계절차를 진행하겠다는 취지로 볼 수는 없다. 따라서 참가인은 이 사건 해고로써 이미 해고되었다 할 것이고, 이 사건 재심결과 통보는 이 사건 단서에 기한 참가인의 재심청구를 기각하였다는 사실을 통지한 것에 불과할 뿐, 이를 참가인에 대하여 새로운 해고의 징계처분을 한 것으로 볼 수는 없으므로, 이 사건 재심결과통보를 이 사건 해고와는 별개의 새로운 해고로 보고 그에 대하여 신청한 참가인의 구제신청은 구제신청의 대상이 될 수 없는 것을 대상으로 삼아 신청한 것으로 부적법하다 할 것이다.[117]

116) 서울행법 2008.5.15. 선고 2007구합38998 판결
117) 서울고법 2008.4.3. 선고 2007누18811 판결

㉣ 직위해제 후 전직처분

직위해제를 하는 경우, 전직이 반드시 뒤따르는 것은 아니므로 양자를 별개의 처분으로 보아 전직처분의 대상적격이 인정된다.

관련판례

원고(근로자)는 보직해임 즉 직위해제와 전직은 밀접불가분의 관계에 있어 양자는 별개의 처분이 아니라 하나의 처분으로 보아야 할 것이므로 이 사건 보직해임에 있어서도 이 사건 전직이 있은 때를 기준으로 3개월 내에 구제신청을 하면 적법하다고 주장한다. 살피건대, 직위해제란 직위해제 사유가 발생한 경우 당해 근로자가 계속 근무를 담당하게 될 경우 예상되는 업무상의 장애 등을 예방하기 위하여 일시적으로 당해 근로자에게 직위를 부여하지 아니함으로써 그 직무에 종사하지 못하도록 하는 잠정적인 조치로서의 보직의 해제를 의미하므로, 인사권자인 사용자가 적재적소에 노동력을 배치하고, 부서간의 인사교류를 통하여 업무운영의 원활을 기하는 등의 업무상 필요한 범위 내에서 실시하는 배치전환중 하나인 직무내용의 변경을 의미하는 전직과는 그 성질이 다르고, 보직해임을 하는 경우에 전직이 반드시 따르는 것도 아니어서 양자를 하나의 처분으로 볼 수는 없으므로 원고의 위 주장은 이유없다.[118]

㉤ 직위해제 후 해임처분

직위해제 후 해임처분이 행해졌다고 하더라도, 해임처분의 효력이 다투어지고 있고, 직위해제로 인하여 인사상, 급여상 불이익이 있다면 직위해제처분의 대상적격이 인정된다.

관련판례

직위해제처분은 근로자로서의 지위를 그대로 존속시키면서 다만 그 직위만을 부여하지 아니하는 처분이므로 만일 어떤 사유에 기하여 근로자를 직위해제한 후 그 직위해제사유와 동일한 사유를 이유로 징계처분을 하였다면 뒤에 이루어진 징계처분에 의하여 그 전

118) 서울행법 2007.11.1. 선고 2007구합10570 판결

에 있었던 직위해제처분은 그 효력을 상실한다.[119] 여기서 직위해제처분이 효력을 상실한다는 것은 직위해제처분이 소급적으로 소멸하여 처음부터 직위해제처분이 없었던 것과 같은 상태로 되는 것이 아니라 사후적으로 그 효력이 소멸한다는 의미이다. 따라서 직위해제처분에 기하여 발생한 효과는 당해 직위해제처분이 실효되더라도 소급하여 소멸하는 것이 아니므로, 인사규정 등에서 직위해제처분에 따른 효과로 승진 · 승급에 제한을 가하는 등의 법률상 불이익을 규정하고 있는 경우에는 직위해제처분을 받은 근로자는 이러한 법률상 불이익을 제거하기 위하여 그 실효된 직위해제처분에 대한 구제를 신청할 이익이 있다. (중략) 직위해제처분으로 인하여 승진 · 승급에 제한을 받고 보수가 감액되는 등의 인사상 · 급여상 불이익을 입게 되었고, 이 사건 해임처분의 효력을 둘러싸고 다툼이 있어 그 효력여하가 확정되지 아니한 이상 근로자의 신분을 상실한다고 볼 수 없어 여전히 이와같은 인사상 불이익을 받는 상태에 있으므로, 비록 이 사건 직위해제처분이 이 사건 해임처분에 의하여 그 효력을 상실하였다고 하더라도 원고는 이 사건 직위해제처분에 대한 구제의 이익이 있다.[120]

119) 대법 1997.9.26. 선고 97다25590 판결 등 참조
120) 대법 2010.7.29. 선고 2007두18406 판결

제5절 근로기준법 적용 대상 사업

1. 개 요

근로기준법이 적용되는 범위를 판단하는 기준은 법률상 실현가능한지를 판단하는 기준이 되며, 장소적으로 어디에 위치하고 있느냐와 사업장별로 상시근로자 수가 몇 명인가에 따라 결정된다.

2. 장소적 적용 범위

구제신청제도는 법의 일반원칙(속지, 속인주의 원칙)에 따라 국내에서 운영되는 사업(장)에 적용하며, 본사가 국내에 있고 그 외국 지점 · 출장소에 근무하는 내국인 근로자에게도 적용된다.

(1) 외국법인

외국법인이 국내에 사무소를 두고 인사, 노무관리 등을 외국에서 하는 경우 외국에 있는 법인을 상대로 구제신청을 할 수 있다.

관련판례

국제관습법에 의하면 국가의 주권적 행위는 다른 국가의 재판권으로부터 면제되는 것이 원칙이라 할 것이나, 국가의 사법적 행위까지 다른 국가의 재판권으로부터 면제된다는 것이 오늘날의 국제법[121]이나 국제관례라고 할 수 없다. 따라서 우리 나라의 영토 내에서 행

---

121) 국제사법 제28조 ① 근로계약의 경우에 당사자가 준거법을 선택하더라도 제2항의 규정에 의하여 지정되는 준거법 소속 국가의 강행규정에 의하여 근로자에게 부여되는 보호를 박탈할 수 없다. ② 당사자가 준거법을 선택하지 아니한 경우에 근로계약은 제26조의 규정에 불구하고 근로자가 일상적으로 노무를 제공하는 국가의 법에 의하며, 근로자가 일상적으로 어느 한 국가 안에서 노무를 제공하지 아니하는 경우에는 사용자가 근로자를 고용한 영업소가 있는 국가의 법에 의한다. ③ 근로계약의 경우에 근로자는 자신이 일상적으로 노무를 제공하거나 또는 최후로 일상적 노무를 제공하였던 국가에서도 사용자에 대하여 소를 제기할 수 있으며, 자신이 일상적으로 어느 한 국가 안에서 노무를 제공하지 아니하거나 아니하였

하여진 외국의 사법적 행위가 주권적 활동에 속하는 것이거나 이와 밀접한 관련이 있어서 이에 대한 재판권의 행사가 외국의 주권적 활동에 대한 부당한 간섭이 될 우려가 있다는 등의 특별한 사정이 없는 한, 외국의 사법적 행위에 대하여는 당해 국가를 피고로 하여 우리나라의 법원이 재판권을 행사할 수 있다고 할 것이다.[122)]

(2) 주한미군

"대한민국과 아메리카합중국간의 한 · 미 상호방위조약 제4조에 따른 시설과 구역 및 대한민국에서의 합중국 군대의 지위에 관한 협정"(SOFA) 규정에 따라, 노동위원회는 아메리카 합중국 군대에 고용된 대한민국 근로자의 구제신청에 대한 심판권이 없다.

(3) 개성공단

개성공업지구 현지기업(5명 이상)소속 남한 근로자는 경기지방노동위원회에 구제신청을 제기할 수 있다.[123)]

3. 사업장별 적용범위

(1) 상시 5인 이상 사업장

해고 등 징벌에 관한 정당성 판정 및 구제명령은 근로기준법 제11조에 따라 상시 5명 이상의 근로자를 사용하는 사업인 경우에 가능하다.[124)] 상시란 평상상태를 말하므로 일시적으로 5인 미만이 되더라도 일정한 기간을 평균하여 5인 이상이면 상시 5인 이상에 해당된다. 다만, 국가 및 지자체는 공무원이 아닌 근로자가 단 1

던 경우에는 사용자가 그를 고용한 영업소가 있거나 있었던 국가에서도 사용자에 대하여 소를 제기할 수 있다.

122) 대법 1998.12.17. 선고 97다39216 판결

123) 개성공업지구 지원에 관한 법률 제15조

124) 근로기준법 제11조(적용 범위) ① 이 법은 상시 5명 이상의 근로자를 사용하는 모든 사업 또는 사업장에 적용한다. 다만, 동거하는 친족만을 사용하는 사업 또는 사업장과 가사(家事) 사용인에 대하여는 적용하지 아니한다.

명만 있어도 근로기준법이 적용된다.

동거(同居)의 친족만을 고용하는 사업, 사업장과 가사사용인에 대해서는 적용대상에서 제외되나 동거의 친족[125] 이외의 근로자가 1명이라도 포함되어 총 5명 이상이면 근로기준법이 적용된다. 외국인근로자(불법 취업자 포함), 단시간근로자, 기간제근로자는 포함되나, 파견, 도급, 용역 근로자는 제외된다.

(2) 상시근로자수 산정방법

$$\frac{\text{산정기간동안 사용한 근로자 연인원}}{\text{산정기간중 가동일수}} = \text{상시 근로자수}$$

상시 사용하는 근로자수는 해당사업 또는 사업장에서 법적용 사유발생일전 1개월(산정기간) 동안 사용한 근로자의 연인원을 같은 기간중의 가동일수로 나누어 산정한다. 산정기간이 사업성립일부터 1개월 미만인 경우에는 그 사업이 성립한 날 이후의 기간을 말한다. 다만, 산정기간동안에 산정한 상시근로자수가 5명에 해당하지 않는 경우에도 산정기간에 속하는 일별로 근로자수를 파악하였을 때, 5명에 미달한 일수가 2분의 1 미만인 경우에는 법적용 사업(장)으로 본다.[126]

관련판례

근로기준법 제11조제1항에 "이 법은 상시 5명 이상의 근로자를 사용하는 모든 사업 또는 사업장에 적용한다."라고 규정하고 있으며, 어떤 기업이 하나의 사업장에서 하나의 영업허가를 가지고 동종의 사업을 경영하면서 그 경영진의 사정 때문에 그 사업을 2개 이상의 단위로 분할하여 그 인적, 물적 설비를 서로 독립시키고 회계를 서로 분리하여 경영하여 왔다 하더라도 그 경영주체가 동일한 인격체라면 그 회사내부의 분리경영이라는 사정이 있다 하여 이를 별개의 사업체로 볼 수는 없는 것이다.[127]

---

125) 세대를 같이하면서 생활을 공동으로 하는 8촌 이내의 혈족, 4촌 이내의 인척, 배우자를 의미(민법 제777조 친족의 범위)

126) 근로기준법 시행령 제7조의2

127) 대법 1992.5.12. 선고 90누9421 판결

제1편 부당해고 등 구제제도와 사건접수

제3장 구제사건접수

제1절 구제신청서 접수

1. 지방노동위원회와 특별노동위원회

(1) 지방노동위원회

지방노동위원회[1]는 당해 관할구역에서 발생하는 부당해고 등 구제사건(이하 "초심사건" 이라 한다)을 관장한다. 부당해고 등 구제신청의 경우 당해 부당해고 등 처분이 있었던 당시의 근로자 근무지, 부당해고 등이 연속된 경우에는 마지막 처분이 있었던 당시의 근로자 근무지를 관할하는 지노위에서 관장하는 것을 원칙으로 한다. 다만 부당전보구제신청의 경우 근로자가 다른 지노위 관할지역으로 전보되어 처분당시의 근로자 근무지를 관할로 하는 것이 곤란한 경우에는 신청에 의하여 달리 처리할 수 있다. 다만, 2이상의 관할구역에 걸친 사건은 주된 사업장의 소재지를 관할하는 지방노동위원회가 관장한다.

(2) 특별노동위원회

특별노동위원회는 관계 법률에서 정하는 바에 따라 특정사항에 관한 사건을 관장하는데, 현재 국토해양부 소속의 선원노동위원회가 있다.[2]

관련판례

노동위원회법 제2조제3항은 특별노동위원회는 특정한 사항을 관장하기 위하여 필요한 경우에 당해 특정사항을 관장하는 중앙행정기관의 장 소속하에 둔다고 규정하고 있고, 선원법 제4조제1항은 노동위원회법 제2조제3항의 규정에 의한 특별노동위원회로서 국토해양부장관 소속하에 선원노동위원회를 둔다고 규정하고 있으며, 선원법 제4조제2항의

1) 지방노동위원회는 서울, 부산, 경기, 충남, 전남, 경북, 경남, 인천, 강원, 충북, 전북, 제주에 설치되어 있다.
2) 선원노동위원회는 인천, 군산, 목포, 여수, 마산, 부산, 울산, 포항, 동해, 제주, 대산, 평택에 설치되어 있다

위임에 근거한 선원노동위원회규정 제3조는 선원노동위원회의 명칭, 위치, 관할구역 등을 규정하고 있고, 선원법 제34조의3은 선박소유자가 선원법의 적용을 받는 선원에 대하여 정당한 사유 없이 선원근로계약을 해지하거나 휴직 · 정직 · 감봉 기타 징벌을 한 때에는 당해 선원은 선원노동위원회에 그 구제를 신청할 수 있다고 규정하고 있는 바, 위 규정들에 비추어 볼 때, 선원법의 적용을 받는 선원은 원칙적으로 특별노동위원회인 선원노동위원회에 부당해고 구제신청을 하여야 하고, 근로기준법의 적용을 받는 근로자들에 대한 부당해고 구제신청사건을 담당하는 지방노동위원회에 부당해고 구제신청을 할 수 없다고 할 것이다.[3]

(3) 사건의 이송

노동위원회는 조사 또는 심문을 개시한 후 관할이 잘못된 것으로 판명되었을 때에는 즉시 조사 또는 심문을 중지하고 관할 노동위원회에 사건을 이송한다.

관련판례

행정절차법 제6조제1항은 행정청이 그 관할에 속하지 아니하는 사안을 접수하였거나 이송받은 경우에는 지체 없이 이를 관할행정청에 이송하여야 하고 그 사실을 신청인에게 통지하여야 한다고 규정하면서, 같은 조 제2항는 행정청의 관할이 분명하지 아니하는 경우에는 당해 행정청을 공통으로 감독하는 상급행정청이 그 관할을 결정하고, 공통으로 감독하는 상급행정청이 없는 경우에는 각 상급행정청의 협의로 그 관할을 결정한다고 규정하고 있으며, 또한 노동위원회법 제25조가 중앙노동위원회는 중앙노동위원회 · 지방노동위원회 또는 특별노동위원회의 운영 기타 필요한 사항에 관한 규칙을 제정할 수 있다고 규정함에 따라 중앙노동위원회가 노동위원회의 운영 등 필요한 사항에 관하여 제정한 노동위원회규칙 제32조제1항은 노동위원회는 접수된 사건이 다른 노동위원회의 관할인 때에는 즉시 당해 사건과 일체의 서류를 관할 노동위원회로 이송하여야 한다고 규정하면서, 같은 규칙 제5항은 이송된 사건은 처음부터 이송을 받은 노동위원회에 접수된 것으로 본다고 규정하는 한편, 같은 규칙 제2조제1호는 "노동위원회"란 중앙노동위원회 · 지방노동위원회 또는 특별노동위원회를 말한다고 규정하고 있는바, 위와 같은 사건이송에 관한 규정들은 지방노동위원회와 특별노동위원회인 선원노동위원회 사이에서도 적용된다고 할 것이다.[4]

3) 서울고법 2010.7.22. 선고 2009누31832 판결
4) 서울고법 2010.7.22. 선고 2009누31832 판결

2. 사건접수 알림 및 심판사건 진행안내

사건이 접수되면 노동위원회는 당사자로 하여금 사건진행절차를 이해하고 협조할 수 있도록 함으로써 신속하고 원활하게 처리하기 위하여, 또한 관계 당사자로 하여금 위원제척 · 기피 신청권, 증인 신청권 등 근로기준법, 노동위원회법 등에서 규정하고 있는 권리를 행사할 수 있는 기회를 제공함으로써 사건처리의 공정성을 확보하기 위하여 사건진행과 관련하여 관계 당사자가 알아야 할 사항을 망라한 심판사건진행 안내문과 각종 서식을 신청인에 대한 사건접수 알림 및 피신청인에 대한 답변서 제출 요구 공문과 함께 당사자에게 송부한다.

그림1. 사건처리의 흐름

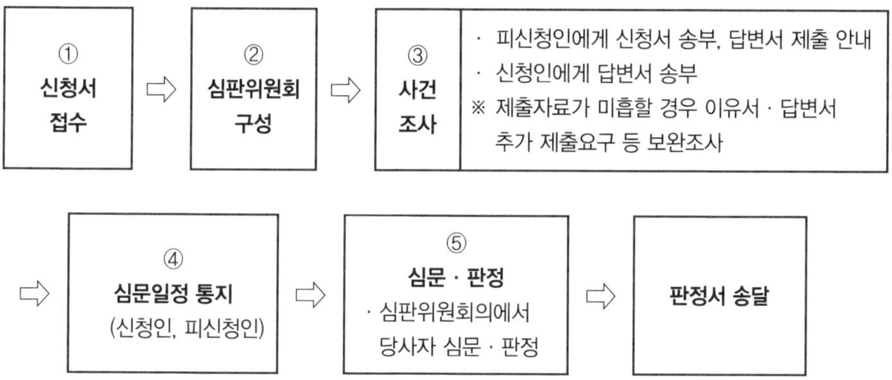

제2절 심판사건의 대리 및 자료제출

1. 심판사건의 대리

(1) 개 요

심판대리인이란 당사자의 위임을 받아 당해 사건의 심판절차를 수행하는 자를 말한다. 이때 사회취약계층의 보호를 위하여 일정한 범위의 근로자에게는 당사자의 신청에 따라 노동위원회가 비용을 부담하고 대리인을 선임하여 줄 수 있다.

(2) 당사자 선임에 의한 대리인

당사자는 대리인 선임 범위에 있는 다음의 자 첫째, 당사자가 근로자인 경우 그 배우자, 직계 존 · 비속이나 형제자매 둘째, 당사자가 노동조합인 경우 그 조합의 임원이나 조합원 셋째, 당사자가 사용자나 사용자단체인 경우 그 사업의 임원이나 직원 넷째, 변호사, 공인노무사와 다른 법률에 따라 심판사건을 대리할 수 있는 자 다섯째, 그밖에 노동위원회위원장의 승인을 받은 자에게 구제신청절차를 대리하게 할 수 있다.

당사자가 대리인을 선임한 경우 대리권을 수여받은 자는 지체 없이 대리인 선임신고서를 노동위원회에 제출하여야 한다. 대리인이 대리할 수 있는 범위에 관하여 당사자와 대리인 사이에 별도의 제한이 없으면 심판사건 수행에 관한 일체의 권한을 행사할 수 있는 것으로 본다. 당사자는 대리인 선임을 철회하거나 다른 대리인으로 변경할 수 있는데 이 경우 그 사실을 노동위원회에 서면으로 통보한 이후에 그 효력이 발생한다. 당사자가 대리인을 둔 경우 노동위원회는 판정서 등은 원칙적으로 대리인에게만 송달한다.

2. 공인노무사 무료지원제도

(1) 개 요

부당해고 등 구제신청 등에 있어서 공인노무사가 사회취약계층의 권리구제업무를 대리할 수 있도록 지원 하고있다.[5] 지원내용은 법률 상담에서부터 구제신청 이유서 또는 답변서 작성 · 제출, 심문회의 참석 및 진술, 화해 · 합의 등 사건이 종료될 때까지 일체의 법률 서비스가 가능하다.

월 평균임금 170만원 미만(종선 150만원 미만, 2010.7.1 부터) 근로자가 공인노무사의 조력을 받기 원하는 경우 선임 신청서를 노동위원회에 제출하면 된다. 근로자가 임금관련 자료를 제시하지 못하거나, 사용자의 자료 미제출 등으로 평균임금이 확인되지 않을 경우에는 선임신청에 대하여 불승인함을 통지한다.

(2) 선임 절차

노동위원회는 특별한 사정이 없는 한 작성된 명부에 기재된 순번에 따라 공인노무사를 선임한다. 다만 사건 수에 비해 공인노무사 수가 부족하여 사건의 정상적인 처리가 어려운 경우 인근 지역 지노위의 명부에 등재된 공인노무사를 선임할 수 있다. 사건이 병합될 경우 노동위원회위원장은 후순위 접수사건에 대한 공인노무사의 선임을 철회하고 이를 신청인과 해당 공인노무사에게 통지하여야 하며, 선임이 철회된 공인노무사는 철회 직후 접수된 사건에 선임한다.

공인노무사 선임 신청자가 제출한 임금관련 자료를 확인한 결과 지원대상자임이 확인되는 경우에는 노동위원회위원장은 공인노무사 선임 결정을 하고 그 사실을 지체 없이 신청자와 해당 공인노무사에게 통지하며, 공인노무사 선임 통보를 받은 공인노무사는 통보받은 날로부터 10일 이내에 당해 사건에 대한 이유서 또는 답변서 등을 제출하여야 한다.

---

5) 노동위원회법 제6조의2(공인노무사의 권리구제 대리) ① 노동위원회는 제2조의2제1호 중 판정 · 결정 · 승인 · 인정 또는 차별시정 등에 관한 사건에 있어서 「공인노무사법」 제26조의2제1항에 따라 사회취약계층을 위하여 공인노무사로 하여금 권리구제업무를 대리하게 할 수 있다. ② 제1항에 따라 사회취약계층을 위한 권리구제업무를 대리하는 경우의 요건, 대상, 공인노무사의 보수에 관한 사항 등 필요한 사항은 고용노동부령으로 정한다.

(3) 선임 취소 및 재선임

선임된 공인노무사의 취소사유는 ① 대리인의 선임을 신청한 자가 다른 공인노무사 또는 변호사를 대리인으로 선임한 경우 ② 선임된 공인노무사가 3년 이하의 자격정지, 등록취소, 6개월 이하의 직무정지, 공인노무사법 제20조제3항 제1호부터 제3호까지의 징계처분을 받은 경우 ③ 선임된 공인노무사가 해당 사건과 이해관계가 있는 등 해당 권리구제업무를 대리하게 하는 것이 적절하지 아니한 경우 ④ 노동위원회가 선임된 공인노무사의 사임을 허가한 경우이며, 노동위원회로부터 공인노무사의 선임 취소 또는 사임 통보를 받은 신청인은 공인노무사를 다시 선임해 줄 것을 신청할 수 있다.

3. 이유서 · 답변서 제출

노사는 당사자가 직접 또는 대리인을 통하여 이유서, 답변서 및 입증자료를 제출하여야 한다. 심판사건 처리 관련 당사자의 입증자료는 심판위원들에게 제공되는 조사보고서 작성이전까지 노동위원회에 제출하는 것을 원칙으로 하고, 조사보고서 작성이후 심문회의 전후에 제출되는 추가자료에 대해서는 상대방이 석명권을 행사하는데 지장이 있는 경우 증거로써 채택되지 않을 수 있으므로 유의하여야 한다.

4. 출석조사 및 자료제출

(1) 출석조사

이유서, 답변서 및 입증자료를 검토한 결과 당사자, 관계인의 진술을 통하여 직접 확인할 사항이 있으면 노동위원회 조사관은 출석을 요구 하는 경우가 있다. 신청인이 2회 이상 노동위원회의 출석에 응하지 않거나 주소불명이나 소재불명으로 2회 이상 출석통지서가 반송되거나 그 밖의 사유로 신청의사를 포기한 것으로 인정될 경우 구제신청이 각하될 수 있으니 유의하여야 한다.

(2) 자료제출명령

당사자의 상반된 주장에 대하여 확인이 필요하거나 입증이 미비하여 추가적인 입증자료가 필요한 경우 자료제출을 명령할 수 있다. 또한 사업장의 폐업여부, 상시근로자수 확인, 근로자 · 사업주 소재불명, 입증자료의 제출 미흡 및 서면 또는 출석조사만으로 사실관계 파악이 어려운 경우 등에는 조사관이 현지 출장조사하게 된다.

노동위원회의 보고 또는 서류제출 요구에 2차례 이상 응하지 않거나 거짓의 보고 또는 서류를 제출한 자, 관계위원 또는 조사관의 조사를 거부 · 방해 또는 기피한 자에 대하여는 노동위원회법 위반으로 형사처벌을 받을 수 있다.[6]

5. 신청취지의 추가 · 변경

(1) 개 념

근로자나 노동조합은 부당해고 등의 구제신청이나 부당노동행위 구제신청 후 누락된 신청 취지를 추가하고자 하거나 징계처분 변경 등으로 신청 취지를 변경하고자 하는 경우에는 새로운 구제신청을 하는 대신 노동위원회의 승인을 얻어 신청취지를 추가 · 변경할 수 있다.

(2) 방 법

신청취지의 추가 · 변경은 당초 신청의 원인행위와 관련이 있는 범위 내에서 할 수 있으며, 서면으로 신청하여야 하며 신청자는 그 서면을 상대방에게도 송달하여야 한다. 신청취지의 추가 · 변경신청은 제척기간 내에 심문회의 개최 전까지 할 수 있다. 다만, 구제절차를 현저히 지연시키는 경우에는 허용되지 않으므로, 이때는 별도의 구제신청을 하여야 한다. 노동위원회는 신청취지의 추가 · 변경을 승인한 때에는 지체 없이 그 사실을 당사자에게 서면으로 통지하여야 하며, 추가

---

6) 노동위원회법 제31조(벌칙) 제23조제1항의 규정에 따른 노동위원회의 조사권 등과 관련하여 다음 각 호에 해당하는 자는 500만원 이하의 벌금에 처한다.1. 노동위원회의 보고 또는 서류제출 요구에 응하지 아니하거나 거짓의 보고 또는 서류를 제출한 자 2. 관계 위원 또는 조사관의 조사를 거부 · 방해 또는 기피한 자

또는 변경된 부분은 최초 구제신청일에 신청된 것으로 본다.

6. 증인 · 참고인 신청

당사자의 주장이 일치하지 아니하고 객관성이 있는 증거확보도 곤란할 경우에는 증인 또는 참고인을 조사 · 심문해야 할 필요가 있다.

당사자는 심문회의 개최일을 통보받기 전까지 심문사항을 명시하여 증인을 신청할 수 있으며, 심판위원회는 증인채택여부를 결정하고, 그 결과를 당사자에게 통지한다. 증인이 출석한 경우 반대심문의 기회를 주어야 하므로 증인신청자가 제출한 증인심문사항을 상대방에게 송부한다. 채택된 증인에게는 증인으로 채택된 사실과 심문회의 개최일시 및 장소를 통지하여야 한다.

심판위원회가 직권으로 증인을 지정한 경우에는 양 당사자에게 증인으로 지정된 사실을 통보하며, 참고인이 심문회의에 참석하는 경우 심판위원회 위원은 필요시 참고인에게 질문을 할 수 있다.

7. 선정대표자

(1) 개 념

선정대표자는 공동의 이해관계가 있는 당사자들이 공동으로 신청한 사건을 수행하여야 할 경우 그 가운데서 모두를 위해 사건을 수행할 당사자로 선정된 자를 말한다. 선정자(선정 대표자를 선정한 자)와 선정대표자 사이의 관계는 구제신청사건을 대리한 것이 아니라 심판수행을 신탁한 것이므로 선정대표자는 당사자 본인의 지위에서 구제신청사건을 수행하는 것이다.

(2) 선정방법

당사자들이 다수인 경우 선정대표자를 선정할 것인지는 당사자들이 자율적으로 결정할 사항이나, 노동위원회 조사관은 당사자가 여러 명인 경우 당사자의 편의와 송달, 조사 등의 효율적인 사건처리를 위하여 선정대표자를 선임하도록 권고할 수 있다. 당사자들이 선정대표자를 둘 경우 해당 노동위원회에 「대표자선정서」 제출하여야 하며, 이 때 선정대표자의 수는 3명 이하로 한다.

(3) 선정대표자의 역할

선정대표자가 있는 경우 선정자들은 심판절차에서 임의로 탈퇴하는 것이므로 선정대표자를 해임하기 전까지는 심판사건의 대리인 선임, 이유서 · 답변서 및 증거 제출, 조사를 위한 출석, 각종 문서의 수령 등 일체의 행위는 선정대표자만이 할 수 있다. 따라서 선정대표자가 있는 경우 선정자들은 선정대표자를 통해서 당해 사건에 관한 행위를 할 수 있다. 선정대표자는 선정대표자의 이름으로 공인노무사 등 대리인을 선임할 수 있다.

다만, 구제신청을 취하하는 경우에는 선정자들의 동의서를 첨부한 취하서를 제출하여야 하며, 선정대표자의 대표권은 해당 심판사건의 판정서 송달로 종료되므로 판정서 송달 이후 중앙노동위원회에 재심의 신청 여부는 각 선정자들이 개별적으로 결정한다. 하나의 선정자단에서 복수(최대 3명)의 선정대표자를 둔 경우 심판절차는 선정대표자들이 공동으로 수행하여야 한다. 선정자들은 필요하다고 인정할 때에는 선정대표자를 해임하거나 변경할 수 있으며, 이 경우 그 사실을 지체없이 노동위원회에 통지하여야 한다.

제3절 금전보상명령

1. 금전보상제도의 취지

(1) 도입배경

노동위원회에서 부당해고로 판단하는 경우 원직복직 및 해고기간동안 임금상당액을 지급하도록 명령하고 있으나 근로자가 원직복직을 원하지 않는 경우에는 효과적인 구제방법이 되지 못한다. 따라서 원직복직에 대신하여 보상금을 지급하여 근로관계를 종료하도록 함으로써 근로관계를 조속히 안정시킬 필요가 있어, 2007.1.26. 근로기준법 개정을 통하여 도입된 제도이다.

(2) 금전보상명령신청권의 성질

노동위원회는 해고에 대한 구제명령을 할 때에 근로자가 원직복직을 원하지 아니하면 원직복직을 명하는 대신 근로자가 해고기간동안 근로를 제공했더라면 받을 수 있었던 임금상당액 이상의 금품을 근로자에게 지급하도록 명할 수 있다.[7]

이와 같이 금전보상명령의 근거규정이 ① 근로자의 부당해고구제신청관련 조항인 근로기준법 제28조가 아닌 노동위원회의 판정 관련조항인 제30조에 규정되어 있는 점, ② 근로자가 금전보상을 원하는 의사표시가 있는 경우에도 노동위원회가 "근로자에게 지급하도록 명할 수 있다"라고 규정되어 있어 금전보상명령을 내릴 것인지 여부가 재량사항으로 규정되어 있는 점을 비추어 보면, 근로자의 금전보상명령 신청권은 법규상 또는 조리상 인정되는 권리가 아니고 노동위원회에 대하여 구제명령의 내용으로서 금전보상명령을 선택하도록 재량권을 행사하여 줄 것을 요청하는 것이다.

따라서 근로자가 금전보상명령신청을 하여도 금전보상명령을 할 것인지 여부

7) 근로기준법 제30조(구제명령 등) ③ 노동위원회는 제1항에 따른 구제명령(해고에 대한 구제명령만을 말한다)을 할 때에 근로자가 원직복직(原職復職)을 원하지 아니하면 원직복직을 명하는 대신 근로자가 해고기간 동안 근로를 제공하였더라면 받을 수 있었던 임금 상당액 이상의 금품을 근로자에게 지급하도록 명할 수 있다.

는 당해 심판위원회의 재량이므로 심판위원회는 사용자의 부당해고를 인정하면서 원직복직명령을 할 수도 있으며, 근로자가 금전보상명령을 신청하였으나 사용자가 원직복직을 희망하는 경우 실현가능성을 고려하여 금전보상 또는 원직복직을 선택할 수 있다.

2. 금전보상명령의 신청

(1) 신청대상사건

금전보상명령 신청은 부당해고구제신청사건에 대해서만 허용되며, 해고라 함은 징계해고, 경영상해고, 직권면직, 자동면직, 갱신거절 등 명칭에 관계없이 근로자에 대한 사용자의 일방적인 근로관계 종결조치를 의미한다. 따라서 정직, 감봉, 견책, 휴직, 전직, 전적 등 그 밖의 징벌에 대해서는 금전보상명령 신청이 허용되지 않으며, 부당노동행위 구제신청에 의한 부당해고에 대해서는 금전보상명령의 대상이 아니다.

(2) 신청권자

금전보상명령 신청은 부당해고구제신청을 한 근로자(또는 그 대리인)만 할 수 있다. 사용자에게 신청권을 인정할 경우, 복직을 회피하는 수단으로 금전보상제도를 악용할 소지가 있어 근로자가 원하는 경우에만 금전보상명령을 내릴 수 있도록 한 것이다.

(3) 신청기간

금전보상명령을 신청하고자 하는 근로자는 구제신청서를 제출한 후 심문일정 통지를 받기 전까지 신청하여야 한다. 신청기간이 지나서 접수된 금전보상명령신청의 처리는 당해 심판위원회가 신청 수용여부를 결정한다.

(4) 신청방법

복직명령 대신 금전보상명령을 원하는 근로자는 금전보상명령신청서를 노동위원회에 제출하여야 한다. 이 때 근로자는 신청서에 근로자가 원하는 보상금액과 그 산출내역을 기재하여야 하며 근로계약서 · 임금명세서 등 소명자료를 첨부해야 한다. 노동위원회는 근로자가 금전보상명령을 신청한 경우 사용자에게 근로계약서, 임금대장 등 보상금액 산정에 필요한 자료를 제출하도록 명할 수 있다.

3. 금전보상금액의 산정

보상금액의 산정기간은 해고일로부터 당해 사건의 판정일까지로 하며, 보상금은 임금상당액 이상으로 한다. 임금상당액은 근로자가 해고일로부터 판정일까지 정상적으로 근로를 제공하였더라면 받을 수 있었던 금액을 말하며, 정상적인 근로 제공에는 사용자의 휴업 등 조업상황을 고려해야 한다. 임금상당액 이상의 범위는 임금상당액과 부당해고로 인한 위로금 · 비용 등을 포함한다.

심판위원회는 총액을 결정할 때에 해고의 부당성 정도, 근로자의 귀책 정도, 근로자가 해고일로부터 판정일까지 근로자가 얻은 중간수입, 근로계약의 형태 등을 종합적으로 고려하여 결정한다.

관련판례

사용자의 귀책사유로 인하여 해고된 근로자가 해고기간 중에 다른 직장에서 근무하여 지급받은 임금은 민법 제538조제2항에 규정된 자기의 채무를 면함으로써 얻은 이익에 해당하므로, 사용자는 근로자에게 해고기간중의 임금을 지급함에 있어 위와 같은 이익(이른바 중간수입)을 공제할 수 있는 것이기는 하지만, 근로자가 지급받을 수 있는 임금액중 근로기준법 소정의 휴업수당의 범위내의 금액은 중간수입으로 공제할 수 없고, 휴업수당을 초과하는 금액만을 중간수입으로 공제하여야 한다.[8]

8) 대법 1993.11.9. 선고 93다37915 판결 등 참조

4. 금전보상명령의 효과

(1) 이행강제금의 부과

금전보상명령을 하는 때에는 보상금액과 이행기한(구제명령일로부터 30일 이내)을 명시하게 된다. 금전보상명령은 부당해고구제명령으로서 원직복직명령을 대신하는 것이므로 이행기한내에 이행하지 아니하면 이행강제금 부과 대상이 된다. 또한 금전보상명령도 구제명령의 일종이므로 확정된 금전보상명령을 이행하지 않는 경우 노동위원회에서 이행강제금을 부과하는 것 외에 노동위원회의 고발에 의하여 형사처벌을 받을 수 있다.

(2) 근로관계종료 등의 사정변경

부당해고를 다투던 중, 사용자가 해고를 취소하고 원직복직을 명하였으나 금전보상을 신청한 근로자가 원직복직을 거부한 경우 또는 근로관계종료 등의 사유가 있는 경우에는 금전보상명령을 할 수 없다.

관련판례

노동위원회는 해고에 대한 구제명령을 할 때에 근로자가 원직복직을 원하지 아니하면 원직복직을 명하는 대신 근로자가 해고기간 동안 근로를 제공하였더라면 받을 수 있었던 임금상당액 이상의 금품을 근로자에게 지급하도록 명할 수 있다. 이와 같이 근로자가 원직복직 의사 없이 임금 등 금전의 지급만을 구하는 경우에 있어서도 피고(노동위원회)는 임금 등의 지급을 명하는 구제명령을 할 수 있고, 따라서 원직복직 의사 없는 근로자로서는 이러한 구제명령을 구하는 취지로 피고의 재심판정에 관하여 불복할 필요성이 있는바, 이에 비추어 볼 때 원고(근로자)에게 원직복직 의사가 없다는 사정만 가지고 이 사건 소가 부적법하다고 하기는 어렵다. (중략) 참가인이 이 사건 해고를 취소함으로써 이 사건 해고의 효력은 더 이상 존속하지 아니하게 되었으므로 원고로서는 이 사건 해고에 관한 구제명령을 거부하는 취지인 이 사건 재심판정의 취소를 구할 소의 이익이 없다.[9]

---

9) 서울행법 2008.10.31. 선고 2008구합1077 판결

제2편 심문 · 판정회의 및 재심과 소송

제2편 심문 · 판정회의 및 재심과 소송

제1장 심문회의

제1절 심문회의 개최

1. 심문일정 통지

노동위원회는 심문회의 일정이 정해지면 당사자에게 심문일정 통지서를 심문회의 개최일 7일 전까지 도착하도록 송부한다. 통지서에는 심판위원회 위원, 참여위원, 당사자, 심문일시 및 장소를 명시하여 당사자가 당해 회의에 참석할 수 있도록 한다. 당사자는 심문회의 개최 전까지 심문회의 참석자 명단을 제출하여야 한다.

2. 심문회의 연기

(1) 심문회의 연기신청사유

심문회의 일정을 통지 받은 당사자가 ① 노동조합선거 출마자로서 선거 당일이 심문회의 당일인 경우, ② 사용자의 주주총회 당일이 심문회의 당일인 경우, ③ 당해 구제신청사건과 같은 원인에 따른 소송의 재판기일이 심문회의 당일인 경우, ④ 당사자나 대리인이 수행하는 심판사건의 심문회의가 같은 날 다른 노동위원회에서 개최 예정인 경우, ⑤ 당사자나 대리인이 해외출장 중인 경우, ⑥ 중대한 신병치료 중으로 거동이 불편하거나 상해, 급성질병 등이 발생한 경우, ⑦ 형사소송법에 따라 체포 · 구속된 경우, ⑧ 본인이나 배우자의 직계 존 · 비속과 형제자매의 사망으로 장제기간 중인 경우, ⑨ 당사자가 합의하여 심문회의의 연기를 신청한 경우, ⑩ 그 밖에 이에 준하는 사유의 어느 하나에 해당하여, 심문회의를 연기하고자 하는 경우에는 심문회의 개최 3일 전까지 심문회의 연기신청서를 제출하여야 한다. 다만, 중대한 신병치료 중으로 거동이 불편하거나 상해, 급성질병 등이 발생한 경우, 본인이나 배우자의 직계 존 · 비속과 형제자매의 사망으로 장제기간 중인 경우에는 심문회의 개최 전까지 심문회의 연기신청서를 제출할 수 있다.

(2) 연기신청시 사건의 처리

연기신청이 인정기준에 미달하거나 불승인된 경우 그 사유를 명시하여 신청자에게 통보하게 된다. 만약 심문회의에 불참하면 궐석으로 심문이 진행될 수 있다. 정당한 당사자의 연기신청으로 회의가 진행되지 못한 경우에는 동일한 심판위원회에서 기일을 다시 잡아 처리하는 것을 원칙으로 한다.

3. 위원 제척 · 기피신청 및 회피

(1) 개 념

1) 제 척

위원 제척이라 함은 당해 심판사건에 배정된 공익위원이 당해 사건과 관련하여 ① 위원 또는 그 배우자나 배우자이었던 자가 당해 사건의 당사자가 되거나 당해 사건의 당사자와 공동권리자 또는 의무자의 관계에 있는 경우, ② 위원이 당해 사건의 당사자와 민법 제777조의 규정에 따른 친족의 관계에 있거나 있었던 경우, ③ 위원이 당해 사건에 관하여 진술이나 감정을 한 경우, ④ 위원이 당해 사건에 관하여 당사자의 대리인으로서 관여하거나 관여하였던 경우, ⑤ 위원이 당해 사건의 원인이 된 처분 또는 부작위에 관여한 경우와 같은 사유가 있는 경우, 노동위원회가 직접 또는 당사자의 신청에 따라 해당 공익위원을 심의 · 의결에서 배제하는 것을 말한다.

2) 기 피

기피라 함은 제척사유에 해당하지는 아니하나 심의 · 의결의 공정을 기대하기 어려운 위원이 있을 경우에 당사자의 신청에 따라 그 공익위원을 당해 심판위원회의 구성에서 배제하는 것을 말한다.

3) 회 피

회피라 함은 심판위원회의 구성원으로 지명된 위원이 제척사유에 해당하거나 심의 · 의결 · 조정을 공정하게 하기 어려운 사정이 있어서 위원 스스로 당해 심판위원회의 구성에서 배제시켜 주기를 희망하는 것을 말한다.

(2) 제척 · 기피신청방법

노동위원회는 사건진행안내문 발송시 사건당사자에게 위원에 대한 제척 · 기피신청을 할 수 있음을 알려주며, 사건이 배정되면 즉시 심문일정 통지를 하며 당해 심판위원회의 공익위원명단과 제척 · 기피 신청서를 제공한다.

당사자는 제척사유에 해당하는 위원이 있거나 심의 · 의결의 공정을 기대하기 어려운 위원이 있을 경우에 심문일정 통지를 받은 후 3일 이내에 그 사유를 객관적으로 증명할 자료를 첨부하여 제출하여야 한다.

(3) 제척 · 기피의 결정 및 통지

노동위원회는 위원이 제척사유에 해당하는 사실이 확인되면 제척의 결정을 하고 해당위원을 다른 위원으로 교체한다. 기피신청의 경우에는 기피신청자가 제출한 소명자료에 의하여 심의 · 의결의 공정을 기대하기 어려운 객관적인 사정이 있다고 판단되면 기피를 결정할 수 있다. 노동위원회가 제척 · 기피신청을 받아들이지 아니하는 경우에는 그 사유를 명시하여 제척 · 기피신청자에게 통지한다.

관련판례

노동위원회법 제21조제3항 및 제4항은 당사자는 심의 · 의결 또는 조정의 공정을 기대하기 어려운 위원이 있을 경우에는 위원장에게 그 사유를 적어 기피신청을 할 수 있고, 위원장은 기피신청이 이유 있다고 인정되는 경우에는 그 위원을 교체하여야 한다고 규정하고 있다. 한편 민사소송법 제39조제1항 소정의 "재판의 공정을 기대하기 어려운 사정이 있는 때"라 함은 당사자가 불공정한 재판이 될지도 모른다고 추측할 만한 주관적인 사정이 있는 때를 말하는 것이 아니고, 통상인의 판단으로서 법관과 사건과의 관계로 보아 불공정한 재판을 할 것이라는 의혹을 갖는 것이 합리적이라고 인정될 만한 개관적인 사정이 있는 때를 말한다[1]고 볼 것이고, 위와 같은 법리는 노동위원회의 위원들에 대한 기피신청 사건에도 일응의 기준이 될 수 있다.[2]

---

1) 대법 1992.12.30.선고 92마783 결정 참조
2) 서울행법 2010.9.3. 선고 2009구합29264 판결

제2절 심문회의 진행 및 입증책임

1. 심문회의의 개시

(1) 심판위원회 구성

심판위원회는 노동위원회위원장이 지명하는 심판담당 공익위원 3인으로 구성한다. 노동위원회법은 노동위원회의 전문성을 확보하기 위하여 지방노동위원회 심판담당위원과 중앙노동위원회 심판담당위원[3]의 자격기준을 직접 정하고 있다. 심문회의는 단독심판위원이 처리하는 사건이 아닌 한 공익위원 3인이 모두 참석하여야 개시할 수 있다.

---

3) 노동위원회법 제8조(공익위원의 자격기준등) ① 중앙노동위원회의 공익위원은 다음의 구분에 따라 다음 각 목의 어느 하나에 해당하는 자로서 노동문제에 관한 지식과 경험이 있는 자중에서 위촉한다.

1. 심판담당공익위원 및 차별시정담당공익위원

가. 노동문제와 관련된 학문을 전공한 자로서 공인된 대학에서 부교수 이상으로 재직한 사

나. 판사 · 검사 · 군법무관 · 변호사 또는 공인노무사의 직에 7년 이상 재직한 자

다. 노동관계업무에 7년 이상 종사한 자로서 2급 또는 2급상당 이상의 공무원이나 고위공무원단에 속하는 공무원으로 재직한 자

라. 기타 노동관계업무에 15년 이상 종사하여 전문적 지식과 경험을 갖춘 자로서 심판담당공익위원 또는 차별시정담당공익위원으로 적합하다고 인정되는 자

② 지방노동위원회의 공익위원은 다음의 구분에 따라 다음 각 목의 어느 하나에 해당하는 자로서 노동문제에 관한 지식과 경험이 있는 자 중에서 위촉한다.

1. 심판담당공익위원 및 차별시정담당공익위원

가. 노동문제와 관련된 학문을 전공한 자로서 공인된 대학에서 조교수 이상으로 재직한 자

나. 판사 · 검사 · 군법무관 · 변호사 또는 공인노무사의 직에 3년 이상 재직한 자

다. 노동관계업무에 3년 이상 종사한 자로서 3급 또는 3급상당 이상의 공무원이나 고위공무원단에 속하는 공무원으로 재직한 자

라. 노동관계업무에 10년 이상 종사한 자로서 4급 또는 4급상당 이상의 공무원으로 재직한 자

마. 기타 노동관계업무에 10년 이상 종사하여 전문적 지식과 경험을 갖춘 자로서 심판담당공익위원 또는 차별시정담당공익위원으로 적합하다고 인정되는 자

(2) 당사자 출석

심문회의는 당사자가 모두 출석한 가운데 진행하는 것이 원칙이나, 당사자 일방이 정당한 이유 없이 출석하지 아니하였을 경우에는 일방 당사자만을 상대로 심문회의를 진행할 수 있다. 당사자가 정당한 사유 없이 불참하는 경우에는 1회 불참의 경우에도 신청인 · 피신청인 구별 없이 궐석 심문 진행을 원칙으로 한다. 당사자가 심문회의에 참고인과 함께 참석하고자 하는 경우에는 심문회의 개최 전에 당해 심판위원회위원장의 승인을 얻어야 한다.

심문회의는 공개로 진행함을 원칙으로 하나 심판위원회의 결의에 의하여 비공개로 할 수 있다.

2. 심문과 증인심문

(1) 회의진행

심문회의는 의장이 위원성원 여부, 당사자 출석 확인 후 개회선언을 하고, 조사관이 유의사항을 낭독한 후 조사관의 사건 조사결과 보고, 위원들의 당사자 심문 순으로 진행한다.

(2) 증인 · 참고인 심문

1) 증인 심문

당사자가 신청한 증인을 노동위원회위원장이 승인하여 출석한 경우 증인심문은 증인을 신청한 당사자, 그 상대방, 위원의 순서로 심문한다. 심판위원회는 당사자에게 심문이나 반대심문의 기회를 주어야 하며, 당사자가 증인을 심문하고자 할 때에는 의장에게 요청하여야 한다. 이 경우 심문사항을 사전에 상대방에게 통보하여, 심문회의에서 반론권을 부여한다.

당해 심판위원회 위원이나 조사관이 핵심쟁점과 관련하여 증인의 증언이 필요한 경우 당해 심판위원회위원장의 지시에 따라 증인을 지정할 수 있다. 지정된 증인에게는 심문회의 일시 및 심문할 내용을 통보하며 출석을 요청한다.

2) 참고인 심문

심판위원회위원장이 당사자가 신청한 참고인 출석을 승인한 경우 위원은 참고인을 심문할 수 있고, 참고인은 의장의 승인을 얻어 발언할 수 있다.

3) 심문회의 속개

심문회의에서의 당사자의 주장에 대한 사실 확인이나 증거의 보완 등이 필요하다고 판단되거나 화해만을 위한 회의 진행으로 추가적인 사실심문이 필요한 경우에는 추후에 심문회의를 다시 개최할 수 있다.

(3) 회의 질서 유지

심판위원회위원장은 회의의 공정한 집행을 방해하거나 질서를 문란하게 하는 자에 대하여 퇴장명령 및 기타 질서유지에 필요한 조치를 할 수 있다.

심판위원회위원장은 심문회의의 신속 · 공정한 진행을 위하여 필요하다고 인정되는 경우 당사자, 위원, 조사관 또는 참관인 등에 대하여 필요한 지시를 할 수 있다. 이러한 명령에 불응하는 자에게는 해당 심판위원회의 결정으로 과태료 부과를 결정할 수 있다.[4)]

3. 입증책임

(1) 입증책임의 주체

1) 해고 등의 정당성

해고 등이 정당한 이유가 있다는 주장의 입증책임은 사용자에게 있으며, 부당노동행위의 경우 입증책임은 주장하는 쪽에 있으므로 부당노동행위의 성립 주장에 대하여는 근로자 · 노동조합에게 있다.

---

4) 노동위원회위원장이 100만원 이하의 과태료를 부과 · 징수할 수 있다(노동위원회법 제33조 제1항).

관련판례

① 해고 등 불이익한 인사조치의 정당성에 관하여 근로자의 특정한 행위의 존재, 그 행위가 취업규칙 등 징계사유에 해당하는 사실, 징계절차의 정당성, 징계양정 및 형평의 적정성 등에 관한 1차적인 입증책임은 사용자에게 있고, 부당노동행위 성립에 관하여 부당노동행위의 의사, 불이익 처분, 지배개입행위의 존재 등에 대한 1차적인 입증책임은 근로자 · 노동조합에 있다.[5)]

② 사용자의 행위가 노동조합 및 노동관계조정법에 정한 부당노동행위에 해당하는지 여부는 사용자의 부당노동행위 의사의 존재 여부를 추정할 수 있는 모든 사정을 전체적으로 심리 검토하여 종합적으로 판단하여야 하고, 부당노동행위에 대한 증명책임은 이를 주장하는 근로자 또는 노동조합에게 있으므로, 필요한 심리를 다하였어도 사용자에게 부당노동행위 의사가 존재하였는지 여부가 분명하지 아니하여 그 존재 여부를 확정할 수 없는 경우에는 그로 인한 위험이나 불이익은 그것을 주장한 근로자 또는 노동조합이 부담할 수밖에 없다. 이와 관련하여 사용자가 근로자에게 징계나 해고 등 기타 불이익한 처분을 하였지만 그에 관하여 심리한 결과 그 처분을 할 만한 정당한 사유가 있는 것으로 밝혀졌다면 사용자의 그와 같은 불이익한 처분이 부당노동행위 의사에 기인하여 이루어 진 것이라고 섣불리 단정할 수 없다.[6)]

2) 근로관계의 종료원인, 징계 시효 등

근로관계의 종료원인, 징계시효 등을 둘러싸고 당사자 간 주장이 불일치할 경우 사용자에게 입증책임이 있다.

관련판례

① 위 인정사실에 의하면, 참가인(근로자)과 원고(사용자)사이의 근로관계는 참가인의 자발적 의사표시(사직)나 원고와 참가인 사이의 의사합치(합의해지)에 의하여 종료된 것이 아니라 참가인의 의사에 반하여 원고의 일방적 의사표시(해고)에 의하여 종료되었다고 보아야 할 것이다(부당해고 등 구제신청사건에서 근로관계의 종료원인을 둘러싸고 근로자측에서는 해고라고 주장하고, 사용자측에서는 사직이나 합의해지라고 주장하고 있는 경

5) 대법 1992.8.14. 선고 91다29811 판결
6) 대법 2007.11.15. 선고 2005두4120 판결

우에는, 사용자측에게 그 종료원인이 사직이나 합의해지라는 점에 대한 입증책임이 있다고 할 것이다).[7]
② 원고(사용자) 조합의 징계양정규칙은 "징계요구는 징계사유 발생일(사고의 연속인 경우 최종사고일로부터 한다)부터 사고발견일까지 2년을 경과한 때에는 이를 행하지 아니한다. 다만, 금전이나 물품의 횡령 및 고의의 업무 부당 처리, 사고 등의 경우에는 그러하지 아니하다."고 규정하고 있는바, 위 규정에서 말하는 징계시효가 배제되는 "고의의 업무 부당처리"라 함은 위 징계양정규칙의 목적과 내용 등에 비추어 볼 때 업무를 부당하게 처리한다는 것을 인식하면서 아울러 그 결과발생을 용인하는 것이라고 할 것이므로, 원심이 이와 달리 위 징계시효가 배제되는 "고의의 업무 부당 처리"를 업무처리규정을 위반한 업무의 수행을 적극적으로 의도한 경우에 한정된다고 본 것은 잘못이라 하겠다. 그러나 위와 같은 내용의 고의도 이를 주장하는 원고에게 입증책임이 있다.[8]

(2) 항변에 대한 입증책임

구제신청에 대해 항변, 재(再)항변, 재재항변에 대한 입증책임은 그것을 주장하는 측에 있다.

관련판례

해고 등 불이익한 인사조치에 있어서 사용자의 정당성 주상에 대하여 근로자가 특정행위의 부존재, 취업규칙 등의 징계사유에 해당하지 않는 점, 징계절차 및 양정상의 하자 등을 주장하는 경우에 그 입증책임은 근로자에게 있고, 부당노동행위에 있어서 사용자가 부당노동행위 의사의 부존재, 인사조치가 조합활동에 대한 불이익처분이 아니며 인사조치로 인하여 조합활동의 장애, 조직력의 약화가 없었던 점 등을 주장하는 경우에 그 입증책임은 사용자에게 있는 것이다.[9]

---

7) 행법 2008.1.31. 선고 2007구합19195 판결
8) 대법 2007.10.12. 선고 2005두10149 판결
9) 대법 1996.9.10. 선고 95누16738 판결

제2편 심문 · 판정회의 및 재심과 소송

제2장 판정회의

제1절 판정의 의의 및 범위

1. 의 의

판정은 당사자의 구제신청에 대하여 조사 · 심문 결과를 토대로 구제신청의 인정 또는 기각(각하 포함)에 대한 법률적인 판단을 내리는 것을 말한다.

2. 판정의 범위

구제신청에 대한 판정은 근로자나 노동조합이 구제를 신청한 범위(재심신청의 경우 불복의 범위)안에서 판정하여야 한다. 구제를 신청한 범위라 함은 구제신청 취지의 범위를 말한다.

제2절 판정회의

1. 판정회의 개최

심문을 종결하였을 때에는 판정회의를 개최한다. 판정회의는 공익위원 전원 참석으로 개의하고, 심판위원회위원장은 의결하기 전에 근로자위원과 사용자위원에게 당해 사건에 관한 의견을 진술할 기회를 주어야 한다.

2. 판정 결정

공익위원은 근로자위원과 사용자위원이 제시한 의견 등을 고려하여, 쟁점사항별로 토론을 거친 후 과반수의 찬성으로 판정내용을 결정한다. 구제신청의 전부나 일부가 이유 있다고 인정할 때에는 구제명령을 하며, 구제신청의 이유가 없다고 인정할 때에는 기각하는 결정을 한다.

(1) 신청의 인정

신청취지의 전부 또는 일부에 대한 신청인의 주장이 이유 있다고 판단하는 경우 신청취지를 수용하고, 그 신청취지에 따라 사용자에게 공법상 의무를 부과하는 판정으로서, 주로 원직복직명령 및 해고기간동안 근로하였다면 받을 수 있었던 임금상당액을 지급하도록 하고 있다.

1) 임금상당액의 의미

해고처분이 무효인 경우에는 그 동안 근로계약관계가 유효하게 계속되고 있었는데도 불구하고 근로자가 사용자의 귀책사유로 말미암아 근로를 제공하지 못한 것이므로 근로자는 계속 근로하였을 경우에 받을 수 있는 임금 전부의 지급을 청구할 수 있다.

관련판례

지급을 청구할 수 있는 임금(임금상당액)은 근로기준법 제18조(현행 제2조제1항 5호)에서 규정하는 임금을 의미하므로 같은 법 제19조(현행 제2조제1항 6호)에서 말하는 평균임금산정의 기초가 되는 임금의 총액에 포섭될 임금이 전부 포함된다고 하여야 할 것이고 통상임금으로 반드시 국한되는 것은 아니라 할 것이다.[1]

2) 근로제공이 불가능한 경우

해고기간 동안 근로자의 귀책 또는 사용자의 책임 없는 사유로 근로제공이 불가능한 경우에는 임금지급의무가 없다.

---

1) 대법 1993.12.21. 선고 93다11463 판결

관련판례

사용자의 근로자에 대한 해고가 무효인 경우 근로자는 근로계약관계가 유효하게 존속함에도 불구하고 사용자의 귀책사유로 인하여 근로제공을 하지 못한 셈이므로 민법 제538조제1항에 의하여 그 기간 중에 근로를 제공하였을 경우에 받을 수 있는 반대급부인 임금의 지급을 청구할 수 있다고 할 것이지만, 해고가 없었다고 하더라도 취업이 사실상 불가능한 상태가 발생한 경우라든가 사용자가 정당한 사유에 의하여 사업을 폐지한 경우에는 사용자의 귀책사유로 인하여 근로제공을 하지 못한 것이 아니므로, 그 기간 중에는 임금을 청구할 수는 없다 할 것이다.[2)]

3) 해고 이후 임금 인상

해고 이후 임금이 인상된 경우 인상된 임금에 따라 임금상당액을 산정하여야 한다.

관련판례

단체협약서에 매년 단체교섭을 통하여 임금인상을 결정, 시행하도록 되어 있어 이에 따라 매년 임금인상을 하여 왔다면 부당해고기간 동안의 근로자의 임금도 해고처분 이후에 체결된 단체협약서에 의하여 인상된 임금에 따라 산정하여야 한다.[3)]

4) 중간 수입 공제

해고기간중의 임금을 지급함에 있어서 중간수입을 공제할 수 있다

관련판례

근로자가 해고기간 중에 다른 직장에 종사하여 얻은 수입은 근로제공의 의무를 면함으로써 얻은 이익이라고 할 것이므로 사용자는 근로자에게 해고기간중의 임금을 지급함에

2) 대법 1994.10.25. 선고 94다25889 판결 ; 대법 1995.1.24. 선고 94다40987 판결
3) 대법 1993.9.24. 선고 93다21736 판결

있어서 위의 이익(이른바 중간수입)을 공제할 수 있다 할 것이다. 그런데 근로기준법 제38조(현행 제46조)는 근로자의 최저생활을 보장하려는 취지에서 사용자의 귀책사유로 인하여 휴업하는 경우에는 사용자는 휴업기간 중 당해 근로자에게 그 평균임금의 100분의 70이상의 수당을 지급하여야 한다고 규정하고 있고, 여기서의 휴업에는 개개인의 근로자가 근로계약에 따라 근로를 제공할 의사가 있음에도 불구하고 그 의사에 반하여 취업이 거부되거나 또는 불가능하게 된 경우도 포함되므로 근로자가 사용자의 귀책사유로 인하여 해고된 경우에도 위 휴업수당에 관한 근로기준법이 적용될 수 있으며 이 경우에 근로자가 지급받을 수 있는 해고기간 중의 임금액 중 위 휴업수당의 한도에서는 이를 중간수입공제의 대상으로 삼을 수 없고, 그 휴업수당을 초과하는 금액범위에서만 공제하여야 할 것이다.[4)]

(2) 신청의 기각

신청취지에 대한 신청인의 주장이 이유 없다고 판단하는 경우 신청취지를 배척하는 판정이다. 신청취지의 범위 내에서 신청인의 주장에 대하여 판정한다.

(3) 신청의 각하

구제신청사건이 신청요건을 결여하였거나 구제절차 유지요건을 상실한 경우 구제신청자체를 배척하는 판정이다. 심판위원회는 신청인 또는 피신청인의 주장 여부와 관계없이 직권으로 신청요건을 심사하여 판정하게 된다.

4) 대법 1991.12.13. 선고 90다18999 판결 ; 대법 1993.11.9. 선고 93다37915 판결

제3절 판정결과의 알림 및 판정서 송부

1. 판정결과 알림

노동위원회는 부득이한 사유가 있는 때를 제외하고는 심판위원회의 판정결과를 의결일 다음날(다음날이 휴무일인 경우 그 익일)까지 전화, 모사전송, 자동문자 메시지(SMS)서비스 등을 통하여 당사자에게 알려준다. 다만, SMS서비스나 전화통화가 안되는 경우 등 불가피한 사유가 있는 때에는 의결일 다음날에 의결결과를 서면으로 발송할 수 있다.

2. 판정서

(1) 판정서의 의의

판정서는 당해사건에 대한 노동위원회의 법률적인 판단이며, 부당해고 등 · 부당노동행위 사건에 있어서는 근로자 · 노동조합의 구제명령 요청에 대한 인용 · 거부 등 처분의 내용을 담은 것이다.

(2) 판정서의 송부

심판위원회의 판정이 있는 때에는 30일 이내에 그 결과를 판정서 등을 첨부하여 당사자에게 서면으로 송부한다. 다만, 화해가 성립된 경우에는 당사자에게 화해가 성립된 날(화해조서 작성일)로부터 5일 이내에 화해조서 정본을 송부한다.

노동위원회는 사건처리결과를 통보할 때에 당사자에게 판정결과에 불복하면 재심신청이나 행정소송을 제기할 수 있음과 판정내용에 부당해고 등에 대한 구제명령이 포함되어 있는 경우에는 사용자에게 구제명령을 이행하지 않으면 이행강제금이 부과될 수 있음을 통보한다.

3. 사건처리결과의 효력발생

(1) 판정문 도달

심판위원회의 구제명령이나 기각 · 각하 결정은 판정문이 당사자에게 도달하여야 효력이 발생한다. 대리인이나 선정대표자가 있는 경우에는 원칙적으로 대리인, 선정대표자에게 송부한다.

관련판례

중앙노동위원회가 재심절차에 공동대리인으로 선임된 법무법인 D에게 재심판정서를 송달하지 아니한 것은 헌법이 보장한 재판을 받을 권리(변호사의 적절한 도움을 받을 수 있는 권리)를 침해한 것이고, 명백하고 중대한 과실에 의하여 판정서를 송달하지 아니하였음에도 피고가 제소기간 도과를 주장하는 것은 권리남용 또는 신의칙 위반이라고 주장하는데 대하여 ① 공인노무사법은 노무법인에게 부당해고구제심판사건에 관한 대리권을 인정하고 있는 점, ② 민법 제119조, 민사소송법 제93조 · 제180조(노동위원회법 등에 특별한 규정이 없는 한, 분쟁절차에 관한 일반법인 민사소송법이 쟁송절차에 준용된다), 노동위원회 규칙 제37조 등에 비추어 보면, 부당해고구제심판사건의 당사자가 공동대리인을 선임한 경우 대리인은 각자 노동위원회에서 송달한 문서의 수령 등 일체의 행위를 할 수 있는 점(위와 같은 규정이 형사소송에 관하여 헌법이 규정하고 있는 변호인의 조력을 받을 권리를 침해한다고 보기 어렵다), ③ 당사자가 중앙노동위원회의 재심판정에 대하여 불복하는 행정소송을 제기하는 경우 법무법인이 당사자를 대리하여 소를 제기할 수 있으나, 재심판정 당시에 대리인으로 선임된 노무법인도 소장을 대행하여 제출할 수 있는 점, ④ 근로기준법은 근로관계쟁송에서 신속한 법률관계의 확정을 위하여 짧은 제소기간을 규정하고 있는 점, ⑤ 형사소송법 제341조제1항이 변호인을 피고인과는 별도의 상소권자로 인정하고 있음에 반하여 근로기준법 제31조제2항은 재심절차에서의 대리인을 사용자나 근로자와는 별도의 제소권자로 인정하고 있지 않음에 비추어 보면, 중앙노동위원회가 재심판정서 정본을 재심사건의 공동대리인중 한명인 법무법인 P에게만 송달한 것이 위법하거나, 법무법인 D에게 송달하지 아니한 것에 명백하고 중대한 과실이 있다고 보기 어렵다.[5)]

5) 서울고법 2009.8.20. 선고 2008누37048 판결

(2) 공시송달

대리인을 포함한 송달받을 사람(당사자, 대리인이 있는 경우 대리인)의 주소 등을 통상의 방법으로 확인할 수 없는 경우나 송달이 불가능한 경우 공시송달을 할 수 있다.

4. 판정서의 경정

판정서가 당사자에게 교부된 후 당사자 표시나 내용의 오기, 누락 등 표현상의 잘못이 명백한 경우에는 사건 당사자의 신청이나 직권으로 당해 심판위원회의 의결을 거쳐 이를 경정할 수 있다. 판정서 경정은 판정서 작성 과정에서의 과실에 의한 표현상의 잘못에 국한되며, 새로운 내용을 추가 · 보완하는 것은 허용되지 아니한다.

노동위원회는 경정한 판정서를 지체 없이 당사자에게 송부하여야 하며, 판정서의 경정은 구제명령 이행기간, 재심신청기간, 행정소송 제기기간의 산정에 영향을 미치지 않는다.

5. 심판사건의 취하

(1) 취하의 절차

당사자가 신청한 심판사건은 신청인이 판정서 등이 도달되기 전까지 서면으로 신청의 전부나 일부를 취하할 수 있다. 취하서는 반드시 서면으로 제출하여야 하며, 그 명칭이나 형식에 관계없이 신청인이 신청을 취하한다는 취지를 포함한 것이라야 한다. 노동위원회위원장은 취하서가 접수되면 당해 사건을 종결하고 그 사실을 당사자 쌍방에게 서면으로 통지한다.

(2) 취하 후 사건 제기

신청인은 제척기간이 경과되지 아니하면 신청을 취하 후 다시 신청을 제기할 수 있으나 심판위원회의 판정 후에는 취하하였다가 다시 제기할 수 없다.

제2편 심문 · 판정회의 및 재심과 소송

제3장 화 해

제1절 화해제도의 의의

1. 개 념

노동위원회에 구제가 신청된 사건 중에는 노동위원회로부터 판정이 내려지지 않고 당사자간 화해로 당해 사건을 해결하는 경우가 많다. 화해는 노사당사자간 대립된 입장을 해소시켜 이후의 원활한 노사관계를 회복시켜 줄 수 있으며, 또한 사용자가 임의로 합의한 바는 자발적으로 이행되므로 노동위원회가 구제명령으로 강제하는 것 보다 그 이행이 담보되는 면도 있다. 아울러 화해로 해결하여 사용자가 자발적으로 시정한 경우에는 다시 동일한 내용의 위법행위를 반복하지 않게 되어 노사관계안정에 도움이 된다.

또한 구제명령의 경우 불복절차가 종료될 때까지 구제가 지연될 수 있는 반면, 회해의 경우 구제절차가 신속히 종료되면서 그 구제도 신속히 이루어진다. 노동위원회는 조사 및 심문과정에서 언제든지 당사자에게 화해안을 제시하고 화해를 권고하거나 주선할 수 있다. 화해가 성립하면 화해조서를 작성하는데, 이 화해조서는 재판상 화해와 동일한 효력을 가진다.

우리나라의 화해의 비율은 초심의 경우 약 60%, 재심의 경우 약 30%에 달한다. 사건해결에 있어서 커다란 비중을 차지한다고 할 수 있다. 화해는 근로자가 본래 받을 수 있는 구제의 전부 또는 일부를 단념하지 않을 수 없게 된다는 문제점을 가지고 있지만, 반면에 신청내용의 틀 속에 얽매이지 않고 노사관계 전체의 해결방안을 찾을 수 있다는 장점도 가지고 있다. 그리고 화해가 성립된 후 당사자는 이를 번복할 수 없다.

2. 화해와 사건 취하

당사자간에 화해합의가 이루어졌는데도 공식적인 화해조서를 작성하지 않고 신청을 취하하는 경우가 있다. 즉 노동위원회에서 화해가 성립되면 위원회는 화해조서를 작성해야 한다. 그러나 실제로는 신청인과 피신청인 사이에서 이러한 조서작성이라는 형식을 취하지 않고 당사자들끼리 화해를 한 다음 신청인이 신청을 취하하는 형식을 취하는 경우도 있다. 화해는 조서작성에 의한 것이든 단순한 취하화해이든 간에 큰 구별이 없으나 조서작성에 의한 화해는 조서의 작성자체가 부당해고의 성립을 인정하는 전제위에 이른바 판정적 화해가 이루어지는 것이라는 인식이 있기 때문으로 보인다. 그러나 최근에는 노사 모두 화해의 투명성과 집행력을 담보받기 위하여 조서작성을 선호하는 경우도 많다.

제2절 화해의 절차

1. 화해 신청

사건접수 시 노동위원회는 화해제도를 안내한다. 즉, 노동위원회의 판정은 다툼에 대한 해결 기준을 제시해 주는 것이나 이를 당사자가 수용하지 않는다면 다툼은 계속되고 그로 인한 손실과 고통도 계속 커질 것이므로 다툼에 대한 궁극적인 해답은 당사자에게 있으며, 최선의 해답은 상호 양보를 통한 화해라는 점을 강조한다. 특히 노동위원회 권리구제 절차가 대법까지 이어지는 경우 그 기간이 2년이 넘게 걸릴 수 있다는 점에서 화해제도가 분쟁해결의 효율적인 해결방법이 될 수 있다.

2. 화해 추진

(1) 조사과정

조사관은 화해가능성이 있다고 판단하는 경우 화해를 권고하거나 당사자에게 화해를 신청하도록 할 수 있다.

(2) 심문회의과정

심판위원회 의장은 심문회의과정에서 화해의 가능성이 있거나 당사자가 화해를 희망하는 경우 판정을 유보하고 일정기간을 부여하여 화해를 주선한다. 일정기간을 부여하였음에도 화해가 성립하지 않는 경우에는 판정회의를 개최한다.

제3절 화해의 성립

1. 화해조서의 작성

당사자가 합의하는 경우 화해조서를 작성하고, 관계당사자와 화해에 참여한 위원이 서명 또는 날인한다.

2. 화해의 효력

(1) 재판상 화해의 효력

화해조서는 재판상 화해와 같은 효력이 부여된다. 과거에는 화해를 하는 경우에도 당사자가 화해의 조건을 이행하지 않는 경우 별도로 민사소송을 제기해야 하는 불편함이 있었다. 그러나 노동위원회법 개정으로 심판위원회에서 작성된 화해조서에는 재판상 화해의 효력이 부여되어 법원의 재판을 거치지 않고도 강제집행이 가능하다. 따라서 화해가 이루어진 사건에 대해 다시 구제신청(또는 재심신청) 등을 제기하여 다툴 수 없다.

(2) 강제집행

화해조서를 송달받았으나 상대방이 화해조서 내용을 이행하지 않을 경우 화해조서는 재판상 화해의 효력이 있으므로 법원에 민사소송 등의 절차를 거치지 않고 바로 집행법원에서 집행문을 부여받아 강제집행을 진행할 수 있다. 강제집행 절차는 다음과 같다.

1) 화해조서 송달증명서 발급

강제집행을 원하는 본인의 신분증, 노동위원회로부터 송달받은 화해조서 정본을 가지고 해당 노동위원회 사무처 또는 사무국에서 화해조서 송달증명서를 발급받는다.

2) 강제집행 방법

노동위원회로부터 송달받은 화해조서 정본, 노동위원회에서 발급받은 화해조서 송달증명서를 가지고 해당 노동위원회 소재지를 관할하는 지방법원에 제출하여 집행문을 부여 받는다. 집행문을 부여받은 다음 강제집행의 대상을 선택하여 강제집행신청을 한다.

제2편 심문 · 판정회의 및 재심과 소송

제4장 이행강제금과 이행명령

제1절 이행강제금의 부과 및 고발

1. 이행강제금제도

(1) 의 의

1) 도입 배경

행정처분을 통해 의무를 부과 받은 처분의 상대방이 일정한 기간 안에 의무이행을 하지 않을 때 그 의무를 간접적으로 강제 이행시키기 위하여 일정한 금액을 부과할 것을 계고하고 그 기간 안에 이행이 없는 경우에 금전적 의무를 부과하는 행정의 실효성 확보수단으로서, 이행강제금제도는 부당해고 등 구제명령에 대한 이행을 강제하여 구제명령의 실효성을 높이기 위한 방안의 일환으로 도입된 것이다. 2007년 근로기준법 개정시 이행강제금제도가 도입되면서 부당해고 등의 행위에 대한 처벌규정은 삭제되었으며, 확정된 구제명령에 대한 처벌규정이 신설되었다.

관련판례

노동위원회가 원직복직 외에 임금상당액의 지급을 명하는 구제명령을 하고 이를 불이행하는 경우 이행강제금을 부과할 수 있도록 규정한 취지는 부당해고 등으로 일정기간 근로를 제공하지 못하여 임금을 받지 못한 근로자들의 생활고를 잠정적으로나마 신속 · 간이하게 해결하기 위한 것이다.[1]

2) 제도 개요

노동위원회는 구제명령의 실효성을 담보하기 위하여 구제명령(구제명령을 내용으로 하는 재심판정을 포함) 이후 이행기간까지 구제명령을 이행하지 아니한 사

---

1) 서울행법 2009.11.12. 선고 2008구합48565 판결

용자에게 2천만원이하의 이행강제금을 부과한다.

최초의 구제명령을 한 날을 기준으로 매년 2회의 범위에서 구제명령이 이행될 때까지 반복하여 최대 2년간 이행강제금을 부과, 징수할 수 있다.[2)]

(2) 이행강제금의 부과 등 절차

1) 구제명령의 이행안내

노동위원회 심판위원회에서 부당해고 등에 대한 구제명령이 있을 경우 사용자에게 판정서를 보낼 때 판정서 주문에 기재된 이행기한(구제명령을 한 날로부터 30일 이내)까지 구제명령을 이행하지 아니하면 이행강제금이 부과될 수 있음을 알려준다.

2) 구제명령의 이행여부 확인

구제명령의 이행 여부는 다음 기준에 따라 판단한다.

---

2) 근로기준법 제33조(이행강제금) ① 노동위원회는 구제명령(구제명령을 내용으로 하는 재심판정을 포함한다. 이하 이 조에서 같다)을 받은 후 이행기한까지 구제명령을 이행하지 아니한 사용자에게 2천만원 이하의 이행강제금을 부과한다. ② 노동위원회는 제1항에 따른 이행강제금을 부과하기 30일 전까지 이행강제금을 부과 · 징수한다는 뜻을 사용자에게 미리 문서로써 알려 주어야 한다. ③ 제1항에 따른 이행강제금을 부과할 때에는 이행강제금의 액수, 부과 사유, 납부기한, 수납기관, 이의제기방법 및 이의제기기관 등을 명시한 문서로써 하여야 한다. ④ 제1항에 따라 이행강제금을 부과하는 위반행위의 종류와 위반 정도에 따른 금액, 부과 · 징수된 이행강제금의 반환절차, 그 밖에 필요한 사항은 대통령령으로 정한다. ⑤ 노동위원회는 최초의 구제명령을 한 날을 기준으로 매년 2회의 범위에서 구제명령이 이행될 때까지 반복하여 제1항에 따른 이행강제금을 부과 · 징수할 수 있다. 이 경우 이행강제금은 2년을 초과하여 부과 · 징수하지 못한다. ⑥ 노동위원회는 구제명령을 받은 자가 구제명령을 이행하면 새로운 이행강제금을 부과하지 아니하되, 구제명령을 이행하기 전에 이미 부과된 이행강제금은 징수하여야 한다. ⑦ 노동위원회는 이행강제금 납부의무자가 납부기한까지 이행강제금을 내지 아니하면 기간을 정하여 독촉을 하고 지정된 기간에 제1항에 따른 이행강제금을 내지 아니하면 국세 체납처분의 예에 따라 징수할 수 있다. ⑧ 근로자는 구제명령을 받은 사용자가 이행기한까지 구제명령을 이행하지 아니하면 이행기한이 지난 때부터 15일 이내에 그 사실을 노동위원회에 알려줄 수 있다.

(가) 원직복직의 이행

원직복직의 이행은 당해 근로자에게 해고 등을 할 당시와 같은 직급과 같은 종류의 직무를 부여하였거나 당해 근로자의 동의를 얻어 다른 직무를 부여하였는지 여부. 다만, 같은 직급이나 직무가 없는 등 불가피한 사유가 발생한 때에는 유사한 직급이나 직무를 부여한 경우를 말한다.

관련판례

사용주가 해고되었던 근로자를 복직시키면서 해고이후 복직 시까지 위 해고가 유효함을 전제로 이미 이루어진 인사질서, 사용주의 경영상의 필요, 작업환경의 변화 등을 고려하여 복직 근로자에게 그에 합당한 일을 시킨다면 그 일이 비록 종전의 일과 다소 다르더라도 이는 사용주의 고유권한인 경영권의 범위에 속하는 것이므로 정당하게 복직시킨 것으로 보아야 한다.[3]

(나) 임금상당액 지급의무 이행

임금상당액 지급의무 이행은 구제명령의 이행기일까지 그 금액을 전액 지급한 경우를 말한다. 노동위원회 구제명령중 임금상당액은 미지급하면서 원직복직만 시킨 경우, 이행강제금 처분의 정당성이 인정된다.

관련재결

청구인(사용자)은 근로자를 부당하게 해고하였다는 이유로 구제명령을 받았음에도 불구하고 구제명령 이행기간을 지나 원직복직 시켰을 뿐, 해고기간 동안 정상적으로 근로하였다면 지급받을 수 있었던 임금상당액을 지급하지 아니하여 구제명령을 제대로 이행하지 아니하였다는 이유로 행한 피청구인의 이 사건 이행강제금 부과처분이 위법 · 부당하다고 할 수 없다.[4]

---

3) 대법 1997.5.16. 선고 96다47074 판결 ; 서울행법 2010.12.9. 선고 2010구합22375 판결
4) 국무총리행정심판위원회 2008.10.8. 08-12902 재결

관련판례

이 사건 구제명령 즉, "부당징계 및 해고기간 동안 정상적으로 근무하였다면 받을 수 있었던 임금상당액을 지급하라"는 구제명령에 관하여 보면, 이 사건 구제명령 자체로 집행력이 발생하는 것은 아니고 그 수범자인 사용자의 행위에 의하여 실현되는 것이므로, 그 내용의 특정 여부에 관하여 지나치게 엄격하게 해석할 필요가 없는 점, 사용자로서는 평균임금을 기초로 하여 부당해고 기간 동안 정상적으로 근로를 제공하였다면 받을 수 있었던 임금상당액을 용이하게 산정할 수 있는 것으로 보이는 점, 객관적으로 타당한 임금상당액의 구체적인 액수는 최종적으로는 당사자 사이의 의사의 합치 또는 민사소송 등을 통하여서만 확정이 가능할 것인데, 사용자로서는 취업규칙이나 임금지급 관행에 의해 임금액을 특정하거나 임금을 정확히 특정할 수 없는 사정이 있는 경우에는 사용자가 일응 합리적인 근거가 있는 산정기준을 적용하여 산정한 금액을 임의로 지급하거나 법원에 공탁함으로써 구제명령 불이행의 책임을 면할 수 있을 것으로 보이는 점, 노동위원회가 원직복직 외에 임금상당액의 지급을 명하는 구제명령을 하고 이를 불이행하는 경우 이행강제금을 부과할 수 있도록 규정한 취지는 부당해고 등으로 일정 기간 근로를 제공하지 못하여 임금을 받지 못한 근로자들의 생활고를 잠정적으로나마 신속 · 간이하게 해결하기 위한 것이라는 점 등을 종합하여 볼 때, 이 사건 구제명령에서 지급의무의 대상이 되는 임금상당액의 액수를 구체적으로 특정하지 않고 "해고기간 동안 정상적으로 근무하였다면 받을 수 있었던 임금상당액"으로 정하였다고 하더라도 구제명령의 이행이 불가능할 정도로 불특정하여 위법 · 무효라고 할 수 없다. 같은 취지에서 이 사건 구제명령을 이행하지 아니한 원고에게 이행강제금을 부과한 처분이 적법하다고 한 원심의 판단은 정당하고, 거기에 구제명령의 효력에 관한 법리오해 등의 위법이 없다.[5]

(다) 금전보상명령 등

금전보상을 내용으로 하는 구제명령은 주문에 기재된 금액을 전액 지급한 경우를 말하며, 그 밖의 구제명령의 이행은 그 주문에 기재된 대로 이행한 경우를 말한다.

(라) 당사자의 합의

당사자가 부당해고 구제명령과 다른 내용으로 합의하고 그 내용대로 이행한 경

5) 대법 2010.10.28. 선고 2010두12682 판결

우 완전 이행으로 본다. 그러나 이행강제금 부과처분 이후에 구제명령의 이행에 관한 합의가 있는 경우 이미 결정된 이행강제금 부과처분은 적법하다.

관련재결

① 당사자가 부당해고 등 구제명령과 다른 내용으로 합의한 경우에는 구제명령을 이행한 것으로 본다고 규정하고 있는 노동위원회규칙 제79조 단서의 내용과 구제명령을 받은 자와 해고된 근로자간 합의가 있었다면 실질적으로 근로자가 사용자의 조치에 대해 만족한 것으로 인정된다는 점을 종합적으로 고려하면, 그 합의를 이행강제금 부과와 관련한 구제명령의 이행으로 보아도 무방할 것이다.[6]

② 청구인(사용자)은 근로자를 부당하게 해고하였다는 이유로 구제명령을 받았음에도 구제명령 이행기간을 지나 8.5. 근로자와 합의하였으므로 구제명령을 제대로 이행하지 아니한 사실이 인정되므로 청구인이 부당해고 구제명령을 그 이행기간 내 이행하지 아니하였다는 이유로 행한 피청구인(노동위원회)의 (7.22) 이행강제금 부과처분이 위법 · 부당하다고 할 수 없다.[7]

3) 이행강제금 부과예고

노동위원회위원장은 사용자의 구제명령에 대한 이행실태가 부분이행, 불완전 이행 등인 경우 부과예정일 30일 전까지 사용자에게 이행강제금 부과를 예고하고, 사용자에게 의견을 제출하도록 기회를 준다.

4) 이행강제금의 부과 결정

(가) 부과금액

심판위원회는 위반행위의 동기, 고의 · 과실 등 사용자의 귀책정도, 구제명령 이행노력 정도, 구제명령을 이행하지 아니한 기간 등을 고려하여 부과금액을 결정한다. 이행강제금 산정기준은 다음과 같다.

---

6) 국무총리행정심판위원회 2008.9.17. 08-07560 재결
7) 국무총리행정심판위원회 2009.3.3. 08-21115 재결

위반행위	금 액
정당한 이유 없는 해고에 대한 구제명령을 이행하지 아니 한 자	500만원 이상 2,000만원 이하
정당한 이유 없는 휴직, 정직(停職)에 대한 구제명령을 이행하지 아니 한 자	250만원 이상 1,000만원 이하
정당한 이유 없는 전직(轉職), 감봉에 대한 구제명령을 이행하지 아니 한 자	200만원 이상 500만원 이하
정당한 이유 없는 그 밖의 징벌(懲罰)에 대한 구제명령을 이행하지 아니 한 자	100만원 이상 500만원 이하

(나) 근로자별 및 불이익취급사실별 부과

이행강제금의 부과는 구제명령을 통하여 구제받게 되는 개별근로자 단위로 산정하여 부과한다. 하나의 판정으로 해고 근로자 1, 2에 대하여 구제명령이 내려진 경우, 근로자 1, 2에 대한 해고에 각각 이행강제금을 부과하며, 하나의 판정으로 근로자 1에 대한 견책 및 해고 모두에 관하여 구제명령이 내려진 경우, 근로자 1에 대한 견책 및 해고에 대하여 각각 부과한다.

관련판례

아래와 같은 사정을 종합하면 구제명령을 신청한 근로자가 여러 명이거나 근로자에 대한 불이익 취급사실이 여러 개이고 그에 대하여 구제명령이 있었던 경우, 근로자별 및 불이익취급사실별로 이행강제금 액수를 산정함이 상당하다. 첫째, 구제명령은 사용자로부터 받은 부당한 불이익한 처분을 회복시키기 위한 것이므로, 불이익한 처분으로 인하여 침해된 법익의 수에 따라 별개의 구제명령으로 보아야 한다. 둘째, 이행강제금의 부과기준에는 위반행위의 태양에 따른 금액기준 및 그 부과당시 위반행위의 동기, 사용자의 귀책정도, 구제명령을 위한 노력의 정도, 구제명령을 이행하지 아니한 기간 등을 고려할 것이 규정되어 있을 뿐, 형법상의 경합범 처벌례 또는 식품위생법 시행규칙상의 기준과 같이 구제명령을 신청한 근로자들이 수인이거나 불이익취급행위가 수개인 경우 그 액수를 가중하거나 중한 처분만 적용한다는 취지는 규정된 바 없다. 셋째, 이행강제금 부과처분의 취지상, 수인이 신청인들이 별개의 사건으로 구제명령을 신청하여 구제명령을 받은 경우와, 수인의 신청인이 함께 구제명령을 신청하거나 병합되어 하나의 사건으로 구제명령을 받은 경우를 달리 취급하기 어렵다. 넷째 원고(사용자)가 이 사건 구제명령을 이행하지 않은 기간 및 그 이행을 위한 노력의 정도, 피고(노동위원회)가 이 사건 처분의 기준으로 정한 액수인 250 만원은 이행강제금 부과기준에서 이 사건 승무정지에 대하여 정한 최소한의 금액인 점 등에 비추어 볼 때, 이 사건 처분이 지나치게 과도하다고 보이지도 않는다.[8]

(다) 징계양정 부적정 해고

근로사의 비위행위에 대한 징계사유는 인정되나 징계양정이 적정하지 않은 해고도 부당해고이므로 이에 대한 구제명령을 이행하지 않은 것을 이유로 이행강제금을 부과하는 것은 적법하다.

관련판례

이행강제금은 정당한 이유없는 해고에 대한 구제명령을 이행하지 아니하는 경우에 부과되는 것인데, 피고(노동위원회)는 이 사건 구제신청사건에서의 원고(사용자)의 근로자 임○○에 대한 해고에 대하여 징계의 사유는 있으나 그러한 사유만으로 임○○을 해고한 것은 그 양정이 과하여 위법하다고 판단하였던 것이므로, 피고가 원고에게 한 이 사건 구제명령은 정당한 이유없는 해고에 대한 구제명령이 아니어서 이행강제금의 부과대상이라고 볼 수 없다고 원고는 주장한다. (중략) 근로기준법 제23조제1항에 의하면 사용자가 근로자에 대하여 정당한 이유없이 하는 해고를 부당해고라고 할 것인데, 피고는 이 사건 구제신청사건에서의 원고의 임○○에 대한 해고는 정당한 이유없는 해고이고, 따라서 이 사건 구제명령은 정당한 이유없는 해고이고, 따라서 이 사건 구제명령은 정당한 이유없는 해고에 대한 구제명령이라고 할 것이므로, 원고가 위 구제명령을 이행하지 않은 것에 대하여 피고는 이행강제금을 부과할 수 있다.[9]

5) 이행강제금의 추가 부과

(가) 추가 부과 한도

사용자가 계속하여 구제병령을 이행하시 아니할 경우 최초의 구제명령을 한 날

8) 서울행법 2009.11.12. 선고 2008구합48565 판결
9) 대전지법 2009.8.12. 선고 2009구합50 판결

을 기준으로 매년 2회의 범위 내에서 총 4회까지 이행강제금을 부과할 수 있다. 노동위원회는 구제명령을 받은 자가 구제명령을 이행하면 새로운 이행강제금을 부과하지 않되, 구제명령을 이행하기 전에 이미 부과된 이행강제금은 징수한다.

(나) 부과결정 후 구제명령 이행

이행강제금 부과결정 후 이행강제금 부과고지서가 사용자에게 도달되기 전에 구제명령을 이행하였다면 심판위원회에서 이행강제금 부과취소여부를 결정한다.

관련재결

행정처분 위법여부의 판단은 처분시의 법령과 사실 상태를 기준으로 하여야 하지만, 그 의미는 처분당시 존재하였던 자료나 행정청에 제출되었던 자료만으로 위법여부를 판단한다는 의미는 아니고 행정처분 당시 행정청이 알고 있었던 자료뿐만 아니라 사실심 변론종결 당시까지 제출된 모든 자료를 종합하여 처분당시 존재하였던 객관적 사실을 확정하고 그 사실에 기초하여 판단하여야 한다는 것을 말하는 것을 고려하면 (중략) 행정심판의 경우에도 처분 시 행정청에 제출된 자료뿐만 아니라 행정심판 청구시 제출된 자료도 처분시 존재하였던 객관적 사실을 확정하는 바탕으로 삼아 그 처분의 위법여부를 판단하여야 한다. (중략) 근로기준법 제33조제6항은 구제명령을 받은 자가 구제명령을 이행하면 새로운 이행강제금을 부과하지 아니한다고 되어 있으나, 이행강제금의 취지가 사용자에게 금전적인 압박을 가함으로써 구제명령의 이행을 확보하려는 데에 있다는 점을 고려하면, 새로운 이행강제금의 부과와 최초의 이행강제금의 부과를 다르게 취급할 이유는 없다고 할 것이므로 최초의 구제명령의 이행기간이 지난 경우에도 이미 구제명령을 이행한 경우에는 이행강제금을 부과할 수 없다.[10]

6) 이행강제금 부과유예

사용자가 구제명령을 이행하기 위하여 노력하였음에도 근로자의 소재불명 등으로 그 이행이 어렵거나 천재 · 지변 등 부득이한 사유로 구제명령을 이행하기 어려운 경우에는 심판위원회는 사용자의 신청이나 직권으로 기간을 정하여 이행

10) 국무총리행정심판위원회 2008.9.17. 08-07560 재결

강제금 부과를 유예하는 결정을 할 수 있다.

(가) 공탁의 유효성

근로자가 임금상당액의 변제를 받지 아니하거나 받을 수 없는 경우 사용자는 변제공탁을 할 수 있으나, 중앙노동위원회의 재심신청이 기각될 때까지 해당 공탁금(임금상당액) 출급을 제한하는 것은 조건부 공탁으로서 구제명령의 이행으로 볼 수 없다.

관련판례

공인노무사법 제2조제1항 각호의 규정에 비추어 볼 때, 공인노무사가 근로자로부터 부당해고 구제신청에 대한 권한을 위임받은 것만으로는 바로 부당해고 구제신청과 관련한 금원을 수령할 권한까지 함께 위임받았다고 볼 수 없고, 달리 근로자 자신이 선임한 공인노무사에게 부당해고구제신청과 관련하여 금원을 수령할 권한까지 위임하였다고 볼 만한 증거가 없으므로, 이 사건 공탁은 (민법 제487조 규정[11]에서 정한) 채권자가 변제를 받지 아니하거나 받을 수 없는 경우에 해당하여 변제공탁을 할 수 있는 경우에 해당한다. 그러나 원고(사용자)가 이 사건 공탁을 함에 있어 반대급부 기재란에 "다만, 공탁자가 신청한 중앙노동위원회의 재심신청이 기각될 때까지 피공탁자(근로자)의 공탁금 출급을 제한함"이라고 기재하였는데 이는 중앙노동위원회에서 원고의 재심신청이 기각될 것을 조건으로 한 변제공탁으로서 공탁전부가 무효이다. 따라서 이 사건 공탁은 무효이므로 원고가 이 사건 구제명령의 이행기간까지 구제명령을 이행하였다고 볼 수 없다.[12]

(나) 이행강제금 부과시기 조정

이행강제금 부과유예 결정여부는 노동위원회의 재량사항으로 보고 있다.

---

11) 민법 제487조(변제공탁의 요건, 효과) 채권자가 변제를 받지 아니하거나 받을 수 없을 때에는 변제자는 채권자를 위하여 변제의 목적물을 공탁하여 그 채무를 면 할 수 있다. 변제자가 과실 없이 채권자를 알 수 없는 경우에도 같다.

12) 광주지법 2009.10.1. 선고 2009구합1259 판결

관련판례

근로기준법 시행령 제14조제1호는 구제명령을 이행하기 위하여 사용자가 객관적으로 노력하였으나 근로자의 소재불명 등으로 구제명령을 이행하기 어려운 것이 명백한 경우 노동위원회는 직권 또는 사용자의 신청에 따라 그 사유가 없어진 뒤에 이행강제금을 부과할 수 있다고 규정하고 있어 규정의 문언상 이행강제금 부과시기 조정여부는 피고(노동위원회)의 재량권의 영역에 해당할 뿐만 아니라, 앞서 인정한 사실에 의하면 원고(사용자)가 객관적으로 노력하였음에도 불구하고 근로자의 소재불명 등으로 구제명령을 이행하기 어려운 것이 명백한 경우에 해당한다고도 볼 수 없다(공인노무사가 금원수령권한을 위임받지 않았다 하더라도 공인노무사를 통하여 근로자와 연락을 취함으로써 이 사건 구제명령을 이행할 수 있는 방법을 어렵지 않게 강구할 수 있었을 것으로 보인다).[13]

(3) 이행강제금 부과처분에 대한 불복

여러 가지 특별규정이 적용되는 중앙노동위원회의 재심판정에 대한 불복절차와는 달리, 이행강제금 부과처분에 대한 불복절차는 행정심판법 또는 행정소송법이 적용되는 일반적인 행정처분 불복절차이다.

1) 불복절차

노동위원회는 심판위원회의 결정에 따라 이행강제금 부과예정일에 맞춰 납부고지서를 발송하며, 사용자는 납부고지서를 받은 날로부터 90일 이내에 국무총리행정심판위원회에 행정심판 또는 관할법원에 행정소송을 제기할 수 있다. 지방노동위원회의 이행강제금 부과처분에 대해 사용자가 행정심판을 제기할 경우에는, 중앙노동위원회가 아닌 중앙행정심판위원회[14](구 국무총리행정심판위원회)가 행정심판을 담당하고, 중앙노동위원회가 이행강제금 부과처분을 하는 경우에도, 사용자는 재심판정의 경우와는 달리 중앙행정심판위원회에 행정심판을 청구할 수 있다. 한편, 사용자는 이행강제금 부과처분에 대해 행정심판을 거치지 않고 행정

13) 광주지법 2009.10.1. 선고 2009구합1259 판결
14) 행정심판법이 2010.1.25. 법률 제9968호로 전부 개정되어 기존의 국무총리행정심판위원회가 중앙심판위원회로 명칭이 변경되었다.

소송을 제기할 수도 있다.[15)]

2) 재심신청(행정소송 포함) 제기

이행강제금은 부당해고 등에 관한 구제명령을 토대로 부과하는 것이고 구제명령은 재심신청이나 행정소송에 의하여 그 효력이 정지되지 아니하므로 재심신청이나 행정소송 제기 여부와 관계없이 이행강제금을 부과할 수 있다.

관련재결

청구인(사용자)은 중앙노동위원회의 재심이 있고 난 후에 그 결과에 따라 이행강제금 부과여부가 결정되어야 한다고 주장하나, 근로기준법 제32조에 의하면, 중앙노동위원회 재심신청에 의하여 지방노동위원회의 구제명령의 효력이 정지되지 아니한다고 되어 있으므로, 중앙노동위원회의 재심이 있고 난 후에 그 결과에 따라 이행강제금 부과 여부가 결정되어야 한다는 청구인의 주장은 이유 없다.[16)]

관련판례

① 취소소송이 제기된 경우에 처분 등의 집행정지는 그 절차의 속행으로 회복하기 어려운 손해를 예방하기 위하여 긴급한 필요가 있다고 인정할 때에 처분 등의 집행의 정지를 결정할 수 있고, 여기에서 회복하기 어려운 손해라 함은 특별한 사정이 없는 한 금전으로 보상할 수 없는 손해로서 금전보상이 불능인 경우 또는 금전보상으로는 사회통념상 행정처분을 받은 당사자가 참고 견딜 수 없거나 또는 참고 견디기가 현저히 곤란한 경우의 유형 · 무형의 손해를 말한다. 신청인(사용자)이 효력의 정지를 구하는 이행강제금 부과처분은 금전의 지급을 명하는 것을 내용으로 하는 것이어서 그로 인하여 신청인에게 회복하기 어려운 손해가 발생하거나 또는 이를 예방하기 위하여 그 집행을 정지할 긴급한 필요

---

15) 행정소송법 제18조 (행정심판과의 관계) ①취소소송은 법령의 규정에 의하여 당해 처분에 대한 행정심판을 제기할 수 있는 경우에도 이를 거치지 아니하고 제기할 수 있다. 다만, 다른 법률에 당해 처분에 대한 행정심판의 재결을 거치지 아니하면 취소소송을 제기할 수 없다는 규정이 있는 때에는 그러하지 아니하다.

16) 국무총리행정심판위원회 2009.9.29. 선고 09-11805 재결, 유사한 취지로 구제명령에 대한 재심판정 후 소송이 제기되었으므로 행정소송 판결이 확정된 후에 이행강제금 부과여부를 결정하여야 한다는 사용자의 주장을 배척한 사례(대전지법 2009.5.27. 선고 2008구합3809 판결)

가 있다고 인정되지 않는다.[17)]
② 노동위원회 구제명령은 행정행위로서 처분청 또는 법원 등 권한 있는 기관에 의하여 취소되기 전까지는 누구든지 그 구속력을 부인하지 못하는 공정력을 가지므로, 설령 이 사건 구제명령에 하자가 있어 위법하다고 하더라도 그것이 중대 · 명백하여 당연무효에 해당하지 않는 한, 이 사건 구제명령을 이행하지 않음에 따라 이루어진 이행강제금 부과처분이 위법하게 되는 것은 아니다.[18)]

3) 이행강제금의 반환

구제명령이 중앙노동위원회 재심절차 또는 법원에서 취소된 경우, 이행강제금의 부과 · 징수를 즉시 중지하고 이미 징수한 이행강제금을 반환한다.

2. 고 발

(1) 확정된 구제명령 불이행시 형사처벌

2007.7.1. 이후 발생한 부당해고 등에 대한 확정된 구제명령을 이행하지 않을 경우 벌칙[19)]의 적용을 받을 수 있고, 노동위원회의 고발이 있으면 공소가 제기될 수 있다. 또한 검사는 노동위원회에 고발을 요청할 수 있다.[20)]

(2) 고발대상 및 절차

1) 고발대상

지방노동위원회의 구제명령서를 통지받은 날로부터 10일 이내 재심을 신청하지 않거나 중앙노동위원회의 구제명령을 통지받은 날로부터 15일 이내 행정소송

---

17) 수원지법 2009.7.25. 2008아445 결정
18) 서울행법 2009.11.12. 선고 2008구합48565 판결
19) 1년 이하의 징역 또는 1천만원 이하의 벌금
20) 근로기준법 제111조(벌칙) 제31조제3항에 따라 확정되거나 행정소송을 제기하여 확정된 구제명령 또는 구제명령을 내용으로 하는 재심판정을 이행하지 아니한 자는 1년 이하의 징역 또는 1천만원 이하의 벌금에 처한다.
제112조(고발) ① 제111조의 죄는 노동위원회의 고발이 있어야 공소를 제기할 수 있다. ② 검사는 제1항에 따른 죄에 해당하는 위반행위가 있음을 노동위원회에 통보하여 고발을 요청할 수 있다.

을 제기하지 아니하여 확정된 구제명령을 이행하지 아니한 사용자와, 행정소송을 제기하여 확정된 구제명령 또는 구제명령을 내용으로 하는 재심판정을 이행하지 아니한 사용자가 고발대상이 된다.

2) 고발 절차

노동위원회는 부당해고 등 구제명령이 확정되었음에도 불구하고 사용자가 구제명령을 이행하지 아니하는 때에는 심판위원회의 걸징을 거쳐 사업장 관할 지방노동관서에 고발한다.

(3) 이행강제금과 고발의 중복 적용

위에서 본 바와 같이 노동위원회의 구제명령에 대하여 사용자가 이를 이행하지 아니할 때 이를 강제하는 방법에는 이행강제금과 구제명령 불이행죄를 이유로 한 고발이 있다.

이행강제금 제도는 구제명령이 확정되었는지에 관계없이 사용자가 구제명령을 이행하지 아니할 때 부과하는 행정상 강제집행(집행벌 즉, 간접강제)의 하나인 반면 구제명령 불이행죄를 이유로 한 고발은 구제명령이 확정되었음에도 불구하고 사용자가 구제명령을 이행하지 아니할 경우 할 수 있는 형사제재로서 양자는 절차의 성질 및 제재 요건이 상이하다. 따라서 사용자가 구제명령을 이행하지 아니할 경우 위 두 가지 제재를 모두 가하여도 헌법상 이중처벌 금지 원칙(헌법 제13조 제1항)에 어긋나는 것은 아니다.

관련판례

개발제한구역 내의 건축물에 대하여 허가를 받지 않고 한 용도변경행위에 대한 형사처벌과 건축법 제83조제1항에 의한 시정명령 위반에 대한 이행강제금의 부과는 그 처벌 내지 제재대상이 되는 기본적 사실관계로서의 행위를 달리하며, 또한 그 보호법익과 목적에서도 차이가 있으므로 이중처벌에 해당한다고 할 수 없다.[21]

21) 대법 2005.8.19. 2005마30 결정

제2절 부당노동행위 구제명령에 대한 이행명령제도

1. 이행명령제도의 취지

노동위원회의 구제명령은 행정소송의 제기에 의하여 그 효력이 정지되지 않는다고 규정되어 있으나,[22] 사용자가 행정소송을 이유로 구제명령을 이행하지 아니하는 경우 구제명령이 판결에 의하여 확정된 후에만 벌칙을 적용할 수 있기 때문에 구제명령의 실효성을 확보하기 어렵게 된다. 따라서 구제명령의 실효성을 확보하기 위하여 중앙노동위원회의 신청에 의하여 법원의 결정으로써 판결이 확정될 때까지 사용자로 하여금 구제명령의 일부 또는 전부를 이행하도록 명할 수 있는 이행명령제도를 도입하였다.

2. 이행명령 요건

이행명령은 구제명령에 대한 법원판결이 확정되기 전에 잠정적으로 구제명령의 이행을 강제하는 것이기 때문에 판결확정 시까지 구제명령의 이행을 강제할 필요성이 요구되며, 이는 법원의 이행명령 판단기준이 된다. 이행을 강제할 필요성이란 구제명령을 바로 이행하지 않는다면 노동3권의 보장을 통한 집단적 노사관

22) 노동조합 및 노동관계조정법 제85조(구제명령의 확정) ① 지방노동위원회 또는 특별노동위원회의 구제명령 또는 기각결정에 불복이 있는 관계 당사자는 그 명령서 또는 결정서의 송달을 받은 날부터 10일 이내에 중앙노동위원회에 그 재심을 신청할 수 있다. ② 제1항의 규정에 의한 중앙노동위원회의 재심판정에 대하여 관계 당사자는 그 재심판정서의 송달을 받은 날부터 15일 이내에 행정소송법이 정하는 바에 의하여 소를 제기할 수 있다. ③ 제1항 및 제2항에 규정된 기간내에 재심을 신청하지 아니하거나 행정소송을 제기하지 아니한 때에는 그 구제명령 · 기각결정 또는 재심판정은 확정된다. ④ 제3항의 규정에 의하여 기각결정 또는 재심판정이 확정된 때에는 관계 당사자는 이에 따라야 한다. ⑤ 사용자가 제2항의 규정에 의하여 행정소송을 제기한 경우에 관할법원은 중앙노동위원회의 신청에 의하여 결정으로써, 판결이 확정될 때까지 중앙노동위원회의 구제명령의 전부 또는 일부를 이행하도록 명할 수 있으며, 당사자의 신청에 의하여 또는 직권으로 그 결정을 취소할 수 있다. 제86조(구제명령등의 효력) 노동위원회의 구제명령 · 기각결정 또는 재심판정은 제85조의 규정에 의한 중앙노동위원회에의 재심신청이나 행정소송의 제기에 의하여 그 효력이 정지되지 아니한다.

계의 정상적인 운영이 어렵게 될 사정이 존재하는 것을 뜻한다.

3. 이행명령 신청 절차 및 방법

(1) 신청 요건

사용자가 중앙노동위원회의 부당노동행위 재심판정에 불복하여 행정소송을 제기한 경우, 당해사건의 근로자나 노동조합은 중앙노동위원회에 법원에 이행명령을 신청해줄 것을 요청할 수 있다. 근로자나 노동조합이 이행명령을 신청해줄 것을 요청하는 때에는 서면으로 하여야 하며 이행명령의 필요성을 기재하여야 한다.

(2) 이행명령 신청 여부 결정

심판위원회가 이행명령을 신청하기로 결정한 경우, 부당노동행위 재심판정 취소소송이 진행 중인 법원에 이행명령을 신청한다. 법원은 신청에 의하여 판결이 확정될 때까지 중앙노동위원회의 구제명령의 전부 또는 일부를 이행하도록 명할 수 있다.

제2편 심문 · 판정회의 및 재심과 소송

제5장 재심 및 소송

제1절 재 심

1. 재심절차의 의의 및 범위

(1) 의 의

부당해고 등 · 부당노동행위 사건의 당사자가 지방노동위원회 또는 선원노동위원회의 초심 판정에 불복하는 경우에는 지방노동위원회 · 특별노동위원회의 처분에 대한 재심사건을 관장하는 중앙노동위원회에 재심을 신청할 수 있다.

재심신청의 대상은 지방노동노동위원회와 선원노동위원회의 처분으로 구제명령, 기각판정 및 결정 등이다. 지방노동위원회 또는 선원노동위원회의 처분이 위법하거나 부당함을 이유로 취소를 원하는 당사자는 판정서를 받은 날로부터 10일 이내에 재심신청서를 중앙노동위원회에 제출하여야 한다. 위 기간내에 재심신청을 제기하지 아니한 경우 노동위원회의 구제명령, 기각결정은 확정된다.

(2) 성 격

재심절차는 행정쟁송의 일종으로서 지방노동위원회의 처분을 그 대상으로 한다는 점에서 항고 쟁송의 성격이 일부 있으나, 재심의 상대방을 지방노동위원회로 하지 않고 당사자로 한다는 점(당사자 쟁송의 성격)에서 행정청을 피신청인으로 하는 "행정심판법에 따른 행정심판"절차와는 성격이 다소 다르다.[1)]

지방노동위원회의 판정에 대하여 불복할 경우 재심을 거치지 않고 행정소송을 제기할 수는 없다. 이에 따라, 중앙노동위원회의 재심절차에 대하여는 노동위원회법령, 근로기준법, 노동조합및노동관계조정법과 노동위원회 규칙 등이 적용되며, 규칙에서 정하지 아니하고 있는 사항에 대하여는, 행정심판법의 법리(예: 처분 등의 개념, 취소재결의 기속력 등)를 참고할 수 있다.

---

1) 이러한 재심사건의 성격상 지방노동위원회의 이행강제금 부과처분에 대한 불복은 재심신청 대상이 아니다.

관련판례

이 사건 제1,2차 징계는 같은 사실관계에 대한 징계인바, 이 사건 재심판정이 확정되어 구 초심 및 재심판정과 달리 원고(근로자)에게 근무태도불량, 근무태만의 징계사유가 있었다고 판단한 것은 확정판결의 기판력이나 이중처벌금지 원칙 등의 취지, 판정의 신뢰성의 측면에 비추어 위법하다는 원고의 주장에 대하여, 우선 중앙노동위원회가 구 초심 및 재심판정과 달리 원고에게 근무태도불량, 근무태만의 징계사유가 있었다고 판단한 것이 적법한지 여부에 관하여 보건대, 근로기준법에서 사용자가 근로자에 대하여 정당한 이유없이 정직 등 징계를 한 때 당해근로자는 노동위원회에 구제를 신청할 수 있다고 규정한 것은 사용자의 정당한 이유 없는 정직 등에 대하여 일반법원에 의한 사법적인 구제방법 외에 노동위원회에 의한 행적적인 구제제도를 따로 마련하여 불이익처분을 받은 당해 근로자가 보다 간이, 신속하고 저렴한 비용으로 정당한 이유 없는 정직 등에 대한 구제를 받을 수 있도록 하는데 그 취지가 있는 것으로서, 귄계 당사사에 대하여 심문과 반대 심문을 하는 등 그 심리방식에 관하여 다소 사법절차와 유사한 점이 없지는 않으나 기본적으로 행정절차라 할 것이고, 근로기준법 제28조 내지 제31조 등 관련 규정을 종합하여 보아도 확정된 중앙노동위원회의 재심판정에 대하여 기판력 등 확정판결과 같은 효력을 인정하고 있지 아니하므로, 비록 같은 사실관계에 관한 징계라고 하더라도 별도의 징계인 이 사건 제1,2차 징계에 대한 각 심리과정에서 드러난 사정과 심증 등을 고려하여 징계사유의 존부 등에 관하여 판단을 달리하는 것은 충분히 허용된다고 할 것이다.[2)]

(3) 재심의 범위

당사자의 재심신청은 초심에서 신청한 범위를 넘어서는 안되며, 중앙노동위원회의 재심심리와 판정은 당사자의 불복의 범위 안에서 하여야 한다. 초심에서 신청한 범위라 함은 초심신청취지의 범위를 말하며, 재심신청취지가 초심의 신청범위를 초과한 경우, 초심신청 취지 범위 내의 사항에 대해서는 판단하나, 범위 이외의 사항에 대해서는 중앙노동위원회가 심리 · 판정할 권한이 없으므로 재심신청을 각하한다. 당사자의 불복 범위라 함은 재심신청서에 기재된 재심신청 취지의 범위를 말한다.

---

2) 서울고법 2010.3.1. 선고 82009누20849 판결

관련판례

원고(근로자)가 부당성과급 차등지급 구제신청을 제기한 후 부당노동행위 구제신청 취지를 추가하였음에도 부당노동행위 구제신청에 대하여 판단하지 아니한 초심판정은 위법한 것으로서, 중앙노동위원회가 초심판정을 취소하지 않고 부당노동행위 구제신청을 스스로 판단한 재심판정은 초심에서 판단 받을 기회를 박탈하여 행정구제 단계상 불이익을 준 것이 명백하므로 위법하여 취소되어야 한다는 주장에 대하여, 노동위원회의 구제신청 제도는 신속성과 간이성 등을 통하여 근로자를 효율적으로 보호하기 위한 목적을 가지고 있는 바, 지방노동위원회의 판단을 누락하였음을 이유로 지방노동위원회로 하여금 다시 판정을 하도록 하는 것은 위 목적에 반하는 점, 노동위원회 규칙 제42조는 근로자가 노동위원회의 승인을 얻어 신청취지를 추가 · 변경할 수 있다고 규정하고 있는데, 위 규정에서 노동위원회는 중앙노동위원회, 지방노동위원회, 특별노동위원회를 모두 포함하는 것이므로 신청취지 추가에 대한 승인을 하는 권한이 지방노동위원회에 전속된 것은 아닌 점, 노동위원회법 제26조에서는 중앙노동위원회의 재심권에 관하여 지방노동위원회의 처분에 대하여 이를 인정 · 취소 뿐만 아니라 변경할 수 있는 권한도 가지고 있으므로, 중앙노동위원회는 지방노동위원회의 처분과 다른 내용으로 직접 판단할 수 있는 점, 중앙노동위원회의 위법한 재심판정에 대하여 법원에 의하여 구제가 인정되는 점 등을 종합하면, 중앙노동위원회는 지방노동위원회에서 판단하지 아니한 위법이 있다고 하더라도 중앙노동위원회에서 직접 판단할 수 있다고 할 것이다.[3]

2. 재심신청요건 등

(1) 재심신청 요건

재심사건도 초심의 경우와 마찬가지로 사실조사에 앞서서 재심신청기간 준수, 재심신청의 이익 등 재심신청요건 또는 재심절차의 유지요건이 구비되어 있는지 여부에 대한 검토를 한다. 아울러, 초심판정이 초심신청요건 또는 초심절차유지요건에 관하여 판단을 누락하였거나 판단에 오류가 있었는지 여부에 대하여도 검토한다. 다만, 다음의 경우에는 재심을 신청할 수 없다. 첫째, 화해성립에 불복하는 경우, 둘째, 초심에서 원직복식명령을 내용으로 하는 구제명령에 대하여 사용자가 재심을 신청한 경우 근로자가 초심구제명령의 내용을 금전보상명령으로 변경하여 달

3) 서울행법 2010.6.4. 선고 2009구합44355 판결

라는 경우, 셋째, 초심에서의 금전보상명령에 대하여 근로자가 금전보상금액을 증액하여 달라는 경우 등이다.

(2) 신청취지의 추가 · 변경

재심절차의 성격상 재심절차에서도 신청취지의 추가 · 변경은 허용된다. 다만, 재심절차에서는 재심신청인이 초심의 불복 범위 내에서만 신청취지를 추가 · 변경할 수 있다.

관련판례

노동위원회규칙에 의하면 근로자가 지방노동위원회에 부당노동행위 또는 부당해고 등의 구제를 신청하기 위하여 제출하는 구제신청서에는 "부당노동행위 또는 정당한 이유가 없는 해고 등을 구성하는 구체적인 사실"과 "청구할 구제의 내용" 등을 기재하도록 되어 있으나, "청구할 구제의 내용"은 민사소송의 청구취지처럼 엄격하게 해석할 것은 아니고 신청의 전취지로 보아 어떠한 구제를 구하고 있는지를 알 수 있을 정도면 되는 것으로서, 노동위원회는 재량에 의하여 신청하고 있는 구체적 사실에 대응하여 적절 · 타당하다고 인정하는 구제를 명할 수 있는 것이며, 이러한 법리는 중앙노동위원회에 대하여 그 재심을 청구하는 경우에도 동일하게 적용된다 할 것이다.[4)]

(3) 공인노무사 무료지원

초심에서와 마찬가지로 재심에서도 부당해고 등 구제신청 등에 있어서 공인노무사가 사회취약계층의 권리구제업무를 대리할 수 있도록 지원하고 있다.[5)] 지원내용은 법률 상담에서부터 구제신청 이유서 또는 답변서 작성 · 제출, 심문회의 참석 및 진술, 화해 · 합의 등 사건이 종료될 때까지 일체의 법률 서비스가 가능하다. 중앙노동위원회가 재심사건의 공인노무사를 선임할 때에는 당해 근로자로 하여금 선임 희망지역(서울지역 또는 초심 지방노동위원회 지역)을 선택토록 하여, 당해 지역 관할 노동위원회 공인노무사 명부의 순번대로 선임하고 있다.

---

4) 대법 1999.5.11. 선고 98두9233 판결

5) 노동위원회법 제6조의2

3. 구제이익

재심절차에서의 신청의 이익은 재심을 신청하는 당사자에 따라 달리 판단하여야 한다. 재심절차에서는 재심신청인이 어느 쪽인가에 따라 신청의 이익 존재 여부에 대한 판단 기준과 시점이 달라질 수 있으며, 특히 재심판정전에 근로관계가 종료된 경우에 구제이익이 있는지 여부가 문제가 된다.

(1) 근로자 측의 재심신청

초심 지방노동위원회에서 구제신청이 기각된 경우 재심신청인은 근로자 또는 노동조합이므로 재심신청의 이익은 근로자 또는 노동조합을 중심으로 파악하여야 한다. 초심 구제절차에서의 신청의 이익과 재심 구제절차에서의 신청의 이익은 같다. 초심 지방노동위원회의 기각결정 이후에 사업장의 소멸, 근로자의 자진퇴사, 근로계약기간만료, 정년퇴직 등으로 근로관계가 소멸 또는 종료한 경우 중앙노동위원회가 구제명령을 하여도 그 실현이 사실상 불가능하게 되므로, 근로자의 구제이익은 없으며, 재심신청은 각하된다. 다만, 기간제 근로계약의 경우에는 먼저 무기계약인지 유기계약인지 여부를 판단하고, 유기계약인 경우에 존속기간인지, 갱신기간인지를 판단해야 하며, 무기계약 또는 갱신기간으로 볼 경우에는 기간만료로 근로계약관계가 종료된 것으로 할 수 없다.

관련판례

철근공인 근로자가 사용자의 하도급공사 종료 시까지 근무하기로 한 근로계약관계가 부당해고구제 재심신청사건 진행 중에 사용자의 하도급 공사를 포기하였다면 사용자가 근로자를 부당하게 해고한 사실이 인정되어 구제재심신청이 받아들여진다 해도 객관적으로 그 실현이 불가능하게 되었다 할 것이므로 초심기각 판정 취소를 구할 재심신청의 이익이 없다.[6)]

6) 서울고법 2003.10.30. 선고 2003누2658 판결 ; 대법 1997.7.8. 선고 96누5087 판결

(2) 사용자 측의 재심신청

초심에서 구제명령이 있는 경우에는 재심신청은 구제명령의 취소를 통하여 구제명령으로 인한 공법상 의무를 면하고자 하는 사용자가 제기하므로 재심절차를 유지하기 위한 이익(근로자가 구제명령을 받고자 하는 구제신청 이익과 구별되는 사용자의 재심신청이익)은 사용자를 중심으로 파악하여야 한다.

1) 사정변경 시 재심신청 이익

사용자가 초심 지방노동위원회의 구제명령에 불복하여 재심신청을 제기한 경우에는 초심구제명령으로 인하여 부과된 공법상 의무를 면하기 위한 법률상 이익이 있다.

관련판례

① 구제(신청)이익은 구제명령을 할 당시를 기준으로 판단하여야 하는 것으로 노동위원회의 구제명령 후 근로자가 정년에 도달하여도 해고 다음날부터 복직명령의 이행이 가능하였던 정년퇴직 시까지의 기간동안의 임금상당액 지급의무는 소급하여 소멸하는 것이 아니므로 원고인 사용자는 구제명령에 따른 공법상 의무를 면하기 위한 재심신청(소)의 이익이 있다.[7]

② 근로자가 부당해고구제신청을 하여 해고의 효력을 다투던 중 사직서의 제출 등의 사유로 근로관계가 종료되었다면, 부당해고구제신청에 따른 구제명령을 얻는다 하더라도 객관적으로 보아 그 실현이 불가능하여 더 이상 구제절차를 유지할 필요가 없게 되므로 구제이익은 소멸된다 할 것이다. 그런데, 앞서 본 바에 의하면, 원고(사용자)와 ○○○사이의 근로관계는 이 사건 재심판정 이전에 ○○○의 사직서 제출에 따른 해지의 효력이 발생함으로써 종료되었다 할 것이므로, ○○○의 구제신청은 각하되어야 할 것임에도 이와 달리 원고(사용자)의 재심신청을 기각한 이 사건 재심판정은 위법하다.[8]

2) 초심구제명령 이행에 따른 경우 재심신청이익

사용자의 징계조치 후에, 징계무효인사발령 또는 원직복직명령의 법적의미는

7) 대법 2004.1.15. 선고 2003두11247 판결
8) 서울행법 2005.7.8. 선고 2004구합32784 판결

2가지 중 하나이다. 즉, 징계처분의 소급적 소멸을 의미하는 징계취소이거나, 지방노동위원회의 판정 등의 효력에 복종하기 위한 잠정적 처분이다.

(가) 징계(해고) 취소

징계(해고)취소를 하고 2차 징계(해고)를 하는 경우 취소된 징계(해고)는 소멸하므로 이를 다툴 수 없다.

관련판례

① 원고(사용자)가 참가인(근로자)들에 대하여 이 사건 재심판정 전에 임용조치를 취한 사실은 앞서 본 바와 같고, 그렇다면 위 참가인들의 구제신청은 이미 다른 방법에 의하여 실현되어 그 목적을 달성하였다고 할 것이므로 이들의 구제신청은 그 구제이익이 없는 것으로서 부적법하다. 따라서 이 사건 재심판정은 구제명령을 발한 초심결정을 취소하고 위 참가인들의 구제신청을 각하하였어야 함에도 불구하고 이를 간과한 위법이 있다.[9]

② 운송사업체에서의 승무정지는 근로자에 대하여 소극적인 양태의 승무를 지시하는 업무명령이므로 운송사업체가 그 승무정지를 철회하거나 승무를 재개하는 의사표시에 의하여 그 효력이 상실된다 할 것인 바, 이 사건 사용자는 이 사건 근로자들 등에게 2008.1.1.부터 배차를 실시할 예정이니 정상적으로 근무할 것을 촉구한다는 내용의 통보문을 발송하고 공고한 이상 이는 이 사건 사용자 스스로 기존에 발하였던 승무정지 처분을 철회하거나 승무를 재개하는 의사표시를 한 것이고, 이 사건 사용자측의 사정으로 인하여 이 사건 근로자들 등이 업무에 복귀하지 못할 특별한 이유가 있지 않는 한 승무정지의 효력이 상실되었다고 보아야 한다. 이에 대하여 이 사건 근로자들은 이 사건 사용자가 차량을 즉시 운행할 수 있는 배차준비 등을 충분히 하지 않았을 뿐 아니라, 세무서에 한 휴업신고나 건강보험과 국민연금의 상실신고를 해제하지도 않고, 이 사건 근로자들 등에게 성실근무를 서약할 것을 요구하고, 기존에 분쟁 원인이 되었던 부가세경감분 등에 대한 해결책을 제시하지 않으면서 승무정지 처분에 이른데 분회측에 책임이 있음을 내세워 이 사건 근로자들 등이 업무에 복귀하는 것이 불가능하였으므로, 진정한 의사로 승무를 재개한 것이 아니라고 주장한다. 그러나 이 사건 사용자는 대부분의 차량에 관하여 기본적인 장비 등 차량운행 재개에 필요한 기본적인 준비를 갖추었던 것으로 보이고, 이 사건 근로자들이 제출한 증거들만으로는 이를 뒤집기에 부족하므로 이에 관한 이 사건 근로자들의 주장은 이유 없다. (중략) 따라서, 이 사건 사용자가 2007.11.15. 발한 이 사건 승무

9) 서울행법 2006.12.1. 선고 2006구합15165 판결

정지는 2008.1.1. 이후 그 효력이 상실되어 종료되었다고 할 것이고, 그 이후 택시 운행이 이루어지지 아니한 것은 이 사건 사용자의 승무재개 의사에 불구하고 분회나 이 사건 근로자들 등이 업무에 복귀하지 아니함으로 인한 것이므로, 이와 달리 2008.1.1.이후에도 이 사건 사용자의 귀책사유로 이 사건 승무정지가 계속되고 있음을 전제로 하여 ○○지방노동위원회가 2008.4.7. 이 사건 사용자에게 근로자들의 원직복직을 명하고 나아가 2008.1.1. 이후의 기간에 대하여서까지 임금상당액의 지급을 명한 이 사건 구제명령부분은 부당하다.[10]

(나) 잠정적인 처분

잠정적인 처분인 경우 그 징계(해고)가 소멸하는 것이 아니므로 징계(해고)를 다툴 이익 즉 재심신청이익이 존재한다.

관련판례

참가인(사용자) 회사가 3.11. 원고(근로자)에 대하여 이 사건 해고 통고를 한 사실, ○○지방노동위원회가 5.31. 이 사건 해고를 부당해고라고 판정하여 참가인 회사에게 원직복직의 구제명령을 내린 사실, 이에 참가인 회사가 위 구제명령에 불복하여 6.4. 중앙노동위원회에 재심을 신청한 사실, 그런데 참가인 회사가 6.22. 지방노동사무소로부터 "위 구제명령에 따라 6.27. 까지 원고를 복직조치하고 위 기한 내에 복식시키지 아니할 경우 근로기준법 위반에 따른 불이익처분을 받게 된다"는 통보를 받자, 이에 따라 6.27. 원고에 대하여 이 사건 해고무효의 인사발령을 하면서 당시 지방노동사무소에 송부한 이행보고서에 그 발령근거로 지방노동위원회의 심판과 구제명령에 관한 규정인 노동조합 및 노동관계조정법 84조를 명시한 사실을 알 수 있다. 이와 같은 이 사건 해고무효 인사발령의 경위와 목적, 이 사건 해고무효 인사발령 이전에 참가인 회사가 구제명령에 불복하여 재심을 신청한 점 등을 종합하여 보면, 이 사건 해고무효의 인사발령은 그 문언의 표시에도 불구하고 참가인 회사가 구제명령에 복종하여야 할 공법상 의무를 이행하기 위하여 잠정적으로 원고를 복직시킨다는 의미라고 봄이 합리적인 의사해석이라 할 것이지, 이 사건 해고를 종국적으로 무효 내지 실효로 하겠다는 의미라고 볼 수는 없다.[11]

---

10) 대법 2010.12.9. 선고 2010두19911 판결 - 심리불속행 기각
11) 대법 2010.4.29. 선고 2007두12941 판결

4. 재심 심문회의 및 판정회의

중앙노동위원회에서의 심문회의 및 판정회의 절차 및 방법은 초심 지방노동위원회와 같다. 따라서 심문을 종결하였을 때에는 판정회의를 개최한다. 판정회의는 공익위원 3인 전원 참석으로 개의하고, 심판위원회위원장은 근로자위원과 사용자위원에게 당해 사건에 관한 의견을 진술할 기회를 주어야 한다.

재심신청이 요건을 충족하지 못한 경우 재심신청을 각하하고, 재심신청이 이유 없다고 판단하는 경우에는 기각하며, 재심신청이 이유 있다고 판단하는 경우에는 지방노동위원회의 처분을 취소하고 구제명령이나 각하 또는 기각결정을 한다.

제2절 소의 제기

1. 소송의 대상

(1) 행정소송 제기기한

중앙노동위원회의 재심판정에 불복할 경우에는 15일 이내에 행정소송을 제기할 수 있다. 위 기간내에 행정소송을 제기하지 아니한 경우 중앙노동위원회의 재심판정은 확정된다.

관련판례

종전 전보가 있은 날로부터 3월이내에 노동위원회에 종전 전보에 대한 구제신청을 하지 않은 채 근무하여, 구제신청기간이 경과함으로써 종전 전보에 대한 행정적 권리구제를 신청할 권리가 소멸된 경우 종전 전보의 부당함을 이유로 이 사건 재심판정의 부당성을 다툴 수 있는지에 대하여, (중략) 부당해고 등 구제신청에 대한 재심판정 취소소송의 소송물은 중앙노동위원회의 재심판정 자체이고, 법원은 그 재심판정의 사실인정과 판단이 적법한지 여부를 심리 · 판단하게 되는 것이므로, 근로자가 중앙노동위원회의 재심판정 시까지 주장한 바가 없는 새로운 불이익처분을 위 재심판정의 위법여부를 심판대상으로 하는 소송에서 추가로 주장하는 경우에는 위 새로운 불이익처분은 위 소송에서의 심판대상이 되지 않는다고 할 것이다.[12)]

(2) 징계사유 추가 인정

법원은 노동위원회에서 인정된 징계사유 외에도 여타 사항들을 더 조사하여 판단할 수 있다.

---

12) 대법 2008.6.26. 선고 2007두22344 판결 참조

관련판례

부당해고구제신청에 대한 중앙노동위원회의 재심판정에 불복하여 법원에 재심판정의 취소를 구하는 소가 제기 됨으로써 법원이 재심판정의 적법여부를 판단하는 경우 법원은 재심판정에서 행하여진 사실인정이나 법적판단 등에 구속되지 아니하며, 재심판정의 적법여부에 대하여 독자적으로 심리 · 판단할 수 있다. 따라서 재심판정이 징계사유 중 일부를 인정하지 아니하면서 나머지 인정되는 징계사유만으로도 해고에 정당한 이유가 있다고 판단하여 구제신청을 기각하였고, 이에 대하여 해고근로자인 구제신청인이 불복하여 재심판정취소소송을 제기한 경우라고 하여도, 법원이 재심판정에서 인정된 징계사유 민에 기초하여 부당해고 여부를 판단하여야 하는 것은 아니다. 그럼에도 원심은 이 사건 재심판정이 이 사건 징계 사유 중 불법집회 및 복장위반의 행위는 이를 징계사유에 해당하지 아니한다고 판단하였으므로 구제신청인인 원고가 이 사건 소를 제기한 이상 법원이 부당해고 여부를 살펴봄에 있어서 이들 행위를 징계사유로 고려하여서는 안된다는 취지로 판단하였다. 앞서 본 법리에 비추어 보면, 이와 같은 원심의 판단에는 부당해고구제신청에 대한 재심판정취소소송에서의 심판범위에 관한 법리를 오해한 위법이 있다고 할 것이다.[13)]

2. 소의 이익

(1) 소의 이익 판단의 기준시기

중앙노동위원회의 재심판정에 대하여 근로자나 사용자 등 관계당사자가 행정소송을 제기하여 그 취소를 구하려면 일반의 취소소송과 마찬가지로 사실심 변론종결 당시를 기준으로 하여 그 취소를 구할 구체적인 법률상의 이익, 즉 소의 이익이 있어야 한다.[14)]

(2) 근로자 측의 소 제기

근로자가 구제신청을 기각 또는 각하하는 내용의 재심판정을 취소하고자 하는 소송이므로 구제신청의 이익과 사실상 유사하다. 근로자 측면에서의 소의 이익을 구제절차를 유지할 이익이라고 한다.[15)]

---

13) 대법 2010.2.25. 선고 2009두22133 판결
14) 서울고법 2006.11.2. 선고 2005누27811 판결
15) 대법 2001.4.24. 선고 2000두7988 판결

1) 원직복직이 불가능한 사정변경 등

재심판정이후 항소심 변론종결 전에 원직복직이 불가능한 사정변경이 있는 경우 소의 이익이 없음을 이유로 소를 각하한다.

관련판례

부당해고구제신청에 따른 구제명령을 얻는다고 하더라도 임기만료나 근로계약기간의 종료 등의 사유로 객관적으로 보아 그 실현이 불가능한 경우에는 특별한 사정이 없는 한 그 구제명령의 신청을 기각한 중앙노동위원회 재심판정의 취소를 구할 소의 이익은 없다고 할 것이고 또한, 이와 같은 법리는 복직신청부분 뿐만 아니라 해고기간 중 임금지급신청부분에도 적용된다고 할 것인바, 노동위원회에서 임금지급을 명한 바 없는 경우에 위와 같이 그 근로자가 원래의 지위회복이 불가능하게 되었다면 임금부분에 대하여는 임금청구의 민사소송을 제기하여 그 전제로서 해고가 무효임을 주장하여 구제 받을 수 있으므로 임금을 지급받기 위한 것이라는 사유만으로는 재심판정의 취소를 구할 법률상 이익이 있다고 보기 어렵다.[16)]

(가) 희망퇴직

재심판정이후 희망퇴직을 하여 원직복직이 불가능한 사정변경이 있는 경우 소의 이익이 없음을 이유로 소를 각하한다.

관련판례

기록에 의하면, 원고(근로자)는 부당전보 및 부당노동행위 구제신청을 기각한 지방노동위원회의 결정을 유지하고 재심판정을 기각한 피고(중앙노동위원회)의 이 사건 재심판정의 취소를 구하는 이 사건 소를 제기하여 제1심과 원심에서 패소하여 이 사건 상고를 제기하였는데, 이 사건 상고심 계속 중에 피고보조참가인 회사에 희망퇴직신청을 하여 12.31.자로 퇴직한 사실을 알 수 있다. 위와 같이 원고와 피고보조참가인(사용자) 회사 사이의 근로관계가 종료한 이상 원고로서는 구제명령을 얻는다고 하더라도 이를 실현할 수 없어 이 사건 재심

16) 대법 1995.12.5. 선고 95누12347 판결 ; 대법 2009.12.10. 선고 2008두22136 판결

판정의 취소를 통하여 회복되는 법률상의 이익이 없게 되었으므로, 이로써 이 사건 소는 상고심에 계속 중 그 소의 이익이 소멸되어 부적법하게 되었다. 1심판결을 취소하고, 이 사건 소를 각하한다.[17]

(나) 근로계약기간 만료

재심판정이후 근로계약기간 만료로 원직복직이 불가능한 사정변경이 있는 경우 소의 이익이 없음을 이유로 소를 각하한다.

관련판례

① 소송계류 중 근로계약기간 만료로 인하여 당연퇴직하게 되었다고 할 것이므로, 징계가 취소되는 구제명령을 얻는다고 하더라도 근로자의 지위를 회복하는 것이 불가능하게 되어 이 사건 재심판정의 취소를 구할 소의 이익은 없다. 즉 정직기간 동안의 임금 삭감액에 대하여는 임금청구소송 등 민사소송을 제기하여 그 전제로서 징계가 무효임을 주장하여 구제받을 수 있는 것이므로 임금을 지급받기 위한 것이라는 등의 사유는 재심판정의 취소를 구할 법률상의 이익에 해당한다고 볼 수 없다.[18]

② 근로계약의 기간이 정하여진 경우 근로계약 당사자 사이의 근로관계는 특별한 사정이 없는 한 그 기간이 만료됨에 따라 사용자의 해고 등 별도의 조처를 기다릴 것 없이 당연히 종료된다. 그리고 근로자가 부당해고구제신청을 하여 해고의 효력을 다투던 중 근로계약기간의 만료로 근로관계가 종료되었다면 근로자로서는 그 지위를 회복하는 것이 불가능하게 되고, 해고기간 중의 임금을 구할 필요가 있거나 퇴직금산정시 재직기간에 해고기간을 합산할 실익이 있다고 하여도 그러한 이익은 민사소송절차를 통하여 해결될 수 있어 더 이상 구제절차를 유지할 필요가 없게 되었으므로 구제이익은 소멸한다. 그런데 원고(사용자)가 참가인(근로자)과 사이에 계약기간을 2004.6.18.부터 2005.6.17. 까지 1년으로 하는 근로계약을 체결하였음은 앞서 본 바와 같으므로 원고와 참가인 사이의 근로관계는 이 사건 재심신청 사건이 중앙노동위원회에 계속 중인 2005.6.17. 종료되었다. 따라서 원고가 참가인의 근로자로서의 지위를 회복하는 것은 불가능하게 되어 더 이상 구제절차를 유지할 필요가 없게 되었으므로 이를 이유로 재심신청을 각하한 이 사건 재심판정은 적법하다.[19]

---

17) 대법 2010.6.24. 선고 2007두7062 판결
18) 서울행법 2010.7.2. 선고 2010구합3565 판결
19) 서울행법 2006.3.24. 선고 2005구합32149 판결

(다) 해당사건과 관련한 별개의 소송 확정

부당정직에 대한 구제신청을 하여 구제절차가 진행 중에 있는 근로자가 같은 사유로 제기한 별도의 정직처분무효확인청구의 소에서 패소확정판결을 받은 경우 구제이익은 소멸한 것으로 보아야 한다.[20]

2) 원직복직명령

사용자가 해고를 취소하고 원직복직명령을 내린 경우 근로자는 재심판정의 취소를 구할 소의 이익이 없다.

관련판례

참가인(사용자)이 9.11. 원고(근로자)에게 "이 사건 해고를 취소하니 9.14. 까지 원직에 복귀하라"는 취지로 통지하였고, 원고가 이에 응하지 아니하자 같은 해 11.13. 다시 원고에게 "11.19. 까지 원직에 복귀하라"는 취지로 통지한 사실을 알 수 있는 바, 위 인정사실에 의하면 참가인이 이 사건 해고를 취소함으로써 이 사건 해고의 효력은 더 이상 존속하지 아니하게 되었으므로, 원고로서는 이 사건 해고에 관한 구제명령을 거부하는 취지인 이 사건 재심판정의 취소를 구할 소의 이익이 없다. 따라서 참가인의 위 본안전 항변은 이유 있다(나아가 이 사건 해고가 취소된 이상, 이로써 원고에게 구제의 실익이 없다고 보아 행하여진 이 사건 재심판정은 그러한 판단에 관한 명시적인 법령상의 근거유무에 불구하고 적법하므로, 이 사건 재심판정의 취소를 구하는 원고의 청구는 결국 받아들여질 수 없다). 그렇다면, 이 사건 소는 부적법하므로 각하하기로 하여 주문과 같이 판결한다.[21]

3) 위장폐업

사용자가 회사를 폐업하고 새로운 회사를 설립한 경우, 위장폐업으로 보여진다면 소의 이익이 있다.

---

20) 대법 1992.11.24. 선고 92누9766 판결
21) 서울고법 2009.6.3. 선고 2008누34162 판결

관련판례

① 사업체가 폐업되었다고 하더라도 그 폐업이 위장폐업으로서 해고의 유효성을 다투며 회사로 복귀하고자 하는 근로자들의 해고무효 주장을 봉쇄하기 위한 것이라면, 중앙노동위원회에 대하여 해고의 유효성을 다투는 근로자로서는 원래 사업체의 폐업에도 불구하고 여전히 소로써 부당해고 신청을 기각한 중앙노동위원회의 재심판정의 취소를 구할 이익이 있다고 할 것이다.[22]

② 참가인(근로자)들 및 ○○노조는 ○○지방노동위원회에 원고(사용자) 회사의 해산이 노동조합을 와해하기 위한 위장폐업에 해당하므로 그 청산과정에서 참가인들에게 한 이 사건 해고가 부당해고 및 부당노동행위에 해당한다고 주장하면서 이 사건 구제신청을 하였는바, 그렇다면 위 구제신청사건의 쟁점은 원고 회사가 위장폐업을 하였는지 여부를 심리하는데 있고, 만일 위장폐업이라고 인정될 경우에는 존속하고 있는 기업의 실체에 대하여 구제명령을 발할 수 있는 것이므로, 원고 회사가 현재 청산중 이라는 이유만으로 위장폐업인지 아닌지 여부에 관하여 심리하여 보지도 아니한 채 곧바로 구제이익이 없다고 단정할 수 없다. 원고 회사의 이 부분 주장은 이유 없다.[23]

(3) 사용자 측의 소 제기

사용자가 재심판정의 취소를 구하는 소를 제기하는 것은 구제명령을 내용으로 하는 재심판정의 취소를 통하여 사용자가 부담하고 있는 원직복직 및 임금상당액 지급명령이라는 공법상 의무를 면하기 위한 것이므로 구제명령을 얻고자 하는 근로자의 구제신청이익과는 구별된다. 사용자 측면에서의 소의 이익을 재심판정의 취소를 구할 법률상 이익[24] 또는 노동위원회의 결정에 따를 공법상 의무를 면하기 위한 이익[25]이라고 한다.

1) 사업장 폐쇄

폐업하여 재심판정이 취소되더라도 복직이 불가능하다는 이유만으로 재심판정의 취소를 구할 법률상 이익이 없다고 할 수 없다.

---

22) 서울고법 2007.11.27. 선고 2007누6009 판결
23) 서울행법 2006.4.18. 선고 2005구합34015 판결
24) 대법 1995.12.5. 선고 95누12347 판결
25) 대법 1993.4.27. 선고 92누13196 판결

관련판례

사용자가 행한 해고처분에 대하여 이를 부당해고로 인정하면서 해고된 근로자를 원직에 복직시키고 해고기간 동안 임금 상당액의 지급을 명하는 내용의 노동위원회의 구제명령에 관한 재심판정 후에 사업장이 폐쇄되어도 해고 다음날부터 복직명령의 이행이 가능하였던 사업장 폐쇄시까지의 기간동안의 임금상당액의 지급의무는 소급하여 소멸하는 것이 아니므로, 사용자로서는 위 임금 상당액의 지급명령을 포함하는 노동위원회의 결정에 따를 공법상의 의무를 부담하고 있는 상태라 할 것이니, 그 의무를 면하기 위하여 재심판정의 취소를 구할 법률상 이익이 있다고 할 것인데[26], 중앙노동위원회가 이 사건 재심판정을 하면서 원고(사용자) 회사에게 참가인(근로자)들이 해고기간동안에 근로하였다면 받을 수 있었던 임금상당액의 지급을 명한 사실은 앞서 본 바와 같은 바, 위 법리에 비추어 볼 때, 앞서 본 사정(이미 폐업하여 이 사건 재심판정이 취소되더라도 참가인들의 복직이 불가능하게 되었다)만으로는 원고 회사가 이 사건 재심판정의 취소를 구할 법률상 이익이 없다고 할 수 없다.[27]

2) 정년 도래

정년으로 복직이 불가능하다는 이유만으로 재심판정의 취소를 구할 법률상 이익이 없다고 할 수 없다.

관련판례

① 사용자가 원직복직 등 이행명령을 이행하지 아니하는 경우에는 이행강제금이 부과되는데, 이행강제금 부과는 구제명령의 실효성을 확보하기 위하여 구제명령과는 별도의 공적의무를 부과하는 것으로서 독립된 행정처분이라 할 것이고, 이행강제금의 징수와 반환에 관한 근로기준법 (중략) 의 규정에 따르면, 노동위원회는 중앙노동위원회의 재심판정이나 법원의 확정판결에 따라 노동위원회의 구제명령이 취소되는 경우 이행강제금의 부과 · 징수를 즉시 중지하고 이미 징수한 이행강제금을 반환하도록 되어 있으므로 재심판정을 다투는 사용자인 원고의 입장에서는 참가인 근로자와의 합의를 이유로 재심판정 중 원직복직 명령에 관한 부분 등이 취소되지 않고 그 부분 소가 각하되는 경우 참가인에 대한 퇴직처리가 부당해고에 해당하는지 여부에 관계없이 그 부분 구제명령이 외형상 유

26) 대법 1994.4.29. 선고 93누16680 판결 등 참조
27) 서울행법 2010.11.18. 선고 2009구합32727 판결

효하게 잔존함으로 인하여 이미 이루어진 이행강제금 부과처분이 유지됨으로써, 국세체납처분에 대한 징수의 예에 따라 이행강제금을 징수당하게 되거나 행정처분인 이행강제금 부과처분의 공정력으로 인하여 이미 납부한 이행강제금을 반환받지 못하는 법률상 불이익을 입게 될 수도 있다고 할 것인바, 이를 제거하기 위해서도 정년도래로 인하여 원직복직이 불가능하게 된 이후라 하더라도 원직복직명령에 관한 부분 등을 포함한 재심판정 전부에 대하여 취소를 구할 법률상 이익이 있다고 보아야 할 것이다.[28)]

② 중앙노동위원회의 원직복귀명령 및 임금지급명령에 관한 재심결정 중 원직복귀명령이 사정변경으로 인하여 근로계약 종료일 이후부터 효력이 없게 되는 경우 해고 다음날부터 복직명령이 이행 가능하였던 근로계약 종료시까지의 기간 동안에 임금지급명령에 기하여 발생한 구체적인 임금지급의무는 사정변경으로 복직명령이 실효되더라도 소급하여 소멸하는 것이 아니므로 사용자는 사정변경으로 근로계약이 종료한 이후에도 임금 상당액의 지급명령을 포함하는 노동위원회의 결정에 따를 공법상의 의무를 부담하고 있어서 사용자로서는 그 의무를 면하기 위하여 재심판정의 취소를 구할 법률상의 이익이 있다고 할 것인바,[29)] 피고보조참가인(근로자)이 이 사건 소송 중에 60세 정년에 도달하여 원직복직명령이 효력이 없게 되었다고 하더라도 원고 조합으로서는 이 사건 재심판정의 취소를 구할 법률상의 이익이 있다.[30)]

3) 조정의 성립

조정의 성립으로 복직하지 않겠다는 합의가 이루어졌다 하더라도 재심판정의 취소를 구할 법률상 이익이 있다.

관련판례

피고(중앙노동위원회)는, 이 사건 재심판정 이후 이 사건 해고와 관련하여 원고(사용자)와 찬가인(근로자) 사이에 법원에서 조정이 성립함으로써 원고가 재심판정의 취소를 구할 소의 이익이 없어졌다고 주장한다. 살피건대, (중략) 조정이 성립된 사실은 당사자사이에 다툼이 없는 바, 위 조정은 참가인이 원고로부터 금전을 지급받는 대신 해고의 정당성에 대하여 더 이상 다투지 않고 복직하지 않겠다는 취지인 것으로 보이므로, 참가인에 대한 해

---

28) 서울행법 2010.7.23. 선고 2009구합51551 판결 ; 대법 2010.4.16. 선고 2009구합20892 판결
29) 대법 1993.4.27. 선고 92누13196 판결
30) 서울고법 2009.9.1. 선고 2009누14110 판결

고를 구제하기 위한 이 사건 재심판정은 위 조정성립 이후 그 기초를 상실하여 구속력을 잃게 되었다고 볼 여지가 있다. 그러나 한편, 이 사건 재심판정의 초심인 ○○지방노동위원회가 원고(사용자)에 대하여 이 사건 구제명령 불이행을 이유로 3차례의 이행강제금을 부과하였는데, 원고가 해고의 정당성을 주장하면서 위 이행강제금을 납입하지 아니하고 있는 사실은 피고가 이를 자인하고 있다. 그렇다면, 원고와 참가인 사이의 이 사건 해고에 관한 조정성립에도 불구하고 원고는 여전히 노동위원회가 이 사건 구제명령에 기초하여 부과한 이행강제금을 납부할 공법상의 의무를 부담하고 있는 상태라고 할 것이니(근로기준법 시행령 제15조제1항은 노동위원회의 이행강제금 부과 중지사유로 중앙노동위원회의 재심판정 또는 법원의 확정판결에 따라 구제명령이 취소되는 경우 만을 들고 있으므로, 구제명령 자체가 취소되지 않는 한 노동위원회가 당사자 사이의 합의 등을 이유로 이행강제금을 자진 취소하지는 않을 것으로 보인다), 원고는 그 의무를 면하기 위하여 재심판정의 취소를 구할 법률상 이익이 있다고 할 것이다.[31)]

4) 사직서 제출 및 임금상당액 포기

사정변경으로 근로자들이 임금상당액 지급채권을 포기하였다고 인정하는 경우에는 사용자 측의 재심판정의 취소를 구할 소의 이익도 없다.

관련판례

중앙노동위원회의 재심판정에 대하여 근로자나 사용자 등 관계당사자가 행정소송을 제기하여 그 취소를 구하려면 일반의 취소소송과 마찬가지로 그 취소를 구할 구체적인 법률상의 이익, 즉 소의 이익이 있어야 하는 것인 바, 부당해고 구제신청을 인용한 중앙노동위원회의 재심판정이 구제명령의 발령 이후 다른 방법에 의하여 확정적으로 실현되어 그 목적을 달성하였거나 사정변경에 의하여 구제명령의 실현이 무의미하거나 객관적으로 불가능하게 되었다면, 그 구제명령은 그 기초를 상실하여 구속력을 잃게되어 사용자는 더 이상 구제명령에 따를 의무가 없어, 구제명령의 취소를 구할 이익이 없다고 할 것이다. 원고(사용자) 회사의 징계양정의 경감조치로 인하여 이 사건 각 징계퇴직의 징계는 적법하게 취소되었다고 할 것이고, 한편 피고 보조참가인(근로자) 들이 이 사건 각 징계퇴직 일자를 사직일자로 기재한 사직서를 제출하였으며, 원고 회사에게 손해배상액의 일부를 지급하였고, 당심에서 이 사건 각 징계퇴직의 정당성을 다투지 아니한다는 취지의 서면을 제출하였던

31) 대법 2010.10.14. 선고 2010두9426 판결

> 점에 비추어 보면, 피고 보조참가인들은 이 사건 각 징계퇴직 이후 실제 사직서를 제출할 때까지의 기간동안 받을 수 있었던 임금상당액 지급채권 또한 자유로운 의사에 기하여 포기하였다고 봄이 상당하고, 이로써 피고 보조참가인들의 원직복귀는 그 실현이 무의미하거나 객관적으로 불가능하게 되었고, 원고 회사의 임금지급의무는 모두 소멸하였다고 할 것이다. 따라서, 이 사건 재심판정이 유지한 구제명령은 그 기초를 상실함으로써 구속력을 잃게되어 원고 회사로서는 더 이상 구제명령을 따를 의무가 없으므로, 이 사건 재심판정의 취소를 구할 이익이 없다. 그렇다면 이 사건 소는 부적법하여 각하하여야 할 것인 바, 제1심 판결은 이와 결론을 달리하여 부당하므로 제1심판결을 취소하고 이 사건 소를 각하하기로 하여 주문과 같이 판결한다.[32)]

(4) 임금상당액 지급명령과 관련한 구제이익

구제절차 진행 중 원직복직에 대한 구제이익 소멸사유가 발생하는 경우, 노동위원회가 원직복직과 임금상당액 지급명령을 하거나, 원직복직 부분은 구제신청을 각하하고 임금상당액 지급만 명하는 경우, 임금상당액 지급부분에 한해서는 구제이익이 유지될 수 있는지 여부가 문제된다.

1) 근로자측 소 제기

(가) 임금지급 및 명예회복

임금을 지급받기 위한 것이라는 등의 사유는 재심판정의 취소를 구할 법률상 이익에 해당된다고 볼 수 없다.

> **관련판례**
>
> 참가인(사용자)의 사무총장으로 근무하던 원고(근로자)가 (중략) 재심판정이 취소되어 구제명령을 얻는다고 하더라도 참가인의 사무총장으로 복귀하거나 사무총장의 직무를 수행할 지위를 회복하는 것이 불가능하게 되었다고 할 것이므로, 재심판정의 취소를 구하는 이 사건 소는 소의 이익이 없다고 할 것이다. (중략) 재심판정의 취소를 구하는 이유가

32) 서울고법 2010.4.28. 선고 2009누31214 판결

단순히 재심판정으로 입은 사회적인 명예의 손상을 회복하기 위한 것이라면 이는 사실상의 이익에 불과한 것이고 또한 (중략) 참가인의 직원으로서의 지위 회복이 불가능하게 된 이상 임금부분에 대하여 임금청구소송 등 민사소송을 제기하여 그 전제로서 면직이 무효임을 주장하여 구제받을 수 있는 것이므로 명예회복을 위한 것이라거나 임금을 지급받기 위한 것이라는 등의 사유는 재심판정의 취소를 구할 법률상 이익에 해당된다고 볼 수 없다.[33)]

(나) 해고기간 중 임금지급

근로자가 해고기간 중의 임금을 구할 필요가 있어도 그러한 이익은 민사소송절차를 통하여 해결될 수 있으므로 구제이익은 소멸된다.

관련판례

근로계약의 기간이 정하여진 경우 근로계약 당사자 사이의 근로관계는 특별한 사정이 없는 한 그 기간이 만료됨에 따라 사용자의 해고 등 별도의 조처를 기다릴 것 없이 당연히 종료된다. 그리고 근로자가 부당해고구제신청을 하여 해고의 효력을 다투던 중 근로계약기간의 만료로 근로관계가 종료되었다면 근로자로서는 그 지위를 회복하는 것이 불가능하게 되고, 해고기간 중의 임금을 구할 필요가 있거나 퇴직금산정시 재직기간에 해고기간을 합산할 실익이 있다고 하여도 그러한 이익은 민사소송절차를 통하여 해결될 수 있어 더 이상 구제절차를 유지할 필요가 없게 되었으므로 구제이익은 소멸한다. 그런데 원고(근로자)가 참가인(사용자)과 사이에 계약기간을 2004.6.18.부터 2005.6.17.까지 1년으로 하는 근로계약을 체결하였음은 앞서 본 바와 같으므로 원고와 참가인 사이의 근로관계는 이 사건 재심신청 사건이 중앙노동위원회에 계속 중인 2005.6.17. 종료되었다. 따라서 원고가 참가인의 근로자로서의 지위를 회복하는 것은 불가능하게 되어 더 이상 구제절차를 유지할 필요가 없게 되었으므로 이를 이유로 재심신청을 각하한 이 사건 재심판정은 적법하다.[34)]

---

33) 대법 1995.12.5. 선고 95누12347 판결
34) 서울행법 2006.3.24. 선고 2005구합32149 판결

(다) 근로관계 종료 전까지의 임금상당액

임금상당액 지급명령 또는 복직명령의 이행이 가능한 날까지의 임금상당액 지급으로 초심구제명령 변경이 가능하다는 예외적인 판례도 있다.

관련판례

근로기준법 제30조제3항에 의하면 노동위원회는 부당해고 구제명령을 할 때에 근로자가 원직복직을 원하지 아니하면 원직복직을 명하는 대신 근로자가 해고기간동안 근로를 제공하였더라면 받을 수 있었던 임금 상당액 이상의 금품을 근로자에게 지급하도록 명할 수 있다. 근로자는 노동위원회 심리도중 근로관계가 종료되었다고 하더라도 부당해고를 확인하여 해고기간 동안 근로를 제공하였더라면 받을 수 있었던 임금상당액 지급명령을 받을 구제이익을 가진다.[35]

2) 사용자가 불복하여 소 제기

(가) 임금상당액 부분의 구제이익 부정

판례는 원직복직 및 임금상당액 모두에 대해 근로자의 구제이익이 소멸하였다고 보아 재심판정 전부를 취소하고 있다. 즉 임금상당액 부분에 대한 구제이익을 부정하고 있다.

(a) 근로관계종료로 구제이익 소멸

부당해고 구제신청에 대한 중앙노동위원회의 재심판정 이전에 근로자의 근로관계가 기간만료로 적법하게 종료된 사안에서, 근로자의 구제이익이 소멸하였음에도 구제신청을 인용한 재심판정은 위법하다고 본다.

35) 서울고법 2010.12.1. 선고 2010누421 판결

관련판례

원심이 인용한 제1심판결 이유에 의하면, 참가인(근로자)은 ○○지방노동위원회에 부당해고구제신청을 하여 위 사직이 사실상 부당해고라고 주장하며 그 효력을 다투던 중 위 근로계약기간이 만료된 사실을 인정한 다음, 원고(사용자)와 참가인 사이의 근로관계는 그 기간의 만료로 이 사건 재심판정 이전에 종료되었으므로 참가인으로서는 더 이상 구제절차를 유지할 이익이 없게 되었다고 판단하였다. 기록에 의하여 살펴보면, 원심의 위와 같은 사실인정과 판단은 옳고, 거기에 상고이유에서 주장하는 바와 같은 위법이 없다.[36)]

(b) 민사소송절차를 통한 해결

근로자가 비록 이미 지급받은 해고기간 중의 임금을 부당이득으로 반환해야 하는 의무를 면할 필요가 있거나 퇴직금 산정시 재직기간에 해고기간을 합산할 실익이 있어도 그러한 이익은 민사소송절차를 통해 해결될 수 있으므로 구제이익은 소멸하였다고 보아 구제신청을 인용한 재심판정은 위법하다고 판단하여 재심판정을 전부 취소하고 있다.

관련판례

① 근로자가 부당해고구제신청을 하여 해고의 효력을 다투던 중 근로계약기간의 만료로 근로관계가 종료되었다면 근로자로서는 비록 이미 지급받은 해고기간중의 임금을 부당이득으로 반환하여야 하는 의무를 면하기 위한 필요가 있거나 퇴직금 산정시 재직기간에 해고기간을 합산할 실익이 있다고 하여도, 그러한 이익은 민사소송절차를 통하여 해결될 수 있어 더 이상 구제절차를 유지할 필요가 없게 되었으므로 구제이익은 소멸한다고 보아야 할 것이고, (중략) 그런데 이 사건에서 앞서 본 바와 같이 참가인(근로자) ○○○은 2005.3.23., 참가인(근로자) ○○○은 2005.5.29. 계약기간 만료로 근로계약이 이 사건 초심명령일인 2005.7.1. 및 재심판정일인 2006.5.16. 이전에 종료되었으므로 그 당시 이 사건 부당해고 및 부당노동행위 구제신청에 대한 참가인들의 구제이익이 소멸하였다고 할 것이다.[37)]

36) 대법 2001.4.24. 선고 2000두7988 판결
37) 서울행법 2007.2.22. 선고 2006구합23029 판결

② 기록에 의하면, 원심은 피고보조참가인(근로자)이 부당징계 구제신청을 하여 징계의 효력을 다투던 중[38] ○○지방노동위원회의 구제 명령 후 사직서를 제출하여 근로관계가 종료한 사실을 인정한 다음, 참가인으로서는 더 이상 이 사건 구제절차를 유지할 필요가 없게 되어 위 근로관계 종료와 동시에 구제이익이 소멸하였다고 볼 것이어서, 중앙노동위원회로서는 ○○지방노동위원회가 원고(사용자)에 대하여 한 구제명령을 전부 취소하고 참가인의 이 사건 구제신청을 각하했어야 함에도 불구하고 ○○지방노동위원회의 구제명령을 일부 유지하는 것으로 주문을 변경하였으므로 이 사건 재심판정은 위법하다고 판단하였다. 앞서 본 법리에 비추어 보면 원심의 위와 같은 판단은 정당하다.[39]

(나) 임금상당액 부분에 대한 구제이익 인정

예외적으로 일부 판례는 임금상당액 부분에 대해서는 구제이익을 인정하여 원직복직을 명한 부분에 한하여 재심판정을 취소하는 판결을 하고 있다.

(a) 해고기간의 구제이익 인정

지방노동위원회의 구제명령 중 해고기간 동안의 임금지급명령이 포함되어 있으므로 근로자의 구제신청은 구제이익이 있다고 보는 사례가 있다.

관련판례

이 사건 재심판정 당시 참가인(근로자)와 원고(사용자) 사이의 근로계약관계가 종료되었다고 하더라도, 이 사건 재심판정으로써 그 효력이 유지되고 있는 ○○지방노동위원회의 구제명령중에 원직복귀명령 외에도 해고기간동안의 임금지급명령이 포함되어 있어 참가인과 원고사이에서의 과거의 근로계약관계 존재가 현재도 위 구제명령의 정당성의 전제가 되고 있기에 참가인의 이 사건 부당해고 및 부당노동행위 구제신청은 여전히 구제이익을 지니고 있다고 보아야 한다.[40]

---

38) 근로자가 초심에서 구제가 인정된 후 사직서를 제출한 사례이다.
39) 대법 2009.12.10. 선고 2008두22136 판결
40) 서울고법 2007.7.19. 선고 2006누27979 판결

(b) 임금상당액의 구제이익 인정

구제이익을 상실하였음에도 원직복직을 명한 부분은 위법하나 임금상당액 지급을 명한 부분은 구제이익이 존재하므로 정당하다고 판단하여 재심판정 중 원직복직명령 부분만 일부 취소한 사례가 있다.

관련판례

① 참가인(근로자)들이 이 사건 재심판정 전인 1.23.경 모두 ○○음식점에서 사직한 사실은 앞에서 본 바와 같은 바, 위 인정사실에 의하면 이 사건 재심판정 당시 이미 참가인들은 원직복직명령에 의한 구제의 이익을 상실하였고 원고(사용자)는 원직복직명령에 따를 의무를 부담하지 아니하게 되었으므로, 중앙노동위원회로서는 ○○지방노동위원회의 위 구제명령 중 원직복직명령 부분은 이를 취소하였어야 함에도 불구하고 이에 대한 원고의 재심신청을 기각하였으니, 이 사건 재심판정 중 원직복직명령에 관한 부분은 위법하다. (중략) 원고가 이 사건 재심판정 당시까지 참가인들에게 이 사건 근로관계 종료 이후의 임금(상당액)을 지급하지 아니한 이상, 참가인들은 이 사건 재심판정 당시 임금 상당액 지급명령에 의한 구제의 이익을 가지고 있었다고 할 것이고, 참가인들이 원고에 대하여 그 임금을 민사소송으로 청구할 수 있다는 사정만 가지고는 이러한 판단을 뒤집기에 부족하므로, 이와 다른 전제에서 이 사건 재심판정 중 임금상당액 지급명령에 관한 부분이 위법하다고 할 수는 없다.[41)]
② 이 사건 재심판정 이후인 2009.1.1.자로 원고 회사가 폐업하였음은 앞서 본 바와 같은 바, 이로써 이 사건 재심판정에 의하여 유지되고 있는 지방노동위원회의 구제명령 중 원직복직을 명한 부분과 폐업일인 2009.1.1. 이후의 임금지급을 명한 부분은 현재 사정변경으로 인하여 이행 불가능한 것이 되었다 할 것이므로 결국 이 사건 재심판정 중 위 부분에 대해서는 그 취소를 구할 소의 이익이 없다 할 것이니,[42)] 이 부분에 대한 이 사건 소는 부적법하다. 한편, 위와 같은 사정변경으로 원직복직명령이 실효되더라도 해고 다음날부터 원직복직명령의 이행이 가능하였던 폐업 전날까지의 기간 동안에 위 임금지급명령에 기하여 발생한 임금지급의무는 소급하여 소멸하는 것은 아니어서 원고(사용자)로서는 그 취소를 구할 소의 이익은 있으나, 이 사건 해고가 위법한 것임은 앞서 살펴본 바와 같으므로, 이 부분의 취소를 구하는 원고의 청구는 이유 없다. 그렇다면, 이 사건 소 중 이 사건 재심판정 중 원직복직을 명한 부분과 2009.1.1. 이후의 임금지급을 명한 부분은 부적법하여 이를 각하하고, 원고의 나머지 청구는 이유 없어 이를 기각하여야 할 것인바, 제1심판결은 이와 일부 결론을 달리하여 부당하므로 이를 위와 같이 변경하기로 한다.[43)]

41) 서울행법 2007.9.7. 선고 2006구합34845 판결
42) 대법 1993.4.27. 선고 92누13196 판결 ; 대법 2004.1.15. 선고 2003두11247 판결 참조
43) 서울고법 2009.5.21. 선고 2008누31699 판결

제3편 인사관리조치의 정당성 기준

제3편 인사관리조치의 정당성 기준

제1장 정당한 이유없는 해고 등의 금지

제1절 징계에 관한 일반원칙

1. 의 의

근로기준법은 해고 이외에 휴직, 정직, 전직, 감봉 등의 징벌에 대하여도 정당한 이유에 의한 제한을 규정하고 있으므로 취업규칙이나 단체협약의 징계규정에 근거하여 이루어진 징계처분이라 하여 당연히 효력을 인정받는 것은 아니다. 그러나 징계의 절차나 요건, 효과 등에 대하여 아무런 규정을 두고 있지 않으므로 징계사유의 정당성 판단을 비롯하여 징계절차의 공정성, 징계양정의 적정성 등에 대한 판단이 오직 판례에 맡겨져 있다.[1]

관련판례

① 사용자가 사업장내에 질서유지수단으로서 근로자에 대하여 가지는 징계권은 그 징계사유, 징계양정 및 징계절차 등에 있어 정당하여야 할 뿐만 아니라 선택되는 징계의 내용에 있어서도 정당하여야 하는 한계를 가지고 있다.[2]

② 사용자가 징계 절차의 하자나, 징계 양정의 부당 등에 잘못이 있음을 스스로 인정한 때에는 징계처분을 취소할 수 있고, 나아가 새로이 적법한 징계처분을 하는 것도 가능하다.[3]

---

1) 근로기준법은 해고에 대하여는 정당한 이유에 의한 제한 이외에도 해고금지기간(제23조 2항), 해고예고(제26조), 해고서면통지(제27조) 등의 보호규정을 두고 있으나 해고 이외의 징벌수단인 휴직, 정직, 전직, 감봉 그 밖의 징벌에 대하여는 제93조(취업규칙 작성 · 신고시 필요적 기재사항)와 제95조(감급의 제재) 만을 규정하고 있다.

2) 서울고법 2008.7.22. 선고 2008누2349 판결

3) 서울고법 2009.3.20. 선고 2008누20088 판결

2. 징계의 정당성

(1) 정당성의 판단

일반적으로 징계에 관하여는 취업규칙이나 단체협약, 사규 등에 정해져 있다. 근로기준법 제93조는 취업규칙의 필요적 기재사항의 하나로서 "표창과 제재에 관한 사항"을 규정하고 있다. 이렇게 사업장에서 제도적 관행으로 이루어지고 있는 징계에 관하여 근로기준법은 정당한 이유에 의한 제약만을 두고 있다. 따라서 정당한 이유에 관하여는 취업규칙이나 단체협약의 규정에 불구하고 법원이 독립적으로 판단할 수 있으며, 징계사유와 처분절차의 적정성, 그리고 징계사유와 징계처분이 균형을 상실한 때에는 근로기준법 제23조에 의하여 그 효력이 인정되지 않으므로 징계처분의 유효성 판단은 징계사유의 정당성과 징계절차의 정당성, 징계양정의 적정성 여부를 중심으로 이루어져야 한다.

(2) 징계사유의 정당성

징계사유의 정당성은 징계처분을 받은 근로자에게 징계사유가 존재하는지의 여부, 그리고 징계사유가 존재한다면 당해 근로자의 행위가 소정의 징계사유에 해당되는지 여부를 중심으로 판단되고 있다. 징계사유의 존재에 관한 입증책임은 사용자에게 있다.

참고판례

사용자가 근로자에게 어떤 사유가 있음을 들어 징계해고를 하고자 할 때에는, 그 사유가 근로계약, 취업규칙, 단체협약 등에 정한 징계해고사유에 해당되어야 하고,[4] "정당한 이유"라 함은 징계해고의 경우에는 사회통념상 근로계약을 존속시킬 수 없을 정도로 근로자에게 책임 있는 사유가 있는 것을 말하는 것이며,[5] 사용자의 근로자에 대한 해고는 정당한 이유가 없으면 무효이고 그러한 정당한 이유가 있다는 점은 사용자가 주장 입증하여야 할 것이다.[6]

---

4) 대법 1990.4.27. 선고 89다카5451 판결
5) 대법 1994.1.11. 선고 93다49192 판결
6) 대법 1992.8.14. 선고 91다29811 판결

(3) 징계절차의 정당성

근로자에게 징계사유가 인정된다면 사용자가 징계처분을 함에 있어서 소정의 징계절차를 준수했는지 여부가 판단되며, 징계절차에 관한 입증책임은 사용자에게 있다.

참고판례

단체협약 등에서 징계에 특별한 절차를 요하는 것으로 규정되어 있는 경우, 그러한 절차는 실체적 징계사유의 존부, 부당노동행위에의 해당여부를 불문하고 사용자가 하는 징계처분의 유효요건이다.[7]

(4) 징계양정의 정당성

징계대상 근로자의 징계사유가 정당하고 징계절차의 정당성 및 공정성이 인정되더라도 근로자의 행위의 내용, 정도, 빈도, 직장질서에의 영향 등 제반사정에 비추어 볼 때 해당 징계처분이 징계사유에 비교하여 과하다면 징계처분은 무효로 판단될 수 있다. 즉, 징계사유와 징계처분의 균형이 적절치 않다면 이는 사용자의 징계권의 남용에 해당되어 징계양정의 적정성이 인정되지 않는다. 징계처분의 적정성에 관한 입증책임은 사용자에게 있다.

참고판례

사용자가 근로자에게 징계처분을 함에 있어서 어떠한 징계처분을 할 것인가는 원칙적으로 징계권자의 재량에 맡기어져 있지만, 징계권자가 한 징계처분이 사회통념상 현저하게 타당성을 잃은 경우에는 재량권을 남용한 것으로 인정될 수 있고, 이와 같은 재량권의 남용여부를 판단함에 있어서는 내부적으로 정한 징계양정의 기준을 참작하여야 할 것이지만 그것 만에 의할 것이 아니라 그 징계의 원인이 된 비위사실의 내용과 성질, 징계에 의

7) 대법 1994.10.25. 선고 94다25889 판결

하여 달성하려고 하는 직무규율상의 목적 등 구체적인 사안에서 나타난 제반 사정을 모두 참작하여야 할 것이다.[8)]

8) 대법 1998.10.9. 선고 97누1198 판결

제2절 정당한 이유

1. 징계사유의 정당성

(1) 정당한 징계사유 판단기준

1) 징계권

징계권은 사용자의 고유한 권한이므로, 원칙적으로 그 구체적 내용을 자유로이 정할 수 있다.

참고판례

① 징계권은 사용자의 고유권한으로서 그 징계규정의 내용이 강행법규나 단체협약의 내용에 반하지 않는 한 사용자는 그 구체적 내용을 자유롭게 정할 수 있으며 근로자들의 비위사실이 취업규칙에서 징계사유와 그에 대한 징계종류를 규정하고 있는 이상 그 규정 자체가 신의칙에 위반한다거나 권리남용에 해당하는 등 특별한 사정이 없는 한 그 규칙에 정하는 바에 따라야 한다고 보아야 할 것이고 근로자들의 비위사실이 회사의 취업규칙 소정의 해고사유에 해당한다면 그 취업규칙을 그대로 적용하는 것이 위법 · 부당하다는 어떤 사정이 없는 한 그 규정에 따른 징계처분은 일응 정당한 것으로 보아야 할 것이다.[9]

② 단체협약에 명문으로 징계규정을 별도로 제정하기로 하였고, 그 규정에 의하여 징계규정이 만들어진 이상 다시 구체적으로 징계규정의 내용에 관하여 회사와 근로자 간에 합의가 있어야 한다고 말할 수 없다. 원래 근로자의 상벌 등에 관한 인사권은 사용자의 고유권한으로서 그 범위에 속하는 징계권 역시 기업운영 또는 노동계약의 본질상 당연히 사용자에게 인정되는 권한이기 때문에 그 징계규정의 내용이 강행법규나 단체협약의 내용에 반하지 않는 한 사용자는 그 구체적 내용을 자유롭게 정할 수 있고, 그 규정이 단체협약의 부속서나 단체협약 체결 절차에 준하여 제정되어야 하는 것은 아니다.[10]

---

9) 대법 1991.10.11. 선고 91다20173 판결
10) 대법 1994.9.30. 선고 94다21337 판결

2) 판단기준

(가) 징계사유의 확정

(a) 취업규칙 등에 정해진 규정

취업규칙 등에 정해진 규정에 따라 징계권을 행사하여야 하고, 징계위원회를 거치게 되어 있는 경우에는 징계위원회에서 징계사유로 삼은 사유에 따라 판단하여야 한다.

참고판례

회사의 취업규칙이나 징계규정에서 근로자에 대한 징계를 징계위원회의 의결을 거쳐 행하도록 규정하고 있는 경우에 그 징계처분의 당부는 징계위원회에서 징계사유로 삼은 사유에 의하여 판단하여야 하고 징계위원회에서 거론되지 아니한 징계사유를 포함시켜 징계처분의 당부를 판단할 것이 아니다. 원심판결이유에 의하면, 원심은 원고(근로자) 1, 2, 3에 대한 이 사건 징계해고처분이 정당하다고 판단한 이유의 하나로 입사시에 원고 1이 이력서에 대학졸업의 학력을 고등학교졸업으로 허위기재하고, (중략) 인사위원회 회부조서 및 인사위원회 의사록 기재에 의하면, 피고 회사의 징계위원회를 겸한 인사위원회에서 원고 1에 대하여 인정한 징계사유 중에 위 학력은폐는 전혀 포함되어 있지 아니하고 (중략) 원심이 원고 1에 대한 징계사유로 인사위원회가 인정한 징계사유에는 없던 학력은폐 사실을 포함시킨 조치는 위법하고, 또 원고 3의 경력은폐는 피고가 이를 발견하고도 계속 고용함으로써 더 이상 해고사유로 삼을 수 없게 되었는데도 원심이 이를 징계사유로 인정한 것은 위법하다.[11]

(b) 구체적인 자료를 통한 판단

어떤 비위행위가 징계사유인지는 구체적인 자료를 통하여 결정되어야 한다.

11) 대법 1988.12.13. 선고 86다204,86다카1035 판결

참고판례

① 근로자의 어떤 비위행위가 징계사유로 되어 있느냐 여부는 구체적인 자료들을 통하여 징계위원회 등에서 그것을 징계사유로 삼았는가 여부에 의하여 결정되어야 하는 것이지 반드시 징계결의서나 징계처분서에 기재된 취업규칙이나 징계규정 소정의 징계근거 사유만으로 징계사유가 한정되는 것은 아니다.[12)]

② 원심은, 피고(사용자)의 직원징계규정은 구체적인 징계사유를 특정하지 않고 있어 무효의 규정이라는 원고(근로자)의 주장에 대하여, 피고의 직원징계규정의 "업무상의 고의 또는 중대한 과실을 범하였을 때"란 그 문리해식싱 "업무상의 고의 또는 중대한 과실에 의한 비위행위가 있을 경우"를 의미한다고 봄이 상당하고 이와 같이 "업무상의 고의" 또는 "중대한 과실"을 요건으로 규정하고 있는 이상 징계사유가 될 수 있는 모든 행위를 구체적으로 열거하지 않았다고 하여 위 조항을 무효라고 볼 수는 없으며 나아가 원고의 편입학관련 부정행위는 업무상의 고의에 의한 비위행위로서 위 직원징계규정에서 정한 징계사유에 해당한다고 보아야 할 것이라는 이유로 원고의 위 주장을 배척하였다. 원심의 채용 증거들을 기록에 비추어 살펴보면, 원심의 위와 같은 판단은 정당하고, 거기에 피고의 직원징계규정의 문면을 근거 없이 확대해석하여 징계사유에 관한 법리를 오해한 위법이 있다고 할 수 없다.[13)]

(나) 취업규칙, 단체협약 등의 적용

(a) 취업규칙 등의 적용

㉠ 징계규정상 징계사유

취업규칙 등의 징계규정에 징계사유가 제한적으로 열거되어 있는 경우에는 그와 같이 열거되어 있는 사유 이외의 사유로는 징계할 수 없다.

관련판례

근로기준법 제27조제1항 소정의 "정당한 이유"란 징계해고의 경우에는 사회통념상 근로계약을 존속시킬 수 없을 정도로 근로자에게 책임있는 사유가 있는 것을 말하는 것임은

---

12) 대법 2008.9.11, 선고 2007두10174 판결
13) 대법 2004.6.25. 선고 2002다51555 판결

소론과 같지만, 단체협약이나 취업규칙에 근로자에 대한 징계해고사유가 제한적으로 열거되어 있는 경우에는 그와 같이 열거되어 있는 사유 이외의 사유로는 징계해고할 수 없는 것이므로,[14] 같은 취지에서 피고(사용자) 회사의 원고(근로자)에 대한 이 사건 징계해고처분이 근거없이 이루어진 것이어서 무효라고 본 원심의 판단은 정당한 것으로 수긍이 된다.[15]

㉡ 위반행위시의 취업규칙 적용

위반행위 시와 징계처분 시에 있어서 서로 다른 내용의 취업규칙이 있는 경우, 비위행위 시 취업규칙을 적용한다.

관련판례

취업규칙 위반행위 시와 징계처분 시에 있어서 서로 다른 내용의 취업규칙이 있는 경우, 다른 특별한 사정이 없는 한 해고 등의 의사표시는 의사표시의 시점에 시행되고 있는 신 취업규칙 소정의 절차에 따라 행하면 족하지만, 징계권(징계사유) 유무에 관한 결정은 징계가 근로자에게 있어서 불이익한 처분이므로 문제로 되어있는 행위 시에 시행되고 있던 구 취업규칙에 따라 행하여야 할 것이다. 사용자가 징계권(징계사유)의 유무를 결정함에 있어 구 취업규칙을 적용하면서 신 취업규칙을 함께 적용하였다 하더라도 그 적용된 신 취업규칙 소정의 징계사유가 구 취업규칙상의 징계사유 이상으로 부가 확대한 것이 아니라 이와 동일하거나 이를 유형화, 세분화한 것에 불과하다면 근로자에게 있어 특별히 불이익한 것이 아니므로, 근로자는 이를 이유로 그 징계가 위법하여 무효라고 주장할 수는 없다.[16]

㉢ 취업규칙의 불이익한 변경 절차

취업규칙의 불이익한 변경에는 근로자의 동의가 필요하다.

14) 대법 1992.5.12. 선고 91다27518 판결 ; 대법 1992.9.8. 선고 91다27556 판결 등 참조
15) 대법 1993.11.9. 선고 93다37915 판결
16) 대법 1994.12.13. 선고 94다27960 판결

참고판례

① 취업규칙의 작성 · 변경의 권한은 원칙적으로 사용자에게 있으므로 사용자는 그 의사에 따라 취업규칙을 작성 · 변경할 수 있으나, 사용자가 취업규칙의 변경에 의하여 기존의 근로조건을 근로자에게 불리하게 변경하려면 종전 근로조건 또는 취업규칙의 적용을 받고 있던 근로자의 집단적 의사결정방법에 의한 동의를 요하고 이러한 동의를 얻지 못한 취업규칙의 변경은 효력이 없으며, 그 동의의 방법은 노동조합이 없는 경우에는 근로자들의 회의방식에 의한 과반수의 동의를 요하고, 회의방식에 의한 동의라 함은 사업 또는 한 사업장의 기구별 또는 단위 부서별로 사용자 측의 개입이나 간섭이 배제된 상태에서 근로자 간에 의견을 교환하여 찬반을 집약한 후 이를 전체적으로 취합하는 방식도 허용된다.[17]

② 여러 근로자 집단이 하나의 근로조건 체계 내에 있어 비록 취업규칙의 불이익변경 시점에는 어느 근로자 집단만이 직접적인 불이익을 받더라도 다른 근로자 집단에게도 변경된 취업규칙의 적용이 예상되는 경우에는 일부 근로자 집단은 물론 장래 변경된 취업규칙 규정의 적용이 예상되는 근로자 집단을 포함한 근로자 집단이 동의주체가 되고, 그렇지 않고 근로조건이 이원화되어 있어 변경된 취업규칙이 적용되어 직접적으로 불이익을 받게 되는 근로자 집단 이외에 변경된 취업규칙의 적용이 예상되는 근로자 집단이 없는 경우에는 변경된 취업규칙이 적용되어 불이익을 받는 근로자 집단만이 동의주체가 된다. (중략) 4급 이하의 일반직 직원들은 누구나 3급 이상으로 승진할 가능성이 있으며, 이러한 경우 승진한 직원들은 이 사건 정년규정에 따라 (종전 60세에서) 58세에 정년퇴직하여야 하므로 위 개정은 3급 이상에만 관련되는 것이 아니라 직원 전부에게 직접적 또는 간접적, 잠재적으로 관련되는 점 등에 비추어 볼 때 이 사건 정년규정의 개정은 당시 3급 이상이었던 관리직 직원뿐만이 아니라 일반직 직원들을 포함한 전체직원에게 불이익하여 그 개정당시의 관리 직원들뿐만 아니라 일반직 직원들을 포함한 전체 직원들이 동의주체가 된다고 봄이 상당하다.[18]

(b) 단체협약과 취업규칙의 징계 상충규정

동일한 징계사유나 징계절차에 관하여 단체협약상의 징계규정과 취업규칙상의 징계규정이 상호 저촉되는 경우 단체협약규정이 우선한다.

17) 대법 2010.1.28. 선고 2009다32362 판결 참조
18) 대법 2009.5.28. 선고 2009두2238 판결

관련판례

단체협약에서 규율하고 있는 기업질서위반행위 외의 근로자의 기업질서에 관련된 비위행위에 대하여 이를 취업규칙에서 해고 등의 징계사유로 규정하는 것은 원래 사용자의 권한에 속하는 것이므로, 단체협약에서 "해고에 관하여는 단체협약에 의하여야 하고 취업규칙에 의하여 해고할 수 없다."는 취지로 규정하거나 "단체협약에 정한 사유외의 사유로는 근로자를 해고할 수 없다."고 규정하는 등 근로자를 해고함에 있어서 해고사유 및 해고절차를 단체협약에 의하도록 명시적으로 규정하고 있거나 동일한 징계사유나 징계절차에 관하여 단체협약상의 규정과 취업규칙 등의 규정이 상호 저촉되는 경우가 아닌 한 사용자는 취업규칙에서 단체협약 소정의 해고사유와는 관련이 없는 새로운 해고사유를 정할 수 있고, 그 해고사유에 터잡아 근로자를 해고할 수 있으며, 비록 단체협약에서 해고사유와 해고이외의 징계사유를 나누어 구체적으로 열거하고 있다 하더라도 취업규칙에서 이와 다른 사유를 해고사유로 규정하는 것이 단체협약에 반하는 것이라고 할 수 없다.[19]

(c) 면책합의

㉠ 면책합의와 인사규정

일정기간내 징계 면책합의가 있는 경우, 그 기간 중에는 인사규정에도 불구하고 징계를 할 수 없다.

관련판례

① 근로자들의 일정기간내의 일정한 행위에 대하여 노사간에 근로자들에게 고용계약상의 불이익처분을 하지 않기로 합의를 한 경우에 사용자는 근로자들의 행위가 형식상 사용자의 인사규정 등의 징계해고 사유에 해당한다고 하더라도 위 면책합의에 반하여 이를 이유로 징계해고 하지 못한다고 할 것이다.[20]

② 원고 회사 단체협약은 쟁의기간 중에는 징계나 전출 등의 인사조치를 아니하도록 정하고 있는데, 위 규정은 쟁의기간 중에 쟁의행위에 참가한 조합원에 대한 징계 등 인사조치 등에 의하여 노동조합의 활동이 위축되는 것을 방지함으로써 노동조합의 단체행동권

19) 대법 1999.3.26. 선고 98두4672 판결 참조
20) 대법 1992.7.28. 선고 92다14786 판결 참조

을 실질적으로 보장하기 위한 것이라 할 것이므로, 쟁의행위가 그 목적에 있어 정당하고, 절차적으로 노동조합 및 노동관계조정법의 제반규정을 준수함으로써 정당하게 개시된 경우라면, 비록 그 쟁의 과정에서 징계사유가 발생하였다고 하더라도 쟁의가 계속 되고 있는 한 그러한 사유를 들어 쟁의기간 중에 징계위원회의 개최 등 조합원에 대한 징계절차의 진행을 포함한 일체의 징계 등 인사조치를 할 수 없음을 선언한 것이라고 할 것이고,[21] 다만 쟁의가 목적과 절차에 있어 정당하게 개시되었다고 하더라도 쟁의 계속 중 근로조건 등 단체교섭 사항에 대한 협약이 성립되는 등 쟁의를 더 이상 유지할 이유가 없는 것이 명백함에도 정리해고나 사업조직의 통폐합 등 경영주체에 의한 고도의 경영상 결단에 속하는 사항을 관철하기 위하여 쟁의행위를 계속함으로써 쟁의 목적의 정당성을 상실하였다고 볼 수 있는 등의 특별한 사정이 있다면 그 이후에는 징계조치를 할 수 있다고 봄이 상당하다.[22]

㉡ 면책합의 문구와 정황사실

단체협약의 문구상 명확하지 않아도 정황상 징계책임의 면책을 인정할 수 있다.

관련판례

원심판결 이유에 의하면, 원심은 "교섭기간 중에 발생한 법원의 민사, 검 · 경찰 · 노동청의 형사사건에 대하여 면책한다"는 내용이 포함된 단체협약서에 최종 서명한 사실을 인정한 다음, 이 사건 단체협약의 체결경위와 제2차 사후조정회의에 참가하였던 노동위원회 소속 위원들의 당시 발언내용 및 이 사건 단체협약서 이행지도공문 등에 비추어 보면, 당시 원고(사용자) 등과 이 사건 노동조합은 이 사건 단체협약서의 문구에도 불구하고 원고 등이 이 사건 조합원들에 대하여 쟁의행위와 관련한 인사상 징계책임을 면책하기로 합의하였다고 판단하였다. 원심이 이 사건 단체협약서의 문언상으로는 그 객관적 의미가 명확하게 드러나지 않으나 위에서 본 바와 같은 여러 사정들에 비추어 보면 이 사건 단체협약서의 위 문구에는 이 사건 쟁의행위와 관련한 인사상 징계책임에 대하여 면책하겠다는 뜻이 포함되어 있다는 취지로 해석한 것은 정당하다.[23]

---

21) 대법 2009.2.12. 선고 2008다70336 판결 참조
22) 서울고법 2010.7.13. 선고 2009누26212 판결
23) 대법 2010.10.14. 선고 2010두9594 판결

(d) 이중징계

㉠ 선행과 후행 징계혐의사실

후행 징계해고처분상의 징계혐의사실이 선행 징계혐의사실과 다르면 이중징계에 해당하지 않는다.

관련판례

① 사용자가 근로자에 대하여 이중징계를 한 경우 일사부재리의 원칙이나 이중처벌금지의 원칙에 위배되어 그 징계처분이 무효이나 이 사건과 같이 이중징계에 해당하려면 선행처분과 후행처분이 모두 법적성질상 징계처분이어야 하고, 선행징계처분이 취소됨이 없이 유효하게 확정되어야 하며, 선행처분과 후행 징계처분의 징계혐의사실이 동일해야 한다. 따라서 이 사건 원고(근로자)가 회사로부터 받은 승무정지 40일의 징계처분상 징계혐의 사실은 1990.8.6. 부터 1992.8.20. 까지 사이에 교통사고 11건, 무단조퇴 2건, 동료기사 폭행 2건을 저질렀다는 것으로서 이 사건 징계해고처분상의 징계혐의 사실과는 전혀 다른 것임이 인정되므로, 이 사건 징계해고처분은 이중징계에 해당하지 않는다.[24)]

② 2007.1.18. 감봉 3개월 처분과 2008.3.23. 무기정직처분이 동일한 사유인 이중징계 여부에 해당하는지를 살펴보면, ○○○연합회의 감사에 지적당하여 감봉 3개월의 징계처분 당시 징계사유로 삼지 않았던 대출실행시 대출의뢰자가 작성한 각서를 챙기지 않아 손해가 발생한 점, 여신 승인의 효력이 없음에도 예전에 승인서류를 토대로 규정상 불가능한 대출을 실행한 점, ○○창고에 설치가 되지 않은 기계류를 마치 설비가 된 것처럼 허위서류를 첨부하여 대출을 실행한 점 등은 자체감사에 따라 새로이 밝혀진 것으로 무기정직 처분 사유는 이 사건 감봉의 징계사유와 전혀 다르므로 이중징계에 해당하지 아니한다.[25)]

㉡ 승무정지 후 징계해고

단체협약에 승무정지가 징계의 종류로 열거되어 있어도 징계로서의 승무정지와는 별도로 업무명령으로서의 승무정지도 가능하다.

24) 대법 2000.9.29. 선고 99두10902 판결
25) 서울고법 2010.9.8. 선고 2010누9176 판결

관련판례

단체협약상 징계의 종류로 열거된 승무(출근)정지는 출근정지를 수반하는 승무정지 즉 "정직"을 의미하므로 도중회차를 한 운전기사에게 도중회차 행위에 관하여 자세한 시말서를 작성 제출할 것을 지시하였으나 이에 불응하자, 출근정지를 명하지 아니한 채 4일간 배차를 하지 않은 것은 증인의 진술에 비추어볼 때 운전기사를 정식으로 징계하기 위한 준비를 하기 위해 잠정적으로 취한 조치임을 알 수 있는 바, 이는 업무수행의 합리적인 이유에 기한 정당한 업무명령에 속하고 도중회차에 대한 징계라고 볼 수 없어 승무정지조치 후 동일한 사유로 운전기사를 징계해고한 것은 이중징계에 해당하지 않는다.[26)]

(2) 비위행위 유형별 징계사유

1) 노무제공과 관련된 사유

(가) 근무태만

불성실한 근무를 하는 경우 취업규칙 등의 규정에 따라 정당한 징계사유가 인정되며, 업무실적 부진이 불성실한 근로에서 비롯된 것이라는 근거가 있어야 한다.

(a) 불성실한 근무태도

불성실한 근무와 이를 개선하기 위한 노력이 없는 것은 정당한 징계사유가 된다.

관련판례

참가인(근로자)은 입사한 이후 징계위원회가 열리기까지 8개월 이상의 기간 동안 영업부장으로서의 본연의 직무는 거의 수행하지 아니하는 등 불성실한 근무태도로 일관하였으며 이를 개선하기 위한 노력조차 거의 한 바 없고, 원고(사용자) 회사 대표이사의 수없이 반복된 경고에도 불구하고 이러한 근무태도는 전혀 개선되지 아니하였던 것으로 볼 수밖에 없는바, 원고 회사의 규모가 매우 영세하여 영업업무를 담당할 사람이라고는 참가인밖에 없었음에도 참가인이 이를 거의 수행하지 아니하여 대표이사 또는 경리사원이 이를

26) 대법 1997.11.25. 선고 96누13231 판결

> 대신할 수밖에 없는 상황이 반복되었던 점에 비추어 본다면, 참가인의 위와 같은 근무성적 불량 등의 사유는 사회 통념상 근로계약을 계속시킬 수 없을 정도로 참가인에게 책임 있는 사유에 해당된다고 봄이 상당하다.[27)]

(b) 업무의 고의적 해태

부여된 업무를 고의적으로 수행하지 않고 개선하기 위한 노력이 없는 것은 정당한 징계사유가 된다.

관련판례

> 상당한 기간에 걸쳐 자신에게 부여된 업무를 고의적으로 수행하지 아니함으로써 근로자로서의 최소한의 의무를 다하지 아니하였고, 정직처분으로 한차례 징계를 받았음에도 그 이후에도 습관적으로 지각을 반복하였으며, 업무수행을 독려하는 상사의 지시에도 불구하고 업무에 집중하지 아니하고 부서회의에도 참석하지 아니한 것은 그 자체만으로도 원고(근로자)의 중대한 잘못이라 할 것이고, 나아가 원고의 위와 같은 행위로 인하여 참가인(사용자)회사에서 성실하게 근무하는 동료들에게도 적지 않은 상실감을 주었을 것이라는 사정, 현재까지 별다른 개전의 정황이 보이지 아니하는 사정, 원고와 참가인 사이의 근로관계는 이미 그 신뢰의 기초가 붕괴되어 회복하기 어려울 것이라는 사정들을 종합하면, 참가인이 원고에게 위와 같은 징계사유가 있음을 들어해고의 징계처분을 한 것은 피징계자가 입게 되는 불이익의 정도를 감안하더라도 적정한 징계처분이었다고 인정되고 재량권을 남용한 것이라고 보이지 않는다.[28)]

(c) 근무이탈

객관적인 소명자료 없는 근무이탈은 정당한 징계사유가 된다.

---

27) 서울행법 2002.2.8. 선고 2001구43263 판결
28) 서울행법 2005.4.6. 선고 2004구합37901 판결

관련판례

근로자가 질병이나 부상 등으로 인하여 근무시간의 일부를 근무할 수 없는 경우에 객관적인 소명자료를 제시하는 등 적당한 방법에 의하여 사용자 측의 사전 또는 사후 승인을 받아야 할 것인바, 기록에 비추어 보면 원고(근로자)는 위 1986.12.9.과 1987.1.12. 및 1987.3.4.에 위와 같은 절차를 거치지 않고 단지 운행일지에 그러한 사실을 기재한 채 제멋대로 차량운행을 중단하거나 지체하고 사후에도 그와 같은 절차를 밟지 아니하였음이 기록상 명백한 이 사건에 있어 원심이 원고의 위 행위를 징계사유로 인정한 것에 논지와 같은 법리오해의 위법이 있다고 할 수 없다.[29]

(d) 직무태만에 의한 교통사고

운수업체에서 직무태만에 의한 교통사고를 야기한 것은 정당한 징계사유가 된다.

관련판례

제1,2차 교통사고는 참가인(근로자)의 전방주시태만과 안전거리 미확보 등의 과실로 발생한 것으로 그로 인하여 원고(사용자) 회사에 손해가 발생하게 한 것은 원고 회사의 상벌규정상 직무태만의 징계사유에 해당한다.[30]

(e) 근로조건 위반을 이유로 한 불성실한 근무

시간외 수당 미지급을 이유로 한 불성실한 근무는 정당한 징계사유가 된다.

관련판례

단체협약에서 정한 근로시간에 시간외 근로가 포함되어 있고 근로자들이 시간외 근로를 하였는데도 사용자가 이에 대한 수당을 지급하지 않는 경우에는 근로자는 적법한 절차에 따라 이의 지급을 구함은 별론으로 하고, 사용자가 위 수당을 지급하지 아니하였다는 사

29) 대법 1992.4.24. 선고 91다17931 판결
30) 서울고법 2009.12.17. 선고 2009누19078 판결

유를 들어 근로자의 불성실한 근무가 정당화되는 것은 아니므로 불성실근무에 대한 징계해고가 형평의 원칙에 반한다고 할 수도 없다.[31)]

(f) 업무실적 부진

성실히 근무하였음에도 불구하고, 업무실적이 부진하다면 이를 징계사유로 삼을 수는 없다.

관련판례

대기발령기간 중 원고(사용자) 회사 기대처럼 참가인(근로자)에게 업무실적을 기대하기는 어려울 뿐만 아니라 단순한 업무실적 부진이 상벌규정에서의 징계사유인 고의 또는 과실로 인하여 직무상의 장애 또는 분쟁을 야기하거나 회사에 손실을 초래한 경우에 해당한다고 보기도 어려울 뿐 아니라 참가인의 업무실적 부진이 고의 또는 과실에 기인한 것이라고 볼 아무런 자료도 없으므로 업무실적 부진은 상벌규정의 징계사유에 해당하지 않는다.[32)]

(g) 근무성적평정 불량

근무성적평정표 등만으로 업무수행능력이 어느 정도, 어떻게 부족하였는지 또 그로 인하여 업무수행에 어떠한 차질이 있었는지를 알 수 없는 경우, 시보 근로자의 계약해지 사유가 되지 않는다.

관련판례

원심판결 이유에 의하면, 원심은 그 채용 증거들을 종합하여 그 판시와 같은 사실을 인정한 다음, 피고 ㅇㅇ(사용자)이 각 지점별로 C 또는 D의 평정등급 해당자 수를 할당한 점,

31) 대법 1992.4.24. 선고 91다17931 판결
32) 대법 2005.4.15. 선고 2005두2568 판결

> 피고 ○○이 근무성적평정표가 작성 · 제출된 후 일부 지점장들에게 재작성을 요구하였고, 이에 따라 일부 지점장들이 평정자 및 확인자를 달리하도록 정한 피고 ○○의 근무성적평정요령에 어긋나게 혼자서 근무성적평정표를 재작성하기도 한 점, 평정대상자마다 평정자가 상이한 점, 시용조건부 근로계약 해지의 성격상 당해 근로자의 업무적격성 등을 절대적으로 평가하여야 함에도 상당수의 평정자가 다른 직원들과의 비교를 통하여 상대적으로 평가한 점, 원고(근로자)들에 대한 근무성적평정표 및 평정의견서만으로 원고들의 업무수행능력이 어느 정도, 어떻게 부족하였는지 또 그로 인하여 업무수행에 어떠한 차질이 있었는지를 알 수 없는 점 등에 비추어 보면, 피고 ○○이 원고들과의 이 사건 근로계약을 해지한 데에는 정당한 이유가 있다고 보기 어렵고 달리 이를 인정할 증거가 없으므로, 결국 피고 ○○이 이 사건 근로계약에서 유보된 해지권을 행사하여 원고들을 해고한 것은 무효라고 판단하여, 원고들의 이 사건 청구를 인용하였다. (중략) 시용계약에서 평정대상자를 평가함에 있어 평정자가 모두 동일하여야만 하는 것은 아닐 것이고, 더구나 이 사건과 같이 평정대상자가 730여 명에 이르는 경우에 이를 모두 동일한 평정자가 평정을 하는 것은 사실상 매우 곤란할 것이라는 점, 또한 평가대상자의 근무태도, 업무능력 등을 평가함에 있어 통상의 평균적인 직원의 그것을 기준으로 하여 이와 비교하여 평가하는 것은 가능하다고 할 것인 점에서, 원심이 이 사건 근로계약의 해지가 정당하지 않은 이유로서, 평정대상자마다 평정자가 상이한 점이나, 상당수의 평정자가 다른 직원들과의 비교를 통하여 평가한 것을 상대적인 평가로 보고 이 점을 열거한 점은 부적절하다고 할 것이다. 그러나 앞서 본 법리에 비추어 살펴보면, 위 사항을 제외한 나머지 사유만으로도 이 사건 근로계약의 해지를 정당하지 않다고 보기에 충분하다 할 것이므로, 원심의 위와 같은 잘못은 판결의 결과에는 영향이 없다고 할 것이다.[33]

(나) 무단결근

무단결근에 대하여는 보통 취업규칙 등에 징계사유로 정해진다. 따라서 구체적인 사례에서 어떤 경우를 무단결근으로 취급할 것인지는 취업규칙 등의 규정에 따라 판단해야 한다.

(a) 승인 없는 결근

규정에 위반하여 사전 또는 사후 승인 없는 결근시 정당한 징계사유가 된다.

---

33) 대법 2006.2.24. 선고 2002다62432 판결

관련판례

① 회사의 취업규칙이 3일 이상 무단결근을 징계해고 사유의 하나로 규정하고 근로자가 질병 또는 부득이한 사유로 출근하지 못하였을 때에는 정오까지 결근계를 제출하여야 하고, 결근계 또는 사유를 신고하여 인증을 받지 못한 때에는 무단결근으로 취급하되, 다만 부득이한 사유가 있을 때에는 전화 또는 구두로 신고하여 사전 승낙을 받고 후에 출근한 때에는 사유서를 첨부한 결근계를 제출하도록 규정하고 있는 경우에 근로자가 어떤 인편 또는 전화상으로 구두에 의한 결근신고를 하고 그에 대한 승인을 받았다고 하더라도 후일 출근시에 사유서가 첨부된 결근계를 제출하여 사후승인을 받지 않았다면 무단결근으로 취급될 수밖에 없다고 할 것이다.[34)]

② 근로자가 근로계약에 의하여 사용자에게 부담하는 근로제공의무를 이행하지 못하게 된 경우 이를 정당화하기 위하여는 사용자의 사전 또는 사후의 승인을 요하고, 근로자의 일방적인 통지에 의하여 근로제공의무 불이행이 정당화될 수는 없으므로, 원고가 종래의 근무부서에 출근하지 아니하면서 결근계를 제출하였다고 하더라도 피고의 승낙이 없는 이상 무단결근에 해당한다고 할 것이며,[35)] 취업규칙 등에 질병 또는 부득이한 사유로 결근을 하고자 할 때에는 사전에 신고 또는 허가를 받거나 사후에 승인을 받도록 하는 규정이 있는 경우 이러한 절차를 밟지 않은 결근은 무단결근에 해당한다.[36)]

(b) 결근계 낼수 없는 사정

결근계를 낼 수 없는 사정이 있는 경우에도 징계사유는 인정되며, 다만 징계양정에서 감안할 수 있다.

관련판례

이 사건 휴직신청 당시 원고(근로자)는 근무부서의 상사 · 동료로부터 여러 차례에 걸친 폭행 · 협박으로 불안한 직장생활을 감당할 수 없게 되었고 자신에게 폭행 · 협박 등 부당노동행위를 한 직원들을 수사기관에 고소까지 제기한 상태인 점 등을 종합하면, 원고로서는 근무부서에서 상당한 기간에 걸쳐 근로를 제공함이 매우 부적당한 상태에 있었다고

34) 대법 1990.4.27. 선고 89다카5451 판결
35) 대법 1997.4.25. 선고 97다6926 판결 등 참조
36) 대법 1995.1.24. 선고 93다29662 판결 참조

할 것이므로, 원고의 이 사건 휴직신청에는 상당한 이유가 있었다고 할 것인바, 그럼에도 피고(사용자) 회사가 원고의 휴직신청 사유의 사실 유무에 관하여 면밀히 조사하지도 아니한 채, 원고가 주장하는 사유는 정당한 휴직사유가 아니라는 이유로 원고의 휴직신청을 승인하지 아니한 조치는 부당하다고 할 것이므로, 원고가 피고 회사에 그 휴직신청의 승인을 계속 요구하면서 출근을 거부하게 되었다면, 비록 원고의 결근이 피고 회사의 승인이 없이 이루어져 무단결근에 해당하는 것이라고 할지라도, 이는 통상의 무단결근 행위와는 달리 사회통념상 원 · 피고 사이의 근로계약관계를 지속케하는 것이 현저히 부당하다고 인정할 성노의 비위행위라고는 볼 수 없다고 할 것이니, 원심판시와 같은 무단결근의 원인 · 과정 · 기간 등에 비추어 볼 때, 피고 회사가 징계양정상 가장 무거운 징계처분인 징계면직처분을 한 것은 징계권의 남용이거나 형평의 원칙에 어긋난 것으로서 무효라고 할 것이다. 원심의 판결이유 중 그 징계사유가 없다고 설시한 부분은 적절하지 아니하나 이 사건 징계면직처분이 근로기준법상 정당한 이유가 없어 무효라고 본 원심의 판단은 결과적으로 정당하다.[37]

(c) 휴가권과 결근

㉠ 근로자의 시기지정권

근로자가 연차휴가시기 지정권을 행사함이 없이 결근하면, 정당한 징계사유가 된다.

관련판례

① 연 · 월차휴가권이 근로기준법상의 성립요건을 충족하는 경우에 당연히 발생하는 것이라고 하여도 이와 같이 발생한 휴가권을 구체화하려면 근로자가 자신에게 맡겨진 시기지정권을 행사하여 어떤 휴가를 언제부터 언제까지 사용할 것인지에 관하여 특정하여야 할 것이므로, 근로자가 이와 같은 특정을 하지 아니한 채 시기지정을 하더라도 이는 적법한 시기지정이라고 할 수 없으며, 근로자가 휴가신청 후 결근했다면 이는 무단결근에 해당된다.[38]

② 근로자가 가지는 휴가권을 구체화하려면 근로자가 자신에게 맡겨진 시기지정권을 행

37) 대법 1997.7.22. 선고 95다53096 판결
38) 대법 1997.3.25. 선고 96다4930 판결

사하여 어떤 휴가를, 언제부터 언제까지 사용할 것인지에 관하여 특정하여야 하고, 이와 같이 특정을 하지 아니한 채 시기지정권을 행사하더라도 이는 적법한 시기 지정이라 할 수 없어 그 효력이 발생할 수 없다[39] 할 것인 바, 위에서 인정한 바와 같이 원고(근로자)는 1.23. 출근하지 않은 채 오후에 전화로 휴가처리 요청을 하였으나, 휴가의 종류를 특정하였음을 인정할 증거가 없으므로 적법한 시기지정이라고 할 수 없고, 따라서 원고의 위 휴가처리요청은 무효가 되어 위 일시경 원고의 미출근은 결근에 해당된다. 나아가 설령 원고의 위 휴가처리요청이 연차휴가를 의미한다고 본다 하더라도, 연차휴가의 신청은 부득이한 사정이 없는 한 휴가일 전에 하여야 할 것인데 원고가 휴가신청을 미리 하지 못할 만한 부득이 한 사정이 있었음을 인정할 만한 아무런 증거가 없으므로 원고의 1.23.자 미출근은 정당한 휴가에 의한 것으로 볼 수 없다. 다음으로 4.16. 및 4.17.의 경우에 관하여 살피건대, 원고가 위 양일간 심신단련휴가를 신청하였으나 허가를 받지 못한 사실은 앞서 인정한 바와 같고, 참가인(사용자) 복무규정에 의하면 심신 단련휴가는 인정휴가에 포함되는 것으로서 인정휴가는 연차휴가와는 구별되므로 이는 연차휴가와 같이 원칙적으로 근로자가 자유롭게 시기지정권을 행사할 수 있는 휴가가 아니라, 사전에 사용자의 허가를 받아야만 하는 것으로 봄이 타당하다 할 것이므로 원고가 4.16. 및 4.17. 출근하지 않은 것은 정당한 휴가에 의한 것으로 볼 수 없다.[40]

㉡ 사용자의 시기변경권

시기변경권 이외의 별도의 사용자 허가권은 근로기준법에 반하여 사용자에게 허용되지 않는다.

관련판례

① 원고(근로자)가 시기를 특정하여 적법하게 연차휴가청구권을 행사하고, 참가인(사용자) 법인이 근로기준법에 의한 시기변경권을 행사하였다고 볼 만한 자료가 전혀 없는 이상 원고의 각 연차휴가는 효력이 발생하였다고 할 것이므로, 결국 원고가 위 각 연차휴가일에 무단결근하거나 무단이석한 것으로 볼 수 없다.[41]

② 취업규칙에 근로자가 연차휴가를 청구하는 절차에 관한 정함이 없는 회사에서 근로자

39) 대법 1997.3.28. 선고 96누4220 판결 참조
40) 서울행법 2010.5.7. 선고 2009구합9659 판결
41) 서울고법 2010.9.16. 선고 2010누6139, 2010누7804 판결

가 동료운전사와의 상호 폭행으로 입은 상해 때문에 출근하지 아니하면서 회사 차량계장 및 총무계장에게 전화상으로 치료기간 중 계속 연차휴가를 실시한 것으로 처리하여 달라고 하였다면 이는 적법하게 연차휴가를 청구한 것이고, 이에 대하여 회사가 근로기준법 제48조제3항 단서에 의한 시기변경권을 행사하였다고 볼 만한 자료가 전혀 없으므로, 위 근로자가 출근하지 아니한 기간은 연차휴가권을 행사한 것이어서 결근한 것이라고는 볼 수 없다.[42)]

(d) 결근 기간 중 휴일

결근기간 중 휴일은 결근기간에 포함되지 않으므로 휴일을 포함하여 무단결근 일수로 보아서는 안된다.

관련판례

"교대근무 및 교번 근무자인 결근자의 계속 결근 기간 중의 휴일은 결근일수로 본다"는 취업규칙조항은 근로기준법 주휴일제도의 법리에 배치될 뿐 아니라 원고(사용자) 공사의 교대근무자 및 교번 근무자인 직원들을 통상 근무자인 직원들과 합리적 사유없이 차별하는 것으로 근로기준법 제5조의 균등처우조항에 위배돼 효력이 없다. 즉 직권면직사유인 "연속하여 7일이상 무계결근"에 관한 규정은 결근기간 중 휴일을 제외한 근무일에 연속하여 7일 이상 결근한 경우로 제한 해석해야 할 것이다.[43)]

(e) 노조전임자

노동조합 전임자의 경우에 결근 등에 대한 소정의 취업규칙을 다른 근로자와 동일하게 적용할 것인지가 문제된다.

㉠ 출근의무

단체협약에 조합전임자에 관하여 특별한 규정을 두거나 특별한 관행이 존재하지 아니하는 한 출퇴근에 대한 사규의 적용을 받는다.

42) 대법 1992.4.10. 선고 92누404 판결
43) 서울행법 2001.4.24. 선고 2000구13784 판결

관련판례

① 노조전임자라 할지라도 사용자와의 사이에 기본적 근로관계는 유지되는 것으로서 취업규칙이나 사규의 적용이 전면적으로 배제되는 것이 아니므로, 노조전임자에 관하여 단체협약상의 특별한 규정이나 특별한 관행이 없는 한 출 · 퇴근에 관한 취업규칙이나 사규의 적용을 받으며, 근로계약 소정의 본래 업무를 면하고 노동조합의 업무를 전임하는 노조전임자의 경우 출근은 통상적인 조합업무가 수행되는 노조사무실에서 조합업무에 착수할 수 있는 상태에 임하는 것이므로, 노조전임자가 사용자에 대하여 취업규칙 등에 규정된 소정의 절차를 취하지 아니한 채 위와 같은 상태에 임하지 아니하는 것은 무단결근에 해당된다.[44]

② 노동조합 본부의 노조전임자들은 원칙적으로 본부 사무실에 출근하여 직접 비치된 출근부에 날인을 하였고, 전일의 야간근무로 인하여 출근할 수 없거나 외근을 하는 경우 등에는 사전 또는 사후에 위원장의 결재를 받았으며, 노조전임자들의 출근 여부는 위원장의 지시를 받은 사무국장이 확인해 왔고 한편, 원고(근로자)는 (중략) 본부 사무실로는 출근하지 않았고, 노동조합의 각종 행사나 노동조합과 회사 측의 단체협상에도 거의 참석하지 않았다는 것인 바, 그렇다면 원고가 노동조합 위원장의 사전 또는 사후 결재를 얻지 않고 임의로 노동조합 본부 사무실에 출근하지 않은 것은 참가인 회사의 취업규칙에 규정된 무단결근에 해당한다고 보아야 하고, 참가인 회사는 원고에 대하여 참가인 회사의 취업규칙의 출 · 퇴근에 관한 규정을 적용하여 징계할 수 있다 할 것이다.[45]

㉡ 노조전임발령 전 결근

노조전임발령 전에는 특별한 관행이 없는 한 근로제공의무가 면제될 수 없다.

관련판례

노조전임제는 노동조합에 대한 편의제공의 한 형태이고 사용자가 단체협약 등을 통하여 승인하는 경우에 인정되는 것으로서 사용자와 근로자 사이의 근로계약관계에 있어서 근로자의 대우에 관하여 정한 근로조건이라고 할 수 없으므로, 단체협약에 노조전임 규정을 두었다고 하더라도 그 내용상 노동조합 대표자 등의 특정 근로자에 대하여 그 시기를 특

44) 대법 1995.4.11. 선고 94다58087 판결
45) 대법 2005.10.13. 선고 2005두5093 판결

정하여 사용자의 노조전임 발령 없이도 근로제공의무가 면제됨이 명백하거나 그러한 관행이 확립되었다는 등의 특별한 사정이 없는 한, 원칙적으로 근로자의 근로계약관계를 직접 규율할 수 없어서 노조전임 발령 전에는 근로제공의무가 면제될 수 없고, 근로자가 근로계약에 의하여 사용자에게 부담하는 근로제공의무를 이행하지 못하게 된 경우 이를 정당화하기 위해서는 사용자의 사전 또는 사후의 승인을 요하고 근로자의 일방적인 통지에 의하여 근로제공의무의 불이행이 정당화될 수는 없다.[46]

㉢ 구속영장 집행회피와 결근

노조전임자가 구속영장의 집행을 면하기 위하여 도피하면서 결근한 것은 무단결근에 해당한다.

관련판례

피고(사용자) 회사의 단체협약 제12조제1항은 "회사는 조합간부 및 조합원이 조합과 관련된 각종 회의, 교육행사 및 기타 사항에 대하여 참가하고자 할 때에는 이를 인정한다. 단 조합은 사전에 이를 회사와 협의한다"고 규정하고 있고, 이에 터잡아서 노조전임자인 원고(근로자) 등도 외부에 출장하려고 할 경우에는 미리 회사에 대하여 협조공문을 보내고 출장하여 왔고, 피고 회사는 매일 재직인원근태보고에 의하여 전체 종업원의 출결사항에 관한 통계를 보고받았음을 알 수 있는 바, 사정이 위와 같다면 원고가 노동조합의 업무 아닌 사적인 용무로 장기출타하는 경우에는 사용자의 허가를 받아야 하고 이러한 조치 없이 무단히 장기출타하는 경우에는 상벌규정 제13조제5호 소정의 면직사유인 "무단결근"에 해당한다고 보아야 할 것이다. 따라서 원고가 노동조합 업무와는 관계없이 사전 구속영장의 집행을 면하기 위하여 도피하면서 53일 동안 피고 회사에 대한 사전 통보나 피고 회사로 부터 승인이나 허가를 받음이 없이 결근한 것은 상벌규정 제13조제5호 소정의 "송업원이 7일 이상 계속 무단결근한 경우"에 해당한다고 할 것이다.[47]

---

46) 대법 1997.4.25. 선고 97다6926 판결
47) 대법 1993.8.24. 선고 92다34926 판결

(f) 전직, 전보, 승무정지 등 인사처분과 무단결근

㉠ 인사처분의 정당성 판단 전

인사처분이 내려진 시점에서는 근로자가 주관적으로 전직명령의 유 · 무효를 가릴 수 없으므로, 정당하지 않은 지시라는 것이 명백하지 않는 한, 근로자로서는 일단 사용자의 인사처분을 따르는 것이 바람직하다.

관련판례

① 이 사건 정직처분 이전의 대기발령 및 전보처분에 대하여 노동위원회의 구제절차가 진행중이었다 하더라도 원고(근로자)가 참가인(사용자) 회사의 근로자로 재직하고 있는 이상 정당한 업무지시에 응하여야 할 의무는 여전히 부담하는 것이므로 이러한 사정은 참가인 회사의 업무지시를 거부할 정당한 사유가 될 수 없다.[48)]

② 관례적으로 승무정지를 당한 경우에 출근지시를 한 적이 없고, 승무정지 기간중에 출근하지 않았다는 이유로 불이익한 처분을 한 사실이 없었다고 하더라도, 이 사건의 경우 원고(근로자)에 대하여 행한 승무정지는 징계의 일환으로 행하여 진 것이 아니라 운전업무에 복귀할 수 있을 정도로 건강상태가 회복되었는지에 관한 불안감을 해소하고자 취해진 것으로 출근의무가 면제된다고 보기 어렵고, 더군다나 참가인(사용자)은 8.13. 원고에 대하여 행한 승무정지의 의미는 차량운전을 하지 말라는 것일 뿐 출근하지 않아도 된다는 것이 아니므로 계속 출근하지 않으면 무단결근 처리가 된다고 통보하였고, 8.31.에는 명시적으로 원고에게 9.1.부터 9.30. 까지 대기발령을 하니 그 기간중에 회사에 출근하여 대기에 임하여 달라고 통지하였음에도 불구하고 원고는 승무정지가 부당하다고 주장하면서 계속하여 출근하지 않았는바, 원고들의 위와 같은 행위는 단체협약이 규정한 무단결근에 해당한다.[49)]

㉡ 인사처분의 정당성 판단이후

① 정당한 인사처분

객관적으로 인사처분의 유 · 무효를 판단해본 결과 인사처분이 무효가 아니라면 이에 따르지 않은 근로자에 대한 추가적인 사용자의 징계처분은 정당하다.

---

48) 서울행법 2002.4.12. 선고 2002구합4892 판결
49) 서울행법 2007.11.9. 선고 2008구합31822 판결

관련판례

① 전직처분이 무효가 아니라면 근로자로서는 이에 따라야 할 의무가 있고[50], 전직처분의 정당성에 다소 의문을 품는다 하더라도 이에 항의하는 수단 역시 적정하여야 할 것인바, 유효한 전직처분에 불응하고 취업규칙에서 정한 사전신고도 하지 않은 채 소속부서에 8일간이나 계속 출근하지 아니한 것은 설사 원고(근로자) 주장대로 그동안 종전의 부서로 출근하려고 한 적이 있다 하더라도 무단결근에 해당하고, 항의의 수단으로서는 너무 지나쳐 적정하지 못하다 할 것이므로 피고(사용자)가 취업규칙 및 단체협약 등의 규정에 따라 원고를 무단결근을 사유로 징계해고 한 것은 적법하다 할 것이고, 거기에 법리오해의 위법은 없다.[51]

② 전보명령이 무효가 아니라면 근로자로서는 이에 따라야 할 의무가 있고 유효한 전보명령에 불응하여 부임을 거부하는 것은 잘못이므로, 참가인(사용자)이 취업규칙 등의 규정에 따라 십여 일간 계속 무단결근하고 정확한 근거 없이 추측에 기초하여 작성한 유인물을 사업장 내에 배포한 원고(근로자)를 징계해고한 것은 정당하다고 할 것이다.[52]

② 무효인 인사처분

객관적으로 인사처분의 유 · 무효를 판단해본 결과 인사처분이 무효라면 사용자의 추가적인 징계처분은 정당하지 않다고 본다.

관련판례

전직명령이 무효라면 이에 응하지 아니한 근로자의 행위를 징계사유로 삼을 수 없고,[53] 근로자가 무효인 부당전직에 불응하여 전직명령의 효력을 다투면서 전직발령지에서 근로를 제공하지 아니하는 경우 이는 부당한 전직명령을 한 사용자의 귀책사유로 말미암은 것이라고 할 것이다.[54]

---

50) 대법 1991.9.24. 선고 90다12366 판결 참조
51) 대법 1994.5.10. 선고 93다47677 판결
52) 대법 2009.3.12. 선고 2007두22306 판결
53) 대법 1995.5.9. 선고 93다51263 판결 ; 대법 1994.4.26. 선고 93다10279 판결 등 참조
54) 대법 2006.9.14. 선고 2006다33531 판결 참조

(다) 업무지시(명령) · 근무규칙 위반 등

사용자의 업무 지시위반이 근무규율이나 직장질서에 위반하는 경우에는 정당한 징계사유가 된다. 근로자가 사용자의 업무지시명령을 위반하는 것이 정당한 징계사유에 해당되는지는 근로계약상 근거가 있는 명령인지 등에 대하여 구체적으로 판단해야 한다.

(a) 경위서(시말서)

㉠ 경위서 미제출

비위행위 경위서 제출지시를 거부하는 행위는 징계사유가 된다.

관련판례

사용자가 근로관계에서 사고나 비위행위 등을 저지른 근로자에게 경위서 제출을 요구하거나 또는 취업규칙 등에 징계처분을 당한 근로자로 하여금 경위서를 제출하도록 규정되어 있는 경우 경위서를 제출하지 않는 행위는, 근로자에게 근로계약의 신의칙상 의무로서 근로관계와 관련한 사고 등이 발생한 경우 사용자의 조사에 협조하여야 할 의무가 있음을 고려할 때, 그러한 경위서의 내용이 사건의 경위를 보고하는데 그치지 않고 근로관계에서 발생한 사고 등에 관하여 자신의 잘못을 반성하고 사죄한다는 내용이 포함된 사죄문 또는 반성문을 제출하라는 것이 아닌 이상, 그 자체가 사용자의 업무상 정당한 명령을 거부한 것으로서 징계사유가 될 수 있다.[55)]

㉡ 사죄문 · 반성문

경위서가 아닌 사죄문 · 반성문을 제출하라는 지시를 거부하는 행위는 징계사유가 되지 않는다.

55) 서울고법 2010.12.7. 선고 2010누6368 판결

관련판례

사용자는 근로자의 정당한 파견근무명령 불응에 대하여 조사한 결과, 이는 징계사유에는 미치지 않으나 조직의 질서유지에 위배될 수 있는 경미한 행위라고 판단하여 주의조치하고 시말서 제출을 명하였는데 이 사건 시말서 제출의 의미는 사건 경위 뿐만 아니라 파견근무에 불응한 것에 대한 반성과 사죄의 내용을 포함하는 문서를 작성 · 제출하라는 의미로 이는 헌법상 보장하고 있는 양심의 자유를 침해하는 위법한 업무명령으로써, 이 사건 시말서 제출명령에 대한 불응을 독립된 징계사유로 삼는 것은 위법하다. (중략) 공식적인 징계대신 시말서 제출조치로 처리하려고 하였다가 시말서 제출명령에 대하여도 불응하자 비로소 징계를 하였으나, 위법한 시말서 제출명령에 불응한 행위를 독립된 징계사유로 삼아 이 사건 견책처분을 하였으므로 이 사건 견책은 사용자의 징계재량권의 범위를 일탈 · 남용한 것이다.[56)]

(b) 배차지시 거부

단체협약, 취업규칙 등에 특별한 규정이 있거나 노사합의 또는 확립된 노사관행이 있는 경우 등을 제외하고는 근로자인 운전사는 원칙적으로 사용자가 배정한 차량을 운행할 의무가 있다.

관련판례

여객자동차운송사업을 영위하는 회사에 있어서 사용자의 배차행위 또는 배차지시는 기업의 목적수행을 위하여 근로자에 대하여 내리는 통상적인 업무수행 명령에 속하고, 근로자인 운전수는 원칙적으로 사용자의 배차지시에 따라 지정된 차량을 운행하여야 하며 그것은 여객자동차운송사업을 영위하는 사용자가 운전수를 채용함에 있어 체결하는 근로계약에 따른 기본적 의무이므로 운전수가 특별한 사정이 없음에도 사용자의 배차지시 곧 승무지시를 거부하는 것은 근로계약에 따른 근로자의 본질적이고 기본적인 의무인 근로제공의무를 이행하지 않는 것으로서, 이는 채무불이행이 될 뿐 아니라 일반적으로 해고사유가 된다.[57)] 다만 그 배차지시가 지나치게 부당하여 해당 근로자로 하여금 근로제공을 계속 이행하기를 기대하기 어려운 상황에 까지 이르렀다면 근로자가 사용

56) 대법 2010.1.14. 선고 9두6605 판결
57) 대법 1994.9.13. 선고 94누576 판결 ; 대법 2000.6.23. 선고 98다54960 판결

자의 배차지시를 거부하고 출근하지 않았다고 하여 곧바로 이를 무단결근으로 보아 해고 사유로 삼을 수 없다 할 것이다.[58]

(c) 음주, 흡연행위

㉠ 음주행위

운수회사의 취업규칙에는 음주행위가 징계사유로 엄격하게 규정되어 있으며, 정당한 징계사유가 된다.

관련판례

① 여객운송계약에 따라 수십 명의 승객들의 안전과 생명을 책임지고 운행하여야 하는 고속버스 여객운송사업의 특수성, 경찰 및 건설교통부의 강력한 교통안전대책, 교통사고의 대형화 추세에 대비한 참가인(사용자)의 소속 운전자들에 대한 교양과 교육의 심화, 음주운전으로 인한 사고발생시 결과의 중대성 등에 비추어 보면 "운행지시를 받은 후 음주측정에 적발되었을 때(0.05% 이상)"는 사회통념상 근로계약을 계속시킬 수 없을 정도로 근로자에게 책임 있는 사유에 해당하므로 정당한 해고사유가 된다. 위 규정에서 운행지시란 운전기사에 대한 배차지시를 포함하는 개념으로서 이 사건에서 원고(근로자)는 음주측정 전날 오후에 다음날 06:40 버스의 배차지시가 있었다는 사실을 인식하고 있었고, 원고가 배차버스 운행을 위하여 버스출발시간보다 약 1시간 먼저 출근한 것은 운행에 필요한 준비행위를 한 것으로, 참가인이 원고의 출근 이후에 음주측정을 한 것은 사회통념상 안전운행을 위한 필요한 조치에 해당한다.[59]

② 다음날 새벽에 버스를 운행하여야 함을 인식하면서도 과음하고 숙취가 해소되지 않은 상태에서 버스를 운행하여 음주운전으로 형사상 유죄판결을 받은 것은 사회통념상 근로계약을 계속할 수 없을 정도로 근로자에게 책임 있는 사유에 해당한다고 할 것이어서 정당한 해고사유가 된다.[60]

㉡ 흡연행위

취업규칙 등 규정에 위반한 흡연행위는 정당한 징계사유가 된다.

---

58) 서울고법 2010.7.22. 선고 2010누4584 판결
59) 대법 2008.8.6. 선고 2008두10645 판결 - 심리불속행 기각
60) 대법 2009.2.5. 선고 2008두22303 판결

관련판례

원고(근로자)와 동승하였던 승무원들이 원고가 비행 중 흡연하였다고 일치하여 진술하고 있는 점, 참가인 회사의 원고에 대한 사실확인 당시 원고 역시 비행 중 흡연행위를 시인한 점에 비추어 볼 때, 원고는 4.4., 5.7. 및 5.21. 비행 근무 중 흡연한 사실이 인정된다 할 것이고, 이는 객실승무원업무규정(금연규정)과 취업규칙(징계사유)에 해당한다 할 것이다.[61]

(d) 정기노선 무단이탈, 무정차

버스 운행행위가 가지는 공공성과 특수성에 비추어 노선 무단이탈과 무정차 통과는 정당한 징계사유가 된다.

관련판례

① 여객자동차운송사업의 특성상 근로자가 사용자의 승무지시에 따라 지정된 노선을 준수하여 운행하는 것은 근로계약의 본질적이고 기본적인 의무인 점, (마을버스 여객운수사업을 하는) 참가인(사용자)의 감독행정관청은 참가인에 대하여 노선 준수 등을 요청하는 공문을 시달하였고 참가인은 소속 직원들에 대하여 수회에 걸쳐 노선 준수를 강조하는 내용의 교육을 해 온 점, 그럼에도 원고(근로자)는 3.3. 및 같은달 9. 노선을 이탈한 것을 비롯하여 근무기간 동안 수회에 걸쳐 노선을 이탈하였고, 원고 등의 노선 이탈과 관련하여 참가인에 대한 민원이 제기되자 감독행정관청은 참가인에 대하여 시정조치를 요구한 점 등에 비추어 보면, 원고의 노선 이탈 행위는 취업규칙 위반으로서 징계사유에 해당한다.[62]

② 원고(근로자)가 정류장을 무정차 통과하여 참가인 회사가 과징금 처분을 받게 한 행위는 취업규칙에서 정한 해고사유에 해당한다.[63]

(e) 고속버스 지연운행

고속버스가 대중교통수단으로서 공공성이 있고 지연출발행위는 과속운행

61) 서울행법 2004.12.30. 선고 2004구합25229 판결 참조
62) 서울행법 2008.4.17. 선고 2007구합35517 판결
63) 대법 2007.6.28. 선고 2007두7642 판결 - 심리불속행 기각

등의 위험이 있으므로 징계사유가 된다.

관련판례

고속버스 여객자동차 운송사업을 영위하는 참가인(사용자)이 안전운행점검 및 과속운행을 예방하기 위하여 소속 운전기사에게 출발 10분 전에 승강구 앞에 대기하고 출발 5분 전에 운전석에 착석하여 운행에 필요한 상황을 점검하도록 지시하고 있으므로, 원고(근로자)가 잠을 자다가 10여 분간 지연출발하여 참가인으로 하여금 승객으로부터 항의를 받게 한 행위는 징계사유에 해당한다.[64)]

(f) 봉사활동명령

근로자에게 수치심을 주는 것을 주목적으로 하는 봉사활동명령은 부당하므로 이러한 사용자의 징계에 따르지 아니한 것을 이유로 한 새로운 징계는 정당한 징계사유로 인정되지 않는다.

관련판례

이 사건 봉사명령은 그 자체가 애초부터 부당한 것은 아니라고 하더라도, 그 구체적 내용은 원고(사용자)가 그 후에 참가인(근로자)에 대하여 지시하는 봉사활동의 내용에 따라 확정된다고 할 것인 바, 원고가 참가인에 대하여 차고지 내에서 "고객친절", "복장단정" 등의 구호를 제창하는 내용의 봉사활동(각 1시간)을 지시한 사실이 인정되는데 이러한 구호제창은 매번 상당한 시간에 걸친 것이었던 점, 원고의 차고지는 시내버스 운전기사들을 비롯한 직원들이 수시로 출입하는 곳인 점 등의 사정을 알 수 있는 바, (중략) 원고가 참가인에게 지시한 위 봉사활동은 사업장내의 질서유지수단으로서 적절하지 아니할 뿐 아니라 사실상 봉사활동을 빙자하여 참가인에게 수치심과 모멸감을 주는 것을 그 주된 목적으로 하였다고 봄이 상당한 바, 이 사건 봉사명령은 그 내용이 참가인의 인간으로서의 존엄성을 침해하는 것으로서 부당하다 (중략) 위 봉사활동 지시가 부당한 이상 그에 대한 정당한 거부를 징계사유로 삼은 이 사건 정직도 부당하다.[65)]

64) 서울행법 2007.11.13. 선고 2007구합8423 판결
65) 서울고법 2008.7.22. 선고 2008누2349 판결

(g) 직위해제기간 중 교육지시

직위해제기간 중 사용자의 교육 지시 등이 있었다면 이에 응해야 한다.

관련판례

직위해제조치가 위법하다고 하더라도 과제를 부여하고 교육을 받도록 한 행위는 특별한 사정이 없는 한 정당한 인사권의 행사에 해당하여 이에 따라야 할 의무가 있으므로 직위해제기간 중 교육거부 또는 과제를 제출하지 않은 행위는 정당한 인사명령 불이행으로 징계사유에 해당한다.[66)]

2) 근로계약상의 성실의무위반 행위

(가) 겸직금지위반

(a) 외부출강

근로자는 직업선택의 자유가 있으므로 부업을 하거나 제2의 직장을 가질 수 있다. 그러나 근로자는 신의칙상 근로계약의 부수적 의무로서 성실의무를 지므로 사용자의 이익을 침해하는 겸직은 금지될 수 있다.

관련판례

참가인(사용자) 회사의 윤리강령이 강제적인 규범력을 가지는 것이 아니고 구성원의 자발적인 실천의지에 의존할 수밖에 없는 등 이러한 윤리강령이나 서약서가 근로자를 포함한 직원들에게 새로운 의무사항을 부과하는 것이므로 헌법상 비례의 원칙, 행복을 추구할 권리, 과잉금지의 원칙등에 반한다는 원고(근로자)의 주장은 받아들일 수 없으며, 참가인 회사가 원고의 출강승인 신청을 불허한 것은 참가인의 구성상의 특성, 업무수행을 소홀히 할 개연성 등을 참작하여 그 재량범위 내에서 판단한 것이므로 위법하지 아니하고, 원고가 위 서약서에 서명하게 된 것 또한 참가인의 강요에 의한 것이라는 주장 또한 근거가 없으므로 받아들일 수 없다 할 것이고, 따라서 원고가 위 서약서에 서명함으로 인하여

66) 서울행법 2008.4.24. 선고 2007구합29352 판결

윤리강령과 서약서는 원고가 참가인의 직원으로서 준수하여야 할 규범 및 의무가 되었다 할 것인데, 원고가 서약서의 규정을 위반하여 참가인의 승인을 얻지 않고 출강을 강행한 것은 참가인의 인사규정을 위반한 징계사유에 해당한다.[67)]

(b) 병가 중 타회사 근무

명예퇴직 합의 후 명예퇴직 예정일 사이에 허위로 병가를 받아 다른 회사에 근무하는 것은 징계사유가 된다.

관련판례

원고(근로자)는 명예희망퇴직신청서를 제출한 6.15. 당시에 이미 소외 회사로부터 채용합격통지를 받고 있었으므로 원고로서는 퇴직희망일자를 6.30.로 선택할 수 있었음에도 불구하고 그렇게 하지 아니하고 세제상의 혜택을 누릴 의도에서 퇴직희망일자를 9.18.로 정하여 명예희망퇴직신청서를 제출하고 피고(사용자) 연구원으로부터 그에 따른 퇴직명령을 받았던 것이고, 그 퇴직일까지의 기간 동안에 피고 연구원의 직원으로서의 신분을 그대로 유지하면서 실제로는 소외 회사의 직원으로 근무할 목적으로, 병가의 사유가 되지 못하는 경미한 질병을 이유로 병가를 신청하여 피고 연구원으로부터 병가를 얻고 그 병가기간 동안에 소외 회사에 근무하였던 것이므로 원고가 비록 위 병가 신청에 대하여 소속 부서장의 묵인을 받았다고 하더라도, 그것만으로는 피고 연구원이 위와 같은 병가신청의 이유 내지 목적을 알면서도 병가를 승인하였다거나 그러한 사정을 알았더라도 병가를 승인하였을 것이라고는 할 수 없고, 따라서 위 병가의 승인은 원고가 피고 연구원을 기망하여 받아낸 것이라고 보아야 할 것이다. 그리고 원고가 피고 연구원으로부터 병가를 받아 소외 회사에 근무한 2개월 남짓의 기간이 사회통념상 용인될 수 있는 정도의 단기간에 해당한다고도 할 수 없다. 이러한 이 사건 징계처분의 원인이 된 비위사실의 내용과 성질, 원고가 비위행위를 저지르게 된 경위 등에 비추어 볼 때, 원심이 인정한 바와 같은 여러 사정(위에서 인정한 사실에 배치되는 부분 제외)을 고려하더라도, 원고를 해임처분한 징계양정이 객관적으로 명백히 부당한 것으로서 사회통념상 현저히 타당성을 잃어 징계권자에게 맡겨진 재량권을 일탈하였거나 남용한 것이라고 단정할 수는 없다고 할 것이다.[68)]

---

67) 대법 2006.6.16. 선고 2006두5335 판결
68) 대법 2002.8.23. 선고 2000다60890, 60906 판결

(c) 겸직금지 규정

근무시간 이외의 시간에 관하여 법령상 당연히 겸직금지의무가 인정되는 것은 아니므로, 규정이 없는 경우에는 징계사유가 되지 않을 수 있다.

관련판례

"회사의 허가 없이 다른 직업에 종사하는 경우"는 개성된 취입규칙에서 해고사유로 신설된 것인데, 개정된 취업규칙은 적법한 변경절차를 거치지 않아 무효이고, 안전과장인 이 사건 근로자에 대하여 근무시간 이외의 시간에 관하여 법령상 당연히 겸직금지의무가 인정되는 것은 아니라는 점을 고려할 때 위 해고사유가 개정전 취업규칙의 내용을 구체화한 것에 불과하다고 보기도 어려우므로, 이를 징계사유로 삼는 것은 허용되지 않는다.[69]

(나) 영업상 · 직업상의 비밀누설

근로자가 직무상 알게 된 비밀을 누설하는 행위가 회사의 명예, 신용, 체면을 현저하게 손상하는 경우에는 직장질서를 침해할 가능성이 있다. 그러나 취업규칙 등에 비밀누설행위를 징계사유로 규정하고 있는 경우라도, 누설이 금지된 영업상 · 직업상 비밀은 한정적으로 해석해야 하며 그 비밀을 타인에게 알릴 정당한 이익이 있고 그 이익이 사용자가 침해받을 이익보다 더 크면 그것을 이유로 징계할 수 없다고 본다.

관련판례

① 이 사건 정직처분에 있어 그 징계사유는 인정되나 기밀서류 유출 동기에 관해 살피건대, 원고(사용자)는 당초 영업판매실적이 부진하다는 등의 이유로 참가인(근로자)을 해고하였고 참가인은 이에 관하여 부당해고구제신청을 제기한 뒤 자신의 영업실적이 부진하지 않다는 점을 입증하기 위해 이 사건 서류를 ㅇㅇ지방노동위원회에 제출한 것으로서, 이를 경쟁회사에 유출하는 등으로 원고 회사에게 피해를 입히려는 의도는 아니었던 것으

69) 서울고법 2010.8.31. 선고 2009누29280 판결

로 보이므로 그 동기에 관하여 참작할 만한 바가 적지 않고 원고가 참가인을 해고한 것은 결국 이후 부당해고로 판정되었고 원고가 이에 대해 재심을 신청하지 아니하고 참가인을 복직시킴으로써 이를 그대로 수용하였는바, 만약 원고가 처음부터 참가인을 부당해고하지 않았다면 참가인이 이 사건 서류를 유출시킬 일도 없었을 것이므로 이 사건 유출행위의 근본적인 원인은 오히려 원고 측에서 제공하였다고 보인다.[70)]

② 이 사건 자료(대외비 자료의 사외유출)를 중노위와 소송대리인인 변호사에게 제출하였을 뿐 참가인(사용자)의 영업을 방해하기 위한 목적 등 다른 목적으로 자료를 유출한 것으로 보이지 않으며, 중노위위원이나 직원 및 변호사 등은 직무상 알게 된 "비밀엄수의 의무"를 부담하므로(노동위원회 법 제28조제1항, 변호사법 제26조) 원고(근로자)가 제출한 자료가 그 이외의 자들에게 유출되어 참가인의 이익을 해하게 될 가능성은 많지 않아 보이며, 원고가 참가인을 상대로 행정소송 등을 제기하고 있는 상황에서 부서책임자의 승인을 얻어 이 사건 자료를 제출하기는 어려웠을 상황이 인정되며, 당사자인 원고가 이미 보유한 자료를 문서제출명령 등의 절차를 통하여 참가인으로 하여금 제출하도록 하는 것은 소송경제측면에서 바람직하지 않으므로 이 사건 자료유출행위는 정당한 징계사유가 될 수 없다.[71)]

(다) 업무상횡령 · 배임 · 금품수수

(a) 업무상 횡령과 배임

업무상 횡령과 배임은 회사에 대한 범죄행위이고, 근로계약상 성실의무에 대한 위반으로 징계사유가 된다.

관련판례

① 횡령은 범죄행위로서 그 액수가 적다하여 그 사실만으로 비행의 정도가 낮다고 평가할 수 없다.[72)]

② 회사가 전액관리제를 시행하기로 하였으면서도 노동조합과 합의하여 정액사납금제로 회사를 운영한 사실이 있는데, 이러한 행위가 여객자동차운수사업법에 위반되어 행정상 제재처분을 받을 수 있음은 별론으로 하고, 운송사업자가 운수종사자로부터 납부받은 운

---

70) 서울행법 2001.10.19. 선고 2001구20017 판결

71) 서울행법 2010.8.19. 선고 2010구합4919 판결

72) 대법 1990.11.23. 선고 90다카21589 판결

송수입금의 배분등 근로조건에 관하여는 근로기준법 등 노동관계법이 정하는 바에 따라 노사간의 자율적인 협의로 결정할 수 있으므로,[73] 참가인(사용자) 회사가 노동조합과 사이에 종전과 같이 정액 사납금제 방식으로 운영하기로 합의한 것이 강행법규에 위반되어 무효라고 볼 수 없다. 그리고 참가인 회사는 근로자들이 납입하는 운송수입금을 기반으로 사업을 영위하는 회사이므로 소정의 운송수입금이 제때에 규칙적으로 납입되는 것이 그 경영상 매우 중요한 의미를 갖고, 운송수입금의 장기미납은 근로자개인의 사적인 유용이나 횡령으로 이어져 근로계약관계의 안정적 존속을 해할 가능성이 크므로, 참가인 회사가 운송수입금의 관리를 전액관리제의 방식으로 하고 있는지 아니면 정액사납급제의 방식으로 하고 있는지에 관계없이 근로자가 운송수입금을 미납한 경우 그 행위자체를 징계사유로 삼는 것은 그 업무 성격에 비추어 정당하다.[74]

(b) 금품수수

금품수수는 직무와 관련하여 부정한 청탁을 받고 금품을 받는 행위로서, 정당한 징계사유가 된다.

관련판례

원고(근로자)가 공사현장의 감리업무를 담당하는 자로서 공정하고 성실하게 업무를 수행하여야 함에도 불구하고, 공사를 시공하는 소외 회사에 대하여 향응 등의 제공을 적극적으로 요구하였을 뿐 아니라, (중략) 술 접대와 휴가비를 수령하였으므로, 원고의 이러한 행위는 감리자로서 건축물의 공사감리를 주업무로 하는 참가인 회사의 명예와 신용을 크게 손상한 것으로서 사회통념상 참가인 회사와 사이에 더 이상 근로관계를 계속하기 어려울 정도에 이르렀다고 봄이 상당하다.[75]

(라) 상사나 회사의 명예 훼손

(a) 외부에 감사청구

근로자가 직상상사나 회사의 명예를 훼손하여 직장의 신뢰나 대외적 관계와 관

73) 대법 2007.3.30. 선고 2004두7665 판결 참조
74) 서울고법 2010.12.21. 선고 2010누11803 판결
75) 대법 2005.4.19. 선고 2004두14182 판결

련된 공동질서를 침해하는 경우 징계사유가 될 수 있다.

관련판례

근로자는 사용자의 이익을 배려해야 할 근로계약상의 성실의무를 지고 있으므로 근로자가 직장의 내부사실을 외부에 공표하여 사용자의 비밀, 명예, 신용 등을 훼손하는 것은 징계사유가 되고, 구체적인 경우에 있어서 그 해당 여부는 공표된 내용과 그 진위, 그 행위에 이르게 된 경위와 목적, 공표방법 등에 비추어 판단할 것이다. (중략) 원고(근로자)는 공단의 직원이라고 하더라도 위 전보인사의 시정 등을 구할 직접적인 이익이 있는 것은 아니므로, 감사원에 심사의 청구를 할 수 있는 감사원법 제43조제1항에 정한 “이해관계 있는 자”가 될 수 없음에도 공단으로부터 인사상 불이익을 받고 있다고 느끼고 있던 터에 공단이 원고에게 소송비용의 상환을 독촉하고 이어 강제집행절차에 돌입하자 인사규정 위반의 점을 대외적인 문제로 공론화시킴으로써 공단에 대응하기 위하여 감사원에 심사청구의 형식을 빌어 규정위반 사실을 제보하기에 이르렀고, 심사청구서에 의하여 뚜렷한 근거 없이 자신에 대한 과거의 인사조치 등 공단이 행하는 인사는 부정 내지 불공정하다는 주장까지 하고 있음을 알 수 있다. 이러한 사정이라면 공단의 공공적 성격을 감안하더라도 원고의 심사청구는 위법처분의 시정을 위한 것이 아니라 개인적인 불만을 이유로 공단의 경미한 규정위반 사실을 대외적으로 부각시켜 공단의 명예나 신용을 훼손하려는 의도에서 나온 공표행위라고 할 것이다. 따라서 원심이 위 각 점을 징계사유에 해당한다고 본 것은 정당하다.[76]

(b) 고소 · 고발

근로자가 근거 없이 고소 · 고발 등을 통하여 직장상사나 회사의 명예를 훼손하는 경우 징계사유가 된다.

관련판례

뚜렷한 자료도 없이 사용자를 수사기관에 고소 · 고발하거나, 공개석상에서 진실과 다른 내용이나 과장된 내용을 가지고 회사를 비방하는 행위도 정당한 징계사유가 된다고 할 것이다.[77]

---

76) 대법 1999.9.3. 선고 97누2528, 2535 판결
77) 대법 1995.3.3. 선고 94누11767 판결

(c) 비방내용 자유게시판 게시

자유게시판에 근거 없는 내용과 비방하는 글을 게재하여 직장상사의 명예를 훼손하는 경우 정당한 징계사유가 된다.

관련판례

원고(근로자)는 위와 같은 신문 보도 내용과 관련하여 피해자로부터 직접 들었거나 사실이 확인되지도 않았고, 단지 소문이 있다는 막연한 상태임에도 불구하고 자유게시판에 위와 같이 구체적인 내용과 원색적이고 자극적으로 비방하는 표현의 글을 게재하여 참가인의 이사장을 모욕하고 이사들의 명예를 훼손하였으며 그에 관하여 참가인의 특별감사반의 원고에 대한 출석요구에 대하여 원고로서는 먼저 조사에 응하여 게시한 글 내용의 출처, 글을 게재한 경위 등에 관하여 진술한 뒤에 특별감사에 따른 피해자 보호 등 제반문제 및 후속조치에 관한 원고의 견해를 밝히거나 요구사항을 주장하는 것은 별론으로 하고, 특별감사대상이 부당하다거나 자신과 피해자에 대한 신변보장 요구가 관철되지 않았다는 등의 이유만으로는 원고가 출석요구에 응하지 않은데 특별한 사유가 있었다고 보기 어렵다고 할 것이므로, 원고가 위와 같이 이사 등의 명예를 훼손하고 특별감사반의 출석요구에 응하지 아니한 비위행위는 참가인의 인사규정에 정한 직원의 성실의무 및 품위유지의무, 감사규정에 정한 출석요구에 응하여야 할 의무 및 인트라넷 업무처리지침에 정한 비방금지 등의 의무에 위배된다고 할 것이므로 인사규정에 정한 징계사유에 해당한다고 할 것이다.[78)]

(마) 사생활의 비행

근로자의 사생활의 비행을 이유로 징계하는 것은 원칙적으로 허용되지 않는다. 그러나 근로자의 사생활의 비행이 직무상 품위유지의무 위반에 해당될 때에는 정당한 징계사유가 된다.

(a) 부동산 투기

부동산 투기가 근로자의 업무내용에 비추어 볼 때 회사의 사회적 평가에 악영향을 미치는 경우, 정당한 징계사유가 된다.

78) 서울행법 2006.3.10. 선고 2005구합24902 판결

관련판례

원심이 인정하고 있는 원고(근로자)에 대한 징계사유인 부동산투기행위가 원고의 사생활에서의 비행에 불과하다고 볼 여지가 없지 아니하다 하더라도, 택지의 개발과 공급, 주택의 건설, 개량, 공급 및 관리 등을 통하여 시민의 주거생활의 안정과 복지향상에 이바지함을 목적으로 지방공기업법에 의하여 ㅇㅇ시가 전액 출자하여 설립한 피고보조참가인 공사의 설립목적, 그 업무의 종류와 태양, 부동산보상 관련업무를 담당하는 원고의 업무내용 등의 여러 사정을 종합적으로 고려하면, 원고의 위 비행행위는 객관적으로 피고보조참가인 공사의 사회적 평가에 심히 중대한 악영향을 미치는 것으로 평가될 수 있는 경우라고 할 것이므로, 원심이 원고의 비위를 들어 이는 피고보조참가인 공사의 인사규정 소정의 "공익을 저해하는 중대한 행위를 하였을 때"에 해당한다고 본 것은 정당하다.[79]

(b) 음주운전

음주운전으로 인한 면허취소가 업무장애를 야기하는 경우, 정당한 징계사유가 된다.

관련판례

원고(근로자)의 음주운전으로 인한 면허취소의 점은 원고가 당직, 경비업무를 수행한다 하더라도, 원고는 참가인(사용자)과 사이에 운전업무를 주된 업무로 하는 근로계약을 체결하였으므로 자신의 근로제공의무를 다하기 위하여 그 면허를 유지할 근로계약상의 의무가 있을 뿐 아니라, 위 면허취소로 인하여 원고가 파업종료 후 업무에 복귀하더라도 그 담당업무인 유류배달을 계속 수행할 수 없게 되는 업무장애를 야기하였으므로, 계약직 운용규정에서 정한 징계사유에 해당하며, 이를 단순히 사적인 비위행위에 그친다고 볼 수 없다.[80]

(c) 상습도박

사기 및 상습도박으로 직장질서유지에 악영향을 미쳤다면 정당한 징계사유가 된다.

79) 대법 1994.12.13. 선고 93누23275 판결
80) 서울고법 2010.12.7. 선고 2010누6368 판결

관련판례

피고(사용자)가 고용한 근로자가 사기 및 상습도박을 한 사실이 텔레비전과 신문, 인터넷 등 언론에 보도되어 피고의 대외적인 신인도와 명예가 실추되었고 이러한 점은 피고의 사업수행에도 부정적 영향을 미쳤다고 보여지는 점, 원고(근로자)가 같은 직장동료들을 상대로 한 사기 및 상습도박으로 인하여 직장동료들 사이의 신뢰관계 형성 및 직장질서 유지에 심대한 악영향을 끼쳤다고 할 수 있는 점, 피고 소속 근로자가 폭력, 사기, 강도, 강간 등 다른 범죄행위로 유죄판결을 받은 경우에도 징계해고를 한 적은 없었다고 하더라도 위와 같은 범죄행위들은 주로 사생활에서의 비행에 해당하여 피고의 명예나 기업질서 또는 사업수행에 미치는 악영향이 원고가 저지른 행위와는 질적인 차이가 있는 점 등을 종합하면, 원고의 사기 및 상습도박으로 인하여 피고와 원고는 사회통념상 고용관계를 계속할 수 없을 정도에 이르렀다고 봄이 상당하고, 비록 원고가 근무시간 외에 직장 밖에서 이와 같은 범죄를 저질렀으며, 지금까지 회사를 위하여 성실하게 근무해왔다고는 하여도 이러한 사실만으로는 피고의 원고에 대한 해고가 징계권을 남용한 것이라고 단정할 수 없다.[81)]

(바) 형사상 범죄

(a) 징계규정이 있는 경우

단체협약이나 취업규칙에 징계사유로서 형사상 범죄로 유죄판결을 받은 경우를 규정하고 있는 경우 유죄판결이라 함은 근로제공이 불가능한 신체의 구속상태가 해소되지 아니하는 내용의 유죄판결을 받은 자만을 의미하는 것으로 볼 수는 없고, 단체협약이나 취업규칙 등에 미확정의 유죄판결도 징계사유로 삼고 있음이 분명한 경우를 제외하고는 유죄의 확정판결을 받은 경우만을 의미하는 것으로 본다.

관련판례

① 근로자가 범죄행위로 인하여 유죄의 확정판결을 받은 사실을 징계규정에 해고사유로 규정하는 것은 그 범죄행위로 인하여 근로자의 기본적인 의무인 근로제공의무를 이행할 수 없는 상태가 장기화되어 근로계약의 목적이 달성될 수 없는 경우뿐만 아니라 그 범죄행

81) 울산지법 2008.6.5. 선고 2007가합3014 판결

위로 인하여 사용자인 회사의 명예나 신용이 심히 실추되거나 거래관계에 악영향을 끼친 경우 또는 사용자와 근로자 간의 신뢰관계가 상실됨으로써 근로관계의 유지가 기대될 수 없는 경우에도 근로계약상의 의무를 침해한 것으로 보기 때문이라고 할 것이므로, 단체협약 등의 징계규정상 해고사유인 "유죄의 확정판결을 받은 자"를 "근로제공이 불가능한 신체의 구속상태가 해소되지 아니하는 내용의 유죄판결을 받은 자"만을 의미하는 것으로 볼 수는 없다.[82)]

② 징계권(징계사유)의 유무에 관한 결정은 징계가 근로자에게 있어서 불이익한 처분이므로 문제로 되어 있는 행위 시에 시행되고 있던 구 취업규칙에 따라 행하여야 할 것이며, 징계처분이 적법하기 위해서는 처분 당시에 징계사유가 존재하여야 할 것이므로 처분 당시에 유죄판결이 확정되어야 하고 처분 당시 유죄판결이 확정되지 아니한 이상 징계처분 후에 확정된다고 하여 하자가 치유된다고 볼 수는 없다.[83)]

(b) 징계규정이 없는 경우

유죄확정판결 징계규정이 없는 경우에는, 유죄확정 판결 전에도 징계사유가 인정될 수 있다.

관련판례

인사규정에 유죄의 확정판결이 있어야 해임할 수 있다는 규정이 없는 이상 형사절차에서 유죄의 확정판결을 받기 전이라도 징계혐의 사실은 인정될 수 있는 것이므로 근로자의 책임 있는 사유로 인하여 더 이상 근로관계를 지속할 수 없는 지경에 이르렀으므로 이 사건 해임처분에 있어 재량권을 남용하거나 일탈한 위법이 있다고 볼 수 없다.[84)]

(c) 형사재판에서 무죄판결

형사재판에서 무죄의 판결이 확정되었다 하더라도 징계사유가 존재하지 않는다고 단정할 수 없다.

82) 대법 1997.5.23. 선고 97다9239 판결
83) 대법 1994.12.23. 선고 94다27960 판결
84) 대법 2004.5.27. 선고 2004두2752 판결

관련판례

관련 형사사건의 판결에서 인정된 사실은 특별한 사정이 없는 한 행정재판에서 유력한 증거자료가 되나, 행정재판에서 제출된 다른 증거 내용에 비추어 형사판결의 사실판단을 그대로 채용하기 어렵다고 인정될 경우에는 이를 배척할 수 있는 것이다.[85] 또한, 관련 형사재판에서는 형사법상의 구성요건에 해당하는지 여부가 쟁점인 반면 징계처분의 당부를 다투는 행정재판에서는 징계사유에 해당하는지 여부가 쟁점이므로 기초적 사실관계는 동일하더라도 그 위반 법률조항과 사안의 주안점이 다를 수 있고, 더욱이 형사재판에서의 유죄판결은 공소사실에 대하여 증거능력 있는 엄격한 증거에 의하여 법관으로 하여금 합리적인 의심을 배제할 정도의 확신을 가지게 하는 입증이 있다는 의미인 반면, 무죄판결은 그러한 입증이 없다는 의미일 뿐이지 공소사실의 부존재가 증명되었다는 의미는 아니며, 징계처분에 있어서는 형사소송에서 정한 엄격한 증거능력을 가진 증거에 의한 증명을 요구하는 것도 아니므로, 비록 관련 형사재판에서 무죄의 판결이 선고되었다고 하더라도 그 점만으로 징계사유가 존재하지 않는다고 단정할 수 없다. 결국, 행정재판에서 징계사유의 존재여부를 판단할 경우에, 관련 형사판결에서 무죄가 확정되었다고 하더라도 그 이유에서 인정하고 있는 사실관계 및 판단에 기속되는 것은 아니고, 법관은 행정소송법에 의하여 준용되는 민사소송법에서 정한 바에 따라 행정재판에서 제출된 모든 증거에 의하여 경험법칙과 논리법칙에 어긋나지 않는 범위내에서 자유로운 심증으로 그 존부에 대하여 판단할 수 있다고 할 것이다.[86]

(사) 학력 · 경력사칭 및 이력서 허위기재

(a) 신뢰관계위반과 기업질서 침해

학력이나 경력의 허위기재는 사전에 이러한 사실을 알았다면 채용하지 아니하였거나 적어도 동일한 조건으로 계약을 체결하지 아니하였을 것으로 인정되는 경우에 한하여 징계사유로 삼을 수 있다.

관련판례

① 기업이 근로자를 고용하면서 학력 또는 경력을 기재한 이력서나 그 증명서를 요구하는 이유는 단순히 근로자의 근로능력을 평가하기 위해서만 아니라, 노사간의 신뢰형성과

85) 대법 1998.9.8. 선고 98다25368 판결 ; 대법 2006.9.14. 선고 2006다27055 판결 등 참조
86) 서울고법 2010.7.20. 선고 2010누1349 판결

기업질서 유지를 위해서는 근로자의 지능과 경험, 교육정도, 정직성 및 직장에 대한 정착성과 적응성 등 전인격적인 판단을 거쳐 고용여부를 결정할 필요가 있어 그 판단자료로 삼기위한 것이므로, 당시 회사가 그와 같은 허위기재 사실을 알았더라면 근로자를 고용하지 않았을 것으로 보여지는 한 이를 해고사유로 들어 해고하는 것이 부당하다고 할 수 없고,[87] 근로자의 채용시의 허위경력기재행위 내지 경력은폐행위를 징계해고사유로 규정하는 취업규칙 등은 허위사항의 기재가 작성자의 착오로 인한 것이거나 그 내용이 극히 사소하여 그것을 징계해고사유로 삼는 것이 사회통념상 타당하지 않다는 등의 특별한 사정이 있는 경우까지에도 적용되지 않는 한, 정당한 해고사유를 규정한 것으로 유효하고 이에 따른 징계해고는 정당하다.[88]

② 근로자가 회사에 입사하면서 이력서를 제출함에 있어 전에 근무하던 회사에서 근무성적 불량으로 해고당한 사실과 주거침입 혐의로 지명수배된 사실 등이 알려질 것을 우려하여 전에 근무하던 경력을 은폐하고 실재하지도 아니한 다른 회사에서 근무한 것처럼 허위로 경력을 사칭한 경우에는 회사가 위 근로자를 고용할 때에 위와 같은 내용을 알았더라면 그와 고용계약을 체결하지 않았을 것이 경험칙상 명백하므로 이는 근로자가 성명, 이력서, 기타 중요한 사항을 기만하여 채용된 경우 징계해고사유가 된다고 규정한 회사의 취업규칙 및 상벌규정에 정한 징계사유에 해당한다.[89]

(b) 위반정도와 판단 시점

최근들어 경력사칭을 이유로 하는 징계해고 사건에서 징계의 위반정도와 정당한 이유의 유무를 판단하는 시점에 관한 사례들이 있다.

관련판례

① 학력허위기재가 해고사유가 되는 이유는, 사용자가 이를 알았더라면 근로자의 정직성 등 인격적인 측면을 고려하여 채용하지 않았을 것이라는 것을 근거로 한다. 그러나 참가인이 원고 근로자 평균 근속년수를 초과하여 원고와 근로관계를 형성하였으므로, 그 과정에서 원고와 인격적 판단에 근거한 근로관계는 이미 형성되었다고 보는 것이 옳다. 그런데도 입사 당시 사실을 들추어 해고할 수 있다면, 근로자의 근로관계는 불안전해지게 되어, 근로자의 기본적생활을 보장하기 위한 근로기준법 취지에도 어긋나게 될 우려가 있으

87) 대법 1997.5.28. 선고 95다45903 판결 참조
88) 대법 2000.6.23. 선고 98다54960 판결
89) 대법 1990.10.30. 선고 89다카30846 판결

므로, 학력허위 기재를 정당한 해고사유로 보는 경우는 그 위반정도가 심각한 경우로 한정할 필요가 있다.[90)]

② ① 4년제 대학에 입학하였다가 제적당하였음에도 불구하고 입사당시 이력서 등에 대학 입학, 수학 및 제적사실을 기재하지 않고 이를 은폐하기 위한 의도로 보여지는 경력들을 기재한 것은 그 자체로 정직성에 대한 중요한 부정적인 요소가 될 뿐만 아니라 전인격적인 판단을 그르치게 하는 행위에 해당하는 점 ② 학력, 경력에 관한 허위 기재 행위가 단순히 착오에 기한 것이 아닐 뿐만 아니라, 그 내용이 극히 사소한 것에 불과하다고 볼 수 없는 짐 ③ 최근에 대학졸업자의 하향취업 경향이 있고, 헌법 등에서 근로자에게 근로 3권과 사회적 신분을 이유로 차별적 처우를 받지 않을 권리를 인정하고 있다는 사정만으로 학력에 관한 허위기재 행위가 정당화될 수는 없는 점 ④ 회사는 4년제 대학 재학 이상의 학력자를 생산직 사원으로 채용하지 않아 왔기 때문에 채용 당시 4년제 대학 입학 · 제적 사실을 알았더라면 채용하지 않았을 것으로 보이는 점 등을 종합하여 보면 학력이 업무수행에 별다른 영향을 미치지 않았고, 입사 이후 동료들과의 위화감을 조성하거나 갈등을 유발함이 없이 근무함으로써 계약직으로 입사한 후 무기계약직 근로계약을 체결하였다는 제반 사정을 모두 감안하더라도, 입사하면서 학력사항을 은폐한 것은 정당한 해고사유에 해당한다고 할 것이다.[91)]

(아) 직장내 성희롱

(a) 개 념

상사, 동료 또는 하급자가 성적인 언동 등으로 성적 굴욕감 또는 혐오감을 느끼게 하거나 성적 언동 그 밖의 요구 등에 대한 불응을 이유로 고용상의 불이익을 주는 것을 말한다.

관련판례

남녀고용평등과 일 · 가정 양립지원에 관한 법률 제2조제2호에 의하면 "직장내 성희롱"이란 사업주, 상급자 또는 근로자가 직장내의 지위를 이용하거나 업무와 관련하여 다른 근로자에게 성적인 언동 등으로 성적 굴욕감 또는 혐오감을 느끼게 하거나 성적 언동

90) 서울고법 2010.11.24. 선고 2010누16754 판결
91) 서울고법 2010.4.23. 선고 2009누25998 판결

그밖의 요구 등에 대한 불응을 이유로 고용상의 불이익을 주는 것을 말하는데, 그 전제조건인 "성적인 언동 등"이란 남녀 간의 육체적 관계나 남성 또는 여성의 신체적 특징과 관련된 육체적, 언어적, 시각적 행위로서 사회공동체의 건전한 상식과 관행에 비추어 볼 때, 객관적으로 상대방과 같은 처지에 있는 일반적이고도 평균적인 사람으로 하여금 성적 굴욕감이나 혐오감을 느끼게 할 수 있는 행위를 의미한다고 할 것이고, 성희롱이 성립되기 위해서는 행위자에게 반드시 성적 동기나 의도가 있어야 하는 것은 아니지만, 당사자의 관계, 행위가 행해진 장소 및 상황, 행위에 대한 상대방의 명시적 또는 추정적인 반응의 내용, 행위의 내용 및 정도, 행위가 일회적 또는 단기간의 것인지 아니면 계속적인 것인지 여부 등의 구체적 사정을 참작하여 볼 때, 객관적으로 상대방과 같은 처지에 있는 일반적이고도 평균적인 사람으로 하여금 성적 굴욕감이나 혐오감을 느낄 수 있게 하는 행위가 있고, 그로 인하여 행위의 상대방이 성적 굴욕감이나 혐오감을 느꼈음이 인정되어야 할 것이다.[92)]

(b) 직장 상사의 성희롱

성희롱 행위자가 같은 직장에서 계속 근무하는 것이 성희롱 피해근로자들의 고용환경을 감내할 수 없을 정도로 악화시키는 결과를 가져 올 수도 있으므로, 특히 직장 상사의 성희롱은 더욱 엄격하게 취급된다.

관련판례

성희롱이 그 횟수가 1회에 그치는 경우에는 우발적인 것이라고 볼 여지가 있으나, 성희롱이 일정한 기간에 걸쳐 반복적으로 이루어지고 피해자도 다수라면 이를 우발적이라고 평가할 수는 없을 것이고, 직장 내 성희롱이 사회문제화된 후 1999.2.8. 개정된 남녀고용평등법에서 성희롱 행위를 금지하고 성희롱 예방교육, 성희롱 행위자에 대한 징계 등을 규정하게 된 이상, 그 이후에 발생한 성희롱은 그동안의 왜곡된 사회적 인습이나 직장문화 등에 의하여 형성된 평소의 생활태도에서 비롯된 것으로서 특별한 문제의식 없이 이루어진 것이라는 이유로 그 행위의 정도를 가볍게 평가할 수 없으며, 특히 직장 내 성희롱을 방지하여야 할 지위에 있는 사업주나 사업주를 대신할 지위에 있는 자가 오히려 자신의 우월한 지위를 이용하여 성희롱을 하였다면 그 피해자로서는 성희롱을 거부하거나 외부에 알릴 경우 자신에게 가해질 명시적 · 묵시적 고용상의 불이익을 두려워하여 성희

92) 대법 2007.6.14. 선고 2005두6461 판결

롱을 감내할 가능성이 크다는 점을 감안할 때 이들의 성희롱은 더욱 엄격하게 취급되어야 한다.[93)]

3) 정당하지 못한 노동조합활동

(가) 노동조합활동과 징계

노동조합활동이 정당할 경우 근로자가 정당한 노동조합활동을 하는 경우, 민·형사 책임이 면제되고 부당노동행위제도에 의하여 보호받게 되나, 그렇지 않은 경우 민·형사 책임을 지거나 취업규칙 등에 의하여 징계를 받을 수 있다. 노동조합활동의 정당성은 사용자의 제재조치가 타당한가를 판단하기 위한 전제가 되며, 그 행위의 성질이나 목적, 수단이나 방법 등 제반사항을 종합하여 판단한다.

관련판례

노동조합의 활동은 그것이 정당하다고 인정되는 경우에는 노동조합법 제2조에 의하여 형법상의 위법성이 부인되는 바, 노동조합의 활동이 정당하다고 하기 위하여는 행위의 성질상 노동조합의 활동으로 볼 수 있거나 노동조합의 묵시적인 수권 혹은 승인을 받았다고 볼 수 있는 것으로서 근로조건의 유지개선과 근로자의 경제적 지위의 향상을 도모하기 위하여 필요하고 근로자들의 단결강화에 도움이 되는 행위이어야 하며, 취업규칙이나 단체협약에 별도의 허용규정이 있거나 관행, 사용자의 승낙이 있는 경우 외에는 취업시간 외에 행하여져야 하고, 사업장 내의 조합활동에 있어서는 사용자의 시설관리권에 바탕을 둔 합리적인 규율이나 제약에 따라야 하며 폭력과 파괴행위 등의 방법에 의하지 않는 것이어야 할 것이다.[94)]

(나) 근무시간 및 시설 이용 관련

(a) 근무시간 이용 관련

---

93) 대법 2008.7.10. 선고 2007두22498 판결
94) 대법 1992.4.10. 선고 91도3044 판결

㉠ 규정이나 사용자의 승낙

근무시간중의 노동조합활동은 단체협약 · 취업규칙 등에 허용규정이 있거나 사전에 사용자의 승낙을 받아야 하고, 합리적인 방법으로 이루어져야 한다.

관련판례

조합활동이 정당하려면 취업규칙이나 단체협약에 별도의 허용규정이 있거나 관행, 사용자의 승낙이 있는 경우 외에는 취업시간 외에 행해져야 하며, 사업장 내의 조합활동에 있어서는 사용자의 시설관리권에 바탕을 둔 합리적인 규율이나 제약에 따라야 하고 비록 조합활동이 근무시간 외에 사업장 밖에서 이루어졌을 경우에도 근로자의 근로계약상의 성실의무는 거기까지도 미친다고 보아야 하므로 그 점도 이행되어야 한다.[95)]

㉡ 비전임 노동조합원의 활동

전임이 아닌 조합원의 취업시간 중의 조합활동은 매우 제한적으로 허용되는 것이므로, 특별한 사정이 없는 한 정당한 징계사유가 될 수 있다.

관련판례

① 단체협약에서 전임이 아닌 조합원의 조합활동은 취업시간외에 행함을 원칙으로 하나 부득이한 사유발생으로 취업시간 중에 조합활동을 하고자 할 경우에는 사전에 회사에 통보하여야 하며 특별한 사유가 없는 한 허용하여야 한다고 규정하고 있는 경우, 전임이 아닌 조합원의 취업시간중의 조합활동은 그것이 정당한 조합활동을 목적으로 행하여질 경우로 제한하는 것이 그 규정을 둔 취지에 부합하고, 또한 이는 단체협약 규정 자체에 의하여 예외적으로 허용되는 것일 뿐 아니라 더욱이 회사는 노동조합 측에서 전임이 아닌 조합원의 취업시간중의 조합활동을 통보한 경우 특별한 사유가 없는 한 허용하도록 규정되어 있는 점 등에 비추어 위 규정 소정의 "부득이한 사유"는 매우 제한적으로 해석하여야 하며, 따라서 전임이 아닌 조합원의 취업시간중의 조합활동으로서 임시총회를 개최하기 위하여는 예컨대 노조임원의 대부분이 궐석되어 노조의 정상적인 활동을 수행하기 어려운 급박한 사정이 있어 임시총회를 개최하여 궐석임원을 선출할 필요가 있다든가 노조

95) 대법 1990.5.15. 선고 90도357 판결

의 합병 등 노조의 존속 여부 및 조직변경에 관한 중대한 결정을 할 필요가 있는 경우 또는 정당한 쟁의행위를 결행할 것인가를 의결하기 위하여 임시총회를 개최할 필요가 있는 경우 등으로 국한 시켜야 할 것이므로, 정당하지 아니한 쟁의행위를 결행할 것인가 여부를 결정하기 위하여 취업시간 중에 임시총회를 개최하는 것은 단체협약에서 전임이 아닌 조합원의 취업시간 중의 조합활동을 허용하도록 규정한 취지에 어긋날 뿐 아니라 단체협약 소정의 "부득이한 사유"에도 해당하지 않는다.[96]

② 원고(근로자)는 비전임 노조지부장으로서 일일발전실적관리 등의 업무를 부여받았음에도 불구하고 근무시간 중에 회사의 승인 없이 노조활동을 하는 등 담당업무를 소홀히 하였고, 복무감사 결과 2000년도에 약 239일의 근무기간 중 50일간을 전혀 업무에 임하지 아니하였음이 확인되었으며, 그후에도 상사의 업무복귀지시 등을 계속 어겼는바, 이는 취업규칙 등의 징계사유에 해당함이 분명하다.[97]

㉢ 노동조합의 필수불가결한 활동

노동조합의 필수불가결한 활동으로서 부득이하게 근무시간 중에 하여야 할 필요성이나 중요성 및 불가피성이 인정되고 업무에 지장이 초래되지 아니한 경우 정당성이 인정된다.

관련판례

① 노동조합 임시총회가 근무시간 중에 열렸고 4시간의 전체 총회시간 중 찬반투표를 실시하고 남은 1시간을 여흥에 사용하기는 하였으나, 위 임시총회가 노동쟁의조정법상 쟁의행위를 하기 위한 필수적 요건인 조합원의 투표를 위한 것으로서 2회에 걸친 서면통보를 거쳐 개최되어 회사가 이에 대비할 여유가 충분히 있었고, 일부 조합원들이 야간근무를 하는 회사의 근무형태 때문에 전체 조합원이 총회에 참석할 수 있게 하려면 비록 근무시간 중이기는 하지만 야간근무가 끝나고 주간근무가 시작되는 교대시간에 총회를 소집하는 것이 필요하였으며, 쟁의행위에 들어갈 것인지 여부를 결정하기 위하여는 의견교환 등도 필요하였을 것이라는 사정 등과 위 조합원의 수 등에 비추어 보면, 위 총회가 근무시간 중에 열렸다는 사정만으로 위법하다고 할 수 없고, 4시간의 시간이 필요 이상의 시간이었다고 보기도 어려울 것이며, 위와 같은 여흥은 임시총회 중 찬반투표를 실시하고 남는 시간에 부수적으로 치루어진 행사로서 전체 예정시간 중의 일부 시간 안에 치루

96) 대법 1994.9.3. 선고 94다4042 판결
97) 서울행법 2002.6.25. 선고 2001구44839 판결

어진 데 불과하고 전체 행사가 예정된 시간안에 끝마쳐진 점 등에 비추어 보면 위와 같은 여흥활동만을 따로 떼어 위법하다고 볼 것은 아니고, 이를 포함한 임시총회 개최행위는 전체적으로 노동조합의 정당한 행위에 해당한다고 보는 것이 상당할 것이다.[98]

② 노동조합원들이 레미콘차량 운전기사로서 대부분의 시간을 회사 밖의 공사현장에서 보내고 있어 공사현장의 작업상황에 따라 회사의 규정 근무시간 이후라도 임의로 작업을 종료할 수 없을 뿐 아니라 작업종료시간을 일률적으로 맞출 수 없는 업무의 특수성 등으로 인하여 취업시간중의 조합활동이 불가피하고, 회사와 단체협약도 취업시간 중의 조합활동을 허용하고 있는 것이라면, 노동조합원 총회 등이 취업시간 중에 개최되었다는 사유만으로 총회 등의 개최가 정당한 노동조합의 활동범위를 벗어났다고 할 수 없다.[99]

㉣ 활용목적

노동조합 활동을 위해 할애받은 시간을 사용자의 동의없이 불법파업 참여 등 정당하지 아니한 목적으로 이용하는 경우에는 정당성이 없다.

관련판례

노동조합원에 대한 교육시간의 할애를 빙자하여 파업결의대회 등에 참가하였다고 하더라도, 진정으로 교육시간으로 할애할 의사에서 나온 것이 아닐 뿐만 아니라 실제로 교육시간으로 사용한 바도 없으므로, 이는 불법파업에 동참하려는 의사에서 나온 것임이 분명하고 그 결과로 회사의 업무수행이 지장을 받은 이상 그것 역시 업무방해의 죄책을 면할 수 없다.[100]

(b) 기업 시설물 이용 관련

노동조합의 기업 시설이용은 그 시설이용의 목적, 필요성, 이용된 시설의 성격, 시간, 횟수, 양태, 영향 등을 종합하여 사용자의 기업 시설 관리권의 행사 또는 업무의 수행에 지장을 주지 아니하는 합리적인 범위내에서 허용된다.

98) 대법 1994.2.22. 선고 93도613 판결
99) 대법 1995.3.14. 선고 94누5496 판결
100) 대법 2002.4.12. 선고 2000도3485 판결

관련판례

직장 또는 사업장 시설의 점거는 적극적인 쟁의행위의 한 형태로서 그 점거의 범위가 직장 또는 사업장 시설의 일부분이고 사용자 측의 출입이나 관리지배를 배제하지 않는 병존적인 점거에 지나지 않을 때에는 정당한 쟁의행위로 볼 수 있으나, 이와 달리 직장 또는 사업장 시설을 전면적, 배타적으로 점거하여 조합원 이외의 자의 출입을 저지하거나 사용자 측의 관리지배를 배제하여 업무의 중단 또는 혼란을 야기케 하는 것과 같은 행위는 이미 정당성의 한계를 벗어난 것이라고 볼 수밖에 없다.[101]

(c) 투쟁복 · 리본 등 관련

㉠ 근무복 착용

근무시간 중에 지정된 근무복을 착용하지 않는 것은 취업규칙 등에 의한 징계사유에 해당될 수 있다.

관련판례

① 복무규정은 "피복을 대여받은 자는 근무중 반드시 착용하여야 하며 부득이한 사유로 착용치 못할 경우에는 소속장의 승인을 받아야 한다"고 규정하고 있는 바, 회사 승인 없이 조합원들로 하여금 모든 직원이 착용하도록 되어 있는 위생복 위에 "동지여 내가 있다, 그 날이 올 때까지"라는 구호가 적힌 주황색 셔츠를 근무 중에도 착용하게 함으로써 병원의 환자들에게 불안감을 주는 등으로 병원내의 정숙과 안정을 해치는 행위를 계속한 것은 인사규정 소정의 징계사유에 해당한다.[102]

② 2005.경 근로자들이 노동조합의 조끼를 착용하였을 때 참가인(사용자)이 이를 문제삼지 않았다고 하더라도 참가인은 2004.7.부터 2007.6.까지 소속 근로자들에 대하여 근무복을 착용하도록 하는 내용의 시행문을 공고하였을 뿐만 아니라 2007.6. 시행문에서는 모든 근로자에 대하여 원칙적으로 근무복을 착용하도록 정하고 있다. 그리고 참가인이 이 사건 징계처분 이후에도 청색바탕의 노동조합조끼나 사복을 입고 근무하는 것에 대하여 특별히 경고를 하는 등의 조치를 취하지 아니하였다 하더라도 참가인이 근로자들에게 아무런 제한 없이 근무복 이외의 복장을 착용하는 것을 허

101) 대법 1991.6.11. 선고 91도383 판결
102) 대법 1996.4.23. 선고 95누6151 판결

용하였다거나 투쟁조끼를 착용하는 것을 묵인하였다고 보기도 어렵다. 근로자들이 근무시간중에 근무복이 아닌 투쟁조끼를 입고 근무하는 경우 직장내 질서의 유지와 근무분위기의 조성에 악영향을 끼치게 될 뿐만 아니라 참가인의 생산현장을 방문하는 고객들에게 좋지 않은 인상을 줄 우려도 있으므로, 참가인이 원고 근로자들에 대하여 투쟁조끼의 착용을 금지한 것은 업무상의 필요성이 있는 정당한 직무명령이라고 할 것이다. 따라서 이를 위반한 원고 근로자의 행위는 참가인의 휘장 및 복장규정, 근무복 착용에 관한 시행문의 규정을 위반하고 정당한 직무명령에 위반한 것으로 취업규칙과 상벌규정상 징계사유에 해당한다.[103)]

㉡ 리본, 배지 패용

근로조건 향상과 관련없는 내용의 리본, 배지 패용은 정당하지 않은 조합활동이 될 수 있다.

관련판례

선정자(근로자)들이 위와 같은 리본, 배지, 조끼를 패용 · 착용한 행위는 단순히 노동조합의 내부적 단결을 위한 행위가 아니라 신청인들에 대하여 유형적 위력을 보이는 외부적인 집단행동에 해당한다고 볼 수 있고, 또한 상고이유의 주장과 같이 리본, 배지, 조끼의 패용 · 착용 등이 "단결권"에 관련된 것이라고 하더라도, 헌법 및 법률에 의하여 특별히 보호되는 근로자의 단결권은 근로조건의 향상 등을 주된 목적으로 하여야 하는데, 원심은 이 사건 사실관계를 토대로 하여 근로조건의 향상과는 별다른 관계가 없는 내용의 리본, 배지, 조끼 등의 패용 · 착용행위를 금지한 것으로서 선정자들 및 ○○노동조합의 적법한 단결권행사에 어떠한 제한을 부과한 것이 아니므로, 원심판결이 이 부분에 대한 가처분결정을 인가한 것은 정당하다.[104)]

㉢ 사복착용

제복 대신 사복을 착용 하는 것은 정당한 징계사유가 될 수 있다.

103) 서울행법 2010.7.22. 선고 2010구합238 판결
104) 대법 2006.5.26. 선고 2004다62597 판결

관련판례

조합원들에 대하여 제복 대신 사복을 착용하고 근무할 것 및 열차 등에 스티커를 부착할 것을 지시하였는데, 이는 사용자의 복제에 관한 지시를 위반하고 시설관리권을 침해한 행위로서 정당한 징계사유에 해당한다.[105)]

(다) 유인물 배포 · 부착 등

(a) 시설관리권 침해

노동조합의 주장을 조합원 등에게 알리기 위한 수단으로서 이루어지는 유인물 등의 배포 · 부착행위의 정당성 여부는 단체협약 등을 준수하였는지, 그 내용이 진실한지, 그 방법이나 수단이 적정한지, 그 목적이 합당한지 등을 종합하여 판단한다. 유인물의 배포방법, 수량, 시기 등 그 수단이나 태양에 있어 사회통념상 용인될 수 있는 적정한 정도를 넘어 사용자의 시설관리권이나 노무지휘권을 침해하는 경우에는 정당하다고 할 수 없다. 그러나 현수막게시 또는 선전물 부착의 금지를 구하는 가처분은 정당한 노동조합활동에 대한 과도한 제약이 될 우려가 있으므로 특별한 사정이 없는 한 허용되지 않는다.

관련판례

① 유인물의 배포가 정당한 노동조합의 활동에 해당하는 경우라면 사용자는 비록 취업규칙 등에서 허가제를 채택하고 있다 하더라도 이를 이유로 유인물의 배포를 금지할 수 없을 것이지만, 배포한 유인물은 사용자의 허가를 받지 아니하였을 뿐 아니라 허위사실을 적시하여 회사를 비방하는 내용을 담고 있는 것이어서 근로자들로 하여금 사용자에 대하여 적개감을 유발시킬 염려가 있는 것이고, 위 유인물을 근로자들에게 직접 건네주지 않고 사용자의 공장에 은밀히 뿌렸다는 것이므로 이는 사용자의 시설관리권을 침해하고 직장질서를 문란시킬 구체적인 위험성이 있는 것으로서 비록 위 유인물의 배포시기가 노동조합의 대의원 선거운동기간 이었다 할지라도 위 배포행위는 정당화될 수 없다.[106)]

105) 서울행법 2008.4.24. 선고 2007구합29352 판결
106) 대법 1992.6.23. 선고 92누4253 판결

② 사업장 내의 노동조합활동에 있어서는 사용자의 시설관리권에 바탕을 둔 규율이나 제약에 따라야 하지만, 그러한 규율이나 제약도 합리적인 범위 내에서 정당한 노동조합활동과 조화를 이루어야 한다. 그러므로, 노동조합이나 조합원들이 조합활동을 함에 있어서 반드시 사용자의 허가를 받아야만 하는 것은 아니고, 시설관리권의 본질적인 부분을 침해하지 않는 한도 내에서 사용자의 합리적인 규율이나 제약에 따라 정당한 조합활동을 할 수 있다. (중략) 위 단체협약에 따라 신청인 회사들의 본사 및 발전소들 내에 조합 지부 사무실을 운영하고 있는데다가, 신청인 회사들은 발전노조와의 단체협약에서 정당한 조합활동과 회사내 홍보활동을 보장하기로 약정하였고, 조합활동에는 조합원들에 대한 교육 및 상담, 홍보활동 등이 필수적이라고 보이므로, 발전노조의 조합원 또는 직원인 피신청인들은 신청인 회사들의 본질적인 시설관리권을 침해하지 않는 범위 내에서 그러한 정당한 조합활동을 위하여 조합원들 및 조합 지부가 있는 신청인 회사들에 출입하는 등 필요한 행위를 할 수 있다고 보이는 점, (중략) 등에 비추어, 피신청인들이 신청인들과 근로계약관계에 있지 않다는 이유로, 피신청인들에 대해 일반적인 「출입 및 퇴거불응의 금지」나 「현수막 게시 또는 선전물 부착의 금지」를 구하는 가처분은 정당한 노동조합활동에 대한 과도한 제한이 될 우려가 있으므로, 허용하기 어렵다 (신청인들은 피신청인들이 신청인들 회사 및 발전소를 무단으로 점거하여 농성하고, 불법적인 게시물을 건물, 담벽 기타 시설물에 무단으로 부착하였다고 주장하나, 기록을 살펴보아도 피신청인들이 정당한 조합활동의 범위를 넘어서서 위와 같은 위법행위를 하였다고 보기에 부족하다).[107]

(b) 신용 · 명예의 훼손 · 실추

자신의 권리를 침해하는 위법행위를 하거나 범죄행위를 한 것처럼 타인으로 하여금 오해하게 하는 등 기업이나 타인의 신용 · 명예를 대외적으로 훼손 · 실추시키는 경우 정당한 징계사유가 될 수 있다.

관련판례

① 피고인(근로자)들은 대주주이지만 경영에는 직접 관여하지 아니하고 있는 ○○를 비방하는 집회를 개최하면 노사협상에 유리한 위치를 차지할 수 있을 것으로 생각하고, 98.2.4. 부터 99.2.15. 까지 사이에 ○○산업 부당노동행위 규탄대회 등을 개최하여 ○○가 노동

107) 서울고법 2008.2.11. 선고 2007라397 판결

조합을 탄압하고 ○○○○임을 이용하여 법도 지키지 아니한다는 등의 연설을 하고 그러한 내용이 기재된 유인물을 시민들에게 나누어주는 등 ○○를 모욕하거나 그의 명예를 훼손하는 발언을 하였음이 인정되는 바, 피고인들의 이와 같은 사실의 적시가 공공의 이익을 위한 것이라고 볼 수 없고, 행위의 동기나 목적에 정당성이 없고 또한 그 수단과 방법에 상당성도 없으므로 근로자들의 단체행동으로서 정당행위에 해당하지 아니한다.[108)]
② 회사의 허가를 받지 않은 관리자노동조합 위원장 명의의 유인물을 통해 확인되지 않은 사실을 적시하며, (중략) 그 표현에 있어서 지나치게 자극적이고 선동적인 비방문구 등을 통해 회사와 경영진의 명예를 훼손하는 등 징계사유가 모두 인정된다.[109)]

(c) 허위, 왜곡

유인물 등에 다소 과격한 표현이 사용되었다거나 일부 사실과 다른 내용이 포함되어 있더라도 전체적인 내용이 사실에 가깝고, 그 목적이나 동기, 수단 등이 타당한 경우에는 부당하다고 할 수 없다.

관련판례

① 유인물에 기재되어 있는 문언에 의하여 타인의 인격, 신용, 명예 등이 훼손 또는 실추되거나 그렇게 될 염려가 있고, 또 그 문서에 기재되어 있는 사실관계의 일부가 허위이거나 그 표현에 다소 과장되거나 왜곡된 점이 있다고 하더라도 그 문서를 배포한 목적이 타인의 권리나 이익을 침해하려는 것이 아니라 근로조건의 유지 개선과 근로자의 복지증진 기타 사회적 · 경제적 지위의 향상을 도모하기 위한 것으로서 그 문서의 내용이 전체적으로 보아 진실한 것이라면 이는 근로자들의 정당한 활동범위에 속한다 할 것이지만 그 문서의 내용이 전체적으로 보아 허위적이거나 왜곡된 경우에는 그러하지 아니하고, 유인물 배포행위가 정당한가 아닌가의 판단은 그 유인물의 내용, 매수, 배포의 시기, 대상, 방법, 이로인한 기업이나 업무에의 영향 등을 기준으로 하여야 한다.[110)]
② 조합원이 유인물을 배포한 행위가 비록 근로조건의 개선을 목적으로 했다 하더라도 그 내용이 사실을 왜곡 또는 과장한 것으로서 회사 경영진에 대한 극도의 불신 내지 증오심을 유발게 하여 직장질서를 문란케 할 위험성이 있다면 그 배포행위를 가리켜 정당한

108) 대법 2001.6.12. 선고 2001도1012 판결
109) 대법 2004.6.10. 선고 2004두2882 판결
110) 대법 1997.12.23. 선고 96누11778 판결

행위라 할 수 없으므로 이를 이유로 한 사용자 측의 징계해고는 정당하다.[111]

(d) 불법행위 선동

다른 근로자들을 상대로 불법행위를 선동하는 내용인 경우 정당성이 없다.

관련판례

원고(근로자)는 부하직원에 대한 태도를 비난하면서 인격과 사생활을 침해하고 근거가 뚜렷하지 못한 내용을 포함시킨 인쇄물을 작성하여 직원들에게 회람시켜 서명을 받았고, 구속된 노조 위원장의 재판 방청을 위하여 집단으로 월차휴가를 실시하여 방청할 것을 권유하고 노조 위원장의 구속이 계속될 경우 교육거부 등을 하자는 내용의 인쇄물을 노동조합의 지시없이 독자적으로 작성하여 회사에 통보하지 아니한 채 배포하고, 이에 동조한 근로자들이 사업장을 무단이탈함으로써 회사의 정상조업이 크게 방해받았다는 것인바, 원고가 작성하여 회람시킨 인쇄물이 회사간부의 명예를 훼손하는 내용으로서 그 중 일부는 근거가 없는 것이고, 회사와 노동조합 또는 근로자 사이의 근로관계와는 직접관계가 없는 사항과 관련하여 집단적으로 월차휴가를 실시할 것을 선동하는 내용인데다가 취업규칙에 정한 사전통보절차도 밟지 않았고 그 결과 다수의 근로자가 이에 동조하여 사업장을 무단이탈함으로써 회사 업무의 정상적인 운영에 지장을 주었다면 위 유인물 배포행위를 정당한 조합활동이라고 할 수 없을 것이다.[112]

(e) 홍보물의 부착장소

노조전용 게시판 등 각종 홍보물의 게시 · 부착장소가 정해져 있는 경우 사용자의 허가없이 다른 장소를 이용하는 것은 정당하다고 보기 어렵다.

관련판례

병원이 노동조합의 정당한 홍보활동을 보장하기 위하여 노동조합의 전용 게시판을 설치하여 이를 이용하도록 통보하였음에도 조합원들이 주동이 되어 임의로 벽보 등을 지정장

111) 대법 1993.2.9. 선고 92다20880 판결
112) 대법 1992.3.13. 선고 91누5020 판결

소 외의 곳에 부착하였고, 또한 노동조합이나 병원과는 직접적인 관련이 없는 ○○의 구속을 즉각 철회하라는 내용의 현수막을 병원 현관 앞 외벽에 임의로 각 설치한 후 병원의 거듭된 자진철거 요구에 불응한 것은 복무규정을 위반한 징계사유에 해당한다.[113)]

(라) 조합원으로서의 활동

(a) 조합원 개인 명의의 행위

노동조합의 규약이나 방침에 반하지 않고, 노동조합의 결의 · 지시에 의하거나 묵시적인 수권 또는 승인을 받았다고 인정되는 경우에 정당한 조합활동으로 볼 수 있으나, 조합원 개인이 자기 명의로 한 행위는 특별한 사정이 없는 한 개인적인 행위에 해당하므로 노동조합의 수권 · 승인을 받았다고 볼 수 없어 정당한 노동조합활동이 아니다.

관련판례

노동조합의 간부도 아닌 평조합원인 원고(근로자)가 세차비 문제, 구상권 문제, 인사 · 배차문제, 학자금 미지급 문제 등을 사유로 하여 대표이사를 단체협약 위반혐의로 ○○지방노동사무소에 진정을 하였는 바, 위와 같은 진정서 제출행위는 그 성질상 노동조합활동이라고 할 수 없고 그것이 노동조합의 묵시적 위임이나 수권을 받은 것으로 보여지지도 아니하며 더욱이 이에 대한 조사결과가 혐의가 없는 것으로 판명되었다는 것이므로 이를 정당한 조합활동이라고 할 수는 없다.[114)]

(b) 일부 조합원의 행위

노동조합 규약이나 방침 등에 위반되는 조합원 개인의 활동은 행위의 성질상 노조활동으로 볼 수 있다거나 노동조합의 수권 또는 승인을 받았다고 볼 만한 사정이 없는 경우 등은 노동조합의 업무를 위한 행위로 보기 어렵다.

---

113) 대법 1996.4.23. 선고 95누6151 판결
114) 대법 1994.12.23. 선고 94누3001 판결

관련판례

회사가 생산성을 높이기 위하여 용접용 와이어 드럼의 낭비를 줄이고 용접공들의 작업량을 파악하여 효율적인 생산관리를 꾀할 목적으로 용접공들에게 제공하는 와이어 드럼에 사번을 표기하기 시작하자, 노동조합 조합원들은 개별 근로자의 작업량이 회사에게 파악되고 근로자 간 경쟁이 촉발됨으로써 노동강도가 높아지게 된다는 등의 이유로 반발하게 되었고, 이에 조합 사무국장과 대의원인 원고(근로자) 등의 주도하에 ○○○조립부 조립과 소속 조합원들의 모임을 갖고, 사번이 표기된 와이어 드럼의 사용을 거부하고 아울러 옥외작업 · 잔업 · 특근 등 근로계약상 의무로 되어 있지 않은 작업과 조금이라도 위험이 따르는 작업은 거부하기로 결의하여, ○○○조립부 조립과 용접1반 작업자들이 작업반장의 작업지시에 따라 옥외에서의 조립작업에 나서는 것을 막고 작업자들에게 옥외작업을 거부하도록 종용함으로써 작업이 이루어지지 못하게 하였는 바, 위와 같은 행위로 나아간 것이 8.26.의 결의에 따른 것이라고 하더라도 그 결의는 조합원 전체가 아닌 ○○○조립부 소속 조합원만의 의사로 이루어진 이상, 위 행위는 노동조합의 결의나 구체적인 지시에 따른 노동조합의 조직적인 활동 그 자체가 될 수 없음은 물론 그 행위의 성질상 노동조합의 활동으로 볼 수 있다거나 노동조합의 묵시적인 수권 혹은 승인을 받았다고 볼 수도 없고, 단지 조합원으로서의 자발적인 행동에 불과할 뿐이어서 정당한 노동조합 활동이라고 할 수 없다.[115)]

(마) 위법한 쟁의행위

(a) 쟁의행위의 정당성

쟁의행위가 정당성을 가지기 위해서는 주체, 목적, 절차, 수단과 방법의 조건을 갖추어야 한다.

관련판례

근로자의 쟁의행위가 정당성을 갖추기 위하여는, 첫째 그 주체가 단체교섭의 주체로 될 수 있는 자이어야 하고, 둘째 그 목적이 근로조건의 향상을 위한 노사간의 자치적 교섭을 조성하는 데에 있어야 하며, 셋째 사용자가 근로자의 근로조건개선에 관한 구체적인 요구에 대하여 단체교섭을 거부하였을 때 개시하되 특별한 사정이 없는 한 조합원의 찬성결

115) 대법 1999.9.17. 선고 99두5740 판결

정 등 법령이 규정한 절차를 거쳐야 하고, 넷째 그 수단과 방법이 사용자의 재산권과 조화를 이루어야 함은 물론 폭력의 행사에 해당되지 아니하여야 한다는 여러 조건을 모두 구비하여야 한다.[116)]

(b) 위법한 쟁의행위의 효과

쟁의행위가 정당성을 상실하면, 단체협약이나 취업규칙상의 징계의 대상이 된다.

관련판례

이 사건 쟁의행위는 노동쟁의조정법 제12조의 규정과 노동조합운영규약에 반하여 조합원들의 직접 비밀 무기명투표에 의한 과반수의 찬성으로 결정하지 아니한 채 노조위원장인 원고(근로자)가 그와 같은 절차를 따를 수 없는 객관적인 사정이 없음에도 불구하고 노조대의원들의 위임만을 받아 (1차농성), 또는 원고 단독으로(2차농성과 시간외근로 거부)결정하여 개시된 것일 뿐 아니라 이 사건 쟁의행위가 앞서 본 바와 같이 공장업무수행에 가장 중요한 장소들을 택하여 일주일 이상이나 전면적으로 점거하여 감행된 점 등 점거장소의 선택과 점거의 태양이 상당하다고 볼 수 없는 점, 단체협약상의 평화의무에 위반된 점 및 그로 인하여 회사가 원심판시와 같은 손해를 입게 된 점 등을 함께 고려하여 볼 때 이를 노동조합업무를 위한 정당한 행위 내지 정당한 단체행동으로 볼 수는 없는 것으로 여겨지므로 이 사건 쟁의행위가 정당성을 상실하는 것으로서 피고 회사와의 단체협약과 피고 회사의 취업규칙 상의 징계해고사유 중 "중대한 비행 또는 정당한 명령에 대한 고의적인 불복종"에 해당된다고 본 원심의 결론은 정당하다.[117)]

2. 징계절차의 정당성

(1) 징계절차 규정의 법적지위

1) 징계절차를 위반한 징계처분

노동법규에는 징계절차에 관하여 특별한 규정을 두고 있지는 않으나, 단체

116) 대법 2009.6.23. 선고 2007두12859 판결
117) 대법 1992.9.22. 선고 91다4317 판결

협약, 취업규칙, 사규(상벌규정, 인사규정 등) 등에는 대부분 징계절차 규정을 두고 있다. 여기에서 정해진 징계절차를 위반한 경우 그 징계처분은 일반적으로 무효라고 보고 있다.

관련판례

단체협약이나 취업규칙 또는 이에 근거를 둔 징계규정에서 징계절차를 규정한 것은 징계권의 공정한 행사를 확보하고 징계제도의 합리적인 운영을 도모하기 위한 것으로서 중요한 의미를 갖는 것인 바, 징계규정에서 징계위원회의 구성에 노동조합의 대표자를 참여시키도록 되어 있고 또 징계대상자에게 징계위원회에 출석하여 변명과 소명자료를 제출할 기회를 부여하도록 되어 있음에도 불구하고 이러한 징계절차를 위배하여 징계해고를 하였다면 이러한 징계권의 행사는 징계사유가 인정되는지 여부에 관계없이 절차에 있어서의 정의에 반하는 처사로서 무효라고 보아야 할 것이다.[118)]

2) 단체협약의 유효기간과 징계절차 규정

징계절차를 규정한 단체협약의 유효기간이 경과한 후에도 징계절차 관련규정은 여전히 회사와 근로자에게 적용된다.

관련판례

단체협약이 실효되었다고 하더라도 임금, 퇴직금이나 노동시간, 그 밖에 개별적인 노동조건에 관한 부분은 그 단체협약의 적용을 받고 있던 근로자의 근로계약의 내용이 되어그 것을 변경하는 새로운 단체협약, 취업규칙이 체결, 작성되거나 또는 개별적인 근로자의 동의를 얻지 아니하는 한 개별적인 근로자의 근로계약의 내용으로서 여전히 남아 있어 사용자와 근로자를 규율한다고 할 것이다.[119)] 이 사건 단체협약 중 징계에 관한 사항도 단체협약 중 근로조건 기타 근로자의 대우에 관한 기준을 정하고 있는 부분 즉 규범적 부분에 해당하여 이 사건 단체협약이 실효된 이후에도 사용자 회사와 근로자를 규율한다.[120)]

---

118) 대법 1991.7.9. 선고 90자8077 판결 ; 대법 1994.4.12. 선고 94다3612 판결 등
119) 대법 2000.6.9. 선고 98다13747 판결
120) 대법 2006.11.23. 선고 2006두11644 판결

3) 단체협약과 상충되는 인사규정

취업규칙 중 징계절차에 관한 부분이 단체협약상의 징계절차와 관련된 규정에 배치되는 경우에는 그 효력이 없다.

관련판례

단체협약에 정한 근로조건 기타 근로자의 대우에 관한 기준에 위반하는 취업규칙 또는 근로계약의 부분은 무효라 할 것인데, 사용자 회사의 취업규칙은 직원에 대한 징계를 함에 있어 인사위원회는 임용권자가 지정하는 5인 이내의 인원으로 구성하여 운영한다고 규정하고 있어 노동조합이 관여할 수 없도록 규정되어 있는 반면, 이 사건 단체협약에는 징계위원회에 의하지 아니하고는 조합원을 징계할 수 없고, 징계위원은 노사 각 2명으로 한다고 규정하면서 노동조합이 참여할 수 있도록 규정되어 있으므로, 이러한 단체협약의 취지와 목적 등에 비추어 볼 때 취업규칙 중 임용권자가 인사위원을 지정하고 가부동수일 경우에는 위원장이 결정한다는 징계절차에 관한 부분은 이 사건 단체협약에 위반되어 그 효력이 없다 할 것이다.[121)]

4) 징계절차 규정이 없는 경우

징계절차 규정이 없는 경우에는 그러한 절차를 거치지 아니하고 징계를 하였다고 하더라도 그 징계를 무효로 할 수 없다.

관련판례

사용자 회사의 단체협약이나 취업규칙 등에 징계절차에서 피징계자에게 사전에 통고하기니 변명의 기회를 부어할 것을 면한 규정이 없는 이상, 사용자가 근로자에 대한 징계절차에서 그와 같은 절차를 거치지 않았다고 하더라도 징계처분을 무효라고 할 수 없다.[122)]

---

121) 대법 2006.11.23. 선고 2006두11644 판결
122) 대법 1992.4.14. 선고 91다4775 판결 ; 대법 1998.11.27. 선고 97누14132 판결 등

(2) 소명(변명)의 기회 부여

1) 소명의 기회 부여 여부

(가) 일반적인 기준

취업규칙 등에 소명기회 부여와 관련한 규정이 있는 경우에는 반드시 징계혐의자에게 소명의 기회를 주어야 하므로 이를 위반한 징계처분은 무효이나, 규정이 없는 경우에는 소명기회 부여 없이 행한 징계처분도 적법하다.

관련판례

① 취업규칙에 해당하는 개별 근로계약서에 해고시 인사위원회를 개최하거나 소명의 기회를 부여하도록 하는 등의 절차규정이 마련되어 있지 아니한 경우, 그러한 절차를 거침이 없이 일방적으로 해고를 구두로 통보하였다 하여 절차상의 잘못이 없다.[123)]

② 원고(사용자) 회사가 이 사건 정직처분을 함에 있어 참가인(근로자)에게 소명기회를 주지 아니하였으므로 절차적으로 위법하다고 주장하나, 원고회사의 인사위원회 규정은 "위원장은 필요하다고 인정하는 경우에는 관계있는 부서장 또는 관계인을 회의에 출석케 하여 의견을 진술하게 할 수 있다"고 규정하고 있을 뿐, 징계대상자에게 진술의 기회가 주어지지 아니하였다는 사정만으로 그 징계절차가 위법하다고 볼 수는 없다.[124)]

(나) 임의규정

취업규칙에 소명의 기회부여가 문언상 임의규정으로 되어 있는 경우에도 특별한 사정이 없는 한 소명의 기회가 보장되어야 한다.

관련판례

소명기회 제공 부분에 관하여 보건대, 사용자의 취업규칙에 의하면 직원의 징계시에는 당사자에게 구두 또는 서면으로 소명할 기회를 부여할 수 있다고 규정되어 있는데, 사용자

---

123) 대법 1998.11.27. 선고 97누14132 판결
124) 서울고법 2010.11.26. 선고 2010누5457 판결

가 이 사건 해고를 함에 있어 징계대상 근로자에게 소명의 기회를 부여하였음을 인정할 근거가 없다. 그런데 위 취업규칙에 의하면 소명의 기회부여가 문언상 임의규정으로 되어 있어 피징계자에게 소명의 기회를 부여할 것인지의 여부는 인사위원회의 재량사항이라고 보이기는 하지만, 피징계자에게 소명의 기회를 부여하는 것은 징계과정에서 당사자에게 변명을 하도록 하고 유리한 입증기회를 보장함으로써 객관적 진실을 규명하고 징계처분의 절차적 정당성을 확보한다는 중요한 의미를 가진다고 할 것이므로, 특별한 사정이 없는 한 피징계자에 대한 소명의 기회는 보장되어야 할 것인데, 이 사건의 경우 피징계자에게 소명의 기회를 부여하지 못할 정도로 장소적, 시간적으로 급박한 사정이 있었다고 보이지 아니하는 점에 비추어, 사용자의 이사회 및 운영위원회가 피징계자에게 소명의 기회를 부여하지 아니한 채 이 사건 해고를 한 것은 징계절차의 재량권을 남용한 것으로서 중대한 위법이 있다고 할 것이다.[125)]

2) 소명의 기회부여와 관련한 규정이 있는 경우

(가) 소명기회 부여 의무규정

(a) 소명기회 절차상 하자

단체협약에 피징계자에게 소명의 기회를 부여한다는 규정이 있음에도, 정당한 이유없이 근로자가 불참한 상태에서 해고를 의결한 것은 무효이다.

관련판례

① 사용자 회사와 노동조합사이에 체결된 단체협약에 의하면 조합은 회사가 행하는 상벌사항에 대하여 이의가 있을 경우 노사협의회에서 이를 심사하여 시정할 수 있고, 다만 징계 시 본인에게 사전에 통고하고 소명기회를 부여하도록 규정하고 있는 바, 징계대상자에게 소명기회를 부여하는 것은 징계과정에서 당사자에게 변명을 하도록 하고 유리한 입증기회를 보장함으로써 객관적인 진실을 규명하는 등 징계처분의 절차적 정당성을 확보한다는 중요한 의미가 있는데, 사용자 회사는 근로자○○○에 대한 징계위원회 소집통지서를 징계위원회 개최 2일 전 위 ○○○의 주소지로 송달한 후 통지서의 송달여부를 확인하지도 아니한 채 위 ○○○이 불참한 상태에서 징계위원회를 강행하여 이 사건 해고를 한 것은 징계절차상 중대한 위법이 있다고 할 것이다. 따라서 이 사건 해고는 징계사유의

125) 서울고법 2005.10.12. 선고 2005누10783 판결

존부와 관계없이 징계절차상 중대한 위법이 있어 효력이 없다고 할 것이다.[126)]
② 단체협약이나 취업규칙에서 징계대상자에게 징계사유를 사전에 통지하게 하거나 징계위원회에 출석하여 진술하도록 규정한 경우, 이는 징계권을 공정하게 행사하고 징계제도를 합리적으로 운영하기 위한 것이므로, 이에 위반하여 이루어진 해고는 절차적 정의에 반하여 무효이다. 징계사유 통지는 징계대상자에게 방어를 위한 준비와 불복기회를 보장하고 이와 동시에 징계처분 적법성을 보장하기 위한 것이므로, 징계사유는 구체적이고 명확하게 사실을 적시해야 하고, 추상적이어서는 안된다. 근로기준법 제27조제1항은, 사용자가 해고여부를 더 신중하게 결정하고, 해고사유를 통지받은 근로자의 방어권을 보장하기 위하여, "사용자가 근로자를 해고하려면 해고사유와 해고시기를 서면으로 통지하여야 한다"고 규정하고 있다.[127)]

(b) 구두, 서면 소명

징계대상자가 서면으로 징계사유에 대한 의견서를 제출하였다고 하여, 징계대상자가 인사위원회에 출석하여 구두로 소명하는 것을 막을 수는 없다.

관련판례

단체협약에 "징계처분할 경우에는 반드시 사전에 구두 또는 서면에 의하여 해당 조합원에게 소명의 기회를 주어야 한다"고 규정하였다면, 해당 조합원이 서면 아닌 구두로 소명을 하겠다고 요구하는 경우에는 특별한 사정이 없는 한 이를 허용하는 것이 단체협약의 취지에 합치된다고 볼 것이고, 관행만을 이유로 하여서는 이 요구를 거부할 정당한 사유가 된다고 할 수 없을 것이다.[128)]

(나) 징계양정을 위한 징계위원회

사용자가 이미 정해진 징계사유에 대하여 노동위원회의 판정에 따라 징계양정만 다시 정하기 위하여 징계위원회를 개최하는 경우, 피징계자에게 별도의 소명기회를 부여하지 않았다 하더라도 정당하다.

---

126) 서울행법 2006.10.31. 선고 2006구합 5120 판결
127) 서울고법 2010.11.24. 선고 2010누16754 판결
128) 대법 1991.11.26. 선고 91다22070 판결

관련판례

① 이 사건 징계는 근로자에 대한 사용자조합의 최초 징계처분사유 중 노동위원회의 판정에 따라 징계사유로 인정된 근무지 이탈의 점에 대한 징계양정을 다시 정한 것에 불과하고 새로이 징계사유를 추가하는 등 새로운 징계절차라고 보기 어려워 이 과정에서 근로자에게 별도의 소명의 기회를 부여하지 않았다 하더라도 그러한 사정만으로 사용자조합의 징계절차에 징계처분의 취소사유에 해당할 만한 절차상의 하자가 있다 할 수 없고, 또한 징계대상자인 근로자의 방어권 행사에 어떠한 지장이 있었다고는 보이지 아니한다.[129)]
② 이 사건 사용자가 이 사긴 근로자의 비위행위를 적발하고 우선 인사팀으로 전보한 것은 일종의 대기발령이나 직위해제로 볼 수 있는데 그와 같은 조치는 사용자가 갖는 포괄적인 인사명령으로서 징계로 볼 수 없고, 나아가 비위행위 적발 이후 이 사건 근로자에게 자인서나 사유서를 받는 등 소명의 기회를 주었고, 1차 징계위원회에서 소명의 기회를 준 이상 2차 징계위원회에서도 다시 소명의 기회를 부여할 특별한 이유는 없는데다가, 12.2.자 징계위원회는 이 사건 근로자가 무단결근하여 스스로 불출석한 사실이 인정되므로, 이 사건 근로자가 징계위원회 절차진행 과정에서 다소 소명의 기회를 충분히 부여받지 못하였다고 하여 이 사건 징계해고의 절차가 위법하다고 볼 수 없다.[130)]

(다) 진술의 기회부여

소명의 기회 부여는 징계대상자에게 징계혐의사실을 고지하고 그에 대하여 진술할 기회를 부여하면 족한 것이지 그 혐의사실 개개의 사항에 대하여 빠짐없이 진술하도록 조치하여야 하는 것은 아니다.

관련판례

이 사건 징계대상자가 징계위원회에 출석하기는 하였으나 그 소명의 기회가 전면적으로 봉쇄되었다고 보여지지 아니할 뿐만 아니라 징계위원회에서 징계대상자에게 징계혐의 사실을 고지하고 그에 대하여 진술할 기회를 부여하면 족한 것이지 그 혐의사실 개개의 사항에 대하여 구체적으로 발문을 하여 징계대상자가 이에 대하여 빠짐없이 진술하도록 조

129) 서울행법 2006.10.13. 선고 2006구합4653 판결
130) 서울행법 2010.9.17. 선고 2009구합16701 판결

치하여야 하는 것은 아니므로 이 사건 징계절차에 위법이 있다고 보이지는 않는다.[131]

3) 소명의 기회부여와 관련한 규정이 없는 경우

변명의 기회부여 등에 관한 징계절차 규정이 없는 경우에는 그러한 절차를 거치지 아니하고 징계를 하였다고 하더라도 그 징계를 무효로 할 수 없다.

관련판례

관리규약 등에 징계대상자에게 사전에 변명의 기회를 부여하도록 하는 규정이 없는 경우에는 징계사실을 통고하여 줄 의무가 없고, 그와 같은 절차를 거치지 않았다고 하더라도 징계해고처분을 무효라고 할 수 없다. 사용자가 이 사건 해고를 함에 있어 근로자에게 소명의 기회를 부여하지 아니하였으나, 관리규약에 징계를 함에 있어 징계혐의자에 대하여 소명의 기회를 부여하여야 한다는 규정이 없는 이상 그러한 절차를 거치지 아니하였다고 하여 위법하다고 할 수 없을 뿐만 아니라, 긴급한 경우에는 입주자에게 개별 통지 절차 등을 단축할 수 있다는 관리규약의 규정취지에 비추어 볼 때, 이 사건 해고를 함에 있어 근로자에게 진술할 기회를 부여하지 아니하였다고 하더라도 그로써 그 절차상의 위법이 인정된다고는 할 수 없다.[132]

(3) 징계위원회 개최통보의 시기 · 방법

1) 통보시기 및 방법에 관한 규정이 있는 경우

(가) 기본원칙

원칙적으로 단체협약 등에 규정된 통보시기 및 방법에 따라야 한다. 단체협약에 징계위원회 개최 5일 전 또는 3일 전 등, 그 통보시기를 규정해 놓은 경우, 그 규정에 위반하여 예정시기보다 늦게 한 통보는 위법하다.[133]

131) 대법 1995.7.14. 선고 94누11491 판결
132) 서울행법 2005.7.14. 선고 2004구합39877 판결
133) 다만 규정된 통보시기 및 방법을 위반하였다 하더라도, 징계대상자가 징계위원회에 참석하

관련판례

① 단체협약에서 조합원을 징계하고자 할 때에는 5일 전에 해당조합원에게 서면으로 통보하여야 한다고 규정한 것은 (중략) 그 서면이 5일 전에 해당 조합원에게 도달되어야 함을 의미하는 것으로 보는 것이 당연하다. 그러므로 징계를 받을 조합원에게 5일의 여유를 두지 아니하고 징계에 회부된 사실이 통보되었을 경우 해당 조합원이 이에 대하여 이의를 제기하지 않고 소명을 하고 이를 문제삼지 아니한 경우라면 몰라도, 그렇지 아니하고 5일의 여유를 두지 아니하고 통보되었다고 이의를 제기한 경우 이를 묵살하고 징계를 강행하는 것은 위의 단체협약에 위배되는 것으로서 그 절차가 위법하다고 보아야 한다.[134)]

② 취업규칙에서 징계위원회의 의결을 거쳐 근로자에 대한 징계를 행하도록 하고, 회사가 징계안건을 심의하고자 할 때는 징계대상자에게 징계위원회의 참석을 3일 전에 통보하여야 하며, 징계대상자는 징계위원회에 참석하여 진술 또는 서면으로 소명할 수 있다고 규정하고 있음에도 불구하고, 사용자가 근로자들에게 징계위원회가 개최되기 불과 3시간 전에 징계사유를 구체적으로 직시하지 아니한 채 출석통지를 한 것은 징계대상자에게 변명과 소명자료의 준비를 할 수 있을 정도의 시간적 여유를 두고 징계사유를 구체적으로 특정하여 실질적으로 변명의 기회를 부여하였다고 보기 어려워 부적법하다고 할 것이어서 이 사건 해고는 그 절차에 있어서도 정당성이 결여되었다 할 것이다.[135)]

(나) 구두, 전화 또는 전언

통보방법과 관련해서는 비록 서면으로 하도록 규정되어 있더라도 구두, 전화 또는 전언 등의 방법에 의하여 징계혐의자에게 전달되면 정당하다고 보고 있다.

관련판례

① 단체협약에 의하면 사용자 회사는 조합원을 징계할 때는 늦어도 2일 전에 본인 및 노동조합에 통보하고 서면 또는 구두로 진술권을 부여하여야 하며, 징계규정에 의하면 징계위원장은 징계대상자에게 징계사유및 징계위원회 개최일시와 장소를 작성하여 징계개최 2일 전까지 통보하여야 한다. 그런데 이 규정들은 (중략) 강행규정이라 할 것이므로 위 출석통지없이 한 징계심의절차는 위법하나, 위 출석통지는 소정의 서면에 의하지 아니하더

여 이의를 제기하지 않고 소명을 하였다면 그 하자는 치유될 수 있다.

134) 대법 1991.11.26. 선고 91다22070 판결

135) 서울행법 2006.7.14. 선고 2005구합36257 판결

라도 구두, 전화 또는 전언 등의 방법에 의하여 징계혐의자에게 전달되었으면 출석통지로서 족하며 구두로 통보할 경우에도 반드시 징계혐의자 본인에게 직접 통보되어야 할 필요는 없다. 이 사건에 관하여 보건대, 사용자 회사가 징계대상 근로자 및 노조위원장에게 징계위원회 개최사실 및 출석요구를 통보하여 위 근로자에 대한 통보서가 반송되기는 하였으나 노조위원장이 위 통보를 받은 후 징계위원회 개최 2일 전 까지 사이에 위 근로자에게 징계위원회 개최사실 및 출석요구에 대한 통보서의 내용을 전달한 바 있으므로 이로써 위 근로자에 대한 징계위원회의 출석요구 통보는 행하여졌다고 할 것이어서 이 사건 해고는 징계절차상의 하자가 있다고 할 수 없다.[136)]

② 교육공무원징계령에 "징계위원회가 징계혐의출석을 명할 때에는 문교부령이 정하는 출석 통지서에 의하여야 한다"라고 규정되어 있는 바 위 규정은 (중략) 강행규정이라 할 것이므로 위 출석통지 없이 한 징계심의절차는 위법하다함은 소론과 같으나, 위와 같은 규정의 입법취지로 보아 위 규정에 정한 출석통지는 소정의 서면에 의하지 아니하더라도 구두, 전화 또는 전언 등의 방법에 의하여 징계혐의자에게 전달되었으면 출석통지로서 족하다고 할 것이고[137)] 구두로 통보할 경우에도 반드시 징계혐의자 본인에게 직접 통보되어야 할 필요는 없을 것이다.[138)]

(다) 2차 징계위원회 사전통지

1차 징계위원회 당시 적법한 사전통지가 있었고, 이에 따라 징계대상자가 소명자료를 제출하였다면, 징계사유의 추가, 변경이 없는 이상, 2차 징계위원회 개최에 대한 사전통지를 하지 않았더라도 징계절차는 정당하다.

관련판례

사용자가 6.10.자 근로자에 대한 상벌위원회를 속행하였음에도 이에 관하여 근로자에게 별도의 통지를 하지 아니한 채 6.23. 상벌위원회를 속개하여 심의한 점은 인정되나 위 근로자는 당초 소명서 등을 제출한 채 6.10.자 상벌위원회에 출석하지 아니하였고 사용자가 근로자에 대한 징계사유를 추가하거나 변경하지 아니한 채 다른 사건과 함께 상벌위원회 심의를 진행하게 되면서 시간관계상 회의를 다음 기일로 속행하여 진행한 것이므로

136) 서울행법 2007.7.12. 선고 2006구합41775 판결
137) 대법 1985.10.8. 선고 84누251 판결 ; 대법 1983.9.13. 선고 83누277 판결 참조
138) 대법 1992.7.14. 선고 91누9961 판결

사용자가 위 근로자에 대하여 징계사유에 관한 소명기회를 부여하지 아니하였다고 할 수 없고, 속행한 상벌위원회 개최통지를 하지 않았다는 사정만으로는 이 사건 해고절차가 위법하여 이 사건 면직처분이 무효가 된다고 보기 어렵다고 할 것이다.[139)]

2) 징계위원회 개최통보시기 규정이 없는 경우

소명의 기회부여와 관련한 규정은 있으나 징계위원회 개최통보 시기에 관한 규정이 없는 경우, 상당한 기간을 두고 징계위원회의 개최일시와 장소를 통보하여야 한다. 그러나 근로자가 자신에 대한 징계사유를 잘 알고 있음에도 스스로 기회를 포기한 경우에는 부적법한 통지라고 볼 수 없다.

관련판례

① 사용자 회사의 징계규정에 징계위원회의 개최일시와 장소를 징계대상자에게 통보하고 징계대상자는 징계사유에 대하여 징계위원회에서 진술하도록 규정되어 있다면 (중략) 이러한 변명과 소명자료를 준비할 만한 시간적 여유를 주지 않고 촉박하게 이루어진 통보는 실질적으로 변명과 소명자료제출의 기회를 박탈하는 것과 다를 바 없어 위 취업규칙이나 징계규정이 규정한 사전통보의 취지를 몰각한 것으로서 부적법하다. 그런데 이 사건 징계위원회의 개최일시 및 장소가 근로자에게 통보된 것은 징계위원회가 개최되기 불과 30분 전이었다는 것이므로 이러한 촉박한 통보는 징계대상자로 하여금 사실상 변명과 소명자료를 준비할 수 없게 만드는 것이어서 적법한 통보라고 볼 수 없으며, 설사 근로자들 중 일부가 징계위원회에 출석하여 진술을 하였다고 하여도 스스로 징계에 순응하는 경우가 아닌 한 그 징계위원회의 의결에 터잡은 징계해고는 징계절차에 위배한 부적법한 징계권의 행사임에 틀림없다.[140)]

② 사용자는 3.29.에 단체협약에 따라서 노조 측에 인사위원회개최 사실을 알리는 한편, 같은 날 근로자에게도 출석통지서를 전달하려고 하였으나, 근로자가 다음날인 3.30. 1일간의 휴가를 일방적으로 신청한 상태에서 무단외출을 하여 버린 것을 알게된 사실, 총무과장은 3.29. 16:00경 전화로 근로자에게 징계사유 및 인사위원회 개최사실을 알리고 출석하도록 통보를 하였는데, 이에 대해서 근로자는 인사위원회에 참석할 뜻이 없음을 밝힌 사실, 이에 따라 총무과장은 출석통지서를 소속 부서장에게 교부하였고, 소속

139) 서울행법 2006.12.22. 선고 2005구합23558 판결
140) 대법 1991.7.9. 선고 90다8077 판결

부서장은 3.29. 19:30경 근로자의 가족들에게 이를 전달한 사실, 3.30. 14:00에 개최된 인사위원회에서는 근로자의 출석 없이 해임을 결의한 사실을 알 수 있는 바, 그렇다면 근로자는 자신에 대한 징계사유를 잘 알고 있음에도 스스로 변명의 기회를 포기하였고, 사용자의 상벌규정에는 출석통지의 시기에 관한 제한이 없으며, 총무과장이 근로자에게 비록 전화로 인사위원회 개최사실을 알렸으나 이에 대해서 근로자의 이의가 없었던 사정까지 더하여 보면, 인사위원회 개최 하루 전에 출석통지를 하였다고 하더라도 그것이 변명과 소명자료를 준비할 시간적 여유가 없을 정도로 촉박한 것이어서 부적법한 통지라고는 볼 수 없다.[141)]

3) 징계혐의 사실고지의 구체성 정도

(가) 축약적 표현

징계위원회 개최 사전통보시 징계혐의사실 고지와 관련한 규정이 없는 경우, 징계혐의사실에 대한 구체적인 고지의무는 없으며, 축약적 표현도 가능하다.

관련판례

① 취업규칙 등에 징계대상자에게 미리 징계혐의사실을 고지하여야 한다는 취지의 규정이 있는 경우에는 이러한 절차를 거치지 아니한 징계처분을 유효하다고 할 수 없을 것이지만, 그러한 규정이 없는 경우에는 사용자가 반드시 징계대상자에게 징계혐의 사실을 구체적으로 고지하여 줄 의무가 있는 것이 아니라고 할 것이다.[142)] 원심은 사용자 회사의 취업규칙 및 인사관리규정에 징계혐의사실의 고지에 관한 규정이 없는 이상, 사용자 회사가 근로자에게 징계통보를 할 당시 징계사유에 관하여 단지 직장질서문란이라고만 고지하고, 미리 근로자의 징계혐의 사실을 구체적으로 밝히지 아니하였다고 하여 이로써 이 사건 징계처분의 절차상 어떠한 하자가 있다고 볼 수는 없다는 이유로 근로자의 징계절차상의 위 하자 주장을 배척하였는바, 원심의 위 사실인정 및 판단은 정당하다.[143)]

② 비록 사용자가 근로자에게 이 사건 징계위원회의 개최를 통지하면서 징계사유를 일일이 자세하게 특정하여 명시하지는 아니하였다고 하더라도 위 징계사유는 모두 이 사건 징계행위 당시에 발생한 것들로서 그 내용이 상당히 장황하므로 이를 이 사건 쟁의행

141) 대법 2006.6.15. 선고 2003두5600 판결
142) 대법 1995.2.3. 선고 94다17758 판결 등
143) 대법 2004.1.29. 선고 2001다6800 판결

위와 관련지어 어느정도 축약적으로 표현하는 것은 구체성을 해하지 아니할 뿐만 아니라 부득이하다고 보이는 점 (중략) 등을 감안할 때, 사용자가 앞에서 본 바와 같이 징계사유를 "근로자가 이 사건 쟁의행위 기간 중 행한 불복종, 무단결근/이탈, 회사자산 손상, 폭행/협박 등 비행, 불법점거, 업무방해, 안전규칙 위반 등"과 같이 특정한 것은 징계사유를 구체적으로 명시하고 소명기회를 부여한 이상, 근로자가 사용자에게 징계사유의 구체적인 명시를 요구하며, 이 사건 징계위원회에 참석하지 아니한 것을 가지고 이 사건 징계위원회가 위법하게 개최되었다고 할 수는 없으므로, 이 사건 해고에 징계절차상의 하자가 있다고 할 수는 없다.[144)]

(나) 징계사유 불특정

징계사유를 취업규칙 제ㅇㅇ조 위반이라고만 명시하여, 징계사유가 특정되지 아니한 경우, 중대한 절차상 하자가 존재한다고 본다.

관련판례

사용자가 근로자에게 징계위원회 출석통지를 하면서 그 징계사유에 관하여 취업규칙 제ㅇㅇ조, 제ㅇㅇ조, 제ㅇㅇ조의 각 위반으로 명시하였을 뿐 구체적인 내용을 기재하지 아니하였고, 징계결과를 통지하면서도 그 징계사유에 관하여 아무런 명시를 하지 아니하였는바, 취업규칙 제ㅇㅇ조에는 사용자 회사의 직원으로서 준수해야 할 복무의 기본원칙이 추상적이고 포괄적인 내용으로 기재되어 있고, 제ㅇㅇ조, 제ㅇㅇ조에는 직원으로서 금지되는 행위, 사용자 회사의 해고사유 및 징계사유가 모두 열거되어 있는 것이어서 이들 조항의 적시만으로는 징계사유를 특정하여 통보하였다고 볼 수 없다.[145)]

(4) 징계위원회의 구성 및 운영

1) 규정에 위반한 징계위원회

원칙적으로 단체협약 등에 징계위원회의 구성과 관련한 규정이 있는 경우, 이를 위반한 징계처분은 무효이다. 단체협약이나 취업규칙 등에 징계위원회가 다른 위원회와 별도로 규정되어 있음에도, 규정된 징계위원회가 아닌 다른 위

144) 서울고법 2007.11.1. 선고 2007누13571 판결
145) 서울행법 2007.2.15. 선고 2006구합24701 판결

원회에서 징계를 하였다면 절차상 중대한 하자이다.

관련판례

① 사용자 법인의 정관 제○○조가 일반직원의 징계를 위하여 일반직원 징계위원회를 사용자법인에 따로 두어야 한다고 규정하고 있는 것은 교원과 일반직원의 신분상 차이에 착안하여 그 구성원리나 운영을 달리하기 위하여 교원징계위원회와는 별도로 일반직원 징계위원회를 구성할 것을 요구하는 취지이고, 교원징계위원회는 그 대상이 교원인 점을 고려하여 위원 5인중 과반수인 3인 이상을 교원으로 구성하도록 규정되어 있어 그 구성원리상 특수성에 비추어 볼 때 교원징계위원회를 일반직원 징계위원회로 전용하는 것은 정관규정의 취지에 부합하지 아니할 뿐만 아니라, 일반직원에 대한 징계가 교원징계위원회의 징계의결에 의하여 이루어졌다고 하여 일반직원 징계위원회에 의한 징계절차보다 더 엄격하거나 더 유리한 절차에 의하여 징계가 이루어졌다고 단정할 수도 없는 것이므로, 결국 근로자에 대한 이 사건 징계해고는 징계권의 행사에 있어서 절차상 중대한 하자가 있는 경우에 해당한다고 봄이 상당하고, 따라서 그 징계사유가 인정되는지 여부에 관계없이 무효이다.[146)]

② 사용자의 취업규칙에 의하면 직원의 징계는 인사위원회의 심의를 거쳐 사장의 재가를 받아야 한다고 규정하고 있고, 취업규칙 등에서 근로자를 징계하고자 할 때에 징계위원회의 의결을 거치도록 명하고 있는 경우, 이러한 절차를 거치지 아니한 징계처분은 원칙적으로 효력을 인정할 수 없다.[147)] (중략) 물론 주식회사의 경우 이사회는 회사의 업무집행에 관한 의사결정기관이고, 소규모 회사의 경우 이사회의 구성원과 인사위원회 혹은 징계위원회의 구성원이 상당부분 중복될 수 있기는 하지만, 대부분의 징계절차에서 이사회가 아닌 별도의 인사위원회 혹은 징계위원회의 심의, 결의를 거치도록 한 취지는 근로자의 징계와 같이 근로자의 권리와 의무에 영향을 미치는 사항은 업무관련기관과 독립된 별도의 기관으로 하여금 담당하게 하는 것이 공정한 징계절차가 담보되어 절차적 정당성이 확보된다는 점에 있으므로, 사용자가 이 사건 해고를 함에 있어 막연히 이사회 및 운영위원회를 개최하여 근로자를 징계한 것은 징계절차상 중대한 위법이 있다고 할 것이다.[148)]

2) 규정이행이 어려운 사정

예외적으로 징계위원회 구성과 관련한 규정을 이행하기 어려운 사정이 존재한다면, 이를 위반한 징계위원회 구성도 정당하다. 당연직 위원이나 위원장이 징계

146) 대법 2001.4.10.선고 2000두7605 판결
147) 대법 2001.4.10. 선고 2000두7605 판결
148) 서울행법 2005.5.3. 선고 2004구합19002 판결

대상자나 징계대상 행위의 피해자인 관계로, 부득이하게 징계절차 규정을 위반하여 징계위원회를 구성한 경우에는 징계절차가 적법하다.

관련판례

① 사실관계가 위와 같다면 사무국장이 징계대상자로 되어 인사위원회에서 배제될 경우 인사위원회는 위원장과 위원 1인만 남게 되고 인사위원회의 결의에 있어서 가부동수일 경우 위원장이 결정하도록 되어 있는 관계로 결국 인사위원회의 결의는 전적으로 위원장 1인의 의사에 따라 결정될 것인 바, 이는 오히려 사용자협회가 직원에 대한 징계처분을 함에 있어서 인사위원회의 결의를 거치도록 한 취지에 반하고 공정한 징계권의 행사를 위하여 바람직스럽지 아니하므로 사용자협회가 위와 같이 이사 1인을 위원으로 위촉하여 인사위원회를 구성하고 그 인사위원회에서 근로자에 대한 징계결의를 한 것은 부득이 한 것으로서 적법하다고 하여야 할 것이다.[149)]

② 단체협약에 "징계위원회는 노사동수 각 3~5인으로 구성하며, 과반수 출석과 출석위원 과반수의 찬성으로 의결한다. 단, 가부 동수일 때는 원장이 결정한다"고 규정되어 있는 사실을 인정할 수 있다. 위 사실인정에 의하면 가부 동수일 때 병원장이 결정한다는 의미에 비추어 볼 때 병원장은 당연직 징계위원으로 풀이된다. 그러나 병원장은 이 사건 징계처분에 있어 특히 근로자 ○○○의 원장실 난입과 업무방해의 비위행위의 피해자라 할 것인데, 이러한 피해자가 징계위원으로 나서는 것은 결과적으로 징계절차의 절차적 정당성을 확보할 수 없는 결과가 발생될 수 있으므로 이를 피하기 위하여 병원장이 부원장에게 징계권을 위임한 것은 부득이한 행위라 할 것이므로[150)] 이를 두고 징계절차에 위법이 있다고 할 수 없다.[151)]

3) 결격자의 징계위원회 참석

(가) 관련규정이 있는 경우

취업규칙 등에 징계사유와 관계있는 자는 징계의결에 참석하지 못한다는 규정이 있는 경우, 이에 위반하여 이루어진 징계의결은 절차상 중대한 하자로 무효이다.

149) 대법 1997.12.12. 선고 97누3637 판결
150) 대법 1997.12.12. 선고 97누3637 판결 등 참조
151) 서울행법 2005.3.10. 선고 2004구합10500 판결

관련판례

① 사용자의 인사규정은 "인사위원회의 위원 중 징계혐의자의 친족이나 그 징계사건과 관계가 있는 자는 해당 징계사건 심의에 참여할 수 없다"고 규정하고 있는 바, 이는 공정하고 합리적인 징계권을 보장하기 위하여 피징계자의 친족이나 그 징계사유에 관계있는 자를 모두 징계위원에서 제척시키려는 강행규정으로서, 이러한 제척원인이 있는 징계위원은, 비록 그가 당연직 징계위원이라고 할지라도, 그 사유만으로 당연히 당해 직무집행으로부터 제외되고 이에 위반한 징계권행사는 징계사유가 인정되는 여부에 관계없이 절차에 있어서 정의에 반하는 것으로 무효라 할 것이다. 나아가 여기에서 피징계자의 친족이나 징계사유와 관계있는 자라 함은 대체로 피징계자와 이해관계를 같이 하거나 징계혐의 사유의 피해자를 말하는 것으로서,[152] 징계사유와 관계있는 자는 징계권을 행사하려는 사용자 측과 관련이 있는 모든 자를 가리키는 것이 아니라 구체적인 징계사유에 해당하는 행위의 직접적인 피해자를 의미한다.[153] (중략) 당시 사용자 병원의 총무부장이었던 ○○○은 근로자에 대한 구체적인 징계사유에 해당하는 행위(고소행위)로 인한 직접적인 피해자로서, 피징계자의 징계사유와 관련 있는 자에 해당함이 명백하다. 그렇다면 ○○○이 당연직 징계위원으로 참석하여 그 심의와 결정을 한 사용자 병원의 위 특별인사위원회는 그 구성에 중대한 잘못이 있으므로, 그 인사위원회의 결의에 의하여 이루어진 이 사건 해고는 그 징계사유의 존부에 관하여 살펴볼 필요없이 절차상 중대한 하자가 있게되어 무효라고 할 것이다.[154]

② 사용자의 회원조합징계변상업무처리준칙에서는 "조합인사위원회 위원장 및 위원중 징계관련자의 친족이나 그 징계사유와 관계있는 자 등 제척사유 해당자는 동 인사위원회에서 해당사고와 관련하여 징계의결에 참여하지 못한다"고 규정하고 있는 바, (중략) 근로자에 대한 이 사건 징계해고를 의결한 사용자의 인사위원회는 4명으로 구성되었는데, 위 4명중 김○○을 제외한 나머지 3명은 지역본부가 이 사건 사고 관련자라는 이유로 사용자에게 징계요구를 한 사람들이고, 특히 이○○와 박○○ 등 2명은 사용자의 인사위원회를 거쳐 이 사건 사고와 관련하여 감봉의 징계를 받은 사람들임을 알 수 있으며, 이러한 사정에 근로자가 이 사건 징계해고를 전후하여 일관되게 사용자의 임직원들이 자신들의 잘못을 근로자에게 전가하려 한다고 주장하고 있는 사정에서 알 수 있는 제척의 필요성 등을 더하여 감안하면, 그 구성에 하자가 있는 인사위원회의 결의에 따른 이 사건 징계해고는 부당하다.[155]

152) 대법 1994.8.23. 선고 94다7553 판결 참조
153) 대법 1995.4.28. 선고 94다59882 판결 참조
154) 서울고법 2006.10.26. 선고 2005누20001 판결
155) 서울행법 2005.6.21. 선고 2004구합27416 판결

(나) 관련규정이 없는 경우

(a) 징계사유와 이해관계 있는 자

징계위원회의 구성과 절차에 관한 별도의 규정이 없다면, 징계사유와 이해관계 있는 자를 징계위원으로 선정하였다 하더라도, 그 징계절차를 무효로 볼 수 없다.

관련판례

취업규칙 등에 징계사유에 관하여 이해관계가 있는 징계위원은 징계위원회에 참석할 수 없다는 규정이 있는 경우에 그러한 이해관계 있는 자가 징계위원으로 징계위원회에 참석하였다면 그 징계는 절차상 중대한 하자가 있어 무효라 할 것이나,[156] 그러한 규정이 없는 경우에는 이해관계 있는 자가 징계위원으로 징계위원회에 참석하였다 하더라도 그 징계가 무효라고 할 수 없다. 원심이 이와 같은 취지에서 징계사유에 관하여 이해관계가 있는 소외 ○○○, ○○○이 징계위원으로 징계위원회에 참석하였다고 하더라도 원고에 대한 징계해고가 위법이 아니라고 판단한 것은 정당하다.[157]

(b) 해당사업장에 소속되지 아니한 자

해당사업장에 소속되지 아니한 자를 징계위원으로 선정하였다 하더라도, 그 징계절차를 무효로 볼 수 없다.

관련판례

① 사용자의 취업규칙에는 근로자를 징계를 함에 있어서 예외적인 경우에 해당하지 않는 한 상벌위원회의 의결을 거치도록 규정하고 있을 뿐이고, 상벌위원회의 구성과 징계절차 등에 관하어는 별도의 규정이 마련되지 않았음은 앞서 본 바와 같으므로, 상벌위원회의 의결을 거치지 않고 한 징계처분은 원칙적으로 효력을 인정할 수 없으나, 일반 사업장과 달리 해당 사업장에 소속되지 아니한 자를 상벌위원회의 위원으로 선정하였다거나 징계혐의자의 출석 및 진술의 기회 부여 등과 같은 절차를 밟지 아니하였다고 하여 이러한 사정만으로 바

156) 대법 1994.8.23. 선고 94다7553 판결 참조
157) 대법 1995.5.23. 선고 94다24763 판결

로 그 징계가 절차적 정의에 반하는 것으로서 무효라고는 할 수는 없다. 따라서 이 사건 징계해고를 의결한 상벌위원회에 사용자의 계열회사 임원이 그 위원으로 참여하여 징계의결이 이루어졌다고 하여 이 사건 징계절차가 위법하다고 볼 수는 없다.[158)]

② 징계위원회의 사용자 측 위원 구성 부분을 보건대, 이 사건 해고를 의결한 징계위원회는 ○○택시 소속 간부 이외에 동종업계라고 보이는 ○○교통 전무 양○○가 사용자 측 징계위원으로 참가하고 있기는 하지만, 이 사건 단체협약이 징계위원회의 구성을 노사동수로 규정한 것은 근로자 측이 사용자와 동등한 지위에서 징계절차에 참가함으로써 사용자의 부당한 징계권 행사를 견제하고자 하는 것에 그 주된 취지가 있는 것이므로, 그 경우 사용자 측 위원은 반드시 ○○택시에 소속되어 근무하고 있는 자만을 의미하는 것이라고 한정할 필요가 없는 점, 더구나 ○○택시와 같은 소규모 업체에서 근로자를 제외한 사용자의 범주에 속하는 간부들만으로 3인을 구성할 수 없는 경우 사용자 측 징계위원을 ○○택시에서 근무하는 직원에 한정하게 되면 오히려 징계위원회 구성에 있어 사용자 측에 불리한 결과가 초래된다는 점 등을 종합하면, 사용자가 징계위원회를 구성하면서 위 양○○을 사용자 측 징계위원으로 지정한 것이 이 사건 단체협약에 반하여 위법하다고 볼 수 없다.[159)]

4) 징계위원회의 의장윤번제

단체협약상 징계위원장의 의장윤번제를 규정하고 있으나, 노사간 운영방식에 대해 대립이 있는 경우, 일방적으로 징계위원회를 주재하였다면 정당하지 않다.

관련판례

이 사건에서 노사사이에 의장윤번제의 운영방식에 관하여 견해대립이 있었고, 근로자들에 대한 징계를 담당할 징계위원회의 의장순서도 명확하지 아니하였음에도(사측은 징계안건별로 의장을 선임하여야 한다고 주장하고, 노측은 징계위원회 회수별로 의장을 선임하여야 한다고 주장한다), 사용자는 위와 같은 단체협약이 체결된 이래로 의장윤번제는 사용자의 인사권을 침해하는 것이어서 무효라고 주장하면서 항상 사용자 측이 징계위원회 의장을 담당하였는바, 위와 같은 사용자의 행위는 노조법 제92조제2호 다목에 해당하는 것이어서 위법하다. 따라서 사용자 측 징계위원들로서는 의장윤번제도의 취지를 존중하여 노측 징계위원을 설득하여 노사합의하에 의장을 선임한 다음 근로자들에 대한 징계

158) 서울행법 2007.2.2. 선고 2006구합16311 판결
159) 서울행법 2006.5.16. 선고 2005구합31696 판결

를 진행하거나, 노조법 제34조에 의하여 노동위원회에 관련조항의 해석 또는 이행방법에 관한 견해의 제시를 요청하여 그 해석 또는 견해에 따라 의장을 정한 다음 징계를 진행하였어야 함에도, 의장 윤번제에 대한 노측 징계위원들의 이의를 무시하고 일방적으로 사용자의 대표이사 스스로가 의장이라고 자칭하면서 징계위원회를 주재한 이상, 이 사건 징계위원회의 결의는 유효하다고 할 수 없고, 따라서 근로자들에 대한 이 사건 해고는 절차적 정당성이 없으므로, 무효라고 보아야 할 것이다.[160)]

5) 징계위원장의 권한

(가) 징계 가부 동수

징계위원장이 결정한다는 명시적인 규정이 없는 이상 부결되는 것이 원칙이다.

관련판례

사용자 회사는 단체협약에 경영권 및 인사권은 회사대표가 행사한다는 규정과 징계위원회의 위원장은 회사대표가 한다고 규정하고 있으나, 단체협약의 제정취지와 목적에 비추어 볼 때, 단체협약에 대표자가 경영권과 인사권을 가지고 징계위원회 위원장이 된다는 규정이 있다 하더라도 징계절차에 있어서 가부동수일 경우 위원장이 결정한다는 명시적인 규정이 없는 이상은 대표자에게 징계결정 권한이 인정된다고 해석할 수는 없다. 이러한 전제하에서 이 사건 단체협약을 살펴보면, "징계위원 참석인원의 과반수이상으로 결정한다"라고 규정되어 있고, 과반수라 함은 절반이 넘는 수를 의미함이 문언상 명백하다 할 것이므로, 사용자 회사가 근로자에 대한 징계절차를 진행함에 있어 징계위원들이 근로자에 대한 해고결의와 관련하여 찬성과 반대 각 2표씩의 가부동수의 결과가 발생하였다면 이런 경우에는 징계가 부결된 것으로 처리함이 단체협약의 위 규정의 취지에 부합하고, 따라서 가부동수일 경우 최종적인 결정권을 가지지 아니한 사용자 회사의 대표가 최종적으로 징계결정을 한 이 사건 징계해고는 절차위배의 점에서 위법하다 할 것이다.[161)]

160) 서울행법 2007.11.15. 선고 2007구합2302 판결
161) 서울행법 2005.4.28. 선고 2004구합31002 판결

(나) 절차위반의 권한행사

징계규정에 위배하여 재표결을 하지 않은 채 징계위원장이 결정한 경우, 절차적으로 적법하지 않아 무효이다.

관련판례

사용자 회사의 징계규정에 의하면, 징계위원회의 표결이 3가지 이상으로 나뉘고 어느 한 가지의 의견이 표결위원 수의 과반수에 미치지 못할 경우에는 상위 다수 두가지 의견에 대해 재차 표결을 하고 그 다수의견에 따라 의결하되 재표결의 결과 역시 같을 때에는 징계위원장이 결정하도록 되어 있다. 그런데 근로자에 대한 사용자 회사의 초심 · 재심 징계절차에서 징계의견이 3가지 이상으로 나뉘고 어느 의견도 과반수에 이르지 못하였음에도, 위 징계규정에 위배하여 재표결을 하지 않은 채 징계위원장인 사용자 회사의 대표이사가 근로자를 해고한다고 결정하였으므로, 이 사건 해고의 절차적 적법여부가 문제가 된다. 이 사건 사용자 회사의 징계규정은 (중략) 1차표결 · 재표결의 절차를 거쳤음에도 의결을 하지 못한 경우에 한하여 예외적으로 사용자 회사의 대표이사에게 징계에 관한 결정권을 부여하는 것으로 보아야 할 것이다. 그런데 사용자 회사는 1차적 표결권을 가진 징계위원 과반수이상의 찬성을 얻은 징계의견이 없음에도 다시 표결을 하지 않은 채 즉시 징계위원장이 근로자에 대한 해고를 결정하였는바, 이러한 징계권의 행사는 공정성과 합리성을 보장하고자 한 위 징계규정을 정면으로 위반한 것으로서, 근로자에 대한 징계사유가 인정되는지 여부에 관계없이 절차에 있어서의 정의에 반하는 처사로서 무효라고 보아야 할 것이다.[162)]

6) 증인출석

단체협약에 증인신청 요구를 위반한 징계가 무효라는 규정이 있는 경우, 이를 위반하였다면 절차상 하자가 중대하여 무효이다.

관련판례

사용자의 단체협약은 "대학이 조합원을 징계하고자 할 때에는 다음의 절차를 거쳐야 하

162) 서울고법 2006.7.6. 선고 2005누25600 판결

며, 이를 따르지 않은 징계는 무효로 한다"라고 규정하면서, "징계위원회는 조합원이 증인을 신청할 때에는 이를 받아들여야 한다"라고 규정하고, "징계위원회는 참석 징계위원들이 서명, 날인한 회의록을 3통 작성하여 조합, 대학, 징계대상 조합원에게 각각 1부씩 교부한다"라고 규정하고 있음을 알 수 있는 바, 이들 규정은 징계절차의 공정성과 적정성을 확보하기 위하여 특별히 엄격한 절차와 방식에 따르도록 한 취지라고 할 것이므로, 특별한 사정이 없는 한 이들 규정에 위반하여 이루어진 징계는 무효라고 보아야 할 것이다. 그런데 사용자의 직원징계위원회가 위 단체협약의 규정에 위반하여 근로자가 신청한 증인 중 2명을 채택하지 아니하고 징계위원회 회의록을 근로자에게 교부하지 아니하였음은 원심이 인정한 바와 같으므로, 그와 같은 조치가 정당하다고 인정되는 등의 특별한 사정이 없는 한, 근로자에 대한 징계는 위 단체협약의 규정에 위반하여 이루어진 것으로서 무효라고 할 것이고, 단순히 신속한 절차진행의 필요가 있다거나 근로자가 이 사건 징계위원회에 출석하여 소명하였고 사용자가 근로자에게 징계사유를 첨부하여 징계위원회의 의결결과를 통보하였으며 근로자가 이에 근거하여 재심신청을 하는 등으로 근로자에게 소명 및 불복의 기회가 충분히 주어졌다는 등의 사정이 있다고 하여 달리 볼 것은 아니라고 할 것이다.[163)]

(5) 근로자 대표 미참여시

1) 관련규정이 있는 경우

근로자 대표를 참여시키도록 한 규정이 있는 경우, 이에 위반한 징계절차는 징계사유가 인정되는 여부에 관계없이 원칙적으로 무효이다.

관련판례

① 사용자 회사의 단체협약상의 징계규정에는 노동조합원을 징계하려면 상벌위원회의 심의를 거쳐야 하고 그 상벌위원회의 구성은 노사 각 4인씩으로 하여 노동조합원들을 참여시키도록 되어 있는데도 불구하고, 이러한 징계절차규정을 위배하여 노동조합 측의 위원 2명만 참석시키고 자격이 없는 상조회 소속 근로자 2명을 포함하여 위 상벌위원회를 구성한 다음 그 상벌위원회의 결의를 거쳐 근로자들을 징계해고 하였다면, 이러한 징계권의 행사는 징계사유가 인정되는 여부에 관계없이 절차에 있어서의 정의에 반하는 처사로서 무

163) 대법 2008.9.11. 선고 2007두10174 판결

효라고 보아야 할 것이고, 이는 자격이 없는 위원을 제외하고서도 의결정족수가 충족된다 하더라도 위 상벌위원회의 구성자체에 위법이 있는 이상 마찬가지로 보아야 할 것이다.[164)]
② 직원인사규정에서 직원인사위원회의 구성에 노동조합 대표1인을 포함시키도록 규정한 취지는 노동조합대표 중에서 직원인사위원을 위촉하여 직원인사위원회에 대한 노동조합의 참여권을 보장하기로 한 것으로 보아야 하고, 따라서, 근로자의 징계에 관한 사항을 심의하기 위하여 개최된 직원인사위원회에 노동조합의 대표를 참석시키지 아니한 채 행한 징계요구의 의결에는 절차상의 하자가 있어 위법하다고 할 것이고, 징계대상자가 노동조합의 대표자인 경우 직원 인사규정의 취지가 노조 대표 중에서 직원인사위원을 위촉하여 직원인사위원회에 대한 노동조합의 참여권을 보장하기 위한 것인 이상, 징계권자가 노동조합의 참여를 전혀 배제시킨 채 직원인사위원회를 구성하는 것은 허용되지 아니하고, 징계대상자를 대행하여 노동조합을 대표할 권한이 있는 조합원을 가려내어 그를 직원인사위원으로 위촉하는 등의 방법으로 직원인사위원회에 노동조합의 참여를 보장하여야 한다고 할 것이다.[165)]

2) 징계의결권 남용과 징계위원 선정권 포기

근로자 측의 징계의결권 남용이나 징계위원 선정권 포기 등의 사유가 있는 경우에는 정당하다.

(가) 징계권 남용

노조 측의 징계권 남용에 해당되면 징계의결은 적법하다.

관련판례

단체협약은 조합원을 징계할 때는 회사 측 위원 4인과 조합 측 위원 2인으로 구성되는 징계위원회를 개최하도록 규정하고 있는 데, 근로자가 (중략) 원직에 복귀하지 아니하고 무단결근을 계속하고 단체협약에 의한 징계위원회가 결정한 징계처분도 이행하지 않고 있는 등 근로자에게 객관적으로 중대한 징계사유가 있음에도 불구하고 근로자에 대한 단체협약에 따른 2차례의 징계절차에서 노동조합 측 징계위원들이 같은 조합원이라는 이유만으로 근로자에 대한 징계사유에 합당한 징계처분에 반대하고 경한 징계처분만을 주장하여 단체협약에 의한 합리적이고 정당한 징계의결권을 행사하지 아니함으로써 징계의결권

164) 대법 1996.6.28. 선고 94다53716 판결
165) 대법 1997.3.25. 선고 96다43416 판결 참조

을 남용하였고, 또 사용자 회사가 2차례의 징계처분에도 불구하고, 계속 무단결근을 하는 근로자에 대하여 다시금 단체협약에 따른 징계위원회를 개최하여 근로자의 징계사유에 상응한 징계처분을 하려 해도 노동조합 측 징계위원들의 반대로 근로자에게 합리적이고 정당한 징계처분을 할 수 없을 것이 명백해 보이므로, 이러한 경우 사용자 회사가 취업규칙에 따라 노동조합 측 징계위원들을 배제한 채 근로자에 대한 징계해고를 의결하였다고 하여 이러한 징계해고를 무효로 볼 만한 절차상의 하자가 있다고 할 수 없다.[166]

(나) 징계위원 선정 포기

근로자 측이 징계위원 선정을 포기한 사정이 있는 경우 징계의결은 적법하다.

관련판례

① 단체협약에 "징계위원회는 5명으로 구성하되 조합대표 2명을 당연직으로 한다"고 되어 있는데 징계위원회에 조합대표가 참여하지 못했다 하더라도 그 이유가 사용자가 노동조합의 징계위원 선정권을 박탈하거나 조합 측 징계위원의 참여를 거부한 데 있는 것이 아니라, 노동조합 측에 징계위원 선정권을 행사할 기회를 부여하였는데도 노동조합 측이 징계위원 선정을 거부한 데 기인한 것이라면 노동조합 측 위원의 참석 없이도 징계위원회를 개최할 수 있다 할 것이며,[167] 노조원의 총수 197명 가운데 37명이 징계대상자가 된 이 사건에서는 노조측 징계위원을 선정할 수 없는 불가피한 사정이 있다고 할 수도 없는 것이다.[168]
② 단체협약에 정하여진 해고에 관한 절차위반이 그 해고를 무효로 하느냐 여부는 일률적으로 말할 수는 없고 그 규정의 취지에 따라 결정되어야 할 것으로, 단체협약에서 징계위원회의 구성에 근로자 측의 대표자를 참여시키도록 되어 있음에도 불구하고 이러한 징계절차를 위배하여 징계를 하였다면 이러한 징계의 행사는 징계사유가 인정되는지 여부에 관계없이 절차에 관한 정의에 반하는 처사로서 무효라고 보아야 할 것이지만, 근로자 측이 스스로 징계위원 선정을 포기 또는 거부한 것이라면 근로자 측 징계위원 중 일부가 참석하지 않은 징계위원회의 의결을 거친 징계처분이라 하더라도 이를 무효로 볼 수는 없다. (중략) 사용자는 근로자 측에게 2명의 대표를 참여시키도록 하였음에도 불구하고 근로자 측이 스스로 근로자 측 위원을 1명만 선정하고 나머지 1명의 선정을 포기하였다고 할 것이므로, 근로자 측 위원 1명이 참여하지 않은 채 이루어진 징계처분이 무효라고 할 수 없다.[169]

---

166) 서울행법 2007.5.22. 선고 2006구합46282 판결
167) 대법 1993.9.28. 선고 91다30620 판결
168) 대법 1994.6.14. 선고 93다29167 판결
169) 서울행법 2005.8.19. 선고 2003구합36222 판결

(다) 징계위원회 구성 불응

사업장에 2개의 정당한 노조가 있는 경우, 한 노조가 징계위원 구성에 응하지 않는 경우, 한쪽 노조에서 위촉한 위원만이 참석한 징계의결은 적법하다.

관련판례

하나의 사업장에 불가피하게 정당한 노동조합이 2개 이상 관여하고 있는 경우 그 노동조합간의 관계에 대하여 아무런 규정이 없는 이상, 사용자 회사가 이 사건 상벌위원회를 구성함에 있어 ○○노와 ○○노조의 협의로 근로자 위원을 구성하여 달라고 한 것은 취업규칙의 규정에 따른 정당한 조치인 것으로 판단되고, ○○노조가 이러한 정당한 요구에 응하지 아니한 이상 사용자 회사가 ○○노가 위촉한 근로자위원들로 구성된 상벌위원회에서 근로자를 해고하기로 결의하였다고 하여 그 징계절차에 하자가 있다고 볼 수 없다.[170]

(6) 징계에 대한 사전동의(합의) 또는 협의

1) 합의규정의 효력

(가) 절차 미이행

사전동의 규정이 있음에도 전혀 그 절차를 이행하지 아니하였다면, 징계의 절차적 정당성이 결여되어 무효이다.

관련판례

① 단체협약 등에 규정된 인사합의조항의 구체적 내용이 사용자가 인사처분을 함에 있어 신중을 기할 수 있도록 노동조합이 의견을 제시할 수 있는 기회를 주어야 하도록 규정된 경우에는 그 절차를 거치지 아니하였다고 하더라도 인사처분의 효력에는 영향이 없다고 보아야 할 것이지만, 사용자가 인사처분을 함에 있어 노동조합의 사전 동의나 승낙을 얻어야 한다거나 노동조합과 인사처분에 관한 논의를 하여 의견의 합치를 보아 인사처분을 하도록 규정된 경우에는 그 절차를 거치지 아니한 인사처분은 원칙적으로 무효라고 보아

170) 서울행법 2006.4.25. 선고 2005구합31672 판결

야 할 것이다.[171]
② 사용자와 이 사건 노조사이에 체결된 단체협약은 노조간부에 대한 인사는 사전에 노동조합의 동의를 얻도록 규정하고 있음에도, 사용자는 노조간부인 이 사건 근로자의 징계와 관련하여 이 사건 노조의 동의를 얻는 절차를 전혀 이행하지 아니하였을 뿐만 아니라, 이 사건 노조가 사전동의권을 남용하거나 포기한 것으로 인정될 만한 사정도 인정되지 아니하는 이상, 이 사건 면직은 절차적 정당성이 결여되어 무효라고 보아야 할 것이다.[172]

(나) 합의의 형태

명시적이든 묵시적이든 어떠한 형태로든지 합의가 이루어지면 족하다.

관련판례

사용자가 인사처분을 함에 있어서 노동조합과 합의하여 진행하도록 단체협약에 규정된 경우에도 이는 사용자의 노동조합에 대한 부당한 징계권 행사를 제한하자는 것이지 사용자의 본질적 권한에 속하는 피용자에 대한 인사권 내지 징계권의 행사 그 자체를 부정하는 것은 아니므로, 피용자인 노조원에게 징계사유가 있음이 발견된 경우에 어떠한 경우를 불문하고 노동조합 측의 적극적인 찬성이 있어야 그 징계권을 행사할 수 있다는 취지로 해석할 수 없다.[173]

2) 사전동의권 포기 또는 남용

(가) 일방적 징계 반대

무작정 징계 반대 등 근로자 측의 사전동의권의 포기 또는 남용의 경우 징계절차는 적법하나.

171) 대법 1994.9.13. 선고 93다50017 판결
172) 서울행법 2007.11.1. 선고 2006구합47865 판결
173) 대법 2003.6.10. 선고 2001두3136 판결 ; 대법 1995.3.10. 선고 94다14560 판결 등

관련판례

노동조합 측의 사전동의권은 어디까지나 신의성실의 원칙에 입각하여 합리적으로 행사되어야 할 것이므로 노동조합 측에 중대한 배신행위가 있고 이로 인하여 사용자 측의 절차 흠결이 초래된 경우이거나, 피징계자가 사용자인 회사에 대하여 중대한 위법행위를 하여 직접적으로 막대한 손해를 입히고 비위사실이 징계사유에 해당함이 객관적으로 명백하여 회사가 노동조합 측과 사전합의를 위하여 성실하고 진지한 노력을 다하였음에도 불구하고 노동조합 측이 합리적 근거나 이유 제시도 없이 무작정 징계에 반대함으로써 사전 합의에 이르지 못하였다고 인정되는 경우에는 사용자가 이러한 합의 없이 한 해고도 유효하다고 보아야 할 것이다.[174)]

(나) 사용자의 귀책사유

노동조합과의 사전합의가 이루어지지 못한 주된 이유가 사용자에게 있는 경우, 노동조합이 사전합의권을 포기 또는 남용하였다고 할 수 없다.

관련판례

이처럼 사전협의조항을 두고 있다고 하더라도 사용자의 인사권이 어떠한 경우를 불문하고 노동조합의 동의나 합의가 있어야만 행사할 수 있는 것은 아니고, 노동조합이 사전합의권을 남용하거나 스스로 사전합의권의 행사를 포기하였다고 인정되는 경우에는 사용자가 이러한 합의없이 한 인사처분도 유효하다고 보아야 한다. 여기서 노동조합이 사전합의권을 남용한 경우라 함은 노동조합 측에 중대한 배신행위가 있고 이로 인하여 사용자 측의 절차의 흠결이 초래되었다거나, 인사처분의 필요성과 합리성이 객관적으로 명백하며, 사용자가 노동조합 측과 사전합의를 위하여 성실하고 진지한 노력을 다하였음에도 불구하고 노동조합 측이 합리적 근거나 이유제시도 없이 무조건 인사처분에 반대함으로써 사전합의에 이르지 못하였다는 등의 사정이 있는 경우에 인정된다 할 것이다.[175)] 단체협약에서 노동조합 임원의 인사에 대하여는 노동조합의 사전합의를 얻도록 정하여진 경우, 이 사건 인사명령(전직)에는 이 사건 단체협약상의 사전협의조항의 적용이 배제되는 것으로 보고 사전 합의절차 자체를 거치지 않았다고 할 수 있는 바, 그렇다면 노동조합과의 사

174) 대법 2003.6.10. 선고 2001두3136 판결
175) 대법 2007.9.6. 선고 2005두8788 판결 등 참조

전합의가 이루어지지 못한 주된 이유는 참가인들(사용자)에게 있다고 할 것이고, 노동조합이 이 사건 단체협약상의 사전합의조항을 들어 이 사건 인사명령을 거부하였다고 하여 곧바로 노동조합이 사전합의권을 포기 또는 남용하였다고 할 수 없다.[176]

3) 사전협의 규정의 효력

징계할 때 노동조합의 사전협의 또는 의견참작을 요하는 규정을 둘 수 있다. 이때 사전협의 또는 의견참작 규정은 동의(합의)와 달리 징계의 공정을 기하기 위하여 노동조합의 의견을 참고자료로 고려하게 하는 정도이다.

관련판례

참가인 회사 단체협약은 "지부의 임원, 간부, 대의원, 전임자에 대한 인사와 조합원 2인 이상의 대량인사는 반드시 사전에 조합과 협의한다"라고 규정하고 있다. 위와 같이 단체협약에 노동조합 간부의 인사에 대하여는 노동조합과 사전협의를 거치도록 한 취지는 단체협약 전체의 체계와 내용 및 노사의 관행에 비추어 노동조합의 간부에 대한 사용자의 자의적인 인사권행사로 인하여 노동조합의 정상적인 활동이 저해되는 것을 방지하려는 뜻에서 사용자로 하여금 노동조합의 간부 등에 대한 인사의 내용을 미리 노동조합에 통지하는 등 노동조합을 납득시키려는 노력을 하게하고, 노동조합에 의견을 제시할 기회를 주게 하며, 아울러 노동조합으로부터 제시된 의견을 참고자료로 고려하게 하려는 것에 지나지 않는 것이라고 봄이 상당하므로, 이 사건 처분이 위와 같은 사전협의를 거치지 아니한 채 행하여졌다고 하여 반드시 그 효력에 영향이 있는 것이라고 할 수는 없다.[177]

(7) 징계재심절차

1) 징계재심의 의무성

단체협약 등에 징계처분에 대한 재심의 기회부여 규정이 있음에도 생략하였다면 절차상 중대한 하자로 무효이다.

---

176) 대법 2010.7.15. 선고 2007두15797 판결
177) 대법 1995.1.12. 선고 94다15653 판결 ; 대법 1992.6.9. 선고 91다41477 판결 참조

관련판례

징계처분을 받은 근로자가 재심을 청구할 수 있는 경우, 그 재심절차는 징계처분에 대한 구제절차에 해당하고, 징계처분이 그 요건을 모두 갖추었다고 하더라도 재심절차를 전혀 이행하지 않거나 재심절차에 중대한 하자가 있어 재심의 효력을 인정할 수 없는 경우에는 그 징계처분은 무효로 되므로, 원래의 징계처분에서 징계사유로 삼지 아니한 징계사유를 재심절차에서 추가하는 것은 추가된 징계사유에 대한 재심의 기회를 박탈하는 것으로 되어 특별한 사정이 없는 한 허용되지 아니하는 것이므로,[178] 재심절차에서 추가로 참가인(근로자)의 비위행위라고 판단된 위 각 징계사유는 이 사건 면직의 징계양정에서 참작함은 별론으로 하고, 이 사건 면직의 징계사유로 삼을 수 없다.[179]

2) 징계재심절차의 중대한 하자

(가) 징계재심절차 하자의 효력

징계재심절차에 중대한 하자가 있으면, 징계처분 자체가 무효가 된다.

관련판례

징계처분에 대한 재심절차는 징계처분에 대한 구제 내지 확정절차로서 원래의 징계절차와 함께 전부가 하나의 징계처분절차를 이루는 것으로서 그 절차의 정당성도 징계과정 전부에 관하여 판단되어야 하므로, 원래의 징계처분이 그 요건을 모두 갖추었다 하더라도 재심절차를 전혀 이행하지 않거나 재심절차에 중대한 하자가 있어 재심의 효력을 인정할 수 없는 경우에는 그 징계처분은 현저히 절차적 정의에 반하는 것으로 무효가 된다 할 것이다.[180] 원심은 그 채택 증거에 의하여, 참가인 중앙회가 원고(근로자)로부터 2007.5.29. 위 징계절차에 의하여 이루어진 해고에 대한 재심청구를 받고서도 원심 변론종결일인 2009.11.25.까지 재심절차를 이행하지 않은 사실을 인정한 다음, 원고는 ○○○ 부당편취와 관련하여 법원의 형사사건의 제1심판결이 선고된 후인 2008.3.24. 내용증명우편으로 참가인(사용자) ○○○에게 위 재심절차를 이행할 것을 촉구하는 한편, 제1심의 제1

---

178) 대법 1996.6.14. 선고 95누6410 판결 ; 대법 1998.5.22. 선고 98다2365 판결참조
179) 서울고법 2010.10.12. 선고 2010누5464 판결
180) 대법 1994.1.14. 선고 93다968 판결 ; 대법 1997.9.30. 선고 97다10956. 10963 판결 ; 대법 1998.12.8. 선고 98다31172 판결 등 참조

차 변론기일에 진술된 2008.9.22.자 준비서면에서 참가인 ○○○가 재심절차를 이행하지 않고 있는 것은 위법하다고 주장한 이래 소송과정에서 같은 주장을 계속하고 있고, 위 형사사건은 2009.3.12. 대법에서 확정된 사실이 인정되는 점에 비추어 위와 같은 재심절차의 지연이 원고의 이익을 위한 것이라고 보기 어렵고, 달리 재심절차의 지연에 관하여 납득할 만한 사정의 주장 · 입증이 없으므로 이 사건 해고는 그 절차상 중대한 하자가 있어 무효라는 취지로 판단하였다. 앞서 본 법리와 기록에 비추어 살펴보면, 원심의 위와 같은 판단은 정당하다고 수긍이 된다.[181)]

(나) 징계재심의 기한

(a) 징계재심절차의 부당한 지연

㉠ 재심 징계위원회 지연

징계재심절차를 부당하게 지연시키는 것은 절차상 위법이 된다.

관련판례

① 근로자에 대한 징계처분에 대하여 적법한 이의신청이 있는데도 정리회사가 특별한 사정이 없음에도 그로부터 3개월이 경과하도록 인사위원회를 개최함이 없이 지내다가 근로자가 징계처분에 대한 무효소송을 제기하자 이의신청일로부터 약 6,7개월 정도가 경과한 무렵에 뒤늦게 이의신청에 대한 인사위원회를 개최하여 원징계결정을 그대로 유지하는 결정을 하였다면 비록 근로자 및 조합대표가 그 인사위원회에 출석하여 의견을 진술하였다 하더라도 이는 원징계처분에 대한 구제절차로서의 적법한 이의절차 내지 항고절차라 할 수 없을 것이다.[182)]

② 인사규정에서 징계처분을 받은 자가 30일 이내에 재심을 청구할 수 있는 경우, 재심결정기한을 규정하지는 아니하였으나 재심청구가 원징계처분의 집행에 영향을 미치지 아니한다고 규정되어 있으므로, 인사위원회로서는 적법한 재심청구가 있으면 위원회를 소집할 수 없는 객관적인 사유가 있다거나 징계대상자의 이익을 위하여 또는 그의 귀책사유로 재심절차가 지연되었다는 등의 특별한 사정이 없는 한 상당한 기간 내에 위원회를 개최하여 원징계결정을 유지하거나 취소, 변경하는 결정을 하여 징계대상자에 대한 징계절차를 조속히 확정시킴으로써 근로자의 불안정한 신분상태를 조속히 해소하여야 할 것이다.[183)]

181) 대법 2010.5.27. 선고 2010두1743 판결
182) 대법 1994.1.14. 선고 93다968 판결
183) 서울고법 2009.12.16. 선고 2009누4974 판결

㉡ 재심결정이 없는 경우

종국적인 재심결정이 없다면, 징계절차를 준수하지 못하여 위법하다.

관련판례

단체협약상 징계절차와 관련하여 조합원을 징계하려면 징계심사위원회를 개최하고, 징계결과를 조합원에게 서면 통보하며, 징계를 받은 자는 위 통보서를 수령한 날로부터 10일 이내에 재심을 청구할 수 있고, 재심청구가 있을 시 징계심사위원회를 조속한 시일내에 개최하여야 한다는 취지를 규정하고 있는데, 징계심사위원회에서 재심의 결정만을 하고 그 이후에 종국적인 재심결정을 한 바가 없는바, 여기에는 단체협약에서 정한 징계절차를 준수하지 못한 잘못이 있어 위법하다.[184)]

(b) 상당한 이유있는 재심절차 지연

㉠ 상당한 기간내

상당한 기간 내에 재심위원회를 열어 재심사유를 심리한 다음 재심의결을 하였다면 무효로 볼 수는 없다.

관련판례

구 규정 제4조는 "재심위원회는 재심청구서를 접수한 때에는 30일 이내에 이를 심사하여야 한다."고 규정하고 있는 반면 신 규칙은 위와 같은 규정을 두지 않고 있는 사실을 알 수 있는 바, 인사규정 등에 재심사기간을 두는 취지는 징계절차를 빨리 확정함으로써 근로자의 불안정한 신분상태를 조속히 해소하려는 데에 있다고 할 것이어서 단순한 훈시규정에 그친다고 할 수는 없지만, 그렇다고 하여 그와 같은 규정을 강행규정이라고 볼 수도 없으므로, 이 사건에서와 같이 재심위원회가 상당한 기간 내에 재심위원회를 열어 재심사유를 심리한 다음 재심의결을 하였다면 인사규정 등에서 정한 재심사기간이 경과한 후 재심의결을 하였다는 이유만으로 그 재심결정이 무효가 된다고 할 수 없다.[185)]

184) 서울고법 2009.9.2. 선고 2008누32050 판결
185) 대법 2005.11.25. 선고 2003두8210 판결

㉡ 구제신청 대응 및 업무과다

징계재심절차가 지연되는데 상당한 이유가 있는 경우 중대한 하자로 볼 수 없다.

관련판례

사용자 공단의 인사규정에 의하면, 직원이 징계처분을 받고 그 처분에 이의가 있을 때에는 징계통지를 받은 날로부터 10일 이내에 중앙징계위원회에 재심을 청구할 수 있고, 재심의 요구 및 청구가 있을 때에는 접수한 날로부터 15일 내에 심의하여 그 결과를 징계의 결요구권자 및 청구자에게 통지하도록 규정하고 있는 바, 이는 대상자에 대한 징계절차를 빨리 확정함으로써 근로자의 불안정한 신분상태를 조속히 해소하려는데 그 취지가 있는 것이므로, 회사로서는 적법한 재심청구가 있을 경우 인사위원회를 소집할 수 없는 객관적인 사유가 있다거나 징계대상자의 이익을 위하여 또는 그의 귀책사유로 인하여 이의절차가 지연되었다는 등의 특별한 사정이 없는 한 소정기한 내에 아니면 적어도 상당한 기간 내에 인사위원회를 개최하여 원징계결정을 유지하거나 취소, 변경하는 결정을 하여야 할 것이다.[186] (중략) 이 사건에 있어서 근로자가 3.8. 재심청구에 이어 같은 달 14. 곧바로 이 사건 해고가 부당하다고 주장하며 ○○지방노동위원회에 구제신청을 제기하자 사용자 공단으로서도 이에 대응하여 해고의 정당성 및 적법성을 다툴 수밖에 없었고, 한편 근로자의 재심청구 무렵 사용자 공단의 징계에 대한 재심청구사건이 50여 건을 초과하여 재심청구건에 대한 처리가 전체적으로 지연되고 있었던 점에 비추어, 근로자에 대한 징계의 재심처리의 지연에 상당한 이유가 있다고 보여지고, 이후 사용자 공단이 9.2. 근로자에 대한 중앙징계위원회를 개최함으로써 원징계처분에 대한 적법한 이의절차가 행하여졌다고 보아야 할 것이므로 이 사건 해고는 절차상으로도 정당하다.[187]

(다) 재심청구사유의 한정

단체협약에 재심청구사유를 징계절차에 대한 이의로 명백하게 한정하고 있는 경우, 징계사유 및 양정에 대한 이의에 기한 징계재심 청구를 받아들이지 않았다 하더라도 절차상 하자는 없다.

186) 대법 1994.1.14. 선고 93다968 판결 참조
187) 서울행법 2006.9.8. 선고 2006구합1982 판결

관련판례

단체협약은 징계절차 중 재심사유와 관련하여 "징계절차에 이의가 있을 시"로 규정하면서 재심이 가능한 경우를 징계절차에 이의가 있는 경우로 명백히 한정하고 있으므로, 위 규정을 근로자의 주장과 같이 징계의 사유와 양정 전반에 대한 이의제기를 보장하기 위한 규정이라고 해석할 수 없다. 근로자가 재심을 신청하면서 들고 있었던 사유는 징계절차에 대한 것이 아니라 징계사유의 존부에 관한 것이므로, 사용자가 그와 같은 사유가 징계절차에 해당하지 아니한다는 이유로 근로자의 재심신청을 받아들이지 아니한 것이 위법하다고 볼 수 없다.[188)]

3) 징계재심의 절차규정이 별도로 없는 경우

(가) 진술 기회부여

(a) 소명기회 없는 재심

징계재심의 기회부여 규정은 있으나, 절차규정이 별도로 없는 경우에는 변명의 기회를 부여하지 않았다 하더라도 징계는 유효하다.

관련판례

① 인사규정 등에 징계처분에 대한 재심절차에서 징계대상자에게 진술의 기회를 부여한다는 규정이 없는 이상 재심의 절차에서 징계대상자에게 진술의 기회를 부여하지 않고 진행되었다고 하여 무효라고 할 수 없다[189)] 할 것이다. (중략) 사용자의 회원조합징계변상업무처리준칙에 의하면 징계사항을 의결할 때에 해당 징계대상자를 인사위원회에 출석시켜 소명기회를 부여하도록 규정하고 있을 뿐 나아가 징계처분에 대한 재심절차에서 징계대상자에게 진술의 기회를 부여하여야 한다는 별도의 규정이 있음을 인정할 증거도 없는바, 사용자가 근로자에 대한 징계의결을 함에 있어서 근로자를 출석시켜 소명기회를 부여하였음은 앞서 본 바와 같으므로 사용자가 재심절차에서 근로자에게 소명기회를 부여하지 아니하였다 하여 징계절차가 무효라고 할 수는 없으니 결국 징계절차상의 위법이 있다는 근로자의 주장은 이유 없다.[190)]

---

188) 서울행법 2006.12.12. 선고 2006구합27519 판결
189) 대법 1995.7.14. 선고 94누11491 판결 참조
190) 서울고법 2005.5.12. 선고 2004누9793 판결

② 재심징계위원회 개최 당시 증인으로 출석하겠다고 하면서 동행한 증인을 사용자 측이 해고자임을 이유로 출입을 금지하고, 사전에도 참가하는 것이 불가능하다는 입장을 밝혔음에도 증인의 회사출입이 허용되지 않는다는 것을 이유로 재심징계위원회에 참가하지 않은 경우, 출석하지 않은 상태에서 재심절차를 진행하였다고 하여 재심절차에 흠이 있다고 할 수 없다.[191)]

(b) 재심에서 상벌규정 적용여부

원징계의결과 재심의결을 같은 인사위원회가 한 경우 상벌규정이 징계 재심절차에서도 그 적용이 있을 수 있다.

관련판례

사용자의 상벌규정은 인사위원회는 징계대상직원의 의사에 따라 징계혐의 사실에 관한 소명서를 제출받거나 인사위원회에 직접 출두시켜 징계혐의사실에 관하여 진술할 수 있는 기회를 주어야 한다고 규정하면서(제10조제1항), 징계대상직원이 정당한 사유 없이 출석하지 아니하거나 소명서를 제출하지 아니한 경우에는 소명의 기회를 포기한 것으로 간주한다고 규정하고 있고(제10조제3항), (중략) 한편 피징계자는 징계통고 시각으로부터 48시간 이내에 인사관리부서에 서면으로 재심을 청구할 수 있는데(제11조제1항), 재심신청이 접수되면 당해 안건의 재심을 인사위원회 위원장에게 통보하여 재심의를 의뢰하고(제11조제2항), 인사위원회 위원장이 인사위원회를 소집하여 재심의 하도록 규정(제11조제3항)되어 있음을 알 수 있으므로, 인사위원회의 심의절차를 규정한 상벌규정 제10조제1항 및 제3항은 같은 인사위원회가 담당하는 징계재심절차에도 그 적용이 있다고 할 것임에도 원심이 사용자의 상벌규정 등에 재심절차에서 징계대상자에게 진술의 기회를 부여한다는 규정이 없다고 판단한 것은 잘못이라 할 것이다.[192)]

(나) 징계재심위원회 구성

재심징계위원회의 구성과 관련한 절차규정이 없더라도 징계절차에 관한 단체협약상 일반규정이 적용된다.

---

191) 서울고법 2010.11.24. 선고 2010누16754 판결
192) 대법 2006.12.22. 선고 2004두12902 판결

관련판례

단체협약에는 "회사의 징계결정에 이의가 있을 때 해당 조합원은 징계결정 통보를 받은 날로부터 15일 이내에 이의를 제기할 수 있으며 이의가 제기되면 회사는 해당 조합원 및 관할 대의원이 참석한 가운데 징계위원회를 열어 7일 이내에 재심을 해야 하며 3일 이내에 결정사항을 서면으로 통보하여야 한다"라고 규정되어 있으나, 재심징계위원회 절차 및 징계인원구성에 있어서 특별한 사정이 없는 한 징계심의에 관한 일반규정인 단체협약 제37조가 그대로 적용된다고 보아야 할 것인바, 근로자에 대한 재심징계절차에 적법한 노조대표자 및 관할 대의원의 참석 없이 이루어진 재심징계절차도 하자가 있다고 할 것이다.[193]

(8) 징계절차상 하자의 치유

징계절차상 하자는 사전통보, 소명기회 부여, 징계위원회 구성 및 운영등의 하자와 관련하여 문제가 되며, 하자가 치유된 경우에는 징계절차위반이 되지 않는다.

1) 사전통보관련 하자의 치유

사전통보와 관련한 하자가 있었다 하더라도, 근로자가 징계위원회에 출석하여 이의를 제기하지 않고 소명하였다면 절차상 하자는 치유된다.

관련판례

① 단체협약이나 취업규칙 등에 정한 징계절차규정에 위반하여 징계사실의 사전통지를 하지 않았거나 그 통지의 시기 및 방법을 제대로 지키지 않은 절차상의 하자가 있더라도 징계대상자가 스스로 징계이사회에 출석하여 통지절차에 대한 이의를 제기함이 없이 충분한 변명을 하거나 소명자료를 제출하였을 경우 절차상 하자는 더 이상 문제되지 않는다.[194]

② 사용자 회사가 근로자에게 징계위원회 개최 5일 전에 통보해야 함에도 불구하고, 개최일 4일 전에야 비로소 제1차 인사위원회 개최를 통보한 사실이 있고, 제2,3차 각 인사위원회 개최를 서면이 아닌 전화로 통보하였다고 하더라도, 사용자 회사가 제1차 인사위원회를 비롯하여 재심 인사위원회까지 4차례에 걸쳐 인사위원회를 개최하였는데, 근로자

193) 서울고법 2007.10.19. 선고 2007누12295 판결
194) 대법 1999.3.26. 선고 98두4672 판결

가 위 각 인사위원회에 모두 출석하여 통지절차 등에 대하여 직접적인 이의를 제기하지 아니하고 근로자의 견해를 상세히 밝히는 등 자기방어를 위한 변명 및 소명을 다한 이상 그 징계절차상의 하자는 치유되었다고 할 것이다.[195)]

2) 징계재심 절차에서의 하자치유

(가) 이해관계자 참여

원래의 징계절차의 징계위원 구성 등에 하자가 있더라도 재심과정에서 보완되었다면 징계절차상 하자는 치유된다.

관련판례

지역의료보험조합운영규정(이하 운영규정이라 한다) 제12조제5항은 인사위원회의 심의사항에 대하여 이해관계가 있는 위원은 그 회의에 참석할 수 없다고 규정되어 있고, 이는 강행규정이라 할 것이며, (중략) 소외인은 원고(근로자)의 행위로 인한 구체적인 피해자로서 원고에 대한 직위해제를 심의하는 인사위원회의 심의사항에 대하여 이해관계가 있는 자임이 명백하고, 따라서 소외인이 인사위원회 위원장으로 참석하여 심의와 결정을 한 위 인사위원회는 그 구성에 중대한 잘못이 있으므로 그 인사위원회의 결의에 기하여 이루어진 피고(사용자)의 1991.10.5.자 직위해제처분은 절차상 중대한 하자가 있게 되어 무효이고, 이에 터잡아 이루어진 피고의 1992.1.6.자 직권면직처분도 무효라고 할 것이니, 이와 같은 취지의 원심판단은 정당하고, 원심판결에 논지가 주장하는 위법이 있다고 할 수 없다. (중략) 비록 지역의료보험조합과 의료보험연합회는 그 구성원과 조직이 다른 별개의 법인이라 할지라도 피고 조합의 인사위원회와 의료보험연합회 소원심사위원회의 심의는 전체로 하나의 절차를 이루는 것으로서 의료보험연합회 소원심사위원회의 심사는 피고 조합의 인사위원회의 재심절차로 볼 수 있다고 할 것이므로, 원고가 이 사건 직위해제처분에 불복하여 의료보험연합회 소원심사위원회에 심사를 청구하였다면 위 심사절차는 피고 조합의 절차와 함께 전부가 하나의 처분절차를 이루는 것이고 그 절차의 정당성도 처분과정 전부에 대하여 판단하여야 할 것이니, 비록 앞의 처분과정에 절차위반의 하자가 있더라도 위 심사과정에서 보완이 되었다면 절차위반의 하자는 치유된다고 할 것이다.[196)]

---

195) 서울행법 2006.8.10. 선고 2006구합2343 판결
196) 대법 1994.8.23. 선고 94다7553 판결

(나) 하자 있는 징계위원

징계재심위원이 규정에 맞게 구성되었다면, 징계절차상의 하자는 치유될 수 있다.

관련판례

① 원징계절차에 있어 징계위원회 구성상의 하자가 있는 경우 하자있는 징계위원을 배제한 재심위원회에서 적법한 심의 · 의결을 거쳤다면 원징계절차의 하자는 치유될 수 있을 것이다.[197]
② 이 사건 징계절차에서, 법인의 이사인 징계위원 수가 전체 위원의 2분의 1이상을 초과할 수 없다는 법 및 정관 규정을 벗어나 일반직 징계위원이 임명된 잘못이 있고, 또한 근로자가 징계요구권자인 이사장으로부터 징계사유를 기재한 설명서를 송부 받지 못한 채 징계가 이루어지기는 하였으나, 징계재심위원이 징계위원 구성 비율에 대한 관계법령 규정에 맞게 구성되었고, 징계사유에 대하여 잘 알고 있는 근로자가 징계재심의결 기일의 출석통지를 받고 기일에 출석하여 자신에 대한 변명을 할 기회가 부여된 이상, 위와 같은 징계절차상의 하자는 모두 치유되었다고 할 것이다.[198]

3) 징계절차상 하자의 치유가 부정되는 사안

(가) 징계위원회 구성 하자

징계위원회 구성 등과 관련한 절차상 중대한 하자가 있는 경우에는 징계대상자가 재심 징계위원회에 출석해 이의를 제기함 없이 충분한 변명을 했다는 사정만으로 그 하자가 치유되지 않는다.

관련판례

원심이 인용한 제1심 판결 이유에 의하면, 원심이 이 사건 징계 절차의 하자가 치유됐다는 참가인(사용자)의 주장에 대해 명시적인 판단을 하지 않은 점은 인정된다. 그러나 원심이 확정한 사실 관계 및 기록에 의하면, 재심 징계위원회 구성을 위한 절차에도 절차상

197) 대법 1997.11.11. 선고 96다23627 판결 등 참조
198) 서울고법 2007.11.27. 선고 2007누9091 판결

하자가 있으므로 재심 과정에서 그 하자가 보완됐다고 볼 수 없고, 그 하자가 징계위원회 구성을 위한 절차상 중대한 하자인 이상, 원고(근로자)가 징계위원회 및 재심 징계위원회에 출석해 이의를 제기함 없이 충분한 변명을 했다는 사정만으로 그 하자가 치유될 수 있는 것은 아니므로, 원심의 위와 같은 잘못은 판결 결과에 영향이 없다.[199)]

(나) 이사회 승인

이사회 승인 등과 관련한 징계절차상 하자는 재심에서의 치유가 부정되고 있다.

관련판례

관련법령 및 정관에 직원의 징계에 관한 사항은 이사회 의결을 거치도록 되어 있으나, 사용자는 근로자에 대한 파면결의가 있자, 이사회를 소집하지 아니한 채 구성원 중 절반이 이사회 구성원이 아닌 사람들로 징계위원회를 구성하여 근로자에 대한 파면을 의결하였음을 알 수 있으므로, 근로자에 대한 이 사건 파면은 관련법령과 정관에서 정한 직원에 관한 징계절차규정을 위반한 것으로서 부당하다고 할 것이다. 한편 사용자는 이사회 회의를 개최하여 정족수 7명 중 6명이 참석하여 참석인원 전원 찬성으로 근로자에 대한 이 사건 파면을 추인하는 결의를 한 사실은 인정되나, 이 사건 파면이 절차상 하자가 있는 등으로 인하여 부당하다는 취지의 제1심판결이 선고되자 이 사건 파면이 있은 후 2년 이상 지난 시점에서 행한 위 추인 의결로써 이 사건 파면과정에서의 절차상 하자가 치유된다고 볼 수 없다.[200)]

(9) 통상해고, 면직, 당연퇴직 처분에 대한 징계절차 적용

1) 통상해고에 대한 징계절차 적용

(가) 징계해고 사유와 중복되는 경우

근로자의 비위행위가 단체협약의 징계해고 및 통상해고 사유 양쪽 모두에 해당하여 통상해고를 하는 경우, 징계절차 규정이 적용되어야 한다.

199) 대법 2008.8.21. 선고 2008두7724 판결
200) 서울고법 2007.4.26. 선고 2005누30367 판결

관련판례

특정사유가 단체협약이나 취업규칙 등에서 징계해고사유와 통상해고사유의 양쪽에 모두 해당하는 경우뿐 아니라 징계해고사유에는 해당하나 통상해고사유에는 해당하지 않는 경우에도, 그 사유를 이유로 징계해고처분의 규정상 근거나 형식을 취하지 아니하고 근로자에게 보다 유리한 통상해고처분을 택하는 것은, 근로기준법 제27조제1항에 반하지 않는 범위 내에서 사용자의 재량에 속하는 적법한 것이다. 그러나 근로자에게 변명의 기회가 부여되지 않더라도 해고가 당연시될 정도라는 등의 특별한 사유가 없는 한, 징계해고사유가 통상해고사유에도 해당하여 통상해고의 방법을 취하더라도 징계해고에 따른 소정의 절차는 부가적으로 요구된다고 할 것이고, 나아가 징계해고사유로 통상해고를 한다는 구실로 징계절차를 생략할 수는 없는 것이니, 절차적 보장을 한 관계규정의 취지가 회피됨으로써 근로자의 지위에 불안정이 초래될 수 있기 때문이다. (중략) 3일 이상의 무계결근을 징계해고사유로 보아 소정의 징계절차를 요한다는 판단은 옳고, 사용자 회사가 위 징계해고사유에 대하여 통상해고사유를 규정한 취업규칙 제41조를 적용하여 근로자를 통상해고 하였다고 하더라도 사용자 회사로서는 징계절차를 거쳐야 하는 만큼 그러한 절차를 생략한 사용자 회사의 이 사건 해고처분은 무효이다.[201)]

(나) 징계해고사유에 해당되지 않는 경우

근로자의 비위행위가 징계해고사유에 해당하지 않고, 통상해고사유에만 해당한다면 징계절차를 거칠 필요가 없다.

관련판례

단체협약 제30조는 징계의 종류로 견책, 출근정지, 감봉, 강급, 정직 및 징계해고로 구분하고 있고, 단체협약 제31조는 조합원을 징계하고자 할 때에는 징계절차를 거쳐야 한다고 규정하고 있으며, 단체협약 제33조는 해고사유로 징계해고가 결정되었을 때, 금고이상의 형이 확정되거나 법률에 의하여 공민권이 정지 또는 박탈되었을 때, 금치산 · 한정치산 · 파산선고를 받았을 때, 기타 관계법령에 의거 허가를 득하였을 때를 규정하고 있다. 그리고 취업규칙 제21조는 해고사유로 징계해고가 결정되었을 때, 금고이상의 형이 확정되거나 또는 법률에 의하여 공민권이 정지 또는 박탈되었을 때 등을 규정하고 있다.

201) 대법 1994.10.25. 선고 94다25889 판결

(중략) 위 인정사실에 의하면, 단체협약에는 징계의 종류로 징계해고를 두고 있으면서 구체적인 징계사유를 규정하고 있지는 않으나 징계해고와 이 사건 해고사유에 해당하는 통상해고사유를 구분하고 있는데, 징계절차는 징계해고에 대하여 규정하고 있고, 통상해고는 그 사유를 보더라도 반드시 징계절차를 거쳐야 한다고 풀이할 수 없으며 (이를테면 이 사건 해고사유와 병렬적으로 규정되어 있는 "법률에 의하여 공민권이 정지 또는 박탈되었을 때"는 해석상 징계절차를 거칠 칠요가 없다 할 것이다), 취업규칙에서도 징계해고와 통상해고를 구분하면서 징계해고사유를 별도로 규정하고 있다. 따라서 사용자가 이 사건 해고를 함에 있어 단체협약상의 징계절차를 거치지 아니하였다고 하여 해고절차상의 위법이 있다고는 할 수 없다.[202]

2) 면직 및 당연퇴직 처분에 대한 징계절차 적용

면직 또는 당연퇴직 사유가 동시에 징계사유로 규정되어 있는 경우를 제외하고는 반드시 징계절차 규정이 적용된다고 할 수 없으므로, 징계절차를 생략한 면직, 당연퇴직 처분은 적법하다.

관련판례

① 취업규칙의 성질을 갖는 사용자의 신 운영규정의 관계조항을 보면, 제28조 가항에는 징계사유에 관하여 "복무규정을 위반하거나 직무를 태만히 하여 시설운영에 지장을 초래하거나 시설의 재산상 피해를 끼쳤을 때, 원생을 학대 또는 구박하는 등 인권을 침해하였거나 물의를 야기하였을 때, 종사자 상호간 시기 반목 등과 싸움 등으로 물의를 야기하였을 때, 불미스러운 행위로 시설의 명예를 대외적으로 훼손시켰을 때"라고 규정하고 있고, 제28조 나항에는 징계절차에 관하여 "징계처분시에는 충분한 소명자료가 있어야 하며 징계처분 대상자의 진술기회를 주어야 한다"라고 규정하고 있으며, 제29조에는 징계의 종류에 관하여 "경고, 감봉, 권고사직(파면)"을 규정하고 있고, 이와는 별도로 제30조에는 직권면직사유에 관하여 "신체 및 정신장애로 인하여 직무를 수행할 수 없을 때, 직무수헹에 있어 능력이나 소양이 현저하게 부적정하다고 인정될 때"라고 규정하고 있으며, 직권면직절차에 관하여는 따로 규정을 두고 있지 않은 사실을 알 수 있는 바, 위 징계사유와 직권면직사유는 별개의 사유이고 위 징계절차와 직권면직절차 역시 별개의 절차

202) 서울행법 2006.1.5. 선고 2005구합15700 판결

임이 분명하며, 위 직권면직사유에 관한 제30조 규정을 "제5장 징계"에 두었다고 하더라도 위 각 규정의 해석상 직권면직처분을 징계처분의 일종으로 볼 수는 없으므로, 사용자는 근로자들에 대하여 징계절차와는 관계없이 진술의 기회를 부여하지 아니하고 직권면직처분을 할 수 있다 할 것이다.[203)]
② 당연퇴직에 대하여 일반의 징계해고와 달리 아무런 절차규정을 두고 있지 아니한 경우에는 당연퇴직사유가 동일하게 징계사유로도 규정되어 있는 경우를 제외하고는 당연퇴직처분을 함에 있어서 다른 일반의 징계절차를 거쳐야 한다고 할 수 없고, 이는 당연퇴직사유가 실질적으로 징계사유로 보여지는 경우에도 달리 해석할 것은 아니라 할 것이다.[204)]
(중략) 사용자 학원의 정관이나 인사규정에는 당연퇴직의 절차에 대하여 아무런 규정을 두고 있지 않은 사실이 인정되고 달리 반증이 없으므로, 사용자 학원이 이 사건 당연퇴직처분을 함에 있어 징계절차를 거치지 아니하였다고 하여 이를 위법하다고 할 수는 없다.[205)]

(10) 징계시효 기간

1) 의 미

인사규정에 징계시효기간을 두는 이유는 사용자의 인사권 행사에 제한을 두려는 취지이다.

관련판례

① 종업원에 대한 징계 절차를 규정하고 있는 상벌규정은 "징계사유의 시효"라는 제목 아래 "징계의결의 요구는 징계사유가 발생한 날로부터 1년을 경과한 때에는 이를 행하지 못한다"고 규정하고 있는 바, 위 규정은 근로자에 대한 징계사유가 발생하여 회사가 일방적으로 근로자를 징계할 수 있었음에도 그 행사 여부를 확정하지 아니함으로써 근로자로 하여금 상당기간 불안정한 지위에 있게 하는 것을 방지하고 아울러 회사가 비교적 장기간에 걸쳐 징계권행사를 게을리하여 근로자로서도 이제는 회사가 징계권을 행사하지 않으리라는 기대를 갖게 된 상태에서 회사가 새삼스럽게 징계권을 행사하는 것은 신의칙에도 반하는 것이 되므로 위 기간의 경과를 이유로 사용자의 징계권행사에 제한을 가하려

203) 대법 2000.6.23. 선고 99두4235 판결
204) 대법 1995.3.24. 선고 94다42082 판결 등 참조
205) 서울고법 2005.10.25. 선고 2005누13676 판결

는 취지에서 둔 규정이다.[206)]
② ㅇㅇ공사의 근로자에 대한 징계절차를 규정하고 있는 인사규정은 "징계의결의 요구는 징계사유가 발생한 날로부터 2년 (단, 금품 및 향응수수, 공금의 횡령, 유용의 경우에는 3년)을 경과한 때에는 이를 행하지 못한다"고 규정하고 있는 바, 위 규정은 (중략) 위 기간의 경과를 이유로 사용자의 징계권행사에 제한을 가하려는 취지에서 둔 규정으로서, 그 기산점은 원칙적으로 징계사유가 발생한 때이다.[207)]

2) 법적효과

(가) 관련규정이 있는 경우

인사규정 등에 징계시효기간이 규정되어 있는 경우 그 기간이 경과하면 징계를 할 수 없다.

관련판례

① 참가인(근로자)이 2006.1.27.자 업무방해, 같은 달 31.자 업무방해 및 감금의 범죄사실로 벌금 300만 원의 형을 선고(2007.6.13.) 받았으나, 원고 법인의 정관, 직원징계위원회규정에 의하면 징계의결의 요구는 징계사유가 발생한 날로부터 2년을 경과한 때에는 이를 행하지 못하는데, 참가인의 2006.1.27.자 업무방해행위에 대하여는 징계사유가 발생한 날로부터 2년을 경과할 때에는 이를 행하지 못하는데, 참가인의 2006.1.27.자 업무방해행위에 대하여는 징계사유가 발생한 날로부터 2년이 경과할 때까지 징계의결의 요구가 없었으므로 (이에 대한 법인 산하 직원징계위원회에의 징계의결요구는 2008.1.29.에서야 있었다), 2006.1.27.자 업무방해행위는 이미 징계시효가 지난 것으로서 징계의결을 요구할 수 있는 징계사유에 해당하지 않는다.[208)]
② 단체협약에서는 징계위원회는 징계사유 발생부터 30일 이내에 개최해야 한다고 규정하고 있다. 2008.12.17. 대학교에서 제적되었다는 사실을 알게 되었고, 해고를 위한 징계위원회는 늦어도 2009.1.16.에는 개최되었어야 하는데, 최초 징계위원회 개최시기를 2009.2.11. 로 정하였고, 근로자의 연기신청으로 2009.2.16. 징계위원회가 개최되었으므

206) 대법 1995.3.10. 선고 94다14650 판결 참조
207) 대법 2008.7.10. 선고 2008두2484 판결
208) 서울고법 2010.2.2. 선고 2009누18273 판결

로, 해고는 징계위원회 개최시기에 관한 단체협약을 위반하여 개최된 징계위원회에서 의결된 흠이 있어 무효이다.[209)]

(나) 징계절차 착수시기

사용자 내부기관간의 절차만으로는 징계시효기간 내에 재징계절차에 착수하였다고 인정하기 어렵다.

관련판례

인사관리규정은 "법원에서 징계처분을 취소하는 판결이 있는 경우에는 제1항의 기간이 경과한 후에도 판결이 확정된 날로부터 3개월 이내에 다시 징계절차를 취할 수 있다."라고 규정하고 있는데, 이는 3개월 이내에 "재징계처분을 완료"하여야 한다는 의미가 아니라 3개월 이내에 "재징계절차에 착수"하면 된다는 의미라고 봄이 옳다. 그리고 위 규정은 원징계처분을 취소하는 판결이 확정되고 그로부터 3개월이 경과한 경우 근로계약관계의 불안정을 조속히 해소하고 원징계처분의 징계사유를 이유로 다시 징계처분을 받지 않으리라는 근로자의 신뢰를 보호하기 위한 것이라고 보이는 점에 비추어 보면, "다시 징계절차를 취한다"라고 함은 해당 근로자가 알기도 어려운 사용자의 내부 기관간의 연락이나 조치요구 등의 절차만으로는 부족하고 적어도 인사관리규정에 따라 상벌권자가 심의기관인 인사위원회에 재징계의 심의를 요구하거나 아니면 단체협약과 인사관리규정에 따라 징계혐의자에게 재징계절차에 착수함을 정식으로 통보하는 정도에 이르러야 한다고 할 것이다.[210)]

(다) 정당한 사유있는 징계시효기간 미준수

징계시효기간을 준수하지 못한 데에 정당한 사유가 있다면 위법하지 않다고 볼 수도 있다.

---

209) 서울고법 2010.11.24. 선고 2010누16754 판결
210) 서울행법 2010.12.2. 선고 2010구합33399, 2010구합34736 판결

관련판례

징계시효기간을 정하고 있더라도 징계대상 근로자의 귀책사유로 인하여 지연되었다는 등의 특별한 사정이 있는 경우에는 징계시효기간을 준수하지 못한 데에 정당한 사유가 있다고 보아 당해 징계절차가 위법하지 않다고 인정할 여지가 있을 것이다. 그러나 원고(사용자)의 주장과 같이 참가인(근로자)들이 종전에 자신들의 입장에 대한 변명의 기회와 자료제출의 기회를 충분히 보장받았다고 하더라도 그것만으로는 징계시효기간이 경과함으로써 참가인들이 가지게 된 신뢰의 침해를 정당화할 수 없는 점, 원고가 제출한 모든 증거를 종합하여 보더라도 원고가 징계시효기간이 만료하기 이선에 이 사건 총파업에 참가한 근로자들에 대하여 재징계절차를 진행할 것이라는 방침을 공지하여 참가인들을 비롯한 근로자들이 재징계절차가 진행될 것이라는 사정을 알고 있었거나 알 수 있었다는 사정을 인정하기에 부족한 점, 원고가 정당한 사유의 근거로 들고 있는 그 외의 사정은 모두 근로자인 참가인들의 귀책사유로 인한 것이 아니라 사용자인 원고 측의 사정에 불과한 점 등에 비추어 보면 원고에게 징계시효기간 미준수의 위법성을 조각할 만한 정당한 사유가 있었다고 인정하기 어렵다.[211]

(라) 절차상 위법인 징계처분

절차상의 위법을 이유로 한 직위해제 및 직권면직처분의 무효확인 판결이 확정된 경우 그 소송 도중 징계시효기간이 도과하였어도 같은 사유로 다시 징계처분을 할 수 있다

관련판례

위 인사규정의 취지는 징계사유 발생 후 사용자가 징계권을 행사할 것인지를 확정하지 아니함에 따라 근로자가 상당 기간 불안정한 지위에 있게 하는 것을 방지함과 아울러 오랜 기간이 지났기 때문에 사용자가 징계권을 행사하지 않으리라는 근로자의 기대를 보호하기 위한 것[212]이라고 할 것인데, 이 사건에서와 같이 직위해제 및 대기발령 사유임과 동시에 징계사유에도 해당하는 사유로 참가인(사용자)이 인사규정이 정한 기간 내에 원고(근로자)에 대하여 직위해제 등 처분과 면직처분 등 불이익 처분을 한 이상 참가인이 위

211) 서울행법 2010.12.2. 선고 2010구합33399, 2010구합34736 판결
212) 대법 1995.3.10. 선고 94다14650 판결 참조

징계사유에 대하여 소극적인 태도를 보였다거나 원고에게 징계권 불행사에 대한 기대가 성립되었다고 할 수 없을 뿐만 아니라, 위 면직처분에 의하여 원고는 일단 근로자의 지위를 상실하게 됨으로써 나중에 원고가 위 면직처분 등이 무효임의 확인을 구하는 소송을 제기하여 그 결과 무효확인판결이 확정되었다고 할지라도 그 때까지 참가인은 원고에 대하여 새로운 징계처분을 할 수도 없는 노릇이므로, 위 직위해제 및 면직처분의 효력을 다투는 소송의 계속 중에 인사규정에 정한 기간이 경과되고 그 후에야 절차상의 위법을 이유로 위 각 처분의 무효확인판결이 확정되기에 이르렀다면, 이러한 경우에는 종전의 위 각 처분도 실질적으로는 원고의 복무규율이나 기타 기업질서의 위반에 대한 제재적 목적으로 행하여진 점에 비추어 참가인은 위 판결확정일로부터 상당한 기간 내에 다시 동일한 사유에 대하여 징계요구를 할 수 있다고 보아야 할 것이니, 원고에 대한 위 4.20.자 징계의결요구는 적법하다고 볼 것이다.[213)]

(마) 징계절차에 관한 시효규정

징계절차에 관한 시효규정이라면 훈시적 규정에 불과하다고 보는 사례도 있다.

관련판례

사용자 취업규칙은 징계는 징계사유가 발생한 날 또는 한 날로부터 3개월 이내에 실시하도록 규정하고 있고, 사용자가 이 사건 해고를 함에 있어 이 사건 교통사고가 발생한 3.13. 부터 3개월이 경과하였음이 역수상 명백한 9.15. 이 사건 해고를 한 사실은 앞서 본 바와 같다. 그러나 위 규정은 징계사유의 시효에 관한 것이 아니라 징계절차에 관한 것으로서 징계를 함에 있어 징계처분 대상자의 불안감을 해소하고 직무에 전념하도록 하기 위하여 되도록 빠른 시일내에 징계절차를 실행하라는 의미의 절차적 훈시규정이라고 할 것이므로, 위 규정에서 정하는 기간이 경과하였다고 하여 그 이전에 발생한 징계사유를 가지고 징계할 수 없는 것은 아니라고 할 것이다.[214)]

(11) 기타 징계절차와 관련한 쟁점

1) 노사대표 날인누락

징계결정통지서에 노사대표의 날인이 누락된 경우 이는 효력요건은 아니다.

---

213) 대법 1998.6.12. 선고 97누16084 판결
214) 서울행법 2006.12.12. 선고 2006구합28123 판결

관련판례

단체협약에 정하여진 해고에 관한 절차위반이 그 해고를 무효로 하느냐 여부는 일률적으로 말할 수는 없다.[215] 회사의 노사 양측은 단체협약 부칙을 체결하면서 징계에 관한 사항은 징계위원회 결정에 따르되 회사가 징계절차를 거치지 않고 징계를 남발하는 것을 막기 위하여 징계결정통지서에 노사 양 대표의 날인규정을 마련한 사실을 인정할 수 있는 점 등을 고려하면, 회사가 징계를 함에 있어 노동조합과 의사의 합치를 보아야 한다라는 의미라기보다는 조합원에 대한 참가인 회사의 자의적인 인사권이나 징계권의 행사를 방지하려는 취지에서 인사나 징계의 공정을 기하기 위하여 근로자에 대한 징계절차가 완전히 마무리되기 전에 노동조합장에게 징계결과를 미리 알려줌으로써 노동조합 측의 징계과정에서의 변론 내지는 필요한 의견을 제시할 기회를 보장하고 제시된 노동조합의 의견을 참고로 하여 최종적인 징계가 이루어지도록 유도하기 위한 규정이라고 해석함이 상당하다. 따라서 노동조합 분회장이 징계위원회에 변론위원의 자격으로 참석하여 의견을 진술하는 등 징계과정에 관여한 이상 비록 징계결정통지서(해고통보서)에 분회장의 날인이 누락되었다고 하더라도 그것만으로 이 사건 징계해고가 단체협약 부칙에 규정된 해고절차 위반으로서 무효가 된다고 볼 수 없다.[216]

2) 징계처분의 변경

징계처분이 권고해직에서 징계해고로 변경되었다고 하여 절차를 다시 밟아야 하는 것은 아니다.

관련판례

이 사건 근로자가 7.31. 징계위원회에 참석하여 징계사유를 충분히 고지 받지 못하였다는 취지로 발언함에 따라, 이 사건 사용자는 징계사유를 고지한 후 8.9. 이 사건 근로자를 참석시켜 다시 징계위원회를 개최하여 심리한 후 이 사건 근로자를 권고해직하되 근로자가 5일 이내에 사직하지 않을 경우 징계해고 하기로 의결하고 "직원인사규정에 의하여 권고해직하되, 5일 이내에 자진 사퇴하지 않을 경우 징계해고한다"는 내용의 징계처분통지서를 보낸 사실, 이에 따라 사용자는 8.20. 근로자를 권고해직 처분 하였는데 근로자가

215) 대법 1994.3.22. 선고 93다28553 판결 참조
216) 서울고법 2010.12.21. 선고 2010누11803 판결

5일 이내에 사직을 하지 않자 같은 해 8.25. 징계해고한 것으로 사용자가 근로자에게 충분한 변명의 기회를 주었고 징계의결 당시부터 징계해고가 예정되어 있었던 이상 최종적인 징계처분이 권고해직에서 징계해고로 변경되었다고 하여 모든 절차를 다시 밟아야 한다고 볼 근거가 없다.[217)]

3) 징계절차위반과 부당노동행위

조합원인 근로자를 징계함에 있어 징계절차를 위반한 경우에는 징계의 효력을 검토해 보아야 하지만, 불이익 취급의 정당한 사유가 없는 경우에 있어서도 부당노동행위의 성립에 당연히 영향을 미치는 것은 아니며, 단지 사용자의 부당노동행위 의사를 판단하는 하나의 자료가 될 수 있다.

관련판례

징계절차가 단체협약에 정하여진 규정에 위반되었다는 등의 사정이 사용자의 부당노동행위 의사를 판단하는 하나의 자료가 될 수는 있다 하더라도 그 징계절차 위반의 점이 해고무효사유가 되는지의 여부는 별론으로 하고 부당노동행위의 성립에 당연히 영향을 미치는 결정적인 요소가 되는 것은 아니다.[218)]

4) 재징계

(가) 취소 후 새로운 징계처분

사용자가 징계절차의 하자 등을 인정하여 스스로 징계처분을 취소하고 새로이 적법한 징계처분을 할 수 있다.

---

217) 서울고법 2010.2.17. 선고 2009누4120 판결
218) 대법 1993.1.15. 선고 92누13035 판결

관련판례

사용자의 근로자에 대한 징계처분은 근로자의 기업질서 위반행위에 대한 제재로서의 벌이고, 자체의 재심절차에서도 징계처분을 취소할 수 있으므로 사용자가 징계절차의 하자, 징계사유의 존부, 징계양정 등에 잘못이 있음을 스스로 인정한 때에는 노동위원회의 구제명령이나 법원의 무효확인판결을 기다릴 것 없이 스스로 징계처분을 취소할 수 있고, 나아가 새로이 적법한 징계처분을 하는 것도 가능하다.[219] (중략) 피고(사용자)가 제1차 징계해고에 대하여 ○○지방노동위원회의 판정이 내려지기 전에 자발적으로 원고(근로자)를 복직시킨 점, 그 후 제1차 징계해고가 부당하다는 내용의 ○○지방노동위원회의 판정이 내려졌으나 재심청구 등 불복절차를 취하지 아니한 점, 피고가 당초 제1차 징계해고사유로 삼았던 비위행위는 열한 가지에 이르는데 원심이 징계사유에 해당한다고 인정한 것은 그 중 두 가지에 불과한 점, 피고는 원고를 복직시킨 후 제1차 징계해고 사유와는 다른 새로운 사유를 문제삼아 제2차 징계해고에 나아간 점 등을 종합하여 보면, 피고는 스스로 제1차 징계해고 사유를 인정할 만한 자료가 부족하거나 징계양정이 부당하다고 여겨 제1차 징계해고를 취소한 다음 새로이 제2차 징계해고를 한 것으로 보기에 충분하며, 이와 같이 제1차 징계해고가 취소되면 소급하여 해고되지 아니한 것과 마찬가지이므로 원고는 피고에게 제1차 징계해고 없이 계속 근로하였을 경우 받을 수 있는 임금을 청구할 수 있다.[220]

(나) 확정판결 후 새로운 징계처분

징계절차 위반을 이유로 한 해고무효 판결 확정 후, 같은 사유를 들어 새로이 필요한 제반 징계절차를 밟아서 한 징계처분은 정당하다.

관련판례

징계해고에 관한 절차 위반을 이유로 해고무효 판결이 확정된 경우 소급하여 해고되지 아니한 것으로 보게 될 것이지만, 그 후 같은 징계사유를 들어 새로이 필요한 제반 징계절차를 밟아 다시 징계처분을 한다고 하여 일사부재리의 원칙이나 신의칙에 위배된다고 볼 수는 없을 뿐더러, 법원의 판결을 잠탈하는 것이라고 할 수도 없다 할 것이다.[221]

---

219) 대법 1994.9.30. 선고 93다26496 판결 등 참조
220) 대법 2010.6.10. 선고 2009다97611 판결
221) 대법 1994.9.30. 선고 93다26496 판결 참조

(다) 잠정적인 처분

무효인사발령 또는 원직복직명령의 법적의미는 2가지 중 하나이다. 즉, 해고처분의 소급적 소멸을 의미하는 해고취소이거나, 지방노동위원회의 판정 등의 효력에 복종하기 위한 잠정적 처분이다. 해고취소를 하고 2차 해고를 하는 경우 취소된 해고는 소멸하므로 이를 다툴 수는 없으나, 잠정적인 처분인 경우 그 해고가 소멸하는 것이 아니므로 해고를 다툴 이익(구제이익)이 존재한다. 제1차 해고의 효력이 다투어지고 있는 상태에서 그 제1차 해고를 취소함이 없이 절차를 보완하고 해고사유를 추가하여 행하여진 제2차 해고를, 그것이 단지 제1차 해고가 효력이 없을 것에 대비하여 행하여진 해고라는 것만으로 당연히 무효인 해고라고 할 수는 없다.

관련판례

① 참가인(사용자) 회사가 3.11. 원고(근로자)에 대하여 이 사건 해고 통고를 한 사실, ○○지방노동위원회가 5.31. 이 사건 해고를 부당해고라고 판정하여 참가인 회사에게 원직복직의 구제명령을 내린 사실, 이에 참가인 회사가 위 구제명령에 불복하여 6.4. 중앙노동위원회에 재심을 신청한 사실, 그런데 참가인 회사가 6.22. 지방노동사무소로부터 "위 구제명령에 따라 6.27.까지 원고를 복직조치하고 위 기한내에 복직시키지 아니할 경우 근로기준법 위반에 따른 불이익처분을 받게 된다"는 통보를 받자, 이에 따라 6.27. 원고에 대하여 이 사건 해고무효의 인사발령을 하면서 당시 지방노동사무소에 송부한 이행보고서에 그 발령근거로 지방노동위원회의 심판과 구제명령에 관한 규정인 노동조합 및 노동관계조정법 84조를 명시한 사실을 알 수 있다. 이와 같은 이 사건 해고무효 인사발령의 경위와 목적, 이 사건 해고무효 인사발령 이전에 참가인 회사가 구제명령에 불복하여 재심을 신청한 점 등을 종합하여 보면, 이 사건 해고무효의 인사발령은 그 문언의 표시에도 불구하고 참가인 회사가 구제명령에 복종하여야 할 공법상 의무를 이행하기 위하여 잠정적으로 원고를 복직시킨다는 의미라고 봄이 합리적인 의사해석이라 할 것이지, 이 사건 해고를 종국적으로 무효 내지 실효로 하겠다는 의미라고 볼 수는 없다.[222)]

② 피고(사용자) 회사는 위 지방노동위원회의 복직명령에 따라 원고(근로자)를 복직시키기는 하였으나 위 지방노동위원회의 결정에 불복하여 중앙노동위원회에 재심신청을 한 사실을 알 수 있는 바, 노동조합법 제42조에서 규정한 노동위원회의 사용자에 대한 구제명령은 사용자에게 이에 복종하여야 할 공법상의 의무를 부담시킬 뿐 직접 노사간의 사

222) 대법 2010.4.29. 선고 2007두12941 판결

> 법상의 법률관계를 발생 또는 변경시키는 것은 아니라고 할 것이므로,[223] 피고 회사가 위 복직명령에 대한 공법상의 의무를 이행하기 위하여 원고를 복직시키는 조치를 취하였다고 하더라도 피고 회사가 그에 불복하여 중앙노동위원회에 재심신청을 하였다면, 피고 회사는 제1차 해고를 취소함이 없이 제1차 해고가 받아들여지지 않을 것에 대비하여 예비적으로 이 사건 제2차 해고를 한 것이라고 보아야 할 것이고, 위 제2차 해고를 지방노동위원회의 복직명령에 따라 일시적으로 회복된 근로관계를 해소하기 위한 목적에서의 해고는 아니라고 보아야 할 것이다. 그렇다면, 피고 회사가 복직조치를 취함으로써 원고가 해고근로자의 지위를 벗어났으니 이 사건 제2차 해고는 해고근로자에 대한 해고로 볼 수 없다는 취지의 원심의 판시는 잘못이라고 할 것이나, 이와 같이 제1차 해고의 효력이 다투어지고 있는 상태에서 그 제1차 해고를 취소함이 없이 절차를 보완하고 해고사유를 추가하여 행하여진 제2차 해고를, 그것이 단지 제1차 해고가 효력이 없을 것에 대비하여 행하여진 해고라는 것만으로 당연히 무효인 해고라고 할 수는 없을 것이므로, 원심의 위와 같은 법리오해는 이 사건의 결론에 영향이 없고, 이와 다른 견해를 전제로 한 논지는 모두 이유가 없다.[224]

3. 징계양정의 적정성

(1) 징계양정의 적정성 판단기준

1) 징계권자의 재량

징계사유가 인정되는 경우에 징계권자가 피징계자에 대하여 어떤 징계를 선택할 것인지는 원칙적으로 징계권자의 재량에 속한다.[225]

(가) 취업규칙상의 양정사유

취업규칙 소정의 징계해고 사유를 그대로 적용하여 한 징계해고는 위법 · 부당한 사유가 없는 한 정당하다.

---

223) 대법 1976.2.11. 선고 75마496 결정 ; 대법 1994.6.28. 선고 93다33173 판결 참조
224) 대법 1996.4.23. 선고 95다53102 판결
225) 대법 2002.8.23. 선고 2000다60890, 60906 판결

관련판례

취업규칙에서 징계사유와 그에 대한 징계종류를 규정하고 있는 이상 그 규정 자체가 신의칙에 위반한다거나 권리 남용에 해당하는 등 특별한 사정이 없는 한 그 규칙에 정하는 바에 따라야 한다고 보아야 할 것이고, 원고(근로자)들의 위 인정의 비위사실이 피고(사용자) 회사의 취업규칙 소정의 해고사유에 해당한다면 위 취업규칙을 그대로 적용하는 것이 위법 부당하다는 어떤 사정이 없는 한 그 규정에 따른 해고의 징계처분은 일응 정당한 것으로 보아야 할 것이다. (중략) 그렇다면 취업규칙 소정의 해고사유에 해당되는데도 불구하고 원심이 아무런 합리적인 이유를 설시함이 없이 이에 해당하지 않는다고 판단한 것은 이유불비 내지는 피고 회사의 취업규칙의 해석을 잘못한 위법을 저질렀다 할 것이다.[226)]

(나) 징계양정기준의 하자

징계양정기준을 그대로 적용하기 어려운 경우, 피징계자가 저지른 비위의 내용, 성질, 경중, 징계의 목적 등에 의하여 징계양정의 구분을 하여야 한다.

관련판례

참가인(근로자)에 대한 이 사건 징계이유는 상벌규정에 규정한 "직무태만, 근무성적 불량자로서 개전의 정이 없을 때" 및 "감봉 이상의 2회 이상 징계자로 개전의 정이 없을 때" 해당하는 사유가 있다는 것이고, 위 상벌규정에는 이에 대한 징계양정기준으로 비위의 도가 중하고 고의에 의한 경우에는 각 해고, 비위의 도가 중하고 과실이거나 비위의 도가 경하고 고의에 의한 경우에는 정직, 강직에 처하도록 규정하고 있는 사실은 기록상 분명하나, 위에 본 각 징계사유의 유형에 있어서는 고의나 과실의 개념이 개입될 여지가 없어서 고의에 의한 경우와 과실에 의한 경우를 구분하여 징계의 양정을 할 수 없는 노릇이다. 따라서, 위 징계사유의 징계양정기준으로 규정된 고의, 과실은 무의미한 것으로 볼 수밖에 없어 결국 피징계자가 저지른 비위의 내용, 성질, 경중, 징계의 목적 등에 의하여 징계양정의 구분을 하여야 할 것인바, 원심판시와 같이 참가인이 단기간내에 계속적으로 교통법규 또는 사규를 위반하여 교통사고를 야기하고 그로 인하여 3회에 걸쳐 감봉 이상의 징계처분을 받은 전력이 있음에도 불구하고 또 다시 교통법규를 위반하여 이 사건 교

226) 대법 1991.10.11. 선고 91다20173 판결

통사고를 일으킨 점 및 이에 의하여 짐작할 수 있는 대형사고의 위험성 등에 비추어 보면 참가인에 대한 이 사건 징계해고처분은 정당하다고 수긍이 된다.[227)]
② 단체협약에서 "시말서를 연 5회 이상 제출한 때"를 징계사유로 규정하고 있으므로, 시말서를 제출하거나 시말서제출의 제재처분을 받은 횟수가 연 5회 미만인 경우에는 그 해당자에 대하여 그 사유만으로는 징계회부를 할 수 없는 것이라 할 것임에도, 같은 단체협약에서 그 소정의 징계사유에 따른 징계의 종류로 견책을 규정하면서 견책처분은 "시말서 3회 제출시"에 하도록 규정하였다면 서로 상충되는 것으로, 이와 같이 단체협약상의 상충하는 규정을 근로자에게 유리하게 합리적으로 해석하려면 결국 징계의 종류를 규정하면서 그 하나로 열기하고 있는 견책치분에 병기한 "시말서 3회 제출시"라는 기재를 무의미한 것으로 보는 수밖에 없다.[228)]

2) 징계재량의 한계

(가) 사회통념

(a) 사회통념상 상당하다고 보여지는 균형

징계권자의 징계재량이 자의적이고 편의적인 재량이 아니라 징계사유와 처분 사이의 사회통념상 상당하다고 보여지는 균형이 요구되고, 권리의 남용이 없어야 한다.

관련판례

취업규칙에서 징계사유를 규정함에 있어 동일한 징계사유에 대하여 여러 등급의 징계가 가능한 것으로 규정하였다든가, 어떤 징계사유에 대하여 원칙적인 징계의 종류를 규정하면서 예외적으로 정상에 따라 보다 무거운 징계를 할 수 있는 것으로 규정하였다든가 하는 경우에 그 중 어떤 징계처분을 선택할 것인지는 징계권자의 재량에 속한다고 할 것이다. 그러나 이러한 재량은 징계권자의 자의적이고 편의적인 재량에 맡겨져 있는 것이 아니며, 징계사유와 징계처분과의 사이에 사회통념상 상당하다고 보여지는 균형의 존재가 요구되고, 경미한 징계사유에 대하여 가혹한 제재를 과한다든가 하는 것은 권리의 남용으로서 무효라고 하지 않으면 안된다. 피고(사용자) 회사의 취업규칙 제109조에 의하면 회사의 승인없이 사내에서 인쇄물을 배포하는 행위에 대하여 감봉 또는 정직하되 정상에

227) 대법 1997.4.25. 선고 96누5421 판결
228) 대법 1995.4.25. 선고 94누13053 판결

따라 징계해고가 가능한 것으로 규정하고 있고, 제110조제13호는 파업을 선동한 자에 대하여 징계해고 할 수 있도록 되어 있는 바, 원심은 위 제110조제13호에 해당하는 원고(근로자)의 행위에 대하여서는 면책키로 한 단체협약 때문에 징계처분을 할 수 없고, 제109조에 해당하는 원고의 행위에 관하여서는 그 여러가지 판시 사정을 참작할 때 징계해고 할 정도의 나쁜 행동이라고 할 수 없으므로 피고의 징계해고처분은 그 재량의 범위를 일탈하여 무효라는 취지로 판단한 것인바, 위와 같은 법리에 비추어 볼 때 원심판결은 정당하다.[229]

(b) 사회통념상 타당성

사회통념상 타당성은 구체적인 사례에 따라 종합적으로 검토하여 판단되어야 한다.

관련판례

징계권자가 재량권의 행사로서 한 징계처분이 사회통념상 현저하게 타당성을 잃어 징계권자에게 맡겨진 재량권을 남용한 것이라고 인정되는 경우에 한하여 그 처분을 위법하다고 할 수 있고, 그 징계처분이 사회통념상 현저하게 타당성을 잃어 재량권의 범위를 벗어난 위법한 처분이라고 할 수 있으려면 구체적인 사례에 따라 징계의 원인이 된 비위사실의 내용과 성질, 징계에 의하여 달성하려고 하는 목적, 징계양정의 기준 등 여러 요소를 종합하여 판단할 때에 그 징계 내용이 객관적으로 명백히 부당하다고 인정할 수 있는 경우라야 한다.[230]

(c) 인사규정에 따른 징계

내부의 인사기준에 따라 징계하였다는 사정만으로 징계처분이 적법하다고 할 수 없다.

229) 대법 1991.1.11. 선고 90다카21176 판결
230) 대법 2002.8.23. 선고 2000다60890, 60906 판결

관련판례

원심판결 이유에 의하면 (중략) 피고(사용자)가 조합의 인사규정 별표 15호 징계의 양정에 관한 기준에 따라 원고(근로자)를 징계하였지만 그 기준은 조합 내부의 사무처리준칙에 불과하므로 그 기준에 따라 징계하였다는 사정만으로 이 사건 처분이 적법하다고 할 수 없고, 이 사건 파면처분에 이르게 된 그 판시와 같은 제반 사정을 고려하여 보면 이 사건 처분은 재량권을 일탈 또는 남용한 것이라고 하지 않을 수 없어 위법하다고 판단하고 있다. 이 사건에 있어서와 같이 ㅇㅇ조합의 직원에 대한 징계처분을 함에 있어서 어떠한 징계처분을 할 것인가는 원칙적으로 징계권자의 재량에 맡기어져 있지만, 징계권자가 한 징계처분이 사회통념상 현저하게 타당성을 잃은 경우에는 재량권을 남용한 것으로 인정될 수 있고, 이와 같은 재량권의 남용 여부를 판단함에 있어서는 내부적으로 정한 징계양정의 기준을 참작하여야 할 것이지만 그것만에 의할 것이 아니라 그 징계의 원인이 된 비위사실의 내용과 성질, 징계에 의하여 달성하려고 하는 직무규율상의 목적 등 구체적인 사안에서 나타난 제반 사정을 모두 참작하여야만 할 것이다. (중략) 이 사건 파면처분이 재량권을 넘은 것이거나 재량권을 남용한 것이라고 판단한 조치는 수긍이 간다.[231)]

(d) 고소, 폭행

고소, 폭행이 있었더라도 그 경위나 결과 등을 볼 때 양정에 있어 재량권의 범위를 벗어나면 위법하다.

관련판례

원고(근로자)가 주주의 지위에서 대표이사 등을 고소하기에 이르게 된 경위, 원고의 소액주주협의회 회장으로서의 위치, 원고와 박ㅇㅇ 상무 사이에 상호 폭언 및 폭행이 있었고 박ㅇㅇ 상무가 원고의 폭행으로 인하여 특별한 상해를 입은 것으로는 보이지 않는 점, 원고가 대무기사를 임의로 변경함으로 인하여 회사가 입은 손해가 크지 않은 점, 중대한 비위사실을 저지른 황ㅇㅇ이나 원고와 대무기사를 교환하여 사용한 김ㅇㅇ에 대하여는 아무런 징계가 없는 점, 원고가 이전에 징계를 받은 석 없이 성실하게 근무해 온 점 등을 고려할 때 사회통념상 고용계약을 계속시킬 수 없을 정도로 책임있는 사유가 원고에게 있다고는 보기 어려우므로 원고에 대하여 징계의 종류 중 가장 무거운 해고처분을 선택하는 것은 그 정도가 지나쳐서 재량권의 범위를 벗어나 위법하다고 보아야 할 것이다.[232)]

---

231) 대법 1998.10.9. 선고 97누1198 판결
232) 대법 2005.3.11. 선고 2004두13332 판결

(e) 허위내용의 유인물 배포

적개심을 유발할 정도의 허위내용의 유인물 배포로 인한 해고는 사회통념상 타당성이 있다.

관련판례

회사의 명예를 훼손하는 허위내용의 유인물 배포행위가 취업규칙 소정의 회사의 사전승인 없이 이루어졌고, 장기간 5차례에 걸쳐 배포되었으며 배포수량, 배포대상 등에 비추어 근로자들로 하여금 사용자에 대하여 적개심을 유발시킬 염려가 있고 회사의 직장질서를 문란시킬 구체적 위험성이 있어 이를 이유로 한 해고가 사용자의 징계재량권을 일탈하지 아니한 것이다.[233)]

(f) 수회에 걸친 시말서 제출

수회의 시말서제출의 제재처분을 받은 경위 및 태도에 비추어 사회통념상 근로계약관계를 계속할 수 없는 책임 있는 사유가 있다고 인정된다.

관련판례

단체협약 소정의 징계사유인 "시말서를 연 5회 이상 제출한 때"를 이유로 이루어진 징계해고의 정당성을 판단함에 있어서는, 징계대상자의 비위사실이 단순히 형식적으로 위 징계사유에 해당하는가에 의할 것이 아니라 "시말서를 연 5회 이상 제출하거나 시말서 제출의 제재처분을 연 5회 이상 받은 사실"을 통해서 사회통념상 사용자가 당해 근로자와 근로계약관계를 계속할 수 없는 상태에 이르렀다고 볼 사정이 있는지의 여부에 의하여 판단하여야 할 것이고, 이와 같은 판단을 하려면 징계대상자가 시말서 제출의 제재처분을 받게 된 경위, 그 처분을 받게 된 비위사실의 구체적인 내용과 정도, 이로 인하여 기업의 위계질서가 문란케 될 위험성 등 기업질서에 미칠 영향, 징계대상자가 그 제재처분에 따라 시말서를 제출하는 등으로 자신의 비위사실에 대하여 반성하고 있는지의 여부, 과거의 근무태도, 기업질서위반으로 다른 징계처분 등을 받은 전력이 있는지의 여부 등 여러

233) 대법 1994.5.27. 선고 93다57551 판결

사정을 종합적으로 검토하여야 한다. 이 사건의 경우 원고(근로자)가 1991.10.15.부터 1년도 안된 기간 동안 5차례에 걸쳐 참가인(사용자) 회사로부터 시말서제출의 제재처분을 받은 경위가 원심 판시와 같고, 그 처분을 받게 된 원고의 구체적인 비위사실 중 일부는 원래 취업규칙 소정의 시말서제출의 제재처분보다 무거운 출근정지의 제재처분을 하도록 규정된 비위사실에 해당할 뿐 아니라 그 중에는 상사의 정당한 업무명령에 불복종하는 내용을 담고 있어 그 비위정도가 결코 가볍다고 보이지 아니하며, (중략) 오히려 원고의 위 각 비위사실에 대한 참가인 회사의 징계권행사를 부정하는 태도로 일관하고 있는 점, 원고의 과거의 근무태도, (중략) 등 기록에 나타난 여러 사정을 종합하여 보면, 원고에게는 사회통념상 근로계약관계를 계속할 수 없는 책임 있는 사유가 있다고 보인다.[234)]

(나) 형평의 원칙

사용자가 징계대상자들에 대한 징계수위를 낮추기 위한 방편으로 징계 양정기준을 정하고 그에 따라 징계처분을 하였을 경우 정해진 징계양정기준이 전혀 합리성이 없다거나 특정의 근로자만을 해고하기 위한 방편이라는 등의 특별한 사정이 없는 한 징계처분이 형평의 원칙에 반하여 위법하다고 할 수는 없다.

관련판례

① 원심은 (중략) 원고(근로자) 2, 3, 4, 5는 원고 노동조합의 위원장, 수석부위원장, 정책실장, 교육선전실장임과 동시에 중앙집행위원회 구성원들로서 이 사건 불법 파업의 결의와 구체적인 쟁의행위의 계획 및 수행에 있어 원고 노동조합의 의사를 결정하고 노조원들을 지도 · 선동하는 등 핵심적인 역할을 수행한 사람들로서 그 책임이 가장 무겁다는 점, 이 사건 파업으로 인하여 참가인(사용자) 회사는 직접적으로 막대한 경제적 손해를 입음과 동시에 ○○○ 파행운행으로 국민생활에 커다란 불편이 초래됨으로써 공익사업을 수행하는 공기업으로서 대외적 이미지 및 신뢰에 심각한 손상을 입은 점, 원고 4, 5는 당초 파면의 징계를 받았다가 참가인 재심 인사위원회에서 원고 노동조합에서의 지위가 고려되어 해임으로 징계가 감경된 점 등에 비추어, 참가인과 원고 2, 3, 4, 5 사이의 근로관계는 이 사건 파업으로 인한 비위행위로 인하여 더 이상 사용자와 근로자로서의 신뢰관계를 지속하기 어려울 정도에 이르렀다고 할 것이므로, 위 원고들에 대한 이 사건 해고가

---

234) 대법 1995.4.25. 선고 94누13053 판결

징계재량권을 남용하거나 일탈하여 위법하다고 할 수 없고, 단순히 다른 근로자들에게 상대적으로 경한 징계가 이루어졌다는 사정만으로 형평의 원칙에 위배되는 것이라고도 할 수 없다는 취지로 판단하였다. 위 법리와 기록에 의하여 살펴보면, 원심의 판단은 정당한 것으로 수긍이 간다.[235)]

② 원고(사용자)가 주차료를 횡령한 징수원들에 대한 징계양정기준을 정함에 있어서 횡령액의 다과를 고려하지 아니하고 주차장 근무횟수와 근무기간 및 벌금액을 기준으로 한 것은 상당한 합리성이 있다고 보여질 뿐만 아니라 그러한 징계양정기준이 특정의 근로자만을 해고하기 위한 방편이라고도 보이지 아니하는바, 원심이 확정한 사실에 의하면 위의 징계양정기준상 소외 자들은 소외 2 내지 6은 모두 해고제외 대상자에 해당하고 참가인(근로자)은 해고대상자에 해당하므로 참가인에 대한 이 사건 파면처분이 위 소외 2 등에 대한 정직이나 감봉처분과 형평의 원칙에 위반되어 징계재량권을 일탈한 부당해고에 해당한다고는 할 수 없다. 나아가 소외 1과의 관계에서 보건대, (중략) 소외 1에 대한 정직 3월의 징계처분이 위의 징계양정기준에 부합하지 아니하여 잘못된 것이라고 하더라도, 기록상 주차장 근무횟수가 1회이고, 벌금이 금 1,000,000원이나 주차장 근무기간이 1년 이상인 다른 주차료 징수원들도 모두 파면된 사실이 인정될 뿐만 아니라 원고가 이 사건 징계처분을 함에 있어서 특정의 근로자를 보다 불리하게 대우하거나 또는 보다 유리하게 대우하려는 주관적 의사가 개입되었다고 보이지도 아니하는 이 사건에 있어서, 앞서 본 바와 같은 사정으로 소외 1에 대하여 정직 3월의 징계처분이 내려졌다고 하여 참가인에 대한 이 사건 파면처분이 형평의 원칙에 위반되어 징계재량권을 일탈한 부당해고에 해당한다고 할 수 없다.[236)]

(다) 공익, 비례의 원칙

공익의 원칙에 반하거나 비례의 원칙에 위반하거나 또는 평등의 원칙에 위반한 경우에 이러한 징계처분은 재량권의 한계를 벗어난 처분으로서 위법하다.

관련판례

① 징계권의 행사가 임용권자의 재량에 맡겨진 것이라고 하여도 공익적 목적을 위하여 징계권을 행사하여야 할 공익의 원칙에 반하거나 일반적으로 징계사유로 삼은 비행의 정

235) 대법 2007.10.12. 선고 2007두7093 판결
236) 대법 1997.10.28. 선고 96누5780 판결

도에 비하여 균형을 잃은 과중한 징계처분을 선택함으로써 비례의 원칙에 위반하거나 또는 합리적인 사유 없이 같은 정도의 비행에 대하여 일반적으로 적용하여 온 기준과 어긋나게 공평을 잃은 징계처분을 선택함으로써 평등의 원칙에 위반한 경우에 이러한 징계처분은 재량권의 한계를 벗어난 처분으로서 위법하다 할 것이다.[237] 원심판결 이유에 의하면, 원심은 제1심판결을 인용하여 판시 징계사유 중 노동운동, 해교행위에 대해서는 이를 징계사유로 인정할 수 없는 점, 나머지 징계사유에 대하여도 원고(근로자)의 행위는 원고 개인이 아닌 각종 위원회나 교수협의회의 이름으로 행해진 것으로서 개인의 이익을 위한 것이라기보다는 공익을 위한다는 선의에서 행해진 것으로 보이거나 원고가 한 행위의 내용보다는 그 방법의 부적절성이 주로 문제될 뿐만 아니라 참가인(사용자)이나 위 대학교 총장이 교수협의회가 제기한 의혹에 대해 소극적인 자세로 대응한 것이 하나의 원인이 되었고, 또한, 일부는 원고의 고의에 기인한 것이 아니라 사소한 잘못이나 부주의에 기인한 것으로서 그로 인한 피해는 별로 없는 점, 원고가 참가인의 교수로서 15년간 그 본분을 지키며 연구와 교육을 통해 학교와 지역사회에 기여해 온 점 등 변론에 나타난 여러 사정들을 고려하면, 원고에 대한 이 사건 처분으로써 달성하고자 하는 행정목적을 감안하더라도, 원고로 하여금 교수로서의 직무를 전혀 수행하지 못하도록 하는 해임의 중징계에 처하는 이 사건 처분은 징계사유에 비하여 그 징계 양정이 너무 무겁다고 판단되므로, 이 사건 처분은 재량권의 범위를 일탈하거나 재량권을 남용한 위법한 처분이라고 판단하였다. 위에서 본 법리와 기록에 비추어 살펴보면, 원심의 위와 같은 판단은 정당한 것으로 수긍이 간다.[238]

② 정식직원으로 채용된 원고(근로자)가 익숙하지 못한 새 직장에서 안정을 찾아 정착하기까지 다소 마찰을 빚어 언쟁을 벌인다거나 1회 조퇴한 정도, 날씨가 춥고 냉장고에 자주 드나드는 관계로 보온을 위하여 몇차례 위생복 위에 사복을 덧입었다는 등의 사유만 가지고는 이것이 근무성적 또는 능률이 불량한 자로서 취업이 부적당하다고 인정되며 개전의 가망이 전혀 없는 경우(취업규칙 제12조제1호)에 해당한다거나 기타 이에 준하는 부득이한 사유가 있을 경우(취업규칙 제12조제7호)에 해당한다고 보기 어렵다고 할 것이므로 원고의 위 비행사실 정도로써는 피고 회사의 취업규칙상 해고사유에 해당한다고 볼 수 없거나 인정된 원고의 비행사실이 위 취업규칙 제12조제1호, 제7호의 해고사유에 해당한다고 하더라도 그것 때문에 피고(사용자) 회사가 원고와의 고용계약관계를 계속 유지하는 것이 객관적으로 보아 심히 부당하거나 현저히 불공평하다고 보여질 정도에는 이르지 못한다고 하겠고 따라서 위와 같은 사유만으로 원고를 징계해고하는 것은 현저히 징계권을 남용한 것으로 인정된다고 판단하였다. 기록에 비추어 볼 때 원심의 위 사실인정과 판단은 옳다.[239]

237) 대법 2000.6.9. 선고 98두16613 판결 참조
238) 대법 2003.1.24. 선고 2002두9179 판결
239) 대법 1991.11.26. 선고 90다4914 판결

(2) 징계양정의 참작자료

1) 과거의 비위행위

징계처분에서 징계사유로 삼지 아니한 비위행위라고 하더라도 징계종류 선택의 자료로서 피징계자의 평소의 소행과 근무성적, 당해 징계처분 사유 전후에 저지른 비위행위 사실 등은 징계양정에 있어서의 참작자료로 삼을 수 있다.

관련판례

① 원고(근로자)는 ○○부정행위 자체만으로도 9명의 수험생을 부정합격시켜 입시전형 업무의 기본을 말살하고 선의의 응시자에게 보상받기 어려운 피해를 입혔을 뿐만 아니라 학부형 및 학생들로 하여금 사립학교 교직원 및 교육전반에 대한 불신감을 가지게 함으로써 피고(사용자)를 비롯한 교육기관 전체의 권위와 명예를 실추시킨 행위라고 보지 않을 수 없고, 여기에다가 비록 징계사유가 되지는 않지만 그 이전에 이미 똑같은 편입학 부정행위를 저질러 2명의 수험생을 부정입학시킨 전력을 보태어 보면, 원고의 근무경력이나 편입학 부정행위에 가담하게 된 경위에 있어 다소 참작할 사정이 있고, (중략) 징계절차의 형평성에 다소간의 문제점이 엿보인다고 하더라도 원고에 대한 이 사건 징계파면처분이 사회통념상 현저하게 타당성을 잃을 정도로 원고에게 지나치게 가혹하여 그 재량권의 범위를 일탈한 것으로서 위법한 처분이라고 할 수는 없다 할 것이다.[240)]

② 3일 이상의 무단결근을 징계해고사유로 규정하고 있는 취업규칙 규정이 근로기준법에 위반되어 무효라고 볼 근거는 없으며, 근로자가 1988.1.12.부터 3일간 무단결근한 외에도 1987.6.경부터 1988.1.경까지 3회에 걸쳐 합계 10일을 무단결근한 사실을 아울러 고려할 때 위 3일간의 계속 결근은 고용계약을 계속시킬 수 없을 정도의 근로자에게 책임이 있는 사유로서 사용자가 그를 해고함에 있어서 정당한 이유가 있는 것으로 보인다.[241)]

2) 징계를 전후한 징계행위

근로자가 징계사유 이외에도 징계를 전후한 각종 비위행위를 통하여 사회통념상 회사와의 신뢰관계를 반복적으로 훼손한 경우, 근로관계를 계속할 수 없는 중대한 사유가 있다고 볼 여지가 충분하다고 본다.

---

240) 대법 2004.6.25. 선고 2002다51555 판결
241) 대법 1990.4.27. 선고 89다카5451 판결

관련판례

이 사건 각 해고에 있어서 그 징계결의서나 징계처분서 등에 징계사유가 "7.30. 13:00경 원고(사용자) 회사 주차장에서 직장 내 폭력사태로 인한 경영질서 문란과 공포분위기 및 불안감 조성으로 인한 업무방해"라고만 기재되어 있다고 하더라도, 그 실질적인 징계사유가 되는 비위행위에는 참가인(근로자)들이 관련된 7.29.과 같은달 30.의 양일 간의 폭력사태 및 참가인 1이 저지른 위 지역신문 투고 행위가 포함된다고 봄이 상당하다. 또한, (중략) 이는 노동조합 내부의 폭력사태를 간접적으로 야기함으로써 원고 회사의 경영질서를 문란하게 하는 징계사유에 해당할 뿐만 아니라, 참가인 1의 위 지역신문 투고 행위도 위 폭력사태를 정상적으로 해결하지 아니하고 도리어 이로 말미암아 피해를 당한 원고 회사 및 그 대표이사를 근거 없이 비방하는 것으로서 징계사유에 해당하는 것이며, 참가인 1에 관한 나머지 비위행위는 그 징계양정에 있어서의 참작자료로 삼을 수 있는 것이다. (중략) 위 사실관계에 의하면, 참가인 1의 경우에는 앞서 본 바와 같은 징계사유 이외에도 이 사건 해고를 전후한 각종 비위행위를 통하여, 방법 및 절차의 적법성과 직장질서를 외면하고 노동조합 활동을 빙자하거나 이에 편승하여 불필요한 개인적 감정의 비행으로써 사회통념상 원고 회사와의 신뢰관계를 반복적으로 훼손하여 근로관계를 계속할 수 없는 중대한 사유가 있다고 볼 여지가 충분하다 할 것이다.[242]

3) 일부 징계사유만 인정

수 개의 징계사유 중 일부가 인정되지 않으나 인정되는 다른 일부 징계사유만으로도 당해 징계처분의 타당성을 인정하기에 충분한 경우, 그 징계처분을 그대로 유지하여도 위법하지 않다.

관련판례

원심이 확정한 사실관계와 같이 원고(근로자)가 (중략) 자신의 위 뇌물수수 범행을 은폐하기 위하여 위 뇌물수수 사실을 진정한 위 고소인을 무고하는 범죄행위까지 하였다면, 이는 원심이 인정하지 않은 징계사유를 제외하더라도 (중략) 품위를 손상시키는 행위라고 보지 않을 수 없고, 또한 기록에 의하면, 원고는 5.23.에도 이 사건과 유사한 징계사유인

242) 대법 2002.5.28. 선고 2001두10455 판결

금품수수를 이유로 정직 3월의 중징계를 받은 전력이 있음을 알 수 있는 바, 원고가 저지른 위 비위의 정도(특히, 무고까지 한 점) 및 위 중징계 전력 등에 비추어 볼 때 (중략) 14회에 걸쳐 표창을 받았다거나, 원고가 제공받은 향응이나 수수한 뇌물의 가액이 적다거나, 위 뇌물수수를 받고서도 위 사건 처리에 있어서 고소인 ○○○에게 불리한 결론을 내린 점 등 기록에 나타난 제반 사정을 참작하더라도 피고(사용자)의 이 사건 해임처분이 사회통념상 현저하게 타당성을 잃을 정도로 원고에게 지나치게 가혹하여 그 재량권의 범위를 일탈한 것으로서 위법한 처분이라고 할 수는 없고 오히려 이 사건 해임처분은 그 타당성이 충분히 수긍될 수 있는 경우로 보인다.[243)]

4) 면책합의, 사면

(가) 비위행위 면책합의

면책합의를 하였다 하더라도, 그 밖의 다른 비위행위를 징계사유로 하여 근로자를 징계하면서 징계양정의 판단자료로 삼을 수 있다.

관련판례

근로자의 비위행위에 관하여 징계를 하지 않기로 하는 면책합의를 하였다 하더라도 이는 그 비위행위를 징계사유로 삼는 것을 허용하지 않는 것일 뿐 그 밖의 다른 비위행위를 징계사유로 하여 근로자를 징계함에 있어 면책합의된 비위행위가 있었던 점을 징계양정의 판단자료로 삼는 것까지 금하는 것은 아니다.[244)] 따라서 원심이 당초 징계요구 사항에 포함되어 있다가 징계의결시 징계사유에서 제외된 4.30. 이전에 있었던 위 원고(근로자)들의 비위행위는 징계사유 자체는 아니나 징계양정의 적정성 등을 판단하는 데 있어서는 참작사유가 된다고 한 것은 정당하다.[245)]

(나) 사면된 징계전력

면책합의되거나 징계시효가 지난 비위행위도 징계양정의 참작사유가 될 수 있다.

---

243) 대법 1991.11.22. 선고 91누4102 판결
244) 대법 1995.9.5. 선고 94다52294 판결 참조
245) 대법 2008.10.9. 선고 2006두13626 판결

관련판례

① 재량권의 일탈 여부를 판단함에 있어 이미 사면된 징계처분의 경력을 참작하였다고 하여 위법하다고 할 수는 없다.[246)]

② 원고(근로자)의 비위사실 중 위 소외 4로부터 금품을 각 수령한 행위와 신문관리보조원의 계속되는 결근상태에 대하여 조치를 취하지 아니한 점은 상고인의 주장과 같이 2년의 징계시효가 경과되었지만, 징계시효가 지난 비위행위도 징계양정에 있어서 참작자료로 할 수 있는 것인바,[247)] ○○회는 (중략) 무엇보다도 영업장의 공정한 배정과 엄격한 관리 등이 필요하고 이를 위해서는 직원들의 엄정한 복무기강이 요구된다는 점에 비추어 보면, 원고가 차장으로서 성실 및 청렴 의무에 위반하여 영업장의 운영과 관련한 부정한 청탁을 받고 3명으로부터 적지 않은 금원을 수수하고, 영업장이 본래 배정받은 성과급영업원이 아닌 그의 가족 혹은 영업장을 임의로 인수한 제3자에 의하여 운영되는 것을 알고서도 그대로 묵인하였으며, 부하직원을 관리함에 있어 규정에 따른 정직한 업무처리를 하지 않았던 것은, 상고이유에서 주장한 바와 같은 사정, 즉 일부 징계사유는 그 비위의 정도가 비교적 가볍거나 그 경위에 다소 참작할 만한 점이 있고, 공금은 인출 후 곧바로 입금시켰으며, 3회의 표창을 받은 사실 등이 있음을 감안하더라도, 사회통념상 근로관계를 계속시킬 수 없을 정도의 중대한 귀책사유에 해당한다고 할 것이어서 원고에 대한 파면처분이 징계재량권을 일탈한 것이라고 할 수 없다.[248)]

5) 과거 비위행위의 참작시 고려사항

과거 징계처분을 받은 전력이 있더라도, 그 징계처분의 사유가 되었던 비위행위의 내용 등이 고려되어야 한다.

관련판례

① 인사규정에서 징계처분일부터 최장 1년6개월 등 일정기간 이전에 징계처분을 받은 전력이 있을 경우 이를 징계가중사유로 규정하고 있으나, 과거 징계처분을 받은 전력이 있다고 하여 그 징계처분의 사유가 되었던 비위행위의 내용 등을 고려하지 않은 채 일률적

246) 대법 1983.11.22. 선고 83누321 판결
247) 대법 1995.9.5. 선고 94다52294 판결 참조
248) 대법 1999.11.26. 선고 98두10424 판결

으로 징계가중사유로 삼는 것은 합당하다고 볼 수 없는데, 참가인(근로자)이 이 사건 해임처분 이전에 받은 감봉처분의 사유인 비위행위의 내용은 언론에 보도되었던 원고 이사들의 비리를 성토하는 내용의 글을 원고 내부통신망에 게시하는 과정에서 (사용자)이사들의 명예를 훼손하거나 이사장을 모욕하였다는 것으로, 관련 형사사건에서 위 게시물 중 중요한 내용이 사실에 부합하거나 참가인이 사실이라고 믿을만한 상당한 이유가 있고 그 목적이 공공의 이익을 위한 것이라는 이유로 일부 게시행위에 대하여 무죄판결이 확정된 점에 비추어 볼 때, 위 감봉처분을 받은 전력을 징계가중사유로 삼는 것은 적절하다고 볼 수 없다.[249)]

② 이 사건 근로자가 채용 당시 허위학력을 기재하였다는 것은 이 사건 해고 후에 드러난 사정으로서, 이 사건 해고 당시 해고사유로 적시되지 않아 이 사건 근로자의 소명의 기회를 박탈하였으므로, 이 부분은 징계양정에서 참작사유로 삼을 수 있음은 변론으로 하고 징계사유로 삼는 것은 허용되지 않는다.[250)]

249) 대법 2010.7.29. 선고 2007두18437 판결
250) 서울고법 2010.8.31. 선고 2009누29280 판결

제2장 인사관리조치의 종류별 정당성 기준

제1절 근로관계의 종료

근로관계가 종료되는 이유로는 근로자의 의사에 반하여 사용자의 일방적 의사에 의하여 이루어지는 해고, 근로자나 사용자의 의사와는 관계없이 이루어지는 자동소멸, 근로자의 의사나 동의에 의하여 이루어지는 퇴직 등으로 나눌 수 있다.

근로기준법 제27조에서 말하는 해고란 실제 사업장에서 불리우는 명칭이나 그 절차에 관계없이 위의 첫번째에 해당하는 모든 근로계약관계의 종료를 의미하며,[1) 해고는 ① 기업의 경영상 필요성에 의하여 행하는 정리해고, ② 기업질서 위반 등 근로자의 귀책사유에 의하여 행하는 징계해고, ③ 그 밖에 부득이한 사유가 있어 근로관계를 유지하기 어렵다고 하여 행하는 통상해고로 나누어 볼 수 있다.

해고 이외에는 사직으로 인한 근로관계 종료, 기한이 정하여진 근로계약관계, 시용 · 수습, 채용내정의 정식 채용으로 이어지지 못하는 경우의 근로관계 종료를 들 수 있다.

1. 경영상 이유에 의한 해고(정리해고)

(1) 의 의

해고사유를 기준으로 할 때 해고의 유형은 크게 근로자 측 사유에 의한 해고와 기업경영상의 필요에 의한 해고로 나누어 볼 수 있는데, 후자를 경영상 해고 또는 정리해고라고 한다.[2) 정리해고란 사용자의 긴박한 경영상 필요에 따라 기업의 유지 · 존속을 위해 일정한 요건 하에 근로자를 해고하는 것을 말한다.

다만, 판례는 사업의 폐지를 위하여 해산한 기업이 그 청산과정에서 근로자를 해고하는 경우 또는 기업이 파산선고를 받아 사업의 폐지를 위하여 그 청산과정에서 근로자를 해고하는 경우는 정리해고가 아니고 통상해고라고 보고 있다.

---

1) 대법 1993.10.26. 선고 92다54210 판결
2) 법규정에서는 경영상 이유에 의한 해고란 용어를 사용하지만, 정리해고란 용어가 판례를 중심으로 일반화되어 있으므로 혼용하기로 한다.

관련판례

① 정리해고는 긴급한 경영상의 필요에 의하여 기업에 종사하는 인원을 줄이기 위하여 일정한 요건 아래 근로자를 해고하는 것으로서 기업의 유지 · 존속을 전제로 그 소속 근로자들 중 일부를 해고하는 것을 가리키는 것이고, 이와 달리 기업이 파산선고를 받아 사업의 폐지를 위하여 그 청산과정에서 근로자를 해고하는 것은 위장폐업이 아닌 한 기업경영의 자유에 속하는 것으로서 파산관재인이 파산선고로 인하여 파산자 회사가 해산한 후에 사업의 폐지를 위하여 행하는 해고는 정리해고가 아니라 통상해고이고, 이러한 경우 단체협약에 정리해고에 관하여 노동조합과 협의하도록 정하여져 있다 하더라도 파산관재인은 이에 구속되지 않는다고 할 것이다.[3)]

② 사용자가 그 존속을 전제로 한 영업활동을 수행할 수 없고 현존사무의 종결, 재산의 환가처분, 잔여재산의 분배 등으로 이루어지는 청산업무만이 남아있는 상태에서 청산업무의 일환으로 근로자들을 해고한 경우에 이는 통상해고에 해당하고 파산과 다름없는 청산의 상태에서 한 해고는 정당한 이유가 있다고 할 것이다.[4)]

(2) 정리해고의 정당성 요건

1) 개 관

정리해고는 오로지 사용자 측의 사정으로 인해 근로관계가 종료된다는 점과 일반적으로 다수의 근로자가 해고되는 경우가 많아 사회적 영향이 크다는 점 등을 고려하여 별도로 근로기준법 제24조에 엄격한 요건이 규정되어 있다.

사용자가 경영상의 이유에 의하여 근로자를 해고하려면, 첫째, 긴박한 경영상의 필요가 있어야 하고 둘째, 해고를 피하기 위한 노력을 다하여야 하고 셋째, 합리적이고 공정한 기준에 따라 그 대상자를 선정하여야 하고 넷째, 해고를 피하기 위한 방법과 해고의 기준 등을 근로자대표에게 해고실시일 50일 전까지 통보하고 성실하게 협의하여야 한다. 판례는 위 각 요건의 구체적 내용은 확정적 · 고정적인 것이 아니라고 보고 있다.

---

3) 대법 2003.4.25. 선고 2003다7005 판결
4) 대법 2001.11.13. 선고 2001다27975 판결

관련판례

사용자가 경영상의 이유에 의하여 근로자를 해고하고자 하는 경우에는 긴박한 경영상의 필요가 있어야 하고, 해고를 피하기 위한 노력을 다하여야 하며, 합리적이고 공정한 기준에 따라 그 대상자를 선정하여야 하고, 해고를 피하기 위한 방법과 해고의 기준 등을 근로자의 과반수로 조직된 노동조합 또는 근로자대표에게 해고실시일 60일(현행 50일) 전까지 통보하고 성실하게 협의하여야 하는데, 위 각 요건의 구체적 내용은 확정적 · 고정적인 것이 아니라 구체적 사건에서 다른 요건의 충족정도와 관련하여 유동적으로 정해지는 것이므로 구체적 사건에서 경영싱 이유에 의한 당해 해고가 위 각 요건을 모두 갖추어 정당한지 여부는 위 각 요건을 구성하는 개별사정들을 종합적으로 고려하여 판단하여야 한다.[5)]

2) 긴박한 경영상의 필요성

(가) 의 미

과거의 판례는 긴박한 경영상의 필요에 대하여 해고를 하지 않으면 기업이 도산되거나 존속유지가 위태롭게 되는 것이 객관적으로 인정되는 경우에 한한다[6)]고 하는 태도를 취하다가, 최근에는 반드시 기업의 도산이 초래될 수 밖에 없는 고도의 경영상 위기상태에 있어야 하는 것은 아니고, 장래에 올 수 있는 위기에 대처하기 위하여 인원삭감이 객관적으로 보아 합리성이 있다고 인정되는 경우도 포함되는 것으로 보고 있다.

관련판례

여기서 긴박한 경영상의 필요라 함은 반드시 기업의 도산을 회피하기 위한 경우에 한정되지 아니하고 장래에 올 수도 있는 위기에 미리 대처하기 위하여 인원삭감이 객관적으로 보아 합리성이 있다고 인정되는 경우도 포함되는 것으로 보아야 한다.[7)]

5) 대법 2002.7.9. 선고 2000두9373 판결 ; 대법 2010.7.22. 선고 2009두2092 판결 등
6) 대법 1989.5.23. 선고 87다카2132 판결 등
7) 대법 2002.7.9. 선고 2000두9373 판결 ; 대법 2004.1.15. 선고 2003두11339 판결 등

(나) 경영상의 필요성 판단 기업의 범위

(a) 원칙과 예외

긴박한 경영상의 필요성 여부는 원칙적으로 정리해고를 하는 법인별로 판단하는 것이 원칙이나, 한 법인의 사업부문이 다른 사업부문과 독립되어 경영여건을 달리하고 있는 경우이거나, 두 법인 또는 한 법인과 다른 법인의 특정 사업부문이 동종의 사업을 경영하여 엄격하게 분리되어 있지 않고 경영여건이 상호 밀접한 관련이 있는 경우에는 예외를 인정하고 있다.

관련판례

동종의 사업을 하는 두 개의 법인이 동시에 정리해고를 하거나 한 법인의 특정 사업부문에 정리해고를 하는 경우, 정리해고가 정당하다고 하기위한 요건으로서 긴박한 경영상의 필요가 있는지 여부에 관하여는 원칙적으로 정리해고를 하는 법인별로 이를 판단하여야 한다. 그러나 한 법인의 사업부문이 다른 사업부문과 인적 · 물적 · 장소적으로 분리 · 독립되어 있고 재무 및 회계도 분리되어 있을 뿐만 아니라 노동조합도 각 사업부문별로 조직되어 있고, 경영여건도 서로 달리하고 있다면 그 사업부문만을 따로 떼어 긴박한 경영상의 필요여부를 판단할 수 있고, 한편 두 법인 또는 한 법인과 다른 법인의 특정 사업부문이 동종의 사업을 경영하여 그 업종이 처한 경기상황에 동시에 반응하며, 상호 인적 · 물적 설비가 엄격하게 분리되어 있지 않고, 노동조합도 각각이 아닌 단일노조로 구성되어 두 법인과 통일적으로 교섭하고 있는 등 사실상 하나의 법인으로 운영되어 그 경영상황이 하나의 기업으로 볼 수 있을 정도로 상호 밀접한 관련이 있는 경우에는 두 법인 또는 한 법인과 다른 법인의 특정 사업부문의 긴박한 경영상의 필요에 관하여 종합적으로 판단할 수 있다.[8)]

(b) 구체적인 사례

㉠ 일부영업소의 영업이익 감소

위탁관리하고 있는 여러 개의 아파트 단지 중 일부 영업소의 영업이익 감소사정만으로는 긴박한 경영상의 필요성을 인정할 수 없다.

---

8) 대법 2006.9.22. 선고 2005다30580 판결

관련판례

긴박한 경영상의 필요성이란 기업의 일부 영업부문 내지 영업소의 수지만을 기준으로 할 것이 아니라 기업전체의 경영사정을 종합적으로 검토하여 결정하여야 한다. (중략) 원고(사용자)가 위탁관리를 맡고 있는 아파트단지가 더 있음을 알 수 있는 바, 원고가 그가 운영하고 있는 모든 아파트 관리소의 수효, 총 직원수, 영업수입, 회사의 규모, 회사의 자산 및 부채 등 회사 전체의 경영실태를 가늠할 수 있는 자료를 제출하고 있지 않은 이상, 대표회의가 인건비 지급을 거절한 감축대상인원에 대한 급여를 원고가 부담하게 됨으로써 발생하게 된 일개 관리소에서의 영업이익의 감소 내지 손실 때문에 반드시 인원삭감을 하여야 할 정도로 원고에게 경영상 긴박한 사정이 있다고 인정할 수 없다.[9]

ⓛ 여러 개의 사업부문

자치단체와 별개의 용역계약을 체결하여 운영하고 있는 여러 개의 사업부문이 있으나 각각 독립된 사업장(사업부문)이라고 볼 수 없다.

관련판례

적환장은 원고(사용자)의 다른 사업부문(재활용품 선별장, 생활쓰레기 수거장, 하수종말처리장)과 인사 및 재무 · 회계 등에 있어서 분리되어 있지 아니하고 노동조합 또한 사업부문별로 조직되어 있지 아니하였던 것으로 보인다. 따라서 적환장은 원고의 다른 사업부문들로부터 독립된 사업부문이라고 볼 수 없고, 이에 대하여 원고가 주장하는 사정들 (원고의 사업부문들이 각기 독립적으로 자치단체와 사이에 체결된 별개의 용역계약들에 바탕한 점, 본인이나 노동조합과의 합의가 없는 한 사업부문 간의 인사교류가 사실상 불가능한 점, 각 사업부문의 내용이나 근무형태가 서로 다른 점 등)만으론 이러한 판단을 뒤집기에 부족하다. (중략) 긴박한 경영상의 필요 존부는 적환장만이 아닌 원고의 법인 전체를 기준으로 판단하여야 할 것이다. 그런데 원고가 2004년부터 2006년 까지 매년 모든 사업부문을 통틀어 당기순이익을 기록하여 왔고, 2006년에는 상당한 액수의 부동산을 매입하기까지 한 점에 비추어 보면, 원고는 인원을 감축할 만한 합리적인 사정이 있었다고 보이지 아니하므로, 원고에게는 근로자를 해고해야 할 긴박한 경영상의 필요가 있었다고 할 수 없다.[10]

---

9) 대법 1999.4.27. 선고 99두202 판결
10) 대법 2009.8.20. 선고 2009두9314 판결 - 심리불속행 기각

㉢ 학교 복지위원회의 사업부문

학교내의 식당운영을 담당하던 복지위원회의 사업부문이 법인의 다른 사업부문과 독립되어 있다고 볼 수 없다.

관련판례

대학교 위원회 설치규정에 의하면, 대학교 내의 각종 위원회는 부서장이 기획조정실에 요청하여 총장의 재가를 받아서 설치하도록 되어 있는 바, 복지위원회도 이러한 과정을 거쳐서 설치되었으며 그 폐지 또한 (중략) 참가인 법인에 의하여 결정된 것으로 보이는 점, (중략) 복지위원회의 임대수익이 교비로 편입되었고 복지위원회가 해산하면서 그 운영자금이 참가인(사용자)의 교비로 편입된 점, 복지위원회의 사업활동은 모두 대학교 건물 내에서 이루어졌음에도 복지위원회가 참가인에게 임대료 등을 지급한 바 없고, 각종 경비의 지출도 대학교 후생복지과를 통하여 이루어졌으며, 북지위원회는 별도의 사업자 등록을 하지 않고 대학 총장 명의의 사업자 등록을 이용하여 물품을 구매한 점 (중략) 등을 종합하면, 복지위원회의 사업부문이 다른 사업부문과 인적 · 물적으로 분리 · 독립되어 있거나 경영여건을 달리하고 있다고 인정하기 어려우므로, 복지위원회의 사업부문이 참가인 법인의 다른 사업부문으로부터 독립되었다고 볼 수 없다.[11]

㉣ 별개의 법인이 사실상 1개 단위로 운영

두 사업부문이 별개의 법인으로 설립되어 있기는 하나, 여러 면에서 사실상 1개단위로 운영되어 온 점을 고려하면, 두 법인의 긴박한 경영상의 필요에 관하여 종합적으로 판단할 수 있다.

관련판례

피고 ○○주식회사 화섬부분과 피고 ○○화섬 주식회사는 별개의 법인으로 설비되어 있기는 하나, 인사교류, 자재 공동구입, 단일노조, 대표이사 겸직, 자금지원 등의 면에서 사실상 1개 단위의 회사로 운영되어 온 점, ○○주식회사 화섬부문 뿐만 아니라 ○○화섬도 경영실적이 악화되어 장래 경영전망이 어두웠던 점, ○○주식회사 화섬부문과 ○○화섬의 경영실적 악화는 화섬업계의 전반적 사양산업화에 기인한 것인 점에 비추어 보면 ○○주식회사

11) 대법 2010.3.11. 선고 2010두207 판결 - 심리불속행 기각

화섬부문과 ○○화섬의 경영상황은 상호 밀접한 관련이 있는 것으로 보이므로 피고들이 이를 종합적으로 판단하여 공동 시행한 이 사건 정리해고는 경영상 필요에 의한 것으로 판단된다.[12]

(다) 긴박한 경영상의 필요성 판단기준

(a) 판단의 기준시점

긴박한 경영상의 필요성은 일정한 특정시점에서 판단할 것이 아니고 사용자가 해고회피조치를 취할 무렵부터 근로자들에 대한 해고조치를 취할 때까지 사이에 걸쳐서 여러 상황을 종합적으로 고려하여 판단한다.

관련판례

참가인(근로자)은, 원고(사용자)가 희망퇴직 · 권고사직제도를 통하여 원래 목표로 정한 32명을 초과한 324명의 근로자를 감축하여 원래 목표에 근접하였음에도 참가인을 경영상 해고한 것은 긴박한 경영상 필요성이 없어서 부당하다고 주장하나, 사용자가 시장경제제도 하에서 경제적 · 산업구조적 · 기술적 성격 등 기업 외적인 요소에 의하여 필연적으로 발생하는 경영상의 위기를 극복하기 위하여 선택할 수 있는 하나의 방법인 경영상 해고의 본질에 비추어 보면, 긴박한 경영상의 필요성은 일정한 특정시점에서 판단할 것이 아니고, 원고가 해고회피조치를 취할 무렵부터 참가인에 대하여 이 사건 해고조치를 취할 때까지 사이에 걸쳐서 제반 상황을 종합적으로 고려하여 판단하여야 할 것이므로, 참가인의 위 주장은 받아들이지 아니한다.[13]

(b) 판단 방법

판례는 인원삭감의 합리적 필요성이 있으면 정리해고의 긴박한 경영상의 필요성이 있다고 넓게 인정하면서도, 그 판단에 있어서는 현재 영업 성적의 악화에 따른 경영위기상태에 있는지 여부(경영상태)를 기준으로 하는 경우가 많다. 따라서 당사자들은 긴박한 경영상 필요의 입증을 위해 재무제표상의 회계지표를 우선적

12) 대법 2006.9.22. 선고 2005다30580 판결
13) 대법 2008.11.27. 선고 2008두16711 판결 – 심리불속행 기각

으로 증거로 제시하는 경우가 일반적이다.

그러나, 판례는 재무제표상 지표들이 악화되어 있지 않은 경우에도, 폭넓게 긴박한 경영상의 필요성을 인정하는 경우도 다수 있다. 특히 국가 · 지방자치단체 및 그들이 출연한 기관의 정리해고에 있어서는 긴박한 경영상의 필요성을 더욱 넓게 인정한다.

긴박한 경영상의 필요성을 부정하는 판례들은 첫째, 사용자가 경영상 필요의 근거로 삼는 지표(주로 당기순손실, 부채비율 등) 이외의 다른 지표들은 안정적인 경우 둘째, 회계지표 악화의 원인이 과다인원과 관계가 없는 경우로서 관리비의 과다계상으로 관리비 비중이 높아 손실이 발생한 경우, 설비투자 등으로 인한 이자비용의 증가로 손실이 발생한 사례 등 셋째, 경영상 위기의 일반적인 상황에 반하는 간접사실들이 다수 있는 경우로서, 사업확장, 자금대여, 신규채용, 시간외 근로 등이 이루어지고 있는 사례 등을 사유로 들고 있다.

(c) 구체적인 사례

㉠ 부채비율, 당기순손실, 매출액 등

정리해고 시점에서 부채비율 증가, 당기순손실 누적, 매출액 감소 등의 사정이 있는 경우에는 긴박한 경영상 필요성을 인정한다.

관련판례

원고(근로자)들은 참가인(사용자) 회사의 경영악화의 실질적인 원인은 경영진의 방만한 사업운영에서 비롯된 것이므로, 사업운영방식의 개선 없이 단지 적자누적을 이유로 이 사건 정리해고를 하여야 할 긴박한 경영상의 필요성이 있다고 할 수 없다고 주장하나, 원고들의 주장과 같이 가사 참가인 회사의 경영상의 위기가 경영진의 방만한 사업운영에서 비롯된 것이라 하여 곧 정리해고를 하여야 할 긴박한 경영상의 필요성이 없다고 할 수 없을 뿐 아니라, 이 사건 정리해고의 경우 관광객 수의 증가에 비해 호텔과 콘도미니엄, (중략) 고령화에 따른 인건비의 증가, 전체 숙박업 평균보다 월등히 높은 매출액 대비 인건비의 지출 등으로 인하여 5년간 누적적자가 100억 원에 이르는 등의 경영상태 악화를 이유로 실시되었으므로, 원고들의 이 점에 관한 주장은 이유 없다.[14]

14) 서울고법 2008.7.9. 선고 2007누27570 판결

㉡ 당기순손실, 인건비 비중, 유휴인력

당기순손실이 지속될 뿐만 아니라 비용 중 인건비의 비율이 높고 유휴인력이 상당수 존재하는 사정이 있는 경우 긴박한 경영상의 필요성을 인정한다.

관련판례

참가인(사용자)은 2002년 이후 지속적으로 딩기순이익의 손실을 보고 있을 뿐 아니라 그에 따라 현금보유액도 급격히 감소되고 있었고, 또한 2002년부터 2005년까지 자기자본수익률이 지속적으로 마이너스 상태에 있는 등 원가에 있어 대부분을 차지하고 있는 인건비의 절감이 절실한 상태에 있었고, 다른 감리업체에 비하여 재택자 비율이 높아 상당수의 유휴인력이 존재하고 있었던 것으로 보이는 점 등에 비추어 상당한 정도의 경영상의 어려움에 처해 있었음이 인정되고, 더욱이 이러한 경영상황에 대하여 노동조합이 공감하고 인력감축에 합의한 사정을 고려하면 참가인 회사는 이러한 경영상의 어려움을 극복하기 위하여 유휴인력을 감축하기 위한 구조조정방안으로 아 사건 해고를 단행할 긴박한 경영상의 필요가 있었다고 할 것이다.[15)]

㉢ 장래 도래할 위기

손익계산서상 결손이 발생한 경우가 아니라 하더라도, 전년도 대비 순이익, 시장점유율 등의 사정을 종합적으로 고려하여 장래 도래할 수 있는 위기에 대처하기 위한 경우에도 긴박한 경영상의 필요성을 인정하고 있다.

관련판례

참가인(사용자) 회사는 비록 손익계산서상 결손이 발생한 것은 아니었지만 2004.4.1.부터 2005.3.31.까지의 당기순이익이 대폭 감소하였고, 가중부실자산 및 위험가중자산의 비율도 2004년 상반기가 전기에 비하여 증가하였으며, 2004년 해약환급금 비율도 생명보험업계의 평균에 비하여 높았던 점, 참가인 회사는 이 사건 정리해고 이전 자산규모가 유사한 다른 보험회사에 비하여 점포수는 월등히 많은 반면, 매출은 큰 차이가 없어 전반적으

15) 대법 2008.8.21. 선고 2008두7663 판결 - 심리불속행 기각

로 비능률적이고 비효율적인 영업구조를 가진 것으로 보이는 점, 2003.8.30.부터 도입된 방카슈랑스 제도로 인하여 (중략) 기존 전속 설계사를 중심으로 이루어지던 영업 및 판매 조직의 축소 및 개편이 불가피하였던 점, 방카슈랑스 제도의 도입에 즈음하여 국내보험업계는 외국계 보험회사의 공격적인 시장공략으로 외국계 보험회사의 시장 점유율은 지속적으로 증가했지만, 참가인 회사를 포함한 중소 규모의 보험회사의 시장점유율은 지속적으로 하락한 점 (중략) 등 이 사건 변론에 나타난 제반 사정을 종합하여 보면, 참가인 회사로서는 방카슈랑스 제도의 도입과 (중략) 동종업계에 비해 비능률적이고 취약한 생산성 구조를 개혁함으로써 장래 도래할 수 있는 위기에 미리 대처하기 위하여 이 사건 조직개편을 단행하고, 그 과정에서 발생하는 잉여인력에 대하여 구조조정을 단행할 긴박한 경영상의 필요가 있었다고 할 것이다.[16]

㉣ 일부 영업부문 적자

사업체의 일부 영업부문 적자로 총 영업이익이 감소되어 향후 계속하여 경상손실이 가중될 것으로 보이는 경우 이러한 영업부문에 관하여 구조개선을 할 객관적 합리성이 인정된다.

관련판례

원고(근로자)는 참가인(사용자) 공사 전체적으로는 2006년도 당기순이익이 급증하는 등 경영상 어려움이 전혀 없었으므로, 참가인이 그 조직 중 극히 일부에 불과한 견인사업 부문을 대상으로 정리해고를 실시하여야 할 긴박한 경영상의 필요가 있었던 것으로 볼 수 없다고 주장하나, 사업 전체의 경영사정을 종합하여 볼 때, 전체 경영실적에서 흑자를 기록하고 있다고 하더라도 일부 사업부문의 비효율화로 인하여 그 사업부문에서 만성적인 적자를 기록하고 있고, 그러한 만성적인 적자가 해당 사업부문의 구조적인 문제 등에 기인한 것으로 개선될 가능성이 없는 때에는 해당 사업부문을 폐지하고 그 인원을 삭감하는 것이 불합리한 것이라고 볼 수 없다.[17]

㉤ 계속적인 구조조정 필요

지속적인 적자가 누적되어 구조조정을 실시한 결과 일시적인 흑자로 돌아선 사

16) 대법 2008.7.10. 선고 2008두5056 판결 - 심리불속행 기각
17) 대법 2009.5.14. 선고 2009두3897 판결 - 심리불속행 기각

정이 있더라도 향후 계속적인 구조조정이 필요한 경우 긴박한 경영상의 필요성이 인정된다.

관련판례

비록 전분당공장이 2년 연속 흑자를 기록하였으나 긴박한 경영상의 필요성이란 기업의 일부 영업부문 내지 영업소의 수지만을 기준으로 할 것이 아니라 기업전체의 경영사정을 종합적으로 검토하여 결정되어야 하고, 원고(사용자) 회사가 2007년도에 들어서서 흑자로 돌아서는 등 경영상태가 호전되었으며 정리해고 이후 전 직원들에 대하여 특별 경영 성과급을 지급할 수 있었던 것은 원고 회사가 지속적으로 추진하던 인원감축 등과 같은 일련의 구조조정에 따른 결과로도 볼 수 있으며 구조조정을 중단하여도 좋을 정도로 경영환경이 근본적으로 개선된 것으로 볼 수는 없다 할 것이므로, 적자경영 상태였던 원고의 경영상태가 일시적으로 흑자로 돌아섰다는 사정만으로 적자가 누적되어 왔으며 실적이 개선될 여지도 없었던 일부 생산라인을 폐쇄하고 그에 따른 유휴인력을 감축하여야 할 합리적인 필요성을 부정하기 어렵다 할 것이다.[18)]

㉥ 위탁관리로 변경

오피스텔을 기존의 자치관리방식에서 위탁관리방식으로 변경함에 따라 직제가 폐지되는 해당 업무 근로자들을 해고하는 것은 객관적 합리성과 사회적 상당성을 지닌 것으로 본다.

관련판례

참가인(사용자)은 기존의 자치관리방식에 대하여 이 사건 오피스텔의 구분소유자 등으로부터 여러 차례 이의가 제기되자, 외부 전문기관의 이 사건 오피스델 관리실대에 대한 조사를 거친 후, 그 결과를 바탕으로 이 사건 오피스텔 관리업무의 전문화 및 효율화를 위해 이 사건 오피스텔을 외부 전문관리 업체에 위탁관리하기로 총회에서 결의하였고, 이에 따라 이 사건 오피스텔의 관리업무에 종사하던 원고(근로자)들을 포함 근로자들을 해고할 수밖에 없었던 점 (중략) 을 고려할 때, 이 사건 해고는 경영상의 필요에 의하여 오피스

18) 대법 2010.2.11. 선고 2009두19595 판결 - 심리불속행 기각

텔의 관리를 외부 전문관리업체에 위탁함에 따라 직제가 폐지되는 원고들을 해고하게 된 것으로 객관적 합리성과 사회적 상당성을 지녀 정당하다고 봄이 상당하다.[19]

㉦ 국가, 지자체의 조직개편

국가나 지방자치단체의 경우, 긴박한 경영상의 필요성을 민간기업의 정리해고의 경우와 같이 엄격하게 다룰 수는 없으므로, 완화된 기준으로 판단한다.

관련판례

① 국가나 지방자치단체와 같은 공공부문의 경우, 인원삭감을 하지 않으면 도산할 우려가 있거나 심각한 재정상의 곤란이 초래되는 상황을 일반적으로 상정하기 어려우므로 정리해고의 정당성을 판단함에 있어서도 긴박한 경영상의 필요성을 민간기업의 정리해고의 경우와 같이 엄격하게 다룰 수는 없다. 국가나 지방자치단체의 경우 부단한 체질개선과 구조조정을 통하여 예산을 절감하고 행정의 효율성을 증대하여야 할 것이 요구되므로 특별한 재정상의 어려움에 처해있지 않음에도 불구하고 일정업무를 민간업체에 위탁하였다는 사정만으로 경영상의 필요성을 쉽게 부정해서는 안될 것이다. (중략) 원고(사용자) 시가 청소업무를 민간 위탁한 조치는 원래 정부와 ○○도의 지방조직개편추진지침에 따른 것인데, 정부와 ○○도가 비정규상용인력을 비효율적으로 운용하는 시 · 군에 대하여 지속적으로 비정규인력의 감축관리를 강화해 줄 것을 요구하고, 원고 시에 대하여도 부의 인센티브 부여 가능성을 내세워 여러차례에 걸쳐 조직개편을 강조하여 온 점, 원고 시가 재정수입 중 상당부분을 국가나 경기도로부터 받는 교부세 또는 보조금에 의존하고 있는 현실에서 이와 같은 정부와 ○○도의 요구에 따르지 않을 수 없었던 점, (중략) 실제로 환경미화업무가 민간기업에 위탁된 다른 기초자치단체의 경우에 상당 정도 재정효율성이 나타나는 것으로 평가되고 있는 점 등에 비추어, 이 사건 해고는 경영상의 필요성이 충분히 인정된다 할 것이다.[20]

② 참가인(사용자)으로서는 감독관청(○○시)이 새로이 재단법인으로 교향악단을 설립하고 기존의 참가인 교향악단을 폐지하기로 하여 그 예산상 지원을 중단함에 따라 참가인으로서는 원고(근로자) 등을 포함하여 그 직제 소속 단원 전원에 대하여 정리해고를 단행할 긴박한 경영상의 필요성이 있었다고 할 것이다.[21]

---

19) 서울고법 2009.9.8. 선고 2009누3189 판결
20) 대법 2006.8.25. 선고 2006두9269 판결 - 심리불속행 기각
21) 서울행법 2007.2.2. 선고 2006구합26547 판결

◎ 임금인상, 휴일근로 증가 등 다른 지표

사용자가 긴박한 경영상 필요의 근거로 삼는 지표이외의 다른 지표들이 안정적인 경우 긴박한 경영상의 필요성이 부정된다.

관련판례

① 원고(사용자)의 경영상태가 나빠지고 있었다고 볼 수 있다. 그러나 한편 원고는 2000년도 이후 2006년도에 처음으로 당기순손실이 발생하였을 뿐 그전에는 계속하여 당기순이익을 유지하고 있었고 (중략) 동종업종의 평균 유동비율보다 크게 양호하고 (중략) 동종업종의 평균부채비율보다 크게 양호하며 (중략) 등에 비추어 보면 이 사건 해고 당시 원고는 재무구조 측면에서 매우 안전하였다고 볼 수 있다. (중략) 원고는 이 사건 해고를 전후하여 잔여 직원, 특히 관리직 사원들의 임금을 인상하였다. (중략) 증가한 연장 및 휴일근로는 원고가 피고보조참가인(근로자) 등을 해고함에 따라 모자란 인력으로 주문량을 소화하기 위한 것으로 보이므로 주문량 감소로 인한 구조조정이라는 이 사건 해고 이유와 배치된다. (중략) 원고는 정년퇴직에 의한 자연스러운 인력감축을 통해 이 사건 해고범위를 일정 부분 피할 수 있었던 점 등을 고려하면, 비록 이 사건 해고 당시 원고의 경영 상태가 성장성 또는 수익성 측면에서 나빠지고 있었다 할지라도 안전성 측면에서는 매우 양호하였다고 볼 수 있다. 이러한 사정을 종합하면 원고에게 이 사건 해고를 해야 할 정도의 긴박한 경영상 필요가 있었다고 볼 수 없다.[22)]

② 해마다 매출이 감소하여 (중략) A보고서에는 2009년경 자본잠식상태에 이를 것으로 추정한 사실은 앞에서 본 바와 같다. 그러나 원고(사용자)는 (중략) 해마다 적자가 발생하였음에도 불구하고 피고보조참가인(근로자)들을 해고할 무렵 여전히 300억원에 이르는 이익잉여금을 보유하고 있었다는 사실, A보고서는 (중략) 300-400억원에 이르는 이익잉여금을 제외한 채 자본잠식을 추정한 사실, 원고 직원의 인건비는 (중략) 임금을 삭감할 여지가 충분히 있다고 보이는데도 불구하고 원고는 (중략) 임금 삭감을 위한 아무런 합의도 하지 않은 사실을 인정할 수 있는 바, 이를 종합하여 고려할 때, 원고가 피고보조참가인들을 해고할 무렵 도산에 이를 정도로 경영상황이 악화되었다고 보기 어렵고 장래에 올 수도 있는 위기에 미리 대처하기 위한 인원을 삭감한 것이라 하더라도 그러한 인원삭감에 객관적인 합리성이 보이지 않으므로 원고에게는 경영상 해고를 위한 긴박한 경영상의 필요성이 인정되지 않는다.[23)]

22) 서울고법 2009.8.11. 선고 2008누32548 판결
23) 대법 2009.11.4. 선고 2009두15838 판결 - 심리불속행 기각

㊂ 인건비 비중

회계지표 악화의 원인이 과다인원과 관계가 없는 경우 정리해고를 하여야 할 긴박한 경영상의 필요성이 부정된다.

관련판례

원고(사용자) 병원은 1997년경부터 경영여건이 악화되어 2000년부터 2005년까지 누적적 자금액이 140여억 원에 달하기는 하였으나, 2002년부터 2005년까지 의료수익의 연평균 증가율 7.6%에 비하여 인건비 증가율은 연평균 2.5%에 그친 반면에 관리비 증가율이 연평균 26.7%를 초과하여 적자발생의 큰 원인이 되었고, 영양과 소속 직원들의 인건비가 전체직원 인건비의 3% 남짓으로 그 비중이 낮은 점, 원고 병원의 영양과 업무를 외주용역으로 전환하더라도 그 직원들의 근로조건을 직영시 정규직원과 동일하게 유지하도록 하여 경영여건의 개선에 당장 별다른 효과를 가져오지 못할 것으로 보이는 점, 영양과는 그 업무를 외주용역으로 전환하기 전에는 (중략) 흑자를 냈음에도 오히려 외주용역으로 전환한 후 (중략) 적자를 낸 점 등을 종합하여 보면, 원고 병원이 영양과 업무를 외주용역으로 전환하는 방법에 의하여 인원감축을 할 만한 객관적 · 합리적인 이유가 있는 때에 해당한다고 할 수 없으므로 경영합리화를 위한 긴박한 경영상의 필요가 있었다고 할 수 없다.[24)]

㊃ 인원 추가고용 등

경영상 위기의 일반적인 상황에 반하는 간접사실들이 다수 있는 경우 긴박한 경영상의 필요성이 부정된다.

관련판례

① 참가인(사용자) 회사가 누적적인 적자 상태에 있기는 하지만 적자 상태가 만성적이고 앞으로도 계속 그런 상태가 유지될 가능성이 있어야 급격한 경영상의 필요가 있다고 볼 수 있을 것인데, 이 사건의 경우에는 ○○은행에서 그러한 참가인 회사를 잠식된 자본금을 보전하고도 남을 금원을 추가로 지급하고서 인수한 점이라든지 그 후 참가인 회사가 흑자로 돌아 선 사정, 원고(근로자)에 대한 이 사건 해고를 하기 약간 전에 새롭게 고급 승용차를 구입하고 그에 부수하여 운전사까지 새로이 고용한 점에 비추어 선뜻 급박한

24) 서울행법 2007.2.15. 선고 2006구합14179 판결

경영상의 필요가 있다고는 볼 수 없음은 물론, 현재의 근로자를 해고하고 그 대신 낮은 근로자를 새로이 고용하면 해결될 정도의 상황이 급박한 경영상의 사정이 있는 경우라고 인정하기도 곤란할 뿐만 아니라 인수하는 회사의 요구가 있다고 해서 정리해고의 요건이 될 정도의 급박한 경영상의 필요가 있다고 볼 수는 없을 것이어서 참가인 회사가 경영합리화를 위하여 정리해고를 할 필요가 있다고 단정할 수 없다.[25)]

② 원고(사용자) 회사는 재무제표상으로는 2001-2004 사업연도에 걸쳐 단기차입금의 증가에 따른 부채증가와 그로 인한 자본잠식이 누적되는 상황에 처해 있기는 하였지만, 2003 사업연도에는 당기순이익을 기록한 점, 이 사건 정리해고 직전인 2004.5 소외 회사를 설립하여 사입 확징을 도모한 점, 대표이사를 비롯한 특수관계에 있는 법인에게 상당한 규모의 자금을 대여한 점, 이 사건 정리해고 2달 전 신규사원을 11명이나 채용하였고, 이 사건 정리해고 이후에도 신규사원을 계속 채용하고 있는 것으로 보이는 점, 부동산 투자 및 개발업 등을 영위하는 원고 회사의 특성상 신규사업을 수행하기 위한 단기자금차입은 불가피한 것이어서 그로 인한 일시적인 부채누적이 반드시 회사전체의 경영수지 악화라고 단정할 수 없는 점 등을 종합하면, 원고 회사는 이 사건 정리해고 당시 긴박하고 절실한 경영상의 필요가 있었다고 보기 어렵다.[26)]

3) 해고회피노력

(가) 의 의

해고회피를 위한 노력은 사용자가 근로자의 해고범위를 최소화하기 위하여 경영방침이나 작업방식의 합리화, 신규채용의 금지, 일시휴직 및 희망퇴직의 활용, 전근, 임금삭감 · 동결 등의 가능한 조치를 취하는 것을 뜻한다.

(나) 판단기준

해고회피노력에 대한 판례의 일반적 판단기준은 해고범위를 최소화하기 위한 비용절감의 모든 조치를 다하였는지 여부라고 할 수 있다. 그러나 해고회피노력의 방법과 정도의 판단기준은 당해 사용자의 경영위기의 정도, 정리해고를 실시하여야 하는 경영상의 이유, 사업의 내용과 규모 등에 따라 달라진다.

25) 대법 1995.11.24. 선고 94누10931 판결
26) 서울행법 2006.1.10. 선고 2005구합16390 판결

관련판례

정리해고의 요건 중 해고를 피하기 위한 노력을 다하여야 한다는 것은 경영방침이나 작업방식의 합리화, 신규채용의 금지, 일시휴직 및 희망퇴직의 활용 및 전근 등 사용자가 해고범위를 최소화하기 위하여 가능한 모든 조치를 취하는 것을 의미하고, 그 방법과 정도는 확정적 · 고정적인 것이 아니라 당해 사용자의 경영위기의 정도, 정리해고를 실시하여야 하는 경영상의 이유, 사업의 내용과 규모, 직급별 인원상황 등에 따라 달라지는 것이다.[27]

(다) 구체적인 사례

(a) 해고회피노력 인정

㉠ 가능한 모든 조치

원칙적으로 해고회피를 위한 가능한 모든 조치를 취한 경우에 해고회피노력이 인정된다.

관련판례

피고(사용자) 회사가 ○○공장의 폐업과 관련하여 원고(근로자)등 소수를 제외한 대다수 근로자들과는 잔여급여 및 퇴직금을 지급하는 조건으로 해고하기로 합의한 사실, (중략) 위 각 3사업은 같은 피고 회사의 사업이기는 하지만 실제는 서로 다른 직장으로 취급되어 근로자들의 교류가 행하여지기 어렵게 되어 있는 사실 및 본사 내수공장 또한 1990.9월경 경영악화로 폐업한 사실 등을 인정한 바에 비추어 보면, 원심은 피고 회사 ○○공장의 폐업이 긴급한 경영상의 필요에 의한 것이고, 피고 회사가 이로 인하여 ○○공장의 근로자 전부를 해고함에 있어서 그 근로자들을 본사 내수공장이나 △△공장으로 전근시킬 여지가 없었고, 다른 해고회피를 위한 조치도 취할 수 없는 경우라고 판단 한 것으로 이해되는 바, 기록에 비추어보면 원심의 사실인정과 판단은 정당하고, 거기에 소론이 지적하는 바와 같은 정리해고의 요건에 관한 법리를 오해한 위법이 있다고 할 수 없다.[28]

---

27) 대법 2004.1.15. 선고 2003두11339 판결
28) 대법 1992.12.22. 선고 92다14779 판결

㉡ 사회통념상의 노력

정리해고를 회피하기 위하여 사회통념상 수긍할 수 있을 정도의 가능한 노력을 하는 경우 해고회피노력이 인정된다.

관련판례

① 참가인(사용자) 회사는 2005.10. 대표이사가 경영위기 타개를 위한 비상경영 체제를 도입한다는 담화문을 공고한 이후 비용절감을 위하여 임원진 및 팀장의 임금 100% 반납, 거래업체에 비용절감에 대한 협조공문 발송, 비품처분, 무급휴직제 및 희망퇴직제도 실시, 그룹사에 대한 분담금 및 비용유예 요청, 관계 계열사에 대한 해고대상직원의 우선채용 협조요청, 부동산 매각추진 등의 많은 자구책을 실시하였고, 또한 해고대상자의 수도 매출액 대비 인건비 비율 35%를 기준으로 36명으로 정하였다가 희망퇴직자와 재계약을 거부한 계약직을 제외한 22명으로 감축하였고, 그 후 다시 5명에 대해서는 고용유지를 계속하고 출산휴가 중인 1명은 해고를 유예하기로 방침을 변경하여 결과적으로 16명에 대하여만 이 사건 정리해고를 실시하였던 점 등에 비추어 보면, 참가인 회사는 이 사건 정리해고를 회피하기 위하여 사회통념상 수긍할 수 있을 정도의 가능한 노력을 다하였다고 볼 것이다.[29)]

② 참가인(사용자)은 그간 사업특성상 다수 발생하는 무보직자 중 사업유지에 필요한 적정인원 이상을 재택근무를 활용하여 고용을 유지하여 왔던 것으로 보이고, 희망퇴직 및 이 사건 해고를 실시함에 있어서는 2차례의 조직개편을 통해 본사조직을 슬림화하였으며, 정규직원 채용을 중단하고 사업유지에 꼭 필요한 인력은 계약직으로 채용하였고, 감축대상자로 선정된 직원에 대해서는 위로금을 지급하고 희망퇴직을 실시하는 등 해고를 피하기 위하여 노력하였으며, 특히 이러한 해고회피 방법에 관하여 노동조합과 수차례에 걸쳐 협의한 끝에 합의를 하고 그에 따라 이 사건 해고를 행한 것인 점 등 변론에 나타난 제반 사정을 참작하면, 참가인은 이 사건 해고를 피하기 위하여 가능한 노력을 다한 것이라고 할 것이다.[30)]

㉢ 업무부담에 대한 정당한 보상

정리해고 이후 나머지 직원들에 대한 업무부담에 대한 보상차원에서 이루어진 급여인상이나 승진인사를 이유만으로 해고회피노력을 부정할 수 없다.

---

29) 서울고법 2008.7.9. 선고 2007누27570 판결
30) 대법 2008.8.21. 선고 2008두7663 판결 - 심리불속행 기각

관련판례

① 원고(근로자)는 참가인(사용자) 회사가 이 사건 정리해고 이후 직원들의 급여를 1인당 20만 원씩 인상하기로 합의하였으므로, 이는 이 사건 정리해고를 피하기 위한 모든 조치를 다하지 아니하였다는 것을 반증하는 것이라는 취지로 주장하므로 보건대, (중략) 이는 인력감축으로 인하여 업무부담이 증가하게 된 나머지 직원들에 대한 보상차원에서 이루어진 것으로 보이므로, 그러한 사정만으로 참가인 회사가 이 사건 정리해고를 피하기 위한 조치를 다하지 아니한 것으로 단정할 수 없다.[31]
② 참가인(사용자)이 2002년경 행한 성과급 지급이나 이 사건 해고(2005.5.21.자)이후 사기 진작차원에서 행해진 것으로 보이는 승진인사나 상당한 기간이 지난 후의 특별격려금 지급 (2005.2.1.자 노사합의서에 의하여 향후 성과급의 지급이 예정되어 있기도 하다) 등을 들어 이 사건 해고를 함에 있어 참가인이 해고회피노력을 다하지 아니하였다는 원고들의 주장은 받아들일 수 없다.[32]

㉣ 무급휴직, 배치전환 미실시 사유

정당한 사유가 있는 경우, 무급휴직, 배치전환 미실시로 해고회피노력이 부정되는 것은 아니다.

관련판례

① 원고(근로자)들이 주장하는 사정, 즉 참가인(사용자)이 무급휴직을 실시하지 아니하였다는 사정은, 만약 참가인이 직영 차량의 운전기사들을 상대로 무급휴직을 실시하였다면 운영이 정지된 직영차량에 대한 고정비용(차량유지비 등)의 지출로 경상손실이 오히려 확대되었을 것으로 보이는 바, 참가인에게 해고 회피를 위한 수단으로 무급휴직의 실시를 요구하는 것은 불합리하다고 보이는 점에 비추어 위 판단에 영향을 미치기 어렵다.[33]
② 참가인(사용자) 회사는 ㅇㅇ사업부문의 폐지에 앞서 2차례에 걸쳐 일부 근로자들을 다른 사업부문으로 배치전환 하였고, ㅇㅇ사업부 소속 91명의 근로자 중 76명에 대한 희망퇴직을 실시하여 유리한 조건에서 자발적으로 퇴직할 수 있도록 하였으며, 신규채용을

31) 대법 2007.11.15. 선고 2007두17182 판결 - 심리불속행 기각
32) 대법 2008.9.11. 선고 2008두9935 판결 - 심리불속행 기각
33) 대법 2008.9.25. 선고 2008두12887 판결 - 심리불속행 기각

억제하고 연장근로를 중단하였음은 물론, 2공장을 매각하는 등 정리해고를 피하고 그 범위를 감소시키기 위한 방안을 강구하였고, 나아가 일부 근로자의 배치전환에 대해서도 노동조합에게 지속적으로 협조를 요청하고 합의를 위해 노력하였다는 사정 및 노동조합 측이 요구한 O사업부로의 배치전환은 OO사업부와 O사업부는 목적사업이 다르고, 근로자들에게 요구되는 기술, 경험도 상이한 분야로서 상호간 배치전환이 사실상 곤란하다는 점 등 변론에 나타난 여러 사정을 감안하면, 참가인 회사로서는 이 사건 정리해고를 피하기 위하여 가능한 노력을 다하였다고 할 것이다.[34)]

㉤ 신규채용 실시 사유

정리해고를 전 · 후하여 신규채용이 있었다고 하더라도 정당한 사유에 기인한 것이라면 해고회피노력이 부정되지 않는다.

관련판례

① 원고(근로자)는 참가인(사용자)이 이 사건 해고 이후에 일부 희망 퇴직자를 재고용하거나 신규채용을 하였다는 이유로 이 사건 해고가 위법하다고 주장한다. 그러나 위와 같은 재고용이나 신규채용은 노동조합과의 합의에 따라 인력감축 대상자중 발주처의 미승인으로 교체가 안 되는 감리원이나 수주계약 조건에 부합하는 한정된 필요인력을 계약직으로 일부 채용한 것으로 보여 이는 참가인(사용자)의 사업유지를 위한 불가피한 필요성에 의한 것이라 할 것이므로 원고의 위 주장은 받아들일 수 없다.[35)]

② 원고(사용자) 회사가 디지털 작업방식으로 전환함에 따라 OO공정에 전문기술인력으로서 4명의 직원을 채용한 사실, 작업방식이 아날로그 방식에서 디지털 방식으로 변경됨에 따라 업무량이 감소한 아날로그 작업 방식 부문에서는 구조조정이 필요하나, 업무량이 증가하는 디지털 방식 작업 부문에서는 전문기술 인력의 고용이 불가피한 사실을 인정할 수 있다. 따라서 이와 같은 기업환경 아래서 새로운 인력을 채용한 것만으로 바로 해고회피 노력을 하지 않은 것으로 볼 수 없다.[36)]

---

34) 대법 2007.2.9. 선고 2006두18812 판결 - 심리불속행 기각
35) 대법 2008.8.21. 선고 2008두7663 판결 - 심리불속행 기각
36) 서울행법 2006.4.13. 선고 2005구합29990 판결

㉥ 연장근로 실시 사유

정리해고를 전 · 후하여 연장근로가 있었다고 하더라도 정당한 사유에 기인한 것이라면 해고회피노력이 부정되지 않는다.

관련판례

원고(근로자)들은 참가인(사용자) 회사에서 이 사건 정리해고를 전후하여 지속적으로 연장근로를 실시할 정도로 생산직 근로자들의 업무량이 많은 상태였는바, (중략) 그 작업량을 정리해고된 근로자들에게 분산하였다면 이 사건 정리해고를 피할 수 있었는데도 해고회피노력을 게을리하였다는 취지로 주장한다. (중략) 위 인정사실에 의하면 원고들이 주장하는 생산직 근로자들의 연장근로는 ㅇㅇ전지의 생산물량 또는 매출량의 증가로 인한 것이 아니라 주로 한시적인 ㅇ전지의 생산량 증대로 일어난 것으로 보이고, 0라인에 근무하는 근로자들의 연장근로를 중단하고 이 사건 정리해고의 대상이 된 원고들을 0라인에 배치하여 그 작업량을 대신 수행하도록 하기도 어렵다고 보이므로, 원고들의 주장은 이를 받아들이지 아니한다.[37)]

㉦ 노동조합과 협의

사용자가 노동조합 등과 성실히 협의하였다면 해고회피노력의 판단에 참작할 수 있다.

관련판례

① 사용자가 해고를 회피하기 위한 방법에 관하여 노동조합 또는 근로자대표와 성실하게 협의하여 정리해고 실시에 관한 합의에 도달하였다면 이러한 사정도 해고회피노력의 판단에 참작되어야 한다. (중략) 원고(사용자) 회사 내 3개 노동조합은 각자 구성원 근로자들을 대표하여 원고 회사와 독립된 단체협약을 체결하고 노사협의를 하여온 사실, 원고 회사는 1년 가까이 ㅇㅇㅇ노동조합과 인원감축에 관하여 협의하여 오면서 명예퇴직실시, 순환휴직제, 상여금 삭감 등의 조치를 취하였는데, 당시 원고 회사나 ㅇㅇㅇ노동조합

37) 서울고법 2009.7.29. 선고 2008누36243 판결

모두 ○○운전원으로의 배치전환 등의 주장은 없었던 사실을 알 수 있는 바, (중략) ○○○승무원과 ○○운전원의 채용조건, 근무형태나 임금체계 등 근로조건, ○○운전원의 공석여부 등 ○○사업팀으로의 배치전환 가능성은 거의 없었다고 할 것이니, 사정이 그러하다면 원고 회사로서는 해고회피를 위한 노력을 다 한 것으로 보아야 할 것이다.[38]

② 참가인(사용자) 회사는 이 사건 정리해고에 앞서 일부 생산라인의 하도급 과정에서 하도급업체에 근로자의 고용을 승계시켰고, 근로자 파견을 중지시켰으며, 유휴인력의 계속 근무를 유지하기 위하여 근무형태 변경 및 연 · 월차 휴가를 실시한 점, 여러 차례 노사협의회를 개최하여 구조조정방안 및 정리해고 대상자 선정기준 등에 관하여 지속적인 협의를 거쳐 이 사건 정리해고를 실시하기로 합의한 점, 관할 근로감독관의 권유에 따라 일부 휴업의 실시도 강구한 점 등 변론에 나타난 제반 사정을 참작하면, 참가인 회사로서는 이 사건 정리해고를 피하기 위하여 가능한 노력을 다한 것이라고 할 것이다.[39]

⑥ 고용승계노력

오피스텔 관리방식을 변경하면서 근로자들을 고용승계 하도록 한 경우는 해고회피노력이 인정된다.

관련판례

이 사건 해고는 관리방식 변경에 따라 참가인(사용자) 소속 근로자를 일괄 해고하는 것이어서 해고대상인원을 선별할 수 없고 참가인은 소속 근로자에게 해고예고통보를 하면서 전문관리업체로 하여금 기존의 임금수준 및 근속기간을 보장하면서 근로자들을 고용승계 하도록 하겠다는 대안을 제시하였던 점, 참가인과 건물관리도급계약을 체결한 이 사건 관리회사는 참가인과의 약정에 따라 참가인 소속 근로자들에게 기존의 임금 수준 및 근속기간을 보장하는 조건으로 근로계약을 체결할 것을 권유하였고 참가인 소속 근로자 중 8명은 이에 응하여 이 사건 관리회사와 근로계약을 체결하였으나 원고(근로자)들을 포함한 나머지 9명이 이에 응하지 아니하자 참가인은 이 사건 관리회사와 근로계약을 체결하지 않은 근로자들을 해고하게 된 점 (중략) 을 고려할 때, 이 사건 해고는 경영상의 필요에 의하여 이 사건 오피스텔의 관리를 외부 전문관리업체에 위탁함에 따라 직제가 폐지되는 원고들을 해고하게 된 것으로 객관적 합리성과 사회적 상당성을 지녀 정당하다고 봄이 상당하다.[40]

---

38) 대법 2003.9.26. 선고 2001두10776, 10783 판결
39) 서울고법 2007.10.23. 선고 2007누6764 판결
40) 서울고법 2009.9.8. 선고 2009누3189 판결

(b) 해고회피노력 부정

㉠ 구체성 부족

사용자가 해고회피방안을 성실하게 이행하지 아니한 여러 사정이 인정될 경우 해고회피노력이 부정된다.

관련판례

원고(사용자)는 이 사건 해고 전의 협의에서 이 사건 노조에게 3교대근무, 무급 휴가제 등의 방안을 구체적으로 제시하였다고 주장한다. 그러나 (중략) 원고의 위 주장사실을 인정하기 어렵고 원고가 주장하는 위 방안들의 내용 또한 구체성이 부족한 것으로 판단된다. 따라서 원고가 위 방안들을 인원감축의 대안으로서 진지하고 성실하게 고려하였다고 보기는 어렵다. 원고는 노조와 구조조정에 관한 협의를 시작한지 약 1개월 만에, 더욱이 노조에게 구조조정 자체의 필요성을 뒷받침할 만한 자료를 주지 아니한 상태에서 곧바로 정리해고의 직전단계로서 명예퇴직 희망자를 모집하였던 바, 이에 비추어 보면 원고는 애초부터 인원감축을 목표로 하였던 것으로 보인다. (중략) 이 사건 노조의 해고회피방안(조기출근 · 연장근로 중단)에 관한 원고의 이 사건에서의 주장 (원고의 처리물량이 1년 중 10월경부터 다음해 2월경까지 가장 많아 위 기간동안에는 조기출근 · 연장근로가 반드시 필요하다는 취지)만 가지고는 위 해고회피방안의 실시가능성이나 실효성을 부인하기 어렵다 (특히 이 사건 해고 당시(5.31)를 기준으로 하면 더욱 그렇다).[41)]

㉡ 명예퇴직 조치후 신규채용

명예퇴직 실시 후 수익성이 호전되었고, 신규채용까지 실시하고 있는 상황에서 추가 정리해고는 해고회피노력이 부정된다.

관련판례

원고(사용자)가 참가인(근로자)에 대하여 이 사건 정리해고 조치를 취한 당시에는 이미 원고의 해고회피노력에 의한 명예퇴직자의 수가 인력구조조정의 전체 목표치를 상회한 상황이었고, 원고의 경영상태도 호전되어 가고 있었을 뿐만 아니라, 특히 원고가 위와 같은

41) 서울행법 2009.1.16. 선고 2008구합12382 판결

명예퇴직 직후에 고임금 인력구조에 해당하는 4급 이상의 직원 41명의 승진인사를 단행하고 대졸사원을 26명이나 신규채용하는 방식으로 3급 이상 직원 18명을 보충함으로써, 결과적으로 3급 이상 직원 중 12명의 인원만이 삭감된 점에다가, 참가인이 3급 이상 명예퇴직 권고대상자 중 18위로 선정되었던 점을 종합하여 보면, 원고가 참가인을 정리해고 함으로써 추가 인원 삭감 조치를 취한 것은 객관적으로 보아 그 합리성이 있다고 보기 어려울 뿐만 아니라, 해고를 피하기 위한 노력을 다한 경우에 해당한다고 할 수도 없다.[42)]

ⓒ 적자개선 노력 부족

적자를 개선할 여지가 있음에도 그러한 노력을 하지 않은 경우에는 해고 회피 노력이 부정된다.

관련판례

원고(사용자) 병원은 단체협약 갱신을 위한 단체교섭 시 노조지부로부터 병원의 경영개선 방안의 하나로 10년 이상 장기근속자에 대해 무급순환휴직을 도입할 것을 요구받고도 인원감축에 의하여 인건비를 다소 절감할 수 있는 방안에 대한 협의를 거부한 점, 원고 병원은 영양과에서 공급하는 구내식당직원들의 1끼 식대가 (중략) 다른 병원들에 비해 30% 이상이나 낮게 책정되어 있고, 구내식당에서 의사들의 점심외 식사, 자원봉사자 식사 등은 무료로 제공 (중략) 하고 있는 바, 영양과 부서가 적자를 내고 있다면서도 별다른 이유 없이 이에 대하여 개선을 하지 않은 점 등 이 사건 변론에 나타난 여러사정을 고려하면, 원고 병원이 해고범위를 최소화하기 위하여 가능한 노력을 다하였다고 볼 수 없다.[43)]

ⓓ 해고범위 최소화 부족

실제 해고범위를 최소화하기 위한 조치를 취하지 아니하는 경우에는 해고 회피 노력이 부정된다.

---

42) 대법 2004.1.15. 선고 2003두11339 판결
43) 서울행법 2007.2.15. 선고 2006구합14179 판결

관련판례

원고(사용자) 지원단이 이 사건 해고를 함에 있어서 먼저 ○○관리관으로 전직을 희망하는 사람들을 파악하여 이들을 제외한 나머지 기사들 중 해고대상자를 선정한 것은 어느 정도 이 사건 해고를 피하기 위한 노력을 한 것으로 볼 수 있다. 그러나 해고를 피하기 위한 노력이란 해고대상자를 선정하기에 앞서 시행하는 임금동결, 휴직, 명예퇴직, 전직 등을 의미하는 것이라고 할 것이므로, 원고 지원단이 이미 이 사건 해고대상자를 선정한 다음 그들을 상대로 ○○관리관이나 다른 복지시설로의 전직 등을 권유하였다고 하여 이것을 해고를 피하기 위한 노력으로 볼 수 없고, 위 ○○관리관 전직희망자 파악 여부만으로 해고를 피하기 위한 노력을 다한 것이라고 볼 수 없다.[44)]

ⓜ 실질적인 배당금 지급

사용자의 주주 지위에 있는 재단법인에 지속적으로 상당한 액수의 장학금(실질적인 배당금)을 지급한 사정이 있는 경우 해고 회피노력이 부정된다.

관련판례

원고(사용자)는 경영상 위기를 타개하기 위하여 각종 비용을 절감하고 불필요한 재산을 매각하였으며 임원들의 성과급 등을 감축하고 조직을 개편하여 우대퇴직을 실시하는 등 해고를 회피하기 위하여 노력하여 왔다. 그러나 ○○장학회에 대해서는 계속적으로 8억 원의 장학금을 지급하여 왔는바 (중략) ○○장학회는 원고의 전 주식을 소유하고 있는 주주이므로 이 장학회에 대한 장학금 지급은 실질적인 배당으로 볼 수도 있는 점, (중략) 위 금액은 이 사건 해고당시 명예퇴직 및 정리해고로 인하여 절감된 임금 12억 원의 2/3에 해당하는 점 (중략) 등에 비추어 볼 때 위와 같이 ○○장학회에 대한 장학금 지원 사업을 같은 규모로 계속 유지해온 이상 위와 같은 노력만으로 해고범위를 최소화하기 위해 필요한 모든 조치를 다하였다고 보기 어렵다.[45)]

---

44) 대법 2008.9.11. 선고 2008두11495 판결 - 심리불속행 기각
45) 대법 2009.11.4. 선고 2009두15838 판결 - 심리불속행 기각

4) 해고대상자 선정의 합리성 · 공정성

(가) 의 의

정리해고의 실시여부는 경영주체에 의한 고도의 경영상 결단에 속하는 사항으로서 이는 원칙적으로 단체교섭의 대상이 될 수 없고, 단체협약에 규정하더라도 그 효력이 없으나,[46] 정리해고에서 해고대상 근로자의 선정기준이 단체협약이나 취업규칙에 정해져 있는 경우 이에 따라야 한다.[47] 일반적으로 해고대상자 선정기준이 근로자의 근무성적, 업무능력, 근무태도 및 입사시기 등을 종합적으로 고려한 것이라면 합리적이고 공정한 해고기준으로 인정하고 있다.[48]

(나) 합리성 · 공정성 판단기준

(a) 근로자와 사용자 양측의 입장 고려

해고대상자 선정의 공정성을 확보하기 위해서는 사용자 측의 입장과 근로자 측의 입장이 동시에 고려되어야 한다.

사용자 측 입장에서 평소의 근무성적 · 상벌관계 · 경력 · 기능의 숙련도 등(회사에 대한 공헌도)이 고려되어야 하고, 근로자 측 입장에서 연령 · 근속기간 · 부양가족의 유무 · 재산 · 건강상태 등(해고로 인한 생활불안의 정도)이 고려되어야 한다. 이러한 여러 요소들이 항목별로 점수화되어 공정하게 순서를 정하여 그 점수화된 순서에 의하여, 기업의 존립보호라는 취지에 부합하는 자로서 사회적 보호가 덜 필요한 근로자 순으로 해고대상자를 선별하는 것은 합리적이라고 본다.

관련판례

근로기준법 제24조제2항은 사용자가 긴박한 경영상 필요에 따라 근로자를 해고하는 경우 합리적이고 공정한 해고 기준을 정하고 이에 따라 그 대상자를 선정하여야 한다고 규

---

46) 대법 2003.12.26. 선고 2001도3380 판결 참조
47) 대법 2002.7.9. 선고 2001다29452 판결
48) 대법 2002.7.26. 선고 2000두4910 판결 등

정하고 있다. 근로자에게 책임이 있어서가 아니라 경영상 사정으로 인하여 근로자를 해고하는 근로기준법 제24조 해고의 특성과 정리해고가 자칫 경영위기에서 사용자가 선호하지 않는 근로자에게 불이익을 가하거나 사용자가 선호하는 근로자로 근로조직을 변경하는 기회로 사용되지 않도록 하기 위하여, 해고 대상자를 선정하는 기준은 비교대상의 범위에 든 근로자 중에서 해고로부터 보호하여야 할 필요성이 높은 근로자를 보호하여야 한다는 근로자 적 요소, 즉 근로자 연령, 부양의무 정도, 근속기간 등과 업무성과, 징계여부 등 사용자 적 요소를 적절하게 고려하여야 한다. [49]

(b) 상황에 따른 해고기준

합리적이고 공정한 해고기준 역시 확정적 · 고정적인 것이 아니며, 사용자가 해고기준에 관하여 노동조합 또는 근로자대표와 성실하게 협의한 사정도 합리적이고 공정한 해고기준 판단에 참작하고 있다.

관련판례

합리적이고 공정한 해고의 기준은 확정적 · 고정적인 것은 아니고 당해 사용자가 직면한 경영위기의 강도와 정리해고를 실시하여야 하는 경영상의 이유, 정리해고를 실시한 사업부문의 내용과 근로자의 구성, 정리해고 실시 당시의 사회경제상황 등에 따라 달라지는 것이고, 사용자가 해고의 기준에 관하여 노동조합 또는 근로자대표와 성실하게 협의하여 해고의 기준에 관한 합의에 도달하였다면 이러한 사정도 해고의 기준이 합리적이고 공정한 기준인지의 판단에 참작되어야 한다. [50]

(다) 구체적인 사례

(a) 합리성 · 공정성 인정 사례

㉠ 노사합의

원칙적으로 노동조합과 합의에 의해 정리해고 대상자 수와 선정기준을 결정하

49) 서울고법 2010.11.24. 선고 2010누12738 판결
50) 대법 2002.7.9. 선고 2001다29452 판결 ; 대법 2003.9.26. 선고 2001두10776, 10783 판결

고, 그 기준도 근무성적, 업무능력, 근무태도 및 입사시기 등을 종합적으로 고려한 것이라면 합리적이고 공정한 해고기준으로 인정된다.

관련판례

① 참가인(사용자)은 포상, 징계, 근무태도, 업무능력, 연령, 재산정도, 부양가족 등의 14개 세부평가요소들을 정하고 각 평가요소의 중요성의 정도에 따라 가중치를 부여하면서 특히 15%의 가중치가 부여된 업무평가 영역을 능력의 측면(55점)과 태도의 측면(45점)으로 나누고, 전자는 다시 업무수행실적(25점)과 업무능력(30점)으로, 후자는 규율성, 협조성(각 15점)으로 각 세분화함으로써 업무능력평가가 가지는 주관적 속성의 폐해를 가급적 최소화하여 평가의 공정성을 높인다는 취지로 과장급, 팀장, 담당 임원의 3단계 평가 방식을 채택하였는바, 참가인이 이 사건 해고 이전에 1개월여 이상의 기간 동안 진행된 인력감축에 관한 노사 협의 당시 해고대상자 선정기준을 노동조합에 충분히 설명하였으나 이에 대하여 노동조합은 이 사건 해고가 실행될 때까지 아무런 이의를 제기하지 않았으므로 이러한 정리해고 대상자 선정기준은 일응 객관적이고 합리적인 기준이라 할 것이다.[51]

② 참가인(사용자)은 희망퇴직 및 이 사건 해고를 실시함에 있어서 노동조합과의 합의하에 기술분야인 토목 · 건축 · 기술연구소 근무자는 근무성적평정, 특별평가, 자격, 연령, PQ경력에 기술개발실적 및 벌점 · 징계(가감점 사항)요소를, 사무분야 근무자는 근무성적평정, 특별평가, 연령, 포상 · 징계(가감점 사항)요소를 기준으로 삼아 감축(해고)대상자를 선정하였는바, 이러한 기준은 각 평가요소별로 보면 사용자의 이익측면이 보다 고려된 점이 없지 않으나, 노사가 여러 사정을 감안하여 합의에 이른 점 등 전체적으로 보면 나름대로 합리적이고 공정한 기준이라 하지 않을 수 없고, 또한 이러한 감축대상자 선정기준에 따른 원고(근로자)에 대한 평가의 경우를 보더라도 근무성적평정에서 원고가 노조전임자로 있을 당시의 기간에 대하여는 일정부분 우대하여 평가되었고, 동일 평가대상의 다른 근로자에 비해 달리 차별적인 평가를 받았다고 볼 만한 사정도 찾아보기 어려우므로 위 선정기준이 원고에게 특별히 불리하다 할 수도 없다.[52]

㉡ 일정범위 내 사용자의 상당한 재량

사용자의 선정기준이 지나치게 자의적이거나 불합리한 것이 아닌 한 그 선정기준 및 방법에 대해 사용자에게 상당한 재량을 인정한다. 즉 정리해고 대상자의 선정

51) 대법 2008.9.11. 선고 2008두9935 판결 - 심리불속행 기각
52) 대법 2008.8.21. 선고 2008두7663 판결 - 심리불속행 기각

기준 및 방법에 대하여는 근로자의 업무능력만을 기준으로 하여야 하는 것이 아니고 근로자의 생활사정, 근로자사이의 공평성 등을 기준으로 하는 것도 가능하여 사용자에게 상당한 재량이 있고, 특히 근로자 대표의 동의를 얻어 결정된 선정기준 및 방법은 지나치게 자의적이거나 불합리한 것이 아닌 한 합리성이 부인되지 않는다.[53]

관련판례

① 원고(사용자)가 노동조합과의 협의에 따라 정한 이 사건 정리해고자 선정기준은 인사고과 50%, 보직 유무 20%, 부양가족수 10%, 보훈 유무 10%, 장애 유무 10%로 하고, 포상은 총점에서 가감하는 형식인데, (중략) 보직 미부여자로 분류된 자는 참가인(근로자) 외에 3명이고, 위 4명이 최종적으로 정리해고 대상자로 선정되었음을 알 수 있다. (중략) 선정점수 중 보직점수에 관하여 보면, 보직의 유무는 위 정리해고 기준을 세우기 전에 이미 결정된 사항이고 참가인은 원고 회사가 일부 생산라인을 폐쇄함에 따라 보직을 부여받지 못하게 된 것이어서, 보직을 부여받지 못하게 된 점에 대한 귀책사유가 참가인에게 있다고 볼 수 없기는 하나, 정리해고는 근로자를 그의 귀책사유로 인하여 해고하는 것과는 달리 회사의 필요에 의하여 해고하는 것이므로, 그 대상자의 선정기준 및 방법을 정함에 있어서 반드시 근로자의 업무능력만을 기준으로 하여야 하는 것은 아니고, 이에 관하여 사용자에게 상당한 재량이 있는 점, 보직이 없던 사람이 보직을 부여받아 다른 공정에 투입되기 위하여는 상당기간 교육을 받고 적응과정을 거쳐야 할 것이어서 무보직자는 보직자에 비하여 작업능률과 생산성이 떨어질 것으로 보이는 점, 보직유무 및 그 점수 배정도 노동조합과 협의하여 결정된 점, (중략) 결과적으로 무보직자로 분류된 4명이 정리해고 대상자로 선정되었지만, 참가인외 2명은 모두 그들이 담당하던 생산라인이 폐쇄되면서 무보직자로 된 것으로서, 일부 사업철수에 따른 잉여인력의 발생도 정리해고의 주된 원인이 되었던 이 사건에서 바로 그 사업철수로 폐쇄된 생산라인에 종사하던 사람이 우선적으로 정리해고 대상자가 되는 것은 어느 정도 불가피 하다고 볼 수 있는 점 등에 비추어 보면, 보직 점수의 가중치 및 산정방법을 위와 같이 정한 것이 비합리적이거나 불공정하다고 할 수는 없으므로, 결국 위와 같은 선정기준에 따라 참가인을 정리해고 대상자로 선정한 것은 나름대로 합리적이고 공정한 기준에 따라 선정한 것으로 볼 것이다.[54]
② 참가인(사용자)이 폐쇄예정부서인 생산부 기계 및 모터, 판금 생산라인 근로자 45명중 32명을 정리해고 대상자로 선정하면서, 부양가족 20%, 근속연수 20%, 임금수준 40%, 업무적합성 20%의 비율로 점수를 반영하되, 부양가족이 적을수록, 임금수준이 높을수록,

53) 대법 2007.11.15. 선고 2007두16844 판결 - 심리불속행 기각
54) 대법 2010.2.11. 선고 2009두19595 판결 - 심리불속행 기각

업무적합성이 적을수록 가점하여 1점 내지 5점을 부여하여, 부여된 점수가 높은 순서대로 정리해고대상자를 선정한 사실은 당사자 사이에 다툼이 없다. 위 인정 사실에, 비록 임금수준이 근속연수에 비례하여 증가되는 것이 일반적이어서, 임금수준을 40%, 근속연수를 20%의 비율로 배점한다면, 결국 근속연수가 많아 임금수준이 높은 근로자가 더 높은 배점을 받아 정리해고 대상자로 선정될 가능성이 더 클 수 있지만, 나머지 부양가족 20%와 업무적합성 20%의 비율에 따라 정리해고대상자 선정이 결정될 수 있어 임금수준이 해고대상자를 선정하는 결정적인 기준이라 할 수 없는 점, (중략) 또한 참가인이 이 사건 정리해고대상사로 지정된 생산부 기계 및 모터, 판금 생산라인의 근로자만을 상대로 인력감축을 한 것이 아니라, 기능직, 관리직 전 임직원을 상대로 명예퇴직 신청을 받는 등 인력감축을 하였음에도, 폐쇄예정부서인 생산부 기계 및 모터, 판금 생산라인의 근로자들이 명예퇴직신청을 하지 않아 그 중 32명만이 정리해고대상자로 선정되었다고 할 것이어서, 이 사건 정리해고가 특정부서만을 대상으로 하였다고 보기 어려운 점 등의 사정을 모두 종합하면, 참가인은 이 사건 정리해고 당시 합리적이고 공정한 기준에 따라 그 대상자를 선정하였다고 할 것이다.[55)]

ⓒ 근로자 측의 귀책사유

선정기준에 관하여 노동조합이나 근로자가 스스로 의견이나 자료를 제시하지 않은 경우에는 이를 노동조합이나 근로자의 귀책사유로 본다.

관련판례

참가인(사용자)이 최종적으로 업무실적, 업무태도 등 주관적 요소에 대하여는 합계 20점만을 부여하고, 상벌, 배우자 직업유무, 부양가족 수, 입사역순 등 객관적 요소에 대하여 합계 80점을 부여한 평가기준을 채택한 것은 합리적인 것으로 볼 수 있는 점, 해고대상자 선정기준에 관하여 이 사건 노조가 어떠한 의견도 제시하지 아니한 것은 근로조건의 유지·향상을 위하여 헌법이 단결권을 보장하고 근로기준법이 경영상 해고에 관하여 협의권을 부여한 본래의 취지를 망각하고 근로자 보호의무를 포기한 것으로 볼 수 있는 점 등에 비추어 보면, 이 사건 해고 시 참가인이 적용한 해고기준은 합리적이고 공정한 기준이라고 봄이 상당하다. (중략) 근로계약의 성질상 근로의 양과 질에 관한 평가는 사용자인 참가인의 고유권한이고 근로자에 대한 평가가 불합리하거나 불공정하여 정의의 관념에

---

55) 서울고법 2010.4.30. 선고 2009누26809 판결

반하지 않는 한 유효한 것으로 승인하여야 하는데, 이 사건 해고를 위한 평가에서 그와 같은 사정이 있다고 보기에 충분한 자료가 없으며, 참가인이 부양가족수를 산정함에 있어 이 사건 노조 및 근로자들이 경영상 해고에 관한 협의가 종료될 때까지 부양가족신고를 거부하여 부득이하게 소득공제신고서, 주민등록등본, 건강보험증에 의존하여 부양가족수를 산정하였는바, 위 기록상의 부양가족과 실제 부양가족수가 서로 다른 경우에도 신고를 하지 않아 평가를 제대로 받지 못하였거나, 신고를 했어도 사실상의 부양가족이 있다는 사실을 누락하고 신고한 것에 대한 귀책사유는 참가인으로부터 관련 자료의 제출을 통보받고서도 그 신고를 제대로 하지 않은 원고(근로자)들에게 있다 할 것이므로, 그 산정의 잘못을 참가인의 탓으로 돌릴 수 없다 할 것이어서, 원고들의 위 부분 주장은 이유없다.[56]

㉣ 업무차질 가능성

인사고과가 낮은 자 대신, 업무차질 가능성을 고려한 대상자 선정은 불공정 하지 않다고 본다.

관련판례

참가인(근로자)은 해고회피 기간 및 해고예고 기간 동안 충분한 인수인계가 가능하므로 제판부내 인사고과가 참가인보다 낮은 ○○이 맡고 있는 필름공정이나 △△이 맡고 있는 촬영공정으로 참가인을 전환배치 하여야 할 것임에도 원고(사용자) 회사가 참가인을 정리해고 대상자로 선정한 것은 불공정하다고 주장한다. (중략) 위 인정사실에 의하면 촬영공정은 전문기술을 필요로 하고, 필름공정 역시 단순히 보관과 출납 업무만이 아니라 세밀한 분류와 전산관리 능력과 함께 숙련과 경험을 갖춘 사람이 업무를 맡아야 함을 알 수 있다. 그런데 필름, 촬영 공정은 모두 단독 또는 2인이 맡고 있어 그 중 1인을 해고할 경우 후임자로 하여금 그 전문기술이나 업무를 습득하여 업무의 계속성을 유지할 수 있도록 하여야 하는데, 그 전문기술을 익히거나 업무를 숙지하는 데에 상당한 시간을 요하므로 해고예고나 해고회피 기간만으로는 업무유지능력을 충분히 습득할 수 있다고 보기 어렵고, 더구나 정리해고 대상자로 선정된 자의 경우 후임자에게 업무인계를 성실히 할 개연성이 거의 없으므로 향후 업무에 차질을 빚을 가능성이 높은 점 등을 고려해 보면, 원고 회사가 참가인을 정리해고 대상자로 선정한 것이 불공정하다고 할 수 없으므로 참

56) 대법 2008.12.24. 선고 2008두16346 판결 - 심리불속행 기각

가인의 위 주장도 받아들이지 않는다.[57]

ⓜ 불가피한 특정부문 근로자 선발

특정부문(또는 부서) 소속 근로자들만 해고대상자로 선정하는 것이 불가피한 사정이 있는 경우 해고대상자 선정이 불합리하거나 불공정하였다고 보지 않는다.

관련판례

원고(근로자)들은 근로자들의 범위를 정함에 있어 전체 근로자들을 대상으로 하지 아니하고, ○○○소속 ○○들만을 선별대상으로 한 잘못이 있다고 주장한다. 살피건대, 이 사건 해고당시 ○○○이 역대 최대인원대비 인원감소비율이 다른 부서에 비하여 낮았고, 참가인(사용자)의 노조원인 ○○○장도 ○○○운영계획서를 통하여 ○○○ 소속 직원을 45명 이내로 줄이는 방안을 제시하였던 점, 참가인은 이 사건 노조 등에게 정리해고 대상자 선정기준에 대한 회사의 입장이라는 공문을 통하여 "경영정상화의 마지막 수단으로 정리해고를 추진하되, 1단계로 ○○○만을 대상으로 추진하며, 자체 노력에 의한 경영정상화가 한계에 봉착하여 사업의 양도 · 인수 · 합병을 통한 경영정상화를 추진할 수 밖에 없을 경우에는 편집국을 제외한 조직만을 대상으로 상대기업의 인원상태, 의견 등을 감안하여 2단계로 정리해고를 추진할 계획이다"라고 하면서 이에 대한 의견을 구하였으나, 이 사건 노조 등은 정리해고자 선정기준에 대하여 아무런 의견을 제시하지 않았던 점, 이미 상당한 인원이 감소된 다른 부서의 상황 및 ○○의 업무 특성상 ○○○소속 ○○들을 다른 부서로 전환배치하기는 어려웠을 것으로 보이는 점 등을 종합하면, 참가인이 ○○○ 소속 ○○만을 해고의 선별대상으로 삼은 것에 어떠한 잘못이 있다고 할 수 없다.[58]

(b) 합리성 · 공정성 부정

㉠ 임의적인 기준

해고대상자 선정기준이 그 대상자를 임의로 정할 수 있도록 되어 있는 경우에는 합리적이거나 공정한 기준에 의한 것으로 보지 않는다.

---

57) 서울행법 2006.4.13. 선고 2005구합29990 판결
58) 대법 2008.12.24. 선고 2008두16346 판결 - 심리불속행 기각

관련판례

회생법인의 전 관리인이 단체협약에도 불구하고 "1. 부서별 잉여인력에 대한 조정, 2. 부서별 업무능력 검토(부서장의 평가), 3. 징계사항이나 친화력 등, 4. 노조의견(적극반영), 5. 정년초과나 고령자(58세 전후), 6. 계약직이나 아르바이트직을 우선하여 선정, 7. 부서폐쇄 및 업무축소"를 기준으로 정리해고대상자 선정기준을 마련한 후 구조조정 심의회를 개최하여 정리해고 대상자를 선정하였다. 그러나 한편, 위와 같은 정리해고 기준은 위 기준에 따른 객관적인 순위를 수치화하는 등의 방법으로 근로자들 중 정리해고 대상자를 선별하는 것이 아닐 뿐만 아니라 그 내용도 사용자인 관리인이 정리해고 대상자를 임의로 정할 수 있도록 추상적으로만 정하고 있는 점, 위와 같은 정리해고 기준에 관하여는 노사가 합의하에 작성된 것이 아니라 관리인이 일방적으로 작성하여 이를 노동조합에 통보한 것인 점, (중략) 등을 종합하면, 이 사건 정리해고가 합리적이거나 공정한 기준에 의하여 이루어졌다거나 위와 같은 기준을 공정하고 합리적으로 적용하였다고 볼 수는 없다.[59]

㉡ 근로자 측 사정 미고려

정리해고대상자를 선별함에 있어 근로자의 사정을 고려하지 않은 경우에는 합리적이거나 공정하다고 보지 않는다.

관련판례

① 원고(사용자)는 구조조정에 대하여 면접평가, 주변평가, 조직평가만을 실시하여 이를 토대로 해고대상자를 선정하였는데, 위 면접평가 및 주변평가, 조직평가는 그 항목 등에 비추어 볼 때 일반적으로 정리해고를 함에 있어 고려될 수 있는 근속연수나 가족상황, 나이, 직급, 조직 내에서의 경력 등 객관적인 사항들이 충분히 반영되어 있지 아니하여 그 객관성이 충분하다고 보기에 부족하다.[60]

② 근로자 적 요소에 대한 배점은 20점, 사용자 적 요소에 대한 배점을 50점으로 하여 사용자 적 요소와 근로자 적 요소를 적절하게 고려하지 않았고, 근로자 적 요소에서는 비교적 높은 점수를 받아 해고로부터 보호할 필요성이 높았는데도 불구하고, 사용자 적 요소에 대한 배점비율이 현저하게 높아 해고대상자로 선정된 것은 합리적이고 공정한 기준이라고 볼 수 없다.[61]

---

59) 서울고법 2010.3.23. 선고 2009누5079 판결
60) 서울고법 2010.11.30.선고 2010누5020 판결
61) 서울고법 2010.11.24. 선고 2010누12738 판결

㉢ 배점기준과 무관하게 선정

배점기준과 무관하게 선정한 정황이 있다면 공정한 기준요건이 충족된 것으로 볼 수 없다.

관련판례

정리해고 선정기준에 관하여 원고(사용자)가 이 사건 노조 사이에 합의가 이루어지지 않은 사실은 당사자 사이에 다툼이 없는바, 원고는 자신이 근무성적 배점기준표에 따라 참가인(근로자)들을 정리해고 대상자로 선정하였다고 주장하는데 대하여, 피고 측은 이 사건 기준표가 이 사건 해고 이후에 그 결과에 맞추어 작성된 것에 불과하고 원고가 이와 무관하게 참가인들을 정리해고 대상자로 선정하였다고 주장한다. 살피건대, 원고가 이 사건 해고무렵 그 근로자들로 하여금 이 사건 기준표를 열람하게 한 사실을 뒷받침하는 관련 증거의 각 기재 내용 및 증인의 증언은 믿기 어렵고 달리 이를 인정할 증거가 없으므로, 이와 다른 전제에서 원고의 위 주장사실을 인정하기는 어렵다. 오히려 다음의 사정들, 즉 이 사건 기준표가 노동위원회의 조사절차에도 제출되지 아니하다가 이 사건에 이르러서야 비로소 제출된 점, 원고가 이 사건 해고를 공고함에 있어서 이 사건 기준표의 존재나 그 내용을 전혀 언급하지 아니한 채 오직 참가인들의 비위행위만을 사유로 명기한 점 등에 비추어 보면, 원고는 이 사건 기준표와 무관하게 참가인들을 정리해고 대상자로 선정한 것으로 보인다. 나아가 설령 이와 달리 보더라도, 관련 증거에서는 이 사건 기준표의 내용 중 일부가 누락되어 있을 뿐만 아니라 확인되는 그 나머지 내용(점수산정)의 객관성 · 정당성을 뒷받침할 자료가 전혀 제출되지 아니한 점, 이 사건 기준표의 내용상 근로자들의 생활적 측면(부양가족의 유무 · 수 등)이 전혀 참작되지 아니한 점 등을 고려하면, 원고가 이 사건 기준표에 따라 참가인들을 정리해고 대상자로 선정한 것이 합리적이고 공정한 기준에 따른 것이었다고 보기도 어렵다.[62)]

㉣ 생산직 직원 전원 선정

구체적이고 객관적인 해고대상자 선정기준 없이 생산부문 폐지계획을 이유로 생산직 직원 전원을 정리해고 대상자로 하는 것은 부당한다고 본다.

62) 서울행법 2009.1.16. 선고 2008구합12382 판결

관련판례

원고(사용자) 회사는 이 사건 정리해고를 하면서 어떠한 구체적이고 객관적인 평가기준이나 평가항목 등의 해고자 선정기준을 마련하여 그것에 의해 원고 회사 전 직원을 대상으로 하여 정리해고 대상자를 선정한 것이 아니라 향후 생산부문을 폐지하고 수입, 판매부문만으로 사업운영을 할 계획이라는 이유만으로 관리직 근로자는 제외하고 생산직 근로자만을 대상으로 정년이 얼마 남지 않았거나 산재요양 중인 근로자를 제외한 나머지 생산직 근로자 전원을 정리해고한 점에 비추어 보면, 이 사건 정리해고는 그 해고대상자 선정기준 또한 합리성과 공정성을 갖춘 것이라고 보기 어렵다.[63)]

㉤ 특정 직무담당자 선정

별도의 해고기준 없이 특정 직무담당자를 일률적으로 해고한 경우에는 합리적이고 공정하다고 할 수 없다.

관련판례

참가인(사용자) 은행이 일반직원은 44명, 서무원은 10명 전원에 대하여 명예퇴직을 권고하였는데, 위 명예퇴직 권고에 응하지 않은 일반직원 18명은 현재까지 참가인 은행에 근무하고 있음에 반해, 위 권고에 응하지 않은 서무원이었던 원고(근로자)들에 대하여만 전원을 정리해고 한 점, 참가인 은행은 서무직 직무가 폐지되었다는 이유로 원고들을 일률적으로 해고하였으나 이후 계약직 사원을 채용하여 동일업무를 수행하게 하고 있는 사정들을 고려하여 볼 때, 근로자의 생활보호측면을 전혀 고려함이 없이 서무원의 직무가 축소되고, 직접적인 영업이익창출이 없다는 이유만으로 별다른 심사과정도 거치지 아니한 채 서무원 전원을 명예퇴직 대상자로 선정하고, 명예퇴직권고에 응하지 아니한 직원 중 서무원인 원고들만을 정리해고 대상자로 선정한 참가인 은행의 대상자 선정은 합리적이고 공정하다고 할 수 없다 할 것이다.[64)]

㉥ 주된 사업과 관련이 없는 기준

주된 사업과 관련이 없는 기준을 적용할 경우 합리적이라고 볼 수 없다.

63) 대법 2009.6.25. 선고 2009두6063 판결 – 심리불속행 기각
64) 서울고법 2007.2.14. 선고 2006누4648 판결

관련판례

정리해고 대상자 선정과 관련하여 원고(사용자)는 석사학위 소지 여부 및 전문연구 업무 수행능력이 그 기준이었다고 주장하고 있기는 하나, 원고가 직원들에 대하여 석사학위 등을 요구하면서 연구 사업팀제의 형식으로 사업을 수행하게 된 것은 임원회의 결과 개정된 정관 및 직제규정 등에 기한 것이지만, 위와 같이 개정된 정관에 의하여서도 여전히 원고의 주된 사업은 연구 사업이라기보다 ○○사업에 중점이 있는 것으로 보이고, 회원의 유지 · 관리도 그 사업의 일부로 규정되어 있는 점 및 (중략) 사실상 위 정관 등의 개정 및 구조조정절차를 주도하였던 ○○○와 참가인(근로자)들 사이에 그 업무수행과 관련하여 갈등이 있어 왔던 점 등에 비추어 보면, 원고가 처음부터 참가인들만을 이 사건 정리해고 대상자로 선정한 후 구조조정절차를 진행시킨 이 사건 정리해고가 객관적이고 합리적인 기준에 의해 해고대상자를 선정하였다고 보기 어렵다.[65)]

5) 근로자대표에 대한 사전 통보 및 성실한 협의

(가) 사전협의 절차의 취지

근로자대표에게 미리 통보하고, 성실하게 협의하도록 하는 것은 정리해고의 실질적 요건의 충족을 담보함과 아울러 비록 불가피한 정리해고라 하더라도 협의 과정을 통한 쌍방의 이해 속에서 실시되는 것이 바람직하다는 취지에서 이다.

관련판례

근로기준법 제24조제3항이 사용자는 해고를 피하기 위한 방법 및 해고의 기준 등에 관하여 당해 사업 또는 사업장에 근로자 과반수로 조직된 노동조합이 있는 경우에는 그 노동조합, 근로자 과반수로 조직된 노동조합이 없는 경우에는 근로자 과반수를 대표하는 사람(근로자대표)에게 미리 통보하고 성실하게 협의하여야 한다고 하여 정리해고 절차적 요건을 규정한 것은, 같은 조 제1, 2항이 규정하고 있는 정리해고의 실질적 요건을 충족하는 것을 담보하는 것과 함께 비록 불가피한 정리해고라 하더라도 협의과정을 통한 쌍방 이해 속에서 실시되는 것이 바람직하다는 이유에서이다.[66)]

---

65) 서울행법 2004.12.23. 선고 2004구합26062 판결
66) 대법 2002.7.9. 선고 2001다29452 판결 참조

(나) 사전협의의 상대방

사전협의의 상대방은 근로자대표인바, 근로자 과반수로 조직된 노동조합이 있는 경우에는 그 노동조합, 그 노동조합이 없는 경우에는 근로자의 과반수를 대표하는 자이다.

(a) 근로자대표성 인정

판례는 사안에 따라 노동조합이 형식적으로 과반수 근로자로 조직되어 있다는 논거로, 또는 형식적 요건을 갖추지 못한 경우에는 실질적으로 해고대상자를 대표한다는 논거로 근로자 대표성을 폭넓게 인정하고 있다.

㉠ 과반수 노동조합

노동조합이 과반수로 구성된 경우 그 노동조합과의 협의를 거친 경우에는, 노동조합 가입자격이 없는 일정급수 이상 직원들을 대상으로 정리해고를 실시함에 있어서, 해고대상자들에 의해 선출된 대표와 별도 협의를 하지 않았더라도 협의절차의 흠결이 아니다.

관련판례

피고(사용자)의 노동조합이 종전에도 사용자와 임금협상 등 단체교섭을 함에 있어 3급 이상 직원들에 대한 부분까지 포함시켜 함께 협약을 해왔고 이 사건 정리해고에 있어서도 노동조합이 협의에 나서 격렬한 투쟁 끝에 대상자수를 당초 350여명에서 280여명으로 줄이기로 합의하는데 성공한 점 등을 종합하여 보면, 이 사건 정리해고가 실시되는 피고 은행 전 사업장에 걸쳐 근로자의 과반수로 조직된 노동조합이 있는 이 사건에 있어, 피고 은행이 위 조항의 문언이 요구하는 노동조합과의 협의 외에 정리해고의 대상인 3급 이상 직원들만의 대표를 새로이 선출케 하여 그 대표와 별도로 협의를 하지 않았다고 하여 이 사건 정리해고를 협의절차의 흠결로 무효라 할 수는 없는 것이다.[67]

---

67) 대법 2002.7.9. 선고 2001다29452 판결, 동 판결의 입장과 달리 정리해고 대상 근로자들과 이해관계가 없는 근로자로 구성되었음을 이유로 정리해고의 성실한 협의요건을 부정한 판례(대법 2005.9.29. 선고 2005두4403 판결)가 있다.

㉡ 과반수 미달 노동조합

노동조합이 근로자들의 과반수로 조직되지 못한 경우 근로자대표를 선출하여야 하는 것이 원칙이나, 판례는 과반수 미달의 노동조합이라도 실질적으로 근로자의 의사를 대표할 수 있다면 근로자대표로 인정한다.

관련판례

① 피고(사용자) 회사 건설부문의 노동조합이 근로자들의 과반수로 조직되지는 아니하였지만, 노동조합 설립이후 피고 회사와 노동조합 사이에 체결된 단체협약이 노동조합에 가입하지 아니한 피고 회사의 다른 모든 근로자들에게도 적용되었고 그 단체협약에 회사 경영상 종업원의 감원이 불가피할시 조합과 협의하여 인원을 정리한다고 규정되어 있는 사실, 피고 회사가 이 사건 정리해고를 위하여 노동조합과 9회에 걸쳐 협의하는 동안 노동조합은 근로자들의 의견을 수렴하여 정리해고에 반대하고 수정안을 제시하면서 정리해고 대상자 수를 250명에서 127명으로 절반 가까이 줄이는 등 실질적으로 근로자 전체를 위한 협상이 이루어진 사실, 그 과정에서 노동조합에 가입하지 아니한 근로자들이 노동조합의 대표성을 문제 삼은 흔적이 전혀 보이지 아니하고 오히려 정리해고 대상자로 선정된 127명 중 원고(근로자)를 제외한 126명은 대부분 노동조합원이 아님에도 불구하고 모두 노사협의 결과를 수용하여 희망퇴직에 응한 사실을 인정할 수 있는 바, 그렇다면 피고 회사의 근로자들은 피고 회사와 정리해고에 관한 협의를 함에 있어서 노동조합이 근로자들을 대표하는 것을 인정하였다고 할 것이므로, 위 노동조합은 실질적으로 근로자의 의사를 반영할 수 있는 대표자라고 인정할 수 있다고 판단된다.[68]

② 참가인(근로자)은 노동조합이 원고(사용자) 회사 근로자들의 과반수로 조직되지 아니하였으므로 원고 회사가 노동조합과 협의를 한 것으로 볼 수 없다는 취지의 주장을 하나, 가사 원고 회사의 노동조합이 근로자들의 과반수로 조직되지 아니하였다고 하더라도, 달리 위 노동조합 외에 그 당시 원고 회사 근로자의 과반수에 의하여 근로자를 대표하는 자가 선정되어 있다거나 위 노동조합이 근로자들의 의사를 충분히 반영하지 못할 특별한 사정이 있었다는 점에 대한 주장 · 입증이 없는 이상, 위 노동조합이 원고 회사 근로자들의 과반수로 조직되지 아니하였다는 이유만으로 원고 회사가 근로자 대표와의 협의를 하지 아니한 것으로 볼 수 없다.[69]

---

68) 대법 2006.1.26. 선고 2003다69393 판결
69) 서울행법 1999.10.15. 선고 99구6230 판결

ⓒ 노사협의회 위원

일정범위내 관행이 있다거나, 불가피한 경우 노사협의회 위원 등도 근로자대표성이 인정될 수 있다.

관련판례

① 원심은 제1심 판결을 인용하여, 개정된 공단의 노사협의회 규정은 "근로자를 대표하는 위원은 사우회칙에서 정하는 직원으로 한다"라고 규정하고 있고, 개정된 공단의 사우회칙은 공단의 직원을 사우회의 회원으로 하며, 사우회는 "회원의 복리후생 증진 등 노사협의에 관한 사항"을 수행사업 중 하나로 삼고 있는데, 회원이 기관별 · 부서별로 직접 · 비밀 · 무기명 투표로 운영위원을 선출하고, 임원은 운영위원회에서 직접 · 비밀 · 무기명 투표로 운영위원 과반수의 출석과 출석위원 과반수의 찬성으로 선출하며, 임원은 노사협의회에서 근로자를 대표하는 위원이 되는 것으로 각 규정하고 있는 데, 위와 같이 사우회의 수행 사업의 하나로 "노사협의에 관한 사항"이 사우회칙에 추가로 기재되기 이전부터 공단은 사우회의 임원들을 근로자 대표위원으로 인정하여 노사협의회를 구성해 임금 문제를 비롯한 공단직원의 복리후생의 증진과 관련된 여러 사항을 협의하여 왔고, 원고(근로자)를 비롯한 공단직원들은 이 사건에 이르기 전까지만 하더라도 그동안 이에 대하여 아무런 이의를 제기하지 아니하여 왔던 사실을 인정한 다음, 공단이 이미 오래전부터 공단직원들을 대표하여 노사협의를 할 권한을 가지는 것으로 최소한 묵시적으로나마 인정되어 온 사우회의 임원들에게 근로자대표로서의 자격을 인정해 노사협의회를 구성한 것은 정당하다고 판시하였다. 기록에 비추어 살펴보면, 원심의 위와같은 사실인정과 판단은 정당한 것으로 수긍이 가고, 거기에 상고이유의 주장과 같은 법리오해 또는 채증법칙에 위반하여 사실을 오인한 위법이 있다고 볼 수 없다.[70)]

② 정리해고 기준안을 근로자들과 협의함에 있어 원고(근로자)가 노조위원장으로 있던 노동조합은 원고 외의 노조원들이 모두 탈퇴한 상태여서 근로자대표성을 갖지 않는다고 판단하여 근로자들로 하여금 직장협의회를 구성하고 근로자대표를 선출하도록 하여 근로자대표들과 4차례에 걸친 협의 끝에 직급별 정리해고 대상인원 및 그 기준을 정하고 그 기준에 의거하여 원고를 경영상 이유로 해고한 점을 모두 인정할 수 있다.[71)]

ⓔ 제3의 기구

노동조합이나 노사협의회가 아닌 제3의 기관의 근로자대표성 여부에 대해, 회

---

70) 대법 2004.10.15. 선고 2001두1154, 1161, 1178 판결
71) 서울고법 2003.4.10. 선고 2002누556 판결 및 대법 2003.11.13. 선고 2003두4119 판결 참조

사주도로 만들어진 다른 기구가 있는 경우에 그 기구의 평소활동 내용을 고려하여 이 기구의 대표자들을 협의의 상대방이 된다고 판단한 경우도 있다.

관련판례

원고(사용자) 회사의 쥬니어보드는 운영규정이 개정 전에는 사장의 직속기구였으나, 그 후에는 직원들의 복지후생, 인사관리, 근로조건의 유지 및 개선 등을 임무로 하는 전직원의 대표기구로서, 본사 쥬니어보드와 현장 쥬니어보드로 구성되고, 각 주니어보드의 위원과 대표는 직접 · 비밀 · 무기명 투표에 의한 과반수 이상의 찬성으로 선출되었으며, 본사 주니어보드의 의장단이 전체 주니어보드를 사실상 대표하여 사용자 측과 정기회의를 가지면서 임금협약을 포함한 제반 근로조건을 협의하였는바 (중략) 노동조합이 과반수로 조직되지 못하였던 관계로 그 공백을 보완하기 위한 것이었던 사실, 이에 따라 원고 회사는 1월경부터 노동조합 및 본사 주니어보드 의장단과 사이에 노사협의 및 회의를 개최하여 복지후생제도 변경 및 경상비 절감, 연월차휴가 사용, 수당조정 등에 관하여 협의함으로써 해고회피노력을 한 다음, 4월에는 고용조정 실시 및 대상자 선발기준에 관한 순차 협의를 한 결과 노동조합과 본사 주니어보드 의장단 모두 원고 회사의 방침에 동의하였던 사실을 알 수 있는 바, 사정이 이러하다면, 원고 회사의 본사 주니어보드 의장단은 그 실질적인 지위 및 앞서 본 절차적요건의 취지에 비추어 정리해고의 협의 대상인 "근로자의 과반수를 대표하는 자(근로자대표)"에 해당한다고 봄이 상당하고, 원고 회사가 이러한 본사 주니어보드 의장단은 물론이고 노동조합과도 위와 같은 협의를 한 것은 성실한 협의를 거친 경우에 해당 한다.[72)]

ⓜ 개별근로자

노동조합도 노사협의회도 없는 경우에는 별도의 근로자대표 선출절차를 거치는 것이 원칙이나, 사용자가 근로자대표를 선출하도록 유도하지 않고 개별근로자들과 협의를 한 경우에도 이를 인정할 수 있다.

---

72) 대법 2002.8.27. 선고 2000두6756 판결. 동 판결의 원심은 원고 회사의 노동조합은 근로자의 과반수를 대표하는 자라고 할 수 없고, 주니어보드도 그 설립목적, 구성, 운영내용 등에 비추어 볼 때 원고 회사가 각 직급별 근로자들의 경영참여 및 의견수렴을 위하여 구성한 임의조직에 불과할 뿐 근로자대표로서의 성격을 가진다고 보기 어렵다고 보았다(서울고법 2000.7.11. 선고 2000누1050 판결).

관련판례

① 근로자 측과 성실한 협의를 하였는지에 관하여 피고(사용자) 공단은 이 사건 직권면직 처분 이전까지 피고 공단에 노동조합이나 노사협의회가 구성되어 있지 않은 관계로 조직 개편 및 인력감축 과정에서 서면을 통하여 각 직원의 의견을 취합하여 인력감축 방법 및 기준 등을 마련한 후 재차 그 방안에 대하여 각 직원의 동의를 구하는 절차를 거쳤으므로 직원들과 상당한 방법으로 사전협의를 거쳤다고 판단한 후, 피고 공단이 원고(근로자)를 정리해고하기 위하여 한 이 사건 직권면직처분은 객관적 합리성과 사회적 상당성을 지닌 것이라고 보아 위 처분이 정당하다고 판단하였다. 앞서 본 법리와 기록에 비추어 살펴보면, 위와 같은 원심의 사실인정과 판단은 정당하고, 거기에 상고이유에서 주장하는 바와 같은 채증법칙 위배로 인한 사실오인이나 정리해고에 관한 법리오해 등의 위법이 없다.[73)]

② ㅇㅇ협동조합(피합병법인)에는 근로자들을 대표할 만한 노동조합이 없었으므로 이사장이 해고에 앞서 상당한 시간적인 여유를 두고 수차례에 걸쳐 참가인(근로자)을 포함한 전 직원들에게 합병 및 퇴직의 불가피성을 설명하고 그들의 재취업을 위하여 노력하는 한편 그들의 동의를 얻어 퇴직을 유도하였던 것이고, 참가인을 제외한 나머지 직원들이 모두 이를 용인한 상태에서 사전통지를 거쳐 정리해고를 한 이상, ㅇㅇ협동조합으로서는 당시 처한 상황 아래에서 직원들과의 성실한 협의를 거쳤다고 할 것이다.[74)]

(b) 근로자대표성 부정

노동조합이 정리해고 대상자를 대변하지 못한다는 등 근로자대표가 정리해고 대상 근로자들의 실질적인 대표가 아니라는 이유로 성실한 협의 요건을 부정하는 사례도 있다.

㉠ 관리직 정리해고 시 노동조합

특별한 사정이 없는 한, 정리해고 대상이 되는 근로자들을 대표할 수 있는 자와 정리해고에 관한 협의를 진행하여야 한다.

---

73) 대법 2002.7.12. 선고 2002다21233 판결

74) 서울고법 2010.4.13. 선고 2009누25776 판결, 위 대법 2002.7.12. 선고 2002다21233 판결의 사실관계와 다른 점은 근로자들의 개별동의 절차를 제대로 밟지 않았다는 점이 있으나, 대법에서 심리불속행으로 기각되었다.

관련판례

① 사용자가 근로자들 중의 일부직급을 대상으로 정리해고를 실시하려면, 대상이 되는 근로자들이 노동조합원이라거나 노동조합원은 아니지만 그들의 의사에 따라 노동조합에 사용자와의 협상을 위임한 것이라는 등의 특별한 사정이 없는 한, 그 대상이 되는 근로자들을 대표할 수 있는 자와 정리해고에 관한 협의를 진행하여야 할 것이고, 대표성을 지니지 못한 노동조합과 협의를 진행할 수는 없다고 할 것이다. 만약 이와 달리 해석한다면, 일부 계층의 근로자들로 하여금 자신들의 의사와 이익을 제대로 반영할 수 없는 자에게 운명을 맡기는 것을 감수하도록 하는 결과가 될 것이다. 특히 이 사건과 같이, 애당초 노동조합의 가입대상도 아닌데다가 노동조합과 갈등관계를 빚기 쉬운 중상급 관리직 근로자들이 정리해고의 대상이 된 경우, 이들에 대한 정리해고를 노동조합과 협의하도록 방치한다면, 이들을 정리해고 제한에 관한 법적 보호의 사각지대에 놓이게 하는 결과를 초래할 뿐이다. 그런데 이 사건의 경우 참가인(사용자) 법인은 비조합원인 1, 2급 직원들을 대상으로 먼저 정리해고를 진행하면서 그들을 대표할 수 없는 노동조합을 협의의 상대방으로 삼았을 뿐만 아니라, 그마저도 노동조합과 사이에 1, 2급 직원들의 해고대상자 선정기준이나 그들에 대한 해고회피방안 등에 대하여는 별다른 협의도 진행하지 않은 채 노동조합장에게 일방적으로 해고대상자 선정기준을 통보한 직후 1, 2급 직원들 중 해고대상자를 선정한 점 등에 비추어 보면, 참가인 법인이 근로자들과 성실한 협의를 거쳐 이 사건 해고를 한 것으로 볼 수 없다.[75)]

② 정리해고 시 근로자들의 이해관계를 대변할 수 있는 조직과의 협의를 통하여 이해관계를 조절함을 목적으로 하고 있는 근로기준법 제31조제3항의 취지에 비추어 보면, 근로자 중 주로 4급 이상의 직원을 감원하기로 하는 경우 4급 이상 직원들의 이해관계를 대변할 수 있는 근로자 대표와의 협의도 필요하다고 해야 할 것인데, ○○병원이 정리해고와 관련하여 협의하였다고 하는 근로자대표는 ○○○을 제외하고는 모두 5급 이하의 직원, 고용원, 기능직 직원들로 구성된 근로자대표와 근로자의 과반수를 넘지 않고 주로 5급 이하의 근로자로 구성된 노동조합이라는 것이고, 위 근로자대표와 노동조합 조합원은 대부분 정리해고 대상자가 아니어서 이 사건 정리해고와 거의 이해관계를 갖고 있지 아니하므로, 위와 같은 근로자대표 및 노동조합과의 감원에 대한 협의는 근로자대표와 성실한 협의를 하였다고 볼 수 없다.[76)]

㉡ 정리해고대상자 미포함 노사협의회

근로자대표가 정리해고 대상자의 이해관계를 대변할 수 있는 근로자대표에 해

75) 대법 2003.7.8. 선고 2001두7602 판결

76) 대법 2005.9.29. 선고 2005두4403 판결, 동 판례는 앞에서 제시한 대법 2002.7.9. 선고 2001다29452 판결과 달리 성실한 협의의 판단의 전제로서 근로자대표가 실질적으로 정리해고 대상 근로자들의 이해관계를 대변할 수 있는지 여부를 판단한 점에서 의미가 있다.

당한다고 보기 어려울 경우, 성실한 협의가 부인된다.

관련판례

근로자를 감원함에 있어 정리해고대상자의 이해관계를 대변할 수 있는 근로자대표와의 협의가 필요하다고 할 것인데, 앞서 본 증거에 의하여 인정되는 다음의 사정, 즉 노사협의회를 구성하는 근로자대표 4명 중 1명인 ○○○(노동조합의 대표자이기도 하다)가 원고(사용자)의 동생인 점, 노사협의회의 근로자대표 중에는 정리해고의 직접 이해관계가 있는 기계반 소속 근로자는 전혀 포함되어 있지 않은 점 등에 비추어 보면, 종전 조립반의 ○○○, 차제반의 ○○○, 시작반의 ○○○, ○○○로만 구성된 근로자대표가 정리해고 대상자인 기계반 소속 근로자들의 이해관계를 대변할 수 있는 근로자대표에 해당한다고 보기 어려울 뿐만 아니라 근로자대표의 선정과 관련하여 원고가 노사협의회 운영규정에 따른 선거를 실시하였다고 볼 만한 증거가 없다. 따라서 근로기준법 제24조제3항에서 규정하는 근로자대표와의 성실한 협의절차를 거쳤다고 보기 어렵다.[77]

(다) 사전협의의 정도 및 방법

(a) 정당성 인정

판례는 사전 통보 및 성실한 협의요건 충족기준을 폭넓게 인정하고, 근로자대표가 있으나 사용자의 계속되는 협의요청에도 불구하고 협의를 기피하는 경우에는 근로자 스스로 권리를 포기한 것이므로 협의의무 불이행의 책임을 사용자에게 물을 수 없다고 보고 있다.

㉠ 노동조합과 계속된 협의

노동조합과 수차례에 걸쳐 해고회피 방안, 해고대상자 선정기준에 대한 협의를 시도한 경우에는 성실한 협의의 정당성을 인정한다.

관련판례

참가인(사용자) 회사는 이 사건 정리해고 이전인 2004. 초순경 노동조합에게 수차례에 걸

77) 서울행법 2010.4.29. 선고 2009구합37395 판결

쳐 회사의 경영사정을 설명하면서 해고회피 방안 등을 협의하였고, 이 사건 정리해고 계획을 통보한 이후에도 수차례에 걸쳐 노사협의회, 노사간담회를 개최하여 해고회피 방안, 배치전환문제 및 해고대상자 선정기준에 대한 협의를 시도하였다. 또한, 참가인 회사는 2004.6. ○○지방노동사무소에 정리해고계획서를 제출하고, 그 후 노동조합에게 해고대상자 명단과 정리해고 예정일을 통보하였으며, ○○지방노동사무소의 중재로 3차례에 걸쳐 노동조합과 간담회를 개최하여 정리해고 방안 등에 관하여 협의한 사정을 종합하면, 참가인 회사는 이 사건 정리해고에 앞서 노동조합 및 근로자대표와 성실한 협의를 거쳤다고 할 것이다.[78)]

㉡ 노동조합의 의견 미제시

경영정상화에 합의한 후, 정리해고자 평가기준에 대해서는 아무런 의견을 제시하지 않은 경우, 성실한 협의의 정당성이 인정된다.

관련판례

참가인 노동조합은 2002.8. 참가인(사용자)과 경영개선계획의 이행 및 조속한 경영정상화 달성에 적극 협조하기로 합의한 점, 참가인은 2004.4. 정기이사회에서 정리해고대상자 평가기준을 마련하고 2004.7.부터 같은 해 8.까지 사이에 노동조합에 3차례에 걸쳐 이에 대한 의견을 제출하여 줄 것을 요청하였으나, 노동조합은 이에 대하여 아무런 의견을 제시하지 아니한 점, 참가인은 2004.10. 노동조합과 인력감축 및 명예퇴직과 관련한 노사협의회를 개최한 점, 그 밖에 이 사건 정리해고 당시 참가인이 처한 경영위기의 심각성, 합병 또는 퇴출을 피하기 위하여 조직 통폐합, 인력감축 등 재무구조개선을 위한 조치를 이행하여야만 할 사정에 있었다는 점 등 변론에 나타난 제반사정을 종합하면, 참가인은 이 사건 정리해고에 앞서 근로자대표와 성실한 협의를 거친 것이라고 할 것이다.[79)]

㉢ 단체교섭만을 요구

노사협의를 거치지 않고 일방적으로 이 사건 구조조정을 실시하기로 결정하였다는 이유로, 구조조정의 실시여부에 대한 단체교섭을 요구하면서 아무런 의견을

78) 대법 2007.2.9. 선고 2006두18812 판결 - 심리불속행 기각
79) 서울행법 2006.9.5. 선고 2006구합4646 판결

제출하지 않은 경우 성실한 협의의 정당성이 인정된다.

관련판례

참가인(사용자)이 ○○○컨설팅으로부터 컨설팅 결과를 받고, 2008.2.1.부터 2008.2.29.까지 8차례에 걸쳐 참가인 회사 노동조합에 대하여 구조조정 실시 인원 및 부서 정리 문제를 협의하기 위하여 노사협의회를 개최하여 의견을 제출하여 줄 것을 통보하였는데, 참가인 회사 노동조합은 참가인 회사가 2007.5.부터 생산성 향상을 위하여 생산라인별로 잉여인력을 파악하여 외주제작 품목 중 일부제품을 참가인 회사 내부에서 생산하는 방식으로 경영합리화를 추진하다가 2008.1 아무런 노사협의를 거치지 않고 일방적으로 이 사건 구조조정을 실시하기로 결정하였다는 이유로, 참가인 회사에 대하여 이 사건 구조조정의 실시여부에 대한 단체교섭을 요구하면서 참가인 회사의 위와 같은 요구에 아무런 의견을 제출하지 않은 사실은 당사자 사이에 다툼이 없다. (중략) 참가인 회사는 위와 같이 참가인 회사 노동조합과 사이에 이 사건 구조조정의 인원 및 부서, 정리해고대상자 선정기준 등에 관하여 협의하기 위하여 성실하게 노력하였다고 할 것이다.[80]

ⓓ 논의자체를 거부

노동조합이 사용자의 협의요청을 별다른 이유없이 무시한 채 논의 자체를 거부하는 경우 성실한 협의의 정당성이 인정된다.

관련판례

참가인(사용자)이 수차에 걸쳐 노조 및 ○○차량 운전기사들에게 지입차주제 전환의 필요성을 알린 사실, 이에 따라 대부분의 ○○차량 운전기사들이 지입차주제 전환에 응한 사실, 그 후 참가인이 만약 원고들이 지입차주제 전환에 응하지 아니하면 정리해고를 할 수 밖에 없음을 알리면서 노조에 협의를 요청한 사실, 그런데 노조가 참가인의 협의요청을 별다른 이유없이 무시한 채 지입차주제 전환에 대한 논의 자체를 거부하면서 자동차처분금지 가처분을 신청하는가 하면 단체협상에서 참가인의 경영사정을 전혀 고려하지 아니한 채 무리한 요구를 한 사실을 알 수 있는 바, 이에 비추어 보면 노조는 그 협의권을

80) 서울고법 2010.4.30. 선고 2009누26809 판결

남용하여 정리해고에 관한 참가인과의 협의를 거부하였다고 봄이 상당하고, 참가인은 이 사건 해고를 함에 있어서 노동조합이나 근로자 측과 성실히 협의할 의무를 다하였다고 할 것이다.[81]

(b) 정당성 부정

㉠ 일방적인 전달

사용자가 사업장별 대책회의 개최라는 형식을 갖추기는 하였으나 사실상 일방적으로 전달함에 그쳤을 뿐인 경우에는 실질적인 협의를 거친 것으로 보지 않는다.

관련판례

참가인(사용자) 회사가 11.10. 임원회의에서 현 위기경영 상황 타개를 위하여 인력구조조정을 시행하기로 의결한 후 전략기획실에서 그 구체적 방안을 수립하여 각 부서장들에게 전자이메일로 전달한 점, 참가인 회사는 1차적으로 희망퇴직 및 무급휴직 신청을 받았으나 희망자가 불과 1명밖에 없자, 11.17. 회사 측에서 일방적으로 마련한 인력평가기준표를 각 부서장들에게 전자이메일로 발송하면서 위 기준에 따른 부서별 인력평가를 지시하였고, 같은 날 사업장별로 대책회의를 실시하여 그 자리에 참석한 근로자들에게 인원감축의 필요성을 설명하고 회사 측에서 정한 구조조정에 대한 구체적인 기준을 전달함에 그친 점, 이어 참가인 회사는 곧바로 구조조정 대상자 선정에 들어갔고, 구조조정 대상자로 분류된 자들을 제외하고 11.21. 조직개편에 따른 인사발령을 하기에 이른 점 등을 알 수 있는 바, 사실관계가 이와 같다면 참가인 회사는 사업장별 대책회의 개최라는 형식을 갖추기는 하였으나 사실상 회사 측에서 마련한 구조조정 계획 및 그 기준을 근로자들에게 일방적으로 전달하면서 희망퇴직 및 무급휴직 신청을 권하였을 뿐 근로자 대표로 선정된 자와 해고회피방안이나 해고방법, 해고기준 등에 관하여 실질적으로 협의를 거치지 않았다면 근로기준법에 정한 절차를 거치지 않은 해고이다.[82]

㉡ 2차 구조조정 시 협의 생략

1차 정리해고 당시 사전 통보 및 협의는 2차 정리해고를 위한 협의로 보기 어렵다.

---

81) 대법 2008.9.25. 선고 2008두12887 판결 – 심리불속행 기각
82) 서울고법 2010.11.24. 선고 2010누12738 판결

관련판례

근로자들에게 1차 구조조정이 있었던 2003.8.경으로부터 이미 상당한 기간이 경과한 이후인 2004.2.11. 시행된 이 사건 구조조정계획에 의한 정리해고 등은 쉽사리 예상할 수 없었던 것이므로, 회사가 2003.7.28. 노동조합에 대하여 회사경영 구조조정계획 통보를 한 바 있고, 그 이후인 2003.8.경 근로자대표로 선출된 ○○○과의 사이에 구조조정에 관한 협의가 있었다고 하더라도, 위 통지와 협의가 이 사건 정리해고를 포함하는 2004.2.11. 이후 시행된 구조조정을 위한 통지와 협의로까지 보기 어려운 점을 종합하여 보면, 회사는 이 사건 근로자들에 대하여 이 사건 정리해고를 함에 있어 근로기준법 제31조제3항에서 정한 협의를 거치지 아니한 것이므로, 이 사건 정리해고는 위법하다.[83)]

㉢ 형식적인 노사협의회 개최

형식적으로 노사협의회 개최를 거친 경우에는 실질적으로 협의하였다고 보지 않는다.

관련판례

원고(사용자) 회사가 한 달 남짓 기간 동안 노동조합 측과 6차례에 걸친 노사협의회를 가진 뒤 노동조합 측과 해고의 기준이나 해고조건 등에 관하여 합의가 성립되지 아니함을 이유로 일방적으로 이 사건 정리해고를 단행한 점에 비추어 보면, 원고 회사는 생산직 근로자들을 해고하기 위한 절차로써 노동조합 측과의 노사협의회 개최라는 형식을 갖추었을 뿐 실질적으로 근로자 대표와 성실하게 협의하였다고 볼 수도 없다.[84)]

(라) 사전통보기간

사전통보기간까지 근로자대표에게 통보하지 아니한 경우에 정리해고의 유효여부는 사전통보기간(현행 50일, 구법 60일) 규정의 성격을 어떻게 보는가에 따라 달리지나, 특별한 사정이 없다면 판례는 이를 강행규정으로 보지 아니한다.

---

83) 서울행법 2005.9.15. 선고 2005구합5536 판결
84) 대법 2009.6.25. 선고 2009두6063 판결 - 심리불속행 기각

관련판례

해고를 피하기 위한 방법과 해고의 기준을 해고실시 60일(현행 50일) 이전까지 근로자대표에게 통보하게 한 취지는 통보의 대상인 소속 근로자의 인원수와 그의 소재지의 원근 등 구체적 사정에 따라 그 통보를 전달하는 데 소요되는 시간, 그 통보를 받은 각 근로자들이 통보내용에 따른 대처를 하는데 소요되는 시간, 근로자대표가 성실한 협의를 할 수 있는 기간으로서 모자라지 않게 허용하기 위하여 모든 경우에 통용될 기간을 규정한 것이어서 60일 기간의 준수는 정리해고의 효력요건은 아니라 할 것이고, 구체적 사안에서 통보 후 정리해고 실시까지의 기간이 그와 같은 행위를 하는데 소요되는 시간으로 부족하였다는 등의 특별한 사정이 없으며, 정리해고의 그 밖의 요건은 충족되었다면 그 정리해고는 유효하다고 하겠다.[85)]

(3) 기타 정리해고 관련 쟁점사항

1) 단체협약상 합의의 의미

단체협약 등에 정리해고 실행에 대해 합의하여야 한다는 규정이 있는 경우라 하더라도, 단체협약상 다른 규정의 체계적 해석을 통해 합의 규정의 실질적 의미를 협의로 해석하는 경우가 많다.

관련판례

① 원심은 위 쟁의행위 당시 유효하던 단체협약에 의하면 공사는 정리해고를 하는 경우에도 사전에 노조와 합의할 의무를 부담하도록 되어있어 이 사건 쟁의행위는 그러한 합의를 할 수 없다는 주장을 하기 위한 것으로서 그 목적의 정당성을 인정할 수 있다고 판단하고 있다. 그러나, 사용자가 경영권의 본질에 속하여 단체교섭의 대상이 될 수 없는 사항에 관하여 노동조합과 "합의"하여 결정 혹은 시행하기로 하는 단체협약의 일부조항이 있는 경우, 그 조항 하나만을 주목하여 쉽게 사용자의 경영권의 일부포기나 중대한 제한을 인정하여서는 아니되고, 그와 같은 단체협약을 체결하게 된 경위와 당시의 상황, 단체협약의 다른 조항과의 관계, 권한에는 책임이 따른다는 원칙에 입각하여 노동조합이 경영에 대한 책임까지도 분담하고 있는지 여부 등을 종합적으로 검토하여 그 조항에 기재

85) 대법 2003.11.13. 선고 2003두4119 판결

된 "합의"의 의미를 해석하여야 할 것이다. 기록에 의하면, (중략) 단체협약 조항은 공사가 정리해고 등 경영상 결단을 하기 위하여는 반드시 노조의 사전동의를 요건으로 한다는 취지가 아니라 사전에 노조에게 해고의 기준 등에 관하여 필요한 의견을 제시할 기회를 주고 공사는 노조의 의견을 성실히 참고하게 함으로써 구조조정의 합리성과 공정성을 담보하고자 하는 "합의"의 취지로 해석함이 상당하다 할 것이다.[86)]
② 의사표시의 해석은 표시된 문언에 따라 해석함이 원칙이나, 여기서의 문언해석은 당해 조항만이 아니라 이를 포함하는 의사표시 전체의 취지 속에서 당해 조항의 문언이 가지는 의미를 찾아야 하고, 또 그 의사표시를 하게 된 경위와 당시의 상황 및 분위기, 당위성 등을 참작하여 규범적인 해석이 필요한 경우도 있다. 원심이 같은 취지에서 그 판시와 같은 이유로 이 사건 단체협약시행협정서 제1조의 "사전합의"를 "사전합의"의 취지로 해석하고, 그 문언이 이 사건 쟁의행위의 정당성을 가림에 있어 영향을 줄 수 없다고 판단한 조치는 수긍할 수 있고 거기에 그 주장과 같은 위법이 없다.[87)]

2) 우선 재고용의무의 법적 성질

근로기준법 제25조 우선 재고용의무는 법적인 의무를 부과한 것이 아니라, 사용자가 신규채용하고자 하는 직책에 맞는 정리해고자가 있으면 그를 우선적으로 고용하도록 노력을 하라는 취지로 본다.

관련판례

근로기준법 제31조의2(현행 제25조)는 "정리해고를 한 사용자는 정리해고일로부터 2년 이내에 근로자를 채용하고자 할 때에는 정리해고된 근로자가 원하는 경우 해고 전의 직책 등을 감안하여 그 근로자를 우선적으로 고용하도록 노력하여야 한다"고 규정하고 있는 바, 이는 사용자가 신규채용의 기회가 생기기만 하면 반드시 정리해고자를 우선 재고용하여야 한다는 법적인 의무를 부과한 것이 아니라, 사용자가 신규채용하고자 하는 직책에 맞는 정리해고자가 있으면 그를 우선적으로 고용하도록 노력을 하라는 취지에 불과하다 할 것이므로, 정리해고자가 사용자가 신규채용하려는 직책에 맞는 사람이라고 볼 만한 사정이 인정되지 아니한다면 사용자가 그의 합리적인 경영판단에 의하여 다른 근로자를

86) 대법 2002.2.26. 선고 99도5380 판결, 유사한 취지의 판결로 서울행법 2010.5.14. 선고 2009구합29943 판결 참조
87) 대법 2003.7.22. 선고 2002도7225 판결

채용하였더라도 근로기준법이 정한 위 우선 재고용 노력의무를 위반하였다고 평가할 수는 없다고 할 것이다. 기록에 비추어 살펴보면, 피고(사용자) 회사가 행정직 과장이던 원고(근로자)를 정리해고한 후 2년 이내에 신규채용한 53명은 모두 신입사원일 뿐 아니라 그 중 3명만이 행정직이어서 신규채용한 직원들에게 맡긴 업무나 직책이 원고의 직위나 경력 등에 비추어 맞는 것이 아니므로, 피고 회사가 신입사원을 채용하면서 원고를 재고용하지 아니하였더라도 위 근로기준법에 정한 우선재고용 노력의무에 위반하였다고 평가할 수 없다고 판단한 원심의 조치는 앞서 본 법리에 따른 것으로 옳다고 수긍이 가고, 거기에 상고이유의 주장과 같이 우선재고용 노력의무와 관련한 사실오인 내지 법리오해의 위법이 있다고 할 수 없다.[88]

2. 근로자 귀책해고(징계해고)

(1) 개 념

징계해고는 파면, 해임 등으로 통칭되는 가장 중한 징계처분이다. 징계해고는 직장질서위반을 이유로 한다는 점에서 징계에 해당되며, 근로관계를 소멸시키는 사용자의 일방적 의사표시라는 점에서는 해고의 법적 성질을 가진다. 따라서 직장질서위반을 이유로 하지 않는, 통상해고라고 불리는 여타의 해고와는 구별된다. 현실적으로 사업장에서는 근로자의 해고사유에 따라, 그리고 취업규칙 등에 정한 징계사유에 해당되는 근로자에 대하여 징계절차에 따라 해고한다는 점에서 통상해고와 징계해고를 구별하여 행하고 있다. 그러나 사용자가 근로자를 통상해고로서 해고하든 징계해고로서 해고하든 근로기준법 제23조의 정당한 이유가 없는 해고는 무효이다.

한편 사업장의 취업규칙이나 단체협약에서 해고의 의미로 사용되는 용어는 징계해고 이외에도 직권면직, 당연퇴직, 당연면직, 자동퇴직 등 다양한 표현이 사용되고 있으나, 직권면직사유가 취업규칙이나 단체협약에 징계처분사유의 하나로 정해져 있다면, 이는 징계해고와 같은 법적 판단기준에 따라야 한다. 그러나 직권면직사유가 징계사유와 별도로 규정되어 있는 경우에는 직권면직사유는 통상해고사유로 보아야 할 것이다.

---

88) 대법 2006.1.26. 선고 2003다69393 판결

관련판례

사용자가 취업규칙 등에 어떤 사유의 발생을 당연퇴직 또는 면직사유로 규정하고 그 절차를 통상의 해고나 징계해고와 달리하였는데 그 당연퇴직사유가 근로자의 사망이나 정년, 근로계약기간의 만료 등 근로관계의 자동소멸사유로 보이는 경우, 위와 같은 당연퇴직사유를 규정한 취업규칙이 유효한 이상 그러한 사유의 발생만으로 그 사유발생일 또는 소정의 일자에 당연히 근로관계가 종료하는 것으로 보아야 한다.[89)]

(2) 징계해고의 정당성

징계해고는 징계종류의 하나이므로 징계의 정당성에서 본 바와 같이 징계해고사유의 존부, 징계해고절차의 위법여부, 징계해고양정의 적정여부를 판단하여야 한다.

1) 징계해고 사유의 정당성

(가) 규정과 근로기준법과의 관계

근로기준법은 사용자는 근로자에 대하여 정당한 이유 없이 해고 등의 징벌을 하지 못한다고 규정하여 사용자로 하여금 자유로이 근로자를 해고할 수 없도록 제한하고 있으며, 여기에서의 정당한 이유라 함은 사회통념상 고용계약을 계속시킬 수 없을 정도로 근로자에게 책임이 있는 사유가 있다든가 부득이한 경영상의 필요가 있는 경우를 말하는 것이므로 단체협약, 취업규칙 등에 해고에 관한 규정이 있는 경우 그것이 위의 근로기준법에 위배되어 무효가 아닌 이상 그에 따른 해고는 정당한 이유가 있는 해고라고 본다.

관련판례

단체협약, 취업규칙 등에 해고에 관한 규정이 있는 경우에 그것이 근로기준법의 규정에 위배되어 무효가 아닌 이상 그에 따른 해고는 정당한 이유가 있는 해고라고 보아야 한다.[90)]

89) 대법 2008.2.29. 선고 2007다85997 판결
90) 대법 1998.11.10. 선고 97누18189 판결

(나) 단체협약과 취업규칙

단체협약에서 "해고에 관하여는 단체협약에 의하여야 하고 취업규칙에 의하여 해고할 수 없다."는 취지로 규정하거나 "단체협약에 정한 사유 외의 사유로는 근로자를 해고할 수 없다."고 규정하는 등 근로자를 해고함에 있어서 해고사유 및 해고절차를 단체협약에 의하도록 명시적으로 규정하고 있거나 동일한 징계사유나 징계절차에 관하여 단체협약상의 규정과 취업규칙 등의 규정이 상호 저촉되는 경우가 아닌한 사용자는 취업규칙에서 단체협약 소정의 해고사유와는 관련이 없는 새로운 해고사유를 정할 수 있고, 사용자는 취업규칙에서 정한 해고사유에 터잡아 근로자를 해고할 수 있으며, 비록 단체협약에서 해고사유와 해고 이외의 징계사유를 나누어 구체적으로 열거하고 있다 하더라도 취업규칙에서 이와 다른 사유를 해고사유로 규정하는 것이 단체협약에 반하는 것이라고 할 수 없다.[91]

(다) 규정과 해고 정당성

취업규칙 등의 징계해고사유에 해당하는 경우, 이에 따라 이루어진 해고처분이 당연히 정당한 것으로 되는 것이 아니라 사회통념상 고용관계를 계속할 수 없을 정도로 근로자에게 책임 있는 사유가 있는 경우에 행하여져야 정당성이 인정된다.

관련판례

원고(사용자) 병원은 그 취업규칙에서 징계의 종류로 견책, 감급, 정직, 권고사직 및 징계해고의 5가지를 두고 업무상의 지시명령을 소홀히 하였거나 승낙없이 근무장소를 이탈하여 병원에 손해나 혼란상태를 야기시켰을 때 또는 그 우려가 있을 때 등을 그 정도 및 정상에 따라 권고사직 또는 징계해고사유로 규정하고 있는 사실 (중략) 간호조무사의 직무범위가 보조업무에 제한되어 있고, 원고 병원 전체 근로자 중 간호조무사들이 차지하는 숫자상의 비율도 근소한 점, 원고 병원에는 정신질환자들의 보호를 위한 감시 내시 경계업무를 주로 담당하는 보호사라는 직종의 근로자가 따로 있는 점, 이 사건 집단적 무단결근이 단 1일에 그치고 이로 인하여 원고 병원에 끼친 손해나 진료상의 장애는 미미했던 점 등에 비추어 보면, 비록 원고가 경영하는 병원사업이 공익사업의 일종이고, 정신병원의 경우 돌발적 사고 발생의 위험성도 높은 특성을 가진다는 점을 충분히 감안한다고

---

91) 대법 1999.3.26. 선고 98두4672 판결

하더라도 참가인(근로자)이 위 집단결근을 주동 내지 선동하거나 일반간호조무사들을 지휘 · 감독할 지위에도 있지 아니한 이 사건에 있어 원고가 이 사건 집단결근에 가담한 간호조무사 중 1명을 제외한 나머지 직원들에 대하여 모두 정직 10일이라는 징계처분을 하였음에 반하여 원고에 대하여는 징계의 종류로서 가장 무거운 해고의 처분을 한 것은 형평의 원칙에 반하여 징계권을 남용한 위법한 것이라 할 것이다.[92)]

2) 징계해고 절차의 정당성

징계해고 절차의 정당성은 일반적인 징계절차의 정당성과 같다. 다만, 해고의 경우 서면통지 규정의 준수의무가 있다.

(가) 해고의 서면통지 규정

해고사유와 해고시기를 서면으로 통지하여야 해고효력이 발생한다.

관련판례

① 근로기준법 제27조(해고사유 등의 서면통지)는 사용자는 근로자를 해고하려면 해고사유와 해고시기를 서면으로 통지하여야 하고(제1항), 제1항에 따라 서면으로 통지하여야 해고 효력이 있다고 규정하여(제2항) 해고방식에 있어 요식주의를 채택하고 있다. 위 규정은 2007.1.26. 법률 제8293호로 개정된 구 근로기준법 제32조의2에서 처음 신설된 규정으로, 해고사유와 해고시기를 서면으로 통지하도록 하여 사용자가 해고여부를 더 신중하게 결정하도록 할 뿐만 아니라 해고사유를 통지받은 근로자로 하여금 해고 존부와 해고분쟁 사항을 명확하게 알게 하여 근로자 방어권을 보장하고, 종국적으로 근로자 권익을 보호하기 위한 것이다. 따라서 해고사유는 근로자가 해고사유로 기재된 것이 무엇을 의미하는지 알 수 있을 정도로 구체적으로 적어야 한다.[93)]
② 근로기준법 제27조는 해고를 둘러싼 분쟁해결에 도움을 주고 해고 시 신중을 기하도록 하기 위하여 해고사유와 해고시기를 서면으로 통지하여야 해고가 유효하도록 규정하여 해고의 형식에 관하여 요식주의를 채택하고 있다. 사용자가 이 사건 해고를 서면으로 통지한 바 없으므로, 이 사건 해고는 근로기준법 제27조 규정에 위반하여 무효로 보아야 할 것이다.[94)]

---

92) 대법 1998.11.10. 선고 97누18189 판결
93) 서울고법 2010.12.8. 선고 2010누19326 판결
94) 서울행법 2008.12.4. 선고 2008구합19628 판결

(나) 이메일에 의한 해고통지

(a) 기본원칙

특별한 사정이 없는 한 이메일에 의한 해고통지는 적법한 서면통지가 아니다.

관련판례

2007.7.27. 근로기준법의 개정으로 도입된 같은 법 제27조의 해고사유 등의 서면통지 제도는 해고를 둘러싼 분쟁해결에 도움을 주고 사용자의 일시적인 감정에 의한 무분별한 해고의 남용을 방지하여 근로자의 권익을 보호하기 위한 것으로서 위 규정에 위반하여 해고사유와 해고시기를 서면으로 통지하지 아니한 해고통지는 위 법 제27조제2항에 따라 무효라 할 것이다. 또한 위 법조항상 "서면"이란 종이로 된 문서를 의미하고, 전자문서는 회사가 전자결재체계를 완비하여 전자문서로 모든 업무의 기안, 결재, 시행 과정을 관리하는 등 특별한 사정이 있는 경우 이외에는 위 법조항상 "서면"에 해당되지 않는다고 해석하는 것이 문언 및 입법취지에 부합한다고 판단된다. 이 사건의 경우, 앞서 인정한 바와 같이 원고(사용자)는 참가인(근로자)에게 이메일을 이용하여 해고를 통지하였는데, 이메일은 전자결재체제가 완비된 회사의 전자문서에 준하는 것으로 취급하기 어려운 점, 원고와 참가인이 업무연락 수단으로 이메일만을 사용하였다거나, 장소적 · 기술적 이유 등으로 이메일 외의 의사연락 수단이 마땅히 없는 등의 특별한 사정도 없는 점에 비추어 보면, 이를 두고 근로기준법 제27조에서 규정하는 서면에 의한 해고통지가 이루어진 것이라고 볼 수는 없다.[95]

(b) 서면통지에 대한 예외

서면통지제도의 취지로 볼 때, 일정한 요건이 인정되는 경우에는 이메일에 의한 통지도 서면통지로 인정할 수 있다.

관련판례

해고의 남발 방지 및 법률 요건의 명확화라는 해고의 서면통지제도의 입법취지로 볼 때, 원고(근로자)와 피고(사용자)는 원고의 해외연수 기간 동안 이메일로 교신하여 왔고, 피고

95) 서울행법 2010.6.18. 선고 2010구합11269 판결

는 원고에게 해고사실을 기재한 이메일만 발송한 것이 아니라 해고의 사유가 담긴 "인사위원회 의결통보서"를 첨부하여 발송하였으며, 원고는 종전과 같이 이를 정상적으로 수신하여 확인하였다는 점을 종합하면, 이 사건에서 이메일은 원고와 피고 사이의 의사연락 수단이자 피고의 해고의 의사가 담긴 문서인 "인사위원회 의결통보서"를 원고에게 전달하기 위한 방법이므로, 이 사건 이메일에 의한 해고 통지는 "서면"에 의한 통지이다. 따라서 해고통지에 하자가 있다는 원고의 주장은 이유 없다.[96)]

3) 징계해고 양정의 정당성

(가) 해고처분의 정당성 인정을 위한 기준

(a) 판단 기준

사회통념상 고용관계를 계속할 수 없을 정도의 근로자에게 책임있는 사유가 있어야 한다.

관련판례

해고처분은 사회통념상 고용관계를 계속할 수 없을 정도로 근로자에게 책임 있는 사유가 있는 경우에 행하여져야 그 정당성이 인정되는 것이고, 사회통념상 당해 근로자와의 고용관계를 계속할 수 없을 정도인지의 여부는 당해 사용자의 사업의 목적과 성격, 사업장의 여건, 당해 근로자의 지위 및 담당직무의 내용, 비위행위의 동기와 경위, 이로 인하여 기업의 위계질서가 문란하게 될 위험성 등 여러 가지 사정을 종합적으로 검토하여 판단하여야 한다.[97)]

(b) 경영질서와 위계질서 문란

회사의 경영질서와 위계질서 문란이 사용자와 근로자 사이의 고용관계를 계속시킬 수 없을 정도의 중대한 사유가 있어야 한다.

---

96) 서울중앙지법 2009.9.11. 선고 2008가합42794 판결
97) 대법 2002.5.28. 선고 2001두10455 판결 참조 ; 대법 2009.5.28. 선고 2007두979 판결

관련판례

회사 내에서 다른 종업원이 지켜보는 가운데 대표이사와 상무에게 욕설, 폭행을 함으로써 회사의 경영질서 및 위계질서를 크게 해쳤다고 할 것이니, 이는 취업규칙에 정하여진 해고사유에 해당될 뿐만 아니라 그 실질에 있어서도 사용자와 근로자 사이의 고용관계를 계속시킬 수 없을 정도의 중대한 사유라고 인정되어 충분한 해고사유가 된다고 할 것이다.[98)]

(c) 노사간의 신뢰상실

노사간의 신뢰를 치명적으로 해치게 되어, 사용자와 근로자 사이의 고용관계를 계속시킬 수 없을 정도의 중대한 사유가 있어야 한다.

관련판례

① 횡령한 금액이 불과 2,600원에 지나지 않는다 하더라도 소액의 버스요금을 수입원으로 하여 존립하는 버스운송회사로서는 사소한 금액이라도 소홀히 할 수 없고, 버스요금을 직접 수령함으로써 운송수입금의 관리를 일임하고 있는 버스운전기사가 이를 유용할 경우 그 액의 다과를 불문하고, 노사간의 신뢰를 치명적으로 해치게 되며 회사경영에도 심각한 손상을 주게되는 점에 비추어 볼 때 피고(사용자) 회사와 원고(근로자)사이의 근로관계는 사회통념상 원고의 귀책사유로 그 계속을 기대하기 어려울 정도에 이르렀다.[99)]
② 원고(근로자)의 잘못은 그 비위의 정도가 가볍다고 할 수 없고, 원고가 참가인(사용자) 회사를 상대로 소송 및 진정 등의 행위를 수회 반복하여 온 사정에 비추어, 원고와 참가인 회사 사이의 신뢰관계는 원고에게 책임있는 사유로 깨어져 더 이상 근로관계를 유지할 수 없을 정도에 이르렀다고 보아 이 사건 해고가 징계재량권을 일탈 · 남용하였다고 볼 수 없다.[100)]

(d) 재량권 일탈 · 남용

회사가 원직복귀를 위한 협의에 응하지 않는다는 이유로 상급단체에 파견된 노조

98) 대법 1996.5.31. 선고 95누2487 판결
99) 대법 2004.4.28. 선고 2004두2714 판결
100) 대법 2010.4.29. 선고 2007두12941 판결

전임자를 면직처분한 사안에서, 그 복직 협의과정에 비추어볼 때 사회통념상 현저하게 타당성을 잃어 재량권을 일탈 · 남용한 것이므로 징계양정의 정당성이 부인된다.

관련판례

원고(사용자)로부터 새로이 노조전임발령을 받지 못하였다면 원고 회사로 출근하여 원직복귀를 위한 협의에 응하여야 할 의무가 있는데도 참가인(근로자)이 휴직 등 아무런 조치도 취하지 아니한 채 회사에 출근하지 아니하고 원직복귀를 위한 협의 지시에도 응하지 아니한 것은 원고 회사의 상벌규정의 징계사유에 해당한다고 한 다음, 징계양정의 적정 여부에 관한 판단에 나아가서 연속 7일 또는 월간 7일 이상의 무단결근을 직권면직사유로 규정하는 원고 회사의 인사규정에도 불구하고 제반 사정을 종합하면 원고가 참가인에 대한 징계의 종류로서 직원의 신분을 박탈하는 면직을 선택한 것은 사회통념상 현저하게 타당성을 잃어 재량권을 일탈 · 남용한 것이라고 판단하였다. (중략) 참가인의 원직복귀를 둘러싼 대립 과정에서 (중략) ㅇㅇ지부 위원장에 대하여 참가인으로 하여금 일정한 시기까지 원고 회사에 나와 협의에 응하게 하여 달라는 형식으로 통보하였으므로, 참가인에게 원고의 지시를 위반하고 있다는 인식이 명확하였다고 보기 어려운 점, (중략) 종전에 근무하던 부서가 폐지되어 복귀할 부서가 없었으므로 참가인을 현업에 종사시키기 위하여는 구체적인 근무부서를 정한 인사발령이 필요하였으나, 원고가 그러한 인사발령을 하지 않음으로써 참가인에게 구체적인 근로의무가 부과되어 있지 않았던 점, (중략) 협의에 응하지 않을 경우에 "부서를 정한 인사명령"을 하겠다고 예고해 놓고서도 그러한 인사명령을 하지 아니한 채 곧바로 무단결근으로 처리하여 징계에 회부하는 것은 전후 모순되는 측면이 있다고 보이는 점 등 (중략) 참작사정을 종합하면, 원심의 징계양정에 관한 판단은 위 법리에 따른 것으로서 정당하다.[101]

(나) 여러 가지 징계혐의 사실이 있는 경우

근로자에게 여러 가지 징계혐의 사실이 있는 경우, 이에 대한 징계해고 처분이 적정한지의 여부는 그 사유 하나씩 또는 그 중 일부의 사유만 가지고 판단할 것이 아니고, 전체의 사유에 비추어 판단하여야 한다.

101) 대법 2009.5.28. 선고 2007두979 판결

관련판례

근로자에게 여러 가지 징계혐의 사실이 있는 경우, 이에 대한 징계해고처분이 적정한지의 여부는 그 사유 하나씩 또는 그 중 일부의 사유만 가지고 판단할 것이 아니고, 전체의 사유에 비추어 사회통념상 근로관계를 계속할 수 없을 정도로 근로자에게 책임이 있는지 여부에 의하여 판단하여야 하며, 징계처분 이후의 비위행위라 하더라도 징계양정의 판단자료로는 삼을 수 있다고 할 것인바, 이 사건에서 인정되는 해고사유 하나 하나가 그 자체만으로는 근로관계를 계속하기 어려운 중대한 사유가 되는지 분명하지 아니하다 하더라도 전체의 사유를 종합하여 보고, 나아가 원고(근로자)가 자신에 대한 정직처분이 부당하다는 생각에만 지나치게 집착한 나머지 회사의 비리에 대한 증거를 수집한다며 밤늦은 시각까지 카메라를 들고 회사 구내를 돌아다닌 점이라든가 원고 스스로도 자신의 잘못으로 버스운행을 결행한 적이 있음에도 불구하고 참가인(사용자) 회사가 버스운행을 결행하였다고 행정관청에 세 차례나 고발하여 그 중 일부가 운행전 점검불이행 등으로 확인되어 과징금을 부과받게 한 것은 비록 그 고발이 해고 이후에 이루어졌다고 할지라도 해고의 효력을 다투고 있는 원고로서는 참가인 회사와의 신뢰관계를 완전히 저버린 행위로 볼 수밖에 없다는 점 등을 참작하여 보면 이 사건에서는 사회통념상 원고와의 근로관계를 계속하기 어려운 중대한 사유가 있다고 하지 않을 수 없다.[102)]

3. 직권면직, 당연퇴직

(1) 직권면직, 당연퇴직의 의의

1) 직권면직

단체협약 · 취업규칙 등에 정한 일정한 사유가 발생하는 경우 사용자가 근로자의 동의 없이 일방적으로 근로관계를 해지하는 것을 말하는데 ① 직권면직사유가 징계사유와 별도로 규정된 경우(통상해고)와 ② 직권면직 사유가 따로 규정되어 있지 않고 직권면직이 징계의 한 종류인 경우(징계해고)로 구분된다. 직권면직 사유로는 유죄판결의 선고, 무단결근, 노동능력상실, 근로자의 파산, 금치산 · 한정치산 선고 등을 들 수 있다.

---

102) 대법 1997.12.9. 선고 97누9161 판결

관련판례

원고(사용자) 공사가 위와 같은 당연퇴직사유를 징계사유와는 별도로 규정하고 있을 뿐만 아니라, 위 당연퇴직사유에 관한 규정들이 기업질서를 문란케 하는 비위행위에 대해 그 책임을 묻기 위한 것이 아니라 원고 공사 근로자로서 갖추어야 할 일반적 자격에 관하여 규율하고 있는 것인 점 들을 종합하여 보면, 위와 같은 당연퇴직처분은 통상해고의 성질을 가진 것으로 판단된다.[103)]

2) 당연퇴직

단체협약 · 취업규칙 등에 정한 일정한 사유가 발생한 경우 근로자를 퇴직 처리하는 것을 말하는데, 당연퇴직사유는 ① 유죄판결선고, 휴직기간 경과 후 복직원 미제출, 자격 · 면허 취소 등 해고 사유에 해당하는 경우와 ② 근로자의 사망, 정년의 도래, 근로계약 기간 만료 등 근로관계의 자동소멸 사유에 해당하는 경우로 구분된다.

관련판례

① 단체협약의 해고제한규정이 참가인(사용자) 회사의 궁박, 무경험을 이용하여 체결되었거나 인사권의 본질을 침해할 정도로 참가인 회사에게 현저하게 불리한 내용의 것이라고 할 수 없고, 오히려 이 사건 (취업규칙의) 당연퇴직규정이 단체협약 소정의 해고사유 이외에 근로자를 그 의사에 반하여 면직할 수 있는 사유를 규정하는 것으로서 단체협약에 위배되어 무효라고 할 것이다.[104)]

② 노사가 진정한 의사의 합치에 의하여 일정한 사유를 당해 사업장에 적용되는 다른 징계해고사유 등과 비교하여 달리 취급할 상당한 이유가 있다고 보아 그러한 사유가 발생하면 그 사유의 발생만으로 그 사유발생일 또는 소정의 일자에 당연히 근로관계가 종료하거나 근로자가 퇴직되는 것으로 단체협약 등에서 이를 규정하고 있다면, 이와 같은 당연퇴직규정은 근로관계의 자동소멸사유를 규정한 것이거나 소정일자에 당해 근로자에 대한 퇴직처분이 있는 것으로 의제하려는 취지의 것이라고 보아야 할 것이고, 이러한 경우에는 사용자의 별도의 처분이 있어야 근로관계가 종료되는 것은 아니라 할 것이다.[105)]

---

103) 서울행법 2000.7.18. 선고 2000구9112 판결
104) 서울고법 2010.4.14. 선고 2009누25509 판결
105) 대법 1995.4.11. 선고 94다4011 판결

3) 직권면직과 당연퇴직의 관계

당연퇴직사유가 해고사유에 해당하는 경우는 실무상 직권면직과 구별없이 사용되는 것이 일반적이다.[106] 여기에서도 직권면직을 당연퇴직사유가 해고사유에 해당하는 경우의 당연퇴직을 포함하는 넓은 개념으로 본다.

관련판례

사용자가 어떤 사유의 발생을 당연퇴직 또는 면직 사유로 규정하고 그 절차를 통상의 해고나 징계해고와 달리한 경우에, 그 당연퇴직사유가 근로자의 사망이나 정년, 근로계약기간의 만료 등 근로관계의 자동소멸사유로 보이는 경우를 제외하고는 이에 따른 당연퇴직 처분은 근로기준법의 제한을 받는 해고이므로 정당한 사유가 있어야 한다.[107]

(2) 직권면직의 법적성질과 효력발생 요건

직권면직은 해고이므로 근로기준법 제23조 소정의 정당한 이유가 있어야 한다. 즉 직권면직사유가 근로계약관계를 유지시킬 수 없는 사유인지, 직권면직규정을 대상 근로자에게 적용하여 면직시키는 것이 사회통념상 타당한지 여부를 판단하여야 한다. 그리고 근로기준법 제27조(해고사유 등의 서면 통지)가 적용되므로, 근로관계를 종료시킨다는 사용자의 서면에 의한 의사표시가 근로자에게 도달하여야 효력이 발생한다.

관련판례

① 퇴직처분이 인사규정에 규정된 당연퇴직사유에 의한 것이라 하더라도 이는 해고의 일종이므로 근로기준법 제30조제1항에 따라 정당한 이유가 있어야 할 것인데, 해고는 사회통념상 고용관계를 계속할 수 없을 정도로 근로자에게 책임있는 사유가 있는 경우에 행하여져야 그 정당성이 인정되고, 사회통념상 당해 근로자와의 고용관계를 계속할 수 없을

---

106) 직권면직, 면직, 당연면직, 자동면직, 당연퇴직, 퇴직, 자동퇴직 등 다양한 명칭이 혼용되고 있다.
107) 대법 2009.2.12. 선고 2007다62840 판결

정도인지의 여부는 당해 사용자의 사업의 목적과 성격, 사업장의 여건, 당해 근로자의 지위 및 담당 직무의 내용, 비위행위의 동기와 경위, 이로 인하여 기업의 위계질서가 문란하게 될 위험성 등 기업질서에 미칠 영향, 과거의 근무태도 등 여러 가지 사정을 종합적으로 검토하여 판단하여야 한다.[108]
② 사용자가 어떤 사유의 발생을 당연퇴직 사유로 규정하고 그 절차를 징계해고와 달리 한 경우에 그 당연퇴직 사유가 근로자의 사망이나 정년, 근로계약기간의 만료 등 근로관계의 자동소멸사유로 보여지는 경우를 제외하고는 이에 따른 당연퇴직처분은 근로기준법의 제한을 받는 해고라고 할 것이고, 이와 같이 당연퇴직을 해고로 보는 이상에는 퇴직처분 등 근로관계를 종료시킨다는 사용자의 의사표시가 있어야만 비로소 근로관계가 종료된다.[109]

(3) 직권면직의 정당성 판단

1) 정당성 판단기준

판례는 구체적인 사안에서 직권면직 대상 근로자에게 적용된 단체협약 · 취업규칙상의 직권면직사유와 징계사유와의 관련성에 따라 ① 직권면직사유와 징계사유가 각각 규정되어 있고 양자가 실질적으로 구별되는 경우, ② 직권면직사유와 징계사유가 각각 규정되어 있으나 양자가 실질적으로 동일한 경우, ③ 직권면직사유가 별도로 규정되어 있지 않고 징계의 한 종류인 경우를 구별하여 정당성 판단의 기준을 달리하고 있다. ④ 또한 대기발령에 이은 직권면직의 경우에는 직권면직만 있는 경우와는 다른 정당성 판단기준을 제시하고 있다.

2) 직권면직 사유와 징계사유가 구별되는 경우

(가) 일반적인 기준

직권면직 사유와 징계사유가 각각 규정되어 있고 양자가 실질적으로 구별되는 경우에는, 직권면직 사유가 형식적으로 발생하였는지 여부를 먼저 판단하고, 직권면직이 인사권의 정당한 범위내에 있는지 여부를 판단한다. 절차는 징계절차를 따를 필요는 없으나, 인사위원회의 개최 등 직권면직에 고유한 절차가 있는 경우에는 이를 준수하여야 한다.

108) 대법 2007.10.12. 선고 2005두10149 판결
109) 대법 2008.2.29. 선고 2007다85997 판결 ; 대법 1998.12.8. 선고 98다31172 판결 등

관련판례

당연퇴직에 대하여 일반의 징계해고와 달리 아무런 규정을 두고 있지 아니한 경우에는 그 당연퇴직 사유가 동일하게 징계사유로도 규정되어 있는 경우를 제외하고는 당연퇴직 처분을 하면서 일반의 징계절차를 거쳐야 한다고 할 수 없으며, 이는 당연퇴직 사유가 실질적으로는 징계사유에 해당하는 경우에도 달리 볼 것은 아니다.[110)]

(나) 형사상 범죄로 인한 유죄판결

직권면직 사례 중 가장 많은 경우이고, 불구속 수사를 받은 후 집행유예 판결을 받아 노무제공에 지장이 없었던 경우가 주로 문제된다.

(a) 의 미

판례는 형사유죄판결의 의미를 개별적인 사안에서 그 규정취지나 다른 직권면직 사유의 내용 등에 비추어 합리적으로 해석하여야 한다고 하면서, 구체적 사안에 따라 실형판결을 받은 경우를 의미한다고 보기도 하고, 실형이 선고된 경우만을 의미하는 것이 아니고 집행유예 판결이 난 경우를 포함한다고 보기도 한다.

관련판례

① 원고(사용자) 회사의 취업규칙에 규정된 당연면직사유는 "금고이상의 형을 선고받았을 때"를 제외하고는 ㈎ 근로자가 명시적 또는 묵시적으로 근로제공의사가 없음을 표시한 경우 (사직원의 제출, 복직원의 미제출, 직업군인이 된 경우), ㈏ 그 성질상 근로자가 근로제공을 할 수 없는 경우 (사망하거나 한정치산 · 금치산 · 파산선고를 받은 경우), ㈐ 예정된 근로기간이 만료된 경우 (정년, 근로계약기간의 만료)등으로 되어 있고, "협박 또는 폭행 등 업무방해, 횡령 · 배임 및 사기 등 여타의 범죄행위를 하여 법적조치를 받았을 때"를 별도의 징계해고사유로 규정하고 있음을 알 수 있는 바, 이러한 규정내용을 서로 비교 · 검토하여 보면 "금고이상의 형을 선고 받았을 때"를 당연면직사유로 한 취지도 근로계약에 따른 근로자의 기본적인 의무인 근로제공의무를 이행할 수 없는 상태가 장기간

110) 대법 1998.4.24. 선고 97다58750 판결 ; 대법 1995.7.14. 선고 95다1767 판결

계속되어 왔음을 근거로 하여 사용자가 근로자를 당연면직 시켜도 근로자 측에서 이의를 제기할 여지가 없을 정도의 상태, 다시 말하자면 형사상 범죄로 구속되어 있는 근로자가 현실적인 근로제공이 불가능한 신체의 구속상태가 해소되지 아니하는 내용의 유죄판결, 즉 실형판결을 받은 경우를 의미한다고 풀이함이 상당하다.[111]
② 참가인(사용자) 회사의 인사규정은 "형사상의 범죄로 금고이상의 유죄판결이 확정되었을 때"를 당연면직 사유로 규정하면서, 예외적으로 선고유예의 경우와 교통사고 범죄로 인한 유죄판결의 경우 및 업무수행중의 자가운전에 따른 교통사고범죄로 인한 유죄판결의 경우만을 제외하고 있으므로, 위 규정이 정하고 있는 당연면직 사유인 "금고이상의 유죄판결이 확정되었을 때"는 위 단서가 정하고 있는 선고유예 판결과 교통사고 범죄로 인한 집행유예의 판결 및 업무수행 중의 자가운전에 따른 교통사고범죄로 인한 유죄판결이 확정된 경우만을 제외하고, 구속 여부와 관계없이 실형 판결뿐만 아니라 집행유예판결도 포함한 나머지 금고이상의 유죄판결이 확정된 경우를 모두 의미하는 것으로 해석함이 타당하다.[112]

(b) 유죄의 확정판결

유죄판결이란 단체협약 · 취업규칙상에 미확정 유죄판결[113]을 직권면직 사유로 삼고 있음이 분명한 경우를 제외하고는 유죄의 확정판결을 받은 경우를 의미한다. 형사유죄판결이 확정되었음을 이유로 직권면직처분을 하는 경우에는 근로자의 담당업무나 지위, 범죄의 내용, 구속여부, 당해 범죄행위로 인하여 사용자에게 미친 영향 등을 고려하여 사회통념상 고용관계를 지속시킬 수 없을 정도로 책임있는 사유에 해당하는 유죄판결만이 직권면직 사유에 해당한다고 본다.

관련판례

근로자가 범죄행위로 인하여 금고이상의 형에 대한 집행유예의 확정판결을 받았다 하더라도, 당해 근로자가 담당하는 업무의 내용이나 회사 내의 지위, 당해범죄의 내용 및 그

111) 대법 1999.9.3. 선고 98두18848 판결
112) 대법 2009.10.15. 선고 2009두12952 판결 – 심리불속행 기각
113) 미확정 형사유죄판결을 직권면직사유로 규정할 경우라도 근로자가 근로제공의무를 장기간 계속 이행할 수 없음을 근거로 한다면 헌법상의 무죄추정의 원칙에 반하는 것은 아님(대법 1992.11.13. 선고 92누6082 판결 ; 대법 1995.3.24. 선고 94다42082 판결 등)

행위태양, 당해 범죄와 담당 업무와의 관련성 유무 및 그 정도, 수사나 재판과정에서 구속되었는지 여부 및 그 기간의 제반 사정에 따라 사용자의 명예나 신용, 거래관계, 또는 근로제공의무 불이행으로 인한 업무의 결손이나 기업 내의 다른 직원들과의 신뢰관계, 기업의 기강 · 질서에 미치는 영향이 각기 다른 점, 사용자에 의해 일방적으로 근로계약관계를 종식시키는 해고는 근로자의 생활에 중대한 타격을 주어 생존권을 위협하게 되고, (중략) 해고의 기준에 대해서는 다른 징계 등에 비하여 엄격하게 판단할 필요성이 있는 점 등을 종합하면, 근로자의 담당업무나 지위, 범죄의 내용, 구속여부 및 구속기간, 당해 범죄행위로 인하여 사용자에게 미친 영향 등 제반 사정을 고려하여, 사회통념상 고용관계를 지속시킬 수 없을 정도로 원고(근로자)에게 책임있는 사유에 해당하는 집행유예의 확정판결만이 당연퇴직 사유에 해당한다고 보아야 한다.[114)]

(c) 구체적인 사례

㉠ 유죄판결 직권면직 관련규정

유죄판결을 받은 경우 직권면직 사유를 정한 것이 사회통념상 상당성을 인정하기 어렵다는 등의 특별한 사정이 없는 한 정관, 취업규칙 등에서 정한 규정들의 취지는 존중되어야 한다고 본다.

관련판례

비록 정관 등에 규정된 당연퇴직 사유에 의한 퇴직처리가 근로기준법의 제한을 받는 해고에 해당한다고 하더라도 그 정당성의 판단에 있어서는 이와 같은 당연퇴직사유를 정한 것이 사회통념상 상당성을 인정하기 어렵다는 등의 특별한 사정이 없는 한 위 규정들의 취지는 존중되어야 할 것이다. (중략) 원고(근로자)가 유죄판결을 받은 범죄의 내용은 같은 직장의 동료직원들을 무고한 것이라는 점에서 다른 직원과의 신뢰관계나 인간관계가 손상되어 직원들 간의 인화에 좋지 않은 영향을 미칠 수 있을 뿐만 아니라 참가인(사용자) 학원의 명예나 신용과 무관하다고 볼 수는 없는 점, 원고가 원심판시의 해고무효소송에서 승소하였다는 것이 이 사건 무고행위를 정당화시키거나 그에 대한 비난가능성을 감소시킬 사유로 될 수는 없는 점, 원심이 무고행위의 정상참작사유로 들고 있는 확인서는 무고죄의 형사판결에서 그 신빙성이 배척된 점을 아울러 참작하면, 원고와 참가인 학원 간에 신뢰를 바탕으로 한

114) 대법 2009.9.24. 2009두12693 판결 – 심리불속행 기각

고용관계의 계속이 어렵게 된 데에 원고의 책임이 있다고 보아야 하고 따라서 원심이 판시한 사정들만으로 곧 이 사건 당연 퇴직처분에 정당성이 없다고 할 수 없을 것이다.[115)]

㉡ 범죄의 구체적 사실관계

범죄의 구체적인 사실관계를 고려하여 그 범죄가 사용자의 명예나 신용, 거래관계, 업무의 결손, 직원들과의 신뢰관계, 기업의 기강 · 질서에 미치는 영향 등을 직권면직의 정당성 판단에서 중요한 요소로 보고 있다.

관련판례

이 사건 당연퇴직처분은 그 사유가 금고 이상의 형을 받고 그 집행유예의 기간이 완료된 날로부터 2년을 경과하지 아니한 경우로서 이는 참가인(사용자) 인사규정 소정의 임용결격사유에도 해당되는 점, (중략) 원고(근로자)들이 징역형의 집행유예를 선고받은 범죄의 내용은 원고들이 참가인의 전보인사를 철회할 목표로 정상적인 파업절차도 밟지 않고 전국적인 전면총파업에 돌입하기로 결정하였으며, 직접 또는 다른 노동조합원들과 함께 참가인 소속 간부들의 출근을 강제로 저지하고 사무실을 점거하고 농성하는 방법으로 불법쟁의행위를 하였다는 것인 점, (중략) 이 사건 당연퇴직처분 당시 관련법 규정에 의하면, 참가인의 임원이 금고 이상의 형의 집행유예선고를 받고 그 유예기간 중에 있음이 확인된 때에는 당연퇴임 하는 점 등에 비추어 보면, 이 사건 당연퇴직 처분은 정당한 이유가 있다고 봄이 상당하다.[116)]

㉢ 노동조합 간부의 불법행위

특히 노조 간부들이 불법파업 등에 의해 유죄판결을 받아 사용자의 명예와 신용에 큰 영향을 미친 경우, 직권면직의 정당성이 인정된다.

관련판례

참가인(근로자)이 유죄판결을 받은 범죄의 내용은 참가인이 원고(사용자) 조합의 노동조

115) 대법 2005.6.10. 선고 2004두10548 판결
116) 대법 2005.4.15. 선고 2003두12639 판결

합 사무국장으로 활동하면서 약 5개월 동안 지속적으로 위법한 쟁의행위를 주도하여 원고 조합의 업무를 방해하였다는 것이고, 원고 조합은 위와 같이 장기간에 걸친 위법한 쟁의행위로 인하여 명예와 신용에 심각한 훼손을 입고 거래관계에서도 악영향을 받은 점, 그러한 상황에서 참가인이 위와 같은 행위로 징역 4월에 집행유예 2년의 확정판결을 받고도 원고 조합에서 계속 근무하게 된다면, 원고 조합은 직장 내의 질서를 원만하게 유지할 수 없을 것으로 보이는 점 등을 종합하여 보면, 원고 조합의 조합장에게 위와 같은 쟁의행위를 유발한 책임이 일부 인정되는 점을 감안하더라도, 원고 조합과 위 참가인 사이의 신뢰를 바탕으로 한 근로관계의 계속은 어렵게 되었다고 봄이 타당하므로, 원고 조합의 위 참가인에 대한 이 사건 면직처분에는 정당한 이유가 존재한다고 할 것이다.[117]

㉣ 공기업 직원

직권면직규정은 공기업의 인사규정 등에 규정된 경우가 많은데, 판례는 공기업 직원인 경우 일반 사기업보다 더 높은 도덕성이 요구되고, 경우에 따라 공무원법상 결격사유 규정의 적용을 받는 경우도 있는 점 등을 고려하여 직권면직의 정당성을 넓게 인정한다.

관련판례

① 참가인(사용자) 공사는 (중략) 설립된 공기업인 점에 비추어, 참가인 소속 임원들은 물론 직원들에게도 공무원에 준하는 정도는 아니라 하더라도 일반 사기업 소속의 직원들보다는 더 높은 도덕성이 요구 된다고 보아야 할 것인 점, 이와 같은 공기업 소속 직원인 원고(근로자)가 맥주병으로 타인의 머리를 내리쳐 상해를 입혀 징역형의 집행유예를 선고받은 것이 참가인의 명예나 신용과 무관하다고 볼 수 없는 점, 비록 인사규정 등에 규정된 당연퇴직사유에 의한 퇴직처리도 근로기준법의 제한을 받는 해고에 해당한다고 하더라도, 그 정당성의 판단에 있어서는 이와 같은 당연퇴직사유를 정한 것이 사회통념상 상당성을 인정하기 어렵다는 등의 특별한 사정이 없는 한 그러한 규정의 취지는 존중되어야 할 것인 점 (중략) 등을 종합하여 보면, 이 사건 당연퇴직 처분에는 근로기준법 소정의 정당한 이유가 있다고 할 것이다. [118]

② 참가인(사용자)은 (중략) 등을 행하는 공법인이므로 그 업무의 공공성 · 공익성에 비추어 참가인의 소속 직원들에게 상당한 정도의 윤리성 · 도덕성이 요구되는 점, 참가인이 수

117) 서울행법 2008.11.28. 선고 2008구합19611 판결
118) 대법 2009.4.23. 2008두23948 판결 – 심리불속행 기각

행하는 업무의 성질과 내용에 비추어 보면 참가인 소속 직원들에게도 임원들에게 요구되는 수준과 동일한 정도의 윤리성 · 도덕성을 요구하는 것이 타당한 점, 참가인의 임원과 직원은 형법 제129조부터 제132조까지의 규정에 따른 벌칙의 적용에서는 공무원으로 의제되는 점 등을 종합하면, 위와 같이 집행유예의 확정판결이 있었다는 사실을 일률적으로 당연퇴직 사유로 규정한 이 사건 인사규정은 인사규정 설정과 관련하여 사용자에게 부여된 합리적인 재량권의 범위를 일탈 · 남용하여 위법하다고 볼 수는 없다. (중략) 원고(근로자)가 집행유예 판결을 선고받은 범죄행위는 참가인의 업무와의 관련성이 큰 것이어서 이로 인하여 참가인의 명예와 신용을 훼손하여 직장질서의 유지를 저해한 점 등을 종합하면, 참가인이 이 사건 인사규정을 적용하여 원고에게 당연퇴직 처분한 것은 부당하지 아니하다.[119]

ⓜ 사생활 영역

범죄의 내용이 사생활 영역에서 범한 비행이어서 업무관련성이 없는 경우 직권면직의 정당성이 부정되고 있다.[120]

관련판례

원고(근로자)의 간통행위는 원고가 참가인(사용자) 회사에서 수행하는 업무와 아무런 관계가 없는 사생활 영역에서 범한 비행으로서 참가인 회사의 경영질서나 사업활동에 별다른 영향을 미치지 않은 점, 원고가 불구속 상태로 참가인 회사에서 정상적으로 근무하면서 간통죄의 수사와 재판을 받았기 때문에 업무수행에 어떠한 장해를 초래한 바 없고, 원고의 위와 같은 비위행위가 참가인 회사의 명예와 신용 등 사회적 평가에 별다른 악영향을 미친 바도 없는 점 등을 고려하면 참가인 회사의 원고에 대한 이 사건 면직처분에는 정당한 이유가 존재한다고 할 수 없다.[121]

ⓑ 유죄판결 확정후 상당한 기간경과

유죄판결이 확정된 후 상당한 기간이 지난 후에 이루어진 직권면직의 정당성은

119) 서울고법 2009.11.11. 선고 2009누1190 판결
120) 직권면직의 정당성을 인정한 다른 사안의 범죄들은 집회및 시위에 관한 법률위반죄, 업무방해죄 등이다.
121) 대법 2009.10.15. 2009두12952 판결 - 심리불속행 기각

부정되기도 한다.

관련판례

원고(근로자)가 받은 위 집행유예 판결의 범죄내용이 원고의 업무와 관련된 것도 아니고 그로 인하여 피고보조참가인(사용자) 조합의 대외적인 신용이나 명예가 크게 훼손되었다고 보기도 어렵고, (중략) 일반직원에까지 임원과 동일한 고도의 도덕성이 요구된다고 보기는 어렵고, (중략) 임용결격사유를 정하지 않고 있는 점, 원고는 시말서 제출로 위 집행유예의 판결을 선고받은 문제가 마무리 된 것으로 알고서 위 집행유예선고 후 (중략) 표창을 수여받기까지 하였는데 위 집행유예 판결을 선고받은 후 거의 1년이 다 되어가는 시점에 이르러 이 사건 면직처분이 이루어진 점 등의 제반 사정에 비추어 보면, (중략) 이 사건 면직처분에 정당한 사유가 있다고 할 수 없다.[122)]

㈇ 면책합의

근로자가 유죄판결을 받은 범죄사실에 대해 사용자가 노조와 면책합의를 한 경우, 그 후 취업규칙에 근거하여 한 직권면직조치는 부당하다.

관련판례

원고(사용자) 공사와 노조간의 12.16. 합의는 해고의 면에서는 그 행위자를 면책하기로 한다는 합의로 풀이되므로, 원고 공사가 피고 보조참가인(근로자)에 대하여 한 당연퇴직 조치는 원고 공사의 노조의 면책합의에 배치되어 참가인에 대한 당연퇴직 처분은 위법하다.[123)]

(다) 무단결근, 복직원 미제출 등

유죄판결 이외에 무단결근, 복직원 미제출, 허위 이력서 제출, 노동능력 상실,

122) 대법 2007.11.15. 선고 2005두4120 판결
123) 대법 2007.10.25. 선고 2007두2067 판결

자격취소, 근로자의 파산 등이 직권면직 사유가 된다.

(a) 무단결근

㉠ 근로제공의무 해태

무단결근은 근로자가 근로제공의무를 해태한 중대한 사안이므로, 이를 이유로 한 직권면직의 정당성이 인정된다.

관련판례

원고(근로자)가 비록 휴직원을 제출하고 산재처리를 요청하였다고 하더라도 참가인(사용자)으로부터 11.24.까지에 대하여만 휴가로 처리되었고, 그 이후로는 참가인의 조합장으로부터 업무상 부상으로 인정되지 않는다는 등의 이유로 인사규정에 의한 휴직발령을 받지 못하고 오히려 11.29. 이후 여러 차례에 걸쳐 출근지시를 받았다. 그럼에도 불구하고 원고가 계속하여 적어도 7일 이상 무단결근 한 것은 인사규정에 정한 면직사유에 해당한다고 할 것이다.[124)]

㉡ 정당한 복직명령 불응

당초 해고 이후 복직 시까지 위 해고가 유효함을 전제로 이미 이루어진 채용 등 인사질서 등 사용자 고유권한 조처를 원직복직 방해로 여기고 이에 항의하는 방법으로 인사규정의 한도를 넘어 무단결근했다면 이를 이유로 한 직권면직은 정당하다.

관련판례

비록 참가인(사용자) 조합이 중앙노동위원회의 재심판정이 이루어진 이후 김○○을 신임 상무이사로 선임하기는 하였으나, 참가인 조합의 위와 같은 신임 상무이사 선임은 참가인 조합이 중앙노동위원회로부터 재심판정의 판정서를 송달 받기 전에 이루어졌기 때문에 참가인 조합이 재심판정의 결과를 인식하지 못한 상태에서 상무이사의 결원으로 인한

124) 대법 2007.9.6. 2007두12101 판결 - 심리불속행 기각

장기간의 업무공백을 막기 위하여 신임 상무이사를 선임하였을 가능성을 배제할 수 없는 점, 참가인 조합은 중앙노동위원회로부터 재심판정서를 송달받은 다음, 컴퓨터와 전화기가 설치된 원고(근로자) 의 책상을 마련하고 참가인 조합의 상무이사 직함이 인쇄된 원고의 명함을 제작한 후, 원고를 2006.6.8. 해임 이전과 마찬가지인 상태인 상무이사로 복직시킴으로써, 재심판정의 원직복직 명령을 성실히 이행한 것으로 보이는 점, (중략) 원고는 참가인 조합의 복직명령에도 불구하고 참가인 조합이 김○○을 신임 상무이사로 급히 채용하여 원고의 원직복직을 방해하고 있다는 이유로 2007.4.28.부터 2007.5.9. 까지 계속하여 참가인 조합에 출근을 하지 않음으로써 참가인 조합의 인사규정에서 정하고 있는 무단결근이 연속 7일 이상에 이를 때에 해당하게 된 점 등을 종합하여 보면, 참가인이 중앙노동위원회의 재심판정 이후 원고의 원직복직을 방해하기 위하여 신임 상무이사를 채용한 다음 원고의 원직복직을 저지한 상태에서 이 사건 직권면직을 하였다고 보기는 어렵고, 이 사건 직권면직은 인사규정에 근거하여 이루어진 것으로서 정당하다.[125]

㉢ 결근기간 중 휴일

무단결근 일수는 휴일을 제외하고 계산하여야 하며, 직권면직도 해고이므로 근로기준법 제27조에 따라 직권면직의 사유와 시기를 서면으로 통지하여야 한다.

관련판례

이 사건에서 원고(근로자)가 9.29.부터 근로제공의무가 있는 날이 10일째에 해당한 10.12.에 이르러서야 10일간 무단결근하였다고 할 것임에도, 휴일에 근로제공의무가 있다는 점을 전제로 하여 10.8.까지 10일간 무단결근하였다는 참가인(사용자)의 주장은 이유없다. 또한 참가인 운용준칙은 근로자가 10일간 무단결근한 경우 10일째 무단결근일 다음날에 직권해직의 효력이 발생한다고 규정하고 있는 바, 이에 따른 직권해직처분은 근로기준법 제23조 소정의 제한을 받는 해고이다. 근로기준법 제27조는 해고시 해고사유와 해고시기를 서면으로 통지하여야 해고가 유효하도록 규정하고 있으므로, 원고가 10일간 무단결근하였다는 이유로 직권해직한 것은 해고에 해당하여 참가인이 해고사유와 해고시기를 서면으로 통지하여야만 직권휴직은 유효하게 된다. 그러나 참가인이 직권해직을 서면으로 통지한 바 없으므로, 이 사건 직권해직은 무효로 보아야 할 것이다.[126]

---

125) 서울행법 2008.7.25. 선고 2008구합5940 판결
126) 서울고법 2009.7.29. 선고 2009누1619 판결

(b) 복직원 미제출

㉠ 휴직 후 복직원 미제출

회사가 복직원을 제출하지 않는 근로자를 직권면직시키는 것은 근로자의 장기 휴직으로 인한 회사의 업무마비를 막기 위한 것이고, 휴직기간을 넘겨 계속하여 무단결근한 경우는 원칙적으로 직권면직사유에 해당한다고 본다.

관련판례

단체협약에서 휴직기간은 45일을 초과할 수 없다고 규정하고 있을 뿐, 휴직기간의 연장에 관하여 아무런 규정을 두지 않고, 오히려 휴직기간 만료 전일까지 복직원을 제출하지 않으면 복직의사가 없는 것으로 간주한다고 규정함과 동시에, 휴직기간 만료 전일까지 복직원을 제출하지 않으면 퇴직처리한다고 규정하고 있으므로, 버스운수회사인 피고(사용자) 회사로서는 근로자의 장기간의 휴직으로 인한 업무마비를 막기 위하여 휴직기간이 45일을 초과하도록 복직할 수 없는 자는 퇴직처리하도록 단체협약에 규정한 것이라고 해석함이 상당하고, 업무상 재해가 아닌 사고로 입원한 운전기사인 원고(근로자)에게 단체협약에 정한 최고한도보다 3배나 많은 기간 동안의 휴직을 허용할 경우 피고 회사의 업무가 막대한 지장을 초래할 것인 점에 비추어 보면, 피고의 이 사건 퇴직처분에는 정당한 이유가 있다.[127)]

㉡ 구두의 복직의사표시

취업규칙에 일정한 기한 내의 복직원 제출이 의무사항으로 되어 있더라도 이는 그 기한 내에 회사에 대해 복직의 의사를 표시하라는 취지이므로 회사관계자와 복직에 관한 협의를 함에 있어 구두로 복직의사를 명백히 밝힌 경우 직권면직을 하는 것은 정당성이 없다.

관련판례

참가인(근로자)은 휴직기간이 만료되는 시점을 전후하여 프론트 팀장, 총무과 직원 등을

---

127) 대법 1996.10.29. 선고 96다21065 판결

만나 근무장소 등 복직에 관한 협의를 함으로써 원고(사용자)에게 복직의사를 명백히 밝혔다고 할 것이고 그러한 복직의사의 표시가 반드시 서면으로 행해져야만 그 효력이 있다고 볼 것은 아니므로 원고가 참가인에 대하여 휴직기간 만료후 30일 이내에 복직원을 제출하지 아니하였다는 이유로 직권면직을 한 것은 그 면직사유가 없음에도 직권면직을 한 것으로서 위법하다.[128)]

(c) 허위 이력서 제출

기업이 근로자를 고용하면서 학력 또는 경력을 기재한 이력서나 그 증명서를 요구하는 이유는 노사간의 신뢰형성과 기업질서 유지를 위해서는 근로자의 지능과 경험, 교육정도, 정직성 및 직장에 대한 정착성과 적응성 등 전인격적 판단을 거쳐 고용여부를 결정하기 위한 판단자료로 삼기 위한 것이다. 판례는 이력서의 허위 기재 정도나 목적을 기준으로 허위기재를 사유로 한 직권면직의 정당성을 판단하고 있다.

㉠ 의도적인 은폐

고등학교 졸업자만을 대상으로 신규사원을 모집하는 회사에 입사함에 있어 의도적으로 대졸학력을 은폐하였고, 면접에 임함에 있어서는 적극적으로 회사를 기망한 경우 직권면직의 정당성을 인정한다.

관련판례

기업이 근로자를 고용하면서 학력 또는 경력을 기재한 이력서나 그 증명서를 요구하는 이유는 단순히 근로자의 근무능력, 즉 노동력을 평가하기 위해서만이 아니라 노사간의 신뢰형성과 기업질서유지를 위해서는 근로자의 지능과 경험, 교육정도, 정직성 및 직장에 대한 정착성과 적응성 등 전인격적 판단을 거쳐 고용여부를 결정하기 위한 판단자료로 삼기 위한 것이고, 이와 같은 목적으로 제출이 요구되는 이력서에 허위의 학력 혹은 경력을 기재한다는 것은 그 자체가 근로자의 정직성에 대한 중요한 부정적인 요소가 되는 점,

128) 서울행법 2007.7.10. 선고 2006구합4119 판결

그런데 원고(근로자)는 고등학교 졸업자만을 대상으로 신규사원을 모집하는 참가인(사용자) 회사에 입사함에 있어 의도적으로 대졸학력을 은폐하였고, 나아가 면접에 임함에 있어서는 적극적으로 참가인 회사를 기망하였다는 점 등을 종합하면, 참가인 회사가 원고의 학력 허위기재사실을 들어 이 사건 퇴직에 나아간 것은 근로기준법 제30조제1항 소정의 정당한 이유가 있다고 할 것이다.[129)]

㉡ 경력연수 환산과 호봉 산정

과거의 근무경력이 신규채용시의 경력환산과 호봉산정에 있어서 중요한 요소가 되는 경우 허위 이력서를 제출하였다면 이를 이유로 한 직권면직은 정당하다.

관련판례

참가인(사용자) 법인이 경력직원을 채용함에 있어서 경력의 기재와 제출을 요구하고 채용되고자 하는 자도 이에 부응하여 정확한 경력을 기재하여 제출하는 것은 신규채용시의 경력환산과 호봉산정에 있어서 중요한 요소가 되는 점을 종합하여 보면, 경력직으로 채용된 자가 신규 임용시 허위의 이력서를 제출하는 행위는 사립학교법 소정의 면직사유로서 이는 병원 직원인사규정 소정의 임용결격사유인 "기타 제 규정에 저촉되어 부적당하다고 인정되는 자"에 해당한다고 봄이 상당하고, 또한 원고(근로자)가 경력직원으로 채용됨에 있어 시회통념상 허용되는 범위를 현저히 초과하여 과거의 근무경력을 과대하게 허위 기재한 이력서를 제출하였고, 그에 따라 채용 시 경력연수와 호봉이 책정된 이 사건에 있어서, 위와 같은 경력 허위기재가 경미한 사항에 불과하다고 볼 수는 없으므로, 참가인 법인이 이를 이유로 이 사건 직권면직을 한 것은 정당하다.[130)]

㉢ 채용여부와 무관

채용과 학력 · 경력 등이 채용여부의 결정과 아무런 관련성이 없는 경우라면 이력서에 일부 허위기재가 있다고 하더라도 이를 이유로 한 직권면직은 부당하다.

---

129) 대법 2007.8.20. 2007두11153 판결 - 심리불속행 기각
130) 대법 2001.12.27. 선고 2000두6626 판결

관련판례

단순한 생산직 육체노동자로 채용된 근로자의 학력 부실기재행위가 학교 이름만 조금 다르게 기재한 것뿐으로 그 채용 시 학력이 전혀 문제가 되지 아니하였다면 사용자가 그 사실을 알았더라도 고용계약을 맺지 아니하였거나 적어도 동일조건으로는 계약을 맺지 아니하였을 것으로 볼 수 없으므로 이는 적법한 해고사유가 될 수 없다.[131]

(d) 노동능력 상실

근로자의 노동능력상실을 이유로 퇴직처분(직권면직)하는 경우에 그 정당성은 제반 사정을 종합적으로 고려하여 합리적으로 판단하여야 한다.

관련판례

종업원이 취업규칙에서 정한 "신체장해로 인하여 직무를 감당할 수 없을 때"에 해당한다고 보아 퇴직처분을 함에 있어서 그 정당성은 종업원이 신체장애를 입게 된 경위 및 그 사고가 사용자의 귀책사유 또는 업무상 부상으로 인한 것인지의 여부, 종업원의 치료기간 및 치료종결 후 노동능력 상실의 정도, 종업원이 사고를 당할 당시 담당하고 있던 업무의 성격과 내용, 종업원이 그 잔존 노동능력으로 감당할 수 있는 업무의 존부 및 그 내용, 사용자로서도 신체장해를 입은 근로자가 순조로운 직장복귀를 위하여 담당업무를 조정하는 등의 배려를 하였는지 여부, 사용자의 배려에 의하여 새로운 업무를 담당하게 된 근로자의 적응능력 등 제반 사정을 종합적으로 고려하여 합리적으로 판단하여야 할 것이다.[132]

㉠ 신체장애 경위

근로자가 장해를 입게 된 경위가 업무 외의 사고로 인한 것인 경우에는 해고의 정당한 사유가 넓게 인정된다.

131) 대법 1989.5.9. 선고 88다카4918 판결
132) 대법 1996.12.6. 선고 95다45934 판결

관련판례

① 참가인(근로자)이 휴직하게 된 것은 업무 외의 사고로 인한 것이었고, 참가인은 휴직기간이 만료된 이후에도 수개월간에 걸쳐 휴직기간 연장 및 복직에 관하여 별다른 조치를 취하지 아니하였으며, 원고(사용자) 회사로서는 참가인의 휴직기간 동안 차량을 운행하지 못하게 되어 상당한 손해를 입게 된다는 점, 참가인은 원고 회사가 복직조건으로 제시한 기준도 충족시키지 못하였다는 사정에 비추어 보면, 이 사건 면직은 근로기준법 제30조제1항 소정의 정당한 사유가 있다고 할 것이다.[133]

② 이 사건 질병은 참가인(근로자)이 지병인 당뇨를 오랫동안 앓아오고 있었음에도 흡연 및 음주를 하고 평소 건강관리에 소홀히 함으로써 당뇨의 합병증이 그 주된 원인이 되어 발생한 것이라고 판단될 뿐 직무상 과로 또는 스트레스 등 직무와 관련하여 발생한 것이라고 보기 어렵다. 따라서, 이 사건 질병이 직무상 질병에 해당함을 전제로 이 사건 근로계약해지가 부당해고라고 인정한 이 사건 재심판정은 위법하다.[134]

㉡ 노동능력상실의 정도

근로자의 치료기간이 장기이고, 치료가 종결된 후에도 노동능력 상실률이 높아 업무를 감당하기 어려운 경우 직권면직의 정당성이 넓게 인정된다.

관련판례

① 참가인(근로자)은 근로복지공단으로부터 8급2호 장해판정을 받았는데 이는 노동능력 상실률이 50% 이상에 해당하는 장해인 점, 참가인이 담당하는 업무는 고도의 전문성과 집중력을 요하는 업무로서 장기간 근로현장에서 이탈하여 노동의 숙련성이 떨어지고 기질성 또는 증상성 정신장애, 기질성 기분(정동)장애 및 노동능력상실률이 50%이상에 해당하는 장해를 가진 참가인이 담당하기에는 부적합한 업무인 점, 참가인이 제출한 진단서에는 "향후 부분적인 사회생활이 증상의 호전에 도움을 줄 수 있다"고 기재되어 있으나 근로자가 근로관계에서 사용자에게 부담하는 근로제공의무는 부분적인 사회생활이라고 볼 수 없는 점, 참가인이 종전의 작업 이외에 다른 종류의 작업의 담당이 가능하다는 내용의 의사소견서 (단체협약 제84조의 요건)가 없는 점 등에 비추어 보면, 이 사건 직권면

133) 서울행법 2006.3.28. 선고 2005구합30709 판결
134) 서울행법 2007.10.2. 선고 2007구합9457 판결

직 조치는 정당하다.[135)]
② 원고(사용자) 회사가 참가인(근로자)에 대하여 복직조건으로 객관적인 권위와 신빙성을 가지는 종합병원이 발행한 운전업무 적합성에 대한 진단서의 제출을 요구한 것이 부당한 것이라고 보기는 어렵다. 그러나 참가인은 원고 회사로부터 위와 같은 조건의 진단서 제출을 요구받고서도 다시 3달여 기간이 경과하기까지 아무런 조치를 취하지 않고 있다가 (중략) ○○○의원이 발행한 진단서만을 제출한 채 원고 회사에 복직신청을 하였는바, 위 진단서는 발행한 병원의 규모에 있어서도 원고 회사가 요구한 최소한의 필요한 조건을 갖춘 것이라고 보기 어렵고 (중략) 당시까지 참가인이 병원에서 치료를 받은 기간이 모두 8개월여에 달하였다는 점을 종합하면, 원고 회사가 참가인의 복직신청에 대하여 위와 같은 사정을 감안하여 이를 거부한 것은 정당한 인사재량권의 범위를 벗어난 것은 아니라 할 것이다.[136)]

㉢ 감당 업무의 존부

신체장애를 입은 근로자를 위하여 배치전환을 시행할 수 없는 등의 사정이 존재하는 경우에는, 해고의 정당한 사유를 인정한다.

관련판례

① 참가인(근로자)과의 근로계약관계를 계속 유지시킬 수 있도록 배려하기 위한 방법으로 동인을 감당 가능한 업무로 전환배치하는 방안도 고려해 볼 수 있으나, 이 사건에서는 원고(사용자) 회사 내에 시내버스 운전기사 외 다른 직종이 존재하지 않아 그러한 방안을 시행할 수 없는 점 (중략) 등 이 사건 퇴직을 전후한 제반사정을 종합하여 볼 때 참가인은 이 사건 퇴직당시 원고 회사 취업규칙에서 퇴직사유 중의 하나로 규정하고 있는 "육체적 장애로 인하여 업무를 감당하지 못할 때"에 해당한다고 봄이 상당하고, 원고 회사가 그 규정에 따라 참가인을 퇴직처리한 행위는 이 사건 퇴직 당시 시행 중이던 근로기준법 제33조제1항 소정의 정당한 사유가 있다.[137)]
② 원고(근로자)는 기존에 담당하던 쓰레기 수거원으로서의 업무는 물론 세척차나 지게차 요원으로서의 업무도 담당하기 어려울 것으로 보이는 점, 참가인(사용자)이 원고를 기

135) 서울고법 2009.11.20. 선고 2009누8801 판결
136) 서울행법 2006.3.28. 선고 2005구합30709 판결
137) 서울고법 2007.6.21. 선고 2006누13529 판결

존의 급여수준에 맞으면서 현재의 잔존노동능력으로 감당할 수 있는 경비업무로 전환하기 위해 노력하였으나, 5개구의 협의로 처리되는 참가인의 업무운영방식으로 인하여 경비업무로의 전환이 불가능해진 점, 참가인은 원고의 잔존 노동능력으로 감당할 수 있는 업무를 찾았으나 원고가 직종을 변경하여 담당할 수 있는 업무가 거의 없었고, 그나마 전환이 가능한 선별작업인부로서의 업무는 기존의 업무에 비하여 급여수준이 낮다는 이유로 원고가 거절한 점, (중략) 원고가 참가인의 업무를 담당하던 중 재해를 당한 것은 사실이나, 위 재해에 대하여 참가인에게 귀책사유가 인정된다고 단정하기 어려운 점 등을 종합하면, 이 사건 면직에는 근로기준법상의 정당한 사유가 인정된다.[138]

㉣ 근로자의 적응노력

사용자의 배려에 의하여 새로운 업무를 담당하게 된 근로자의 적응노력뿐만 아니라 이전 업무로의 복귀에 대한 노력이 부족한 경우, 해고의 정당한 사유를 인정한다.

관련판례

① 피고(사용자) 회사는 원고(근로자)가 업무상의 재해를 당하여 종전에 담당하여 오던 생산부업무를 더 이상 감당할 능력이 없어서 임시적 방편으로 공정점검 업무에 종사케 하였으나 원고는 그 업무조차 원활히 수행하지 못하였고, 전신 육체노동을 요하는 원고 생산부 업무의 특성상 원고의 신체조건에 맞는 경미한 직종을 찾기 힘들었고, 더구나 피고 회사가 연차적으로 인력감량계획을 시행하여 인력의 효율적 합리적 운영을 기하고 있는 상태에서 원고의 급여수준에 맞는 적정한 직종으로 전환배치할 방법도 없어 원고를 퇴직처분하기에 이른 것이며 (중략) 그 판단은 위에서 본 법리에 따른 것으로 거기에 퇴직처분의 정당성에 관한 법리오해 등의 위법이 있다고 할 수 없다.[139]

② 원고(근로자)는 이 사건 해고 당시까지 자신의 증상을 이유로 들어 참가인(사용자)이 원고를 위하여 특별히 마련한 저강도의 단순업무인 주차장 순회점검업무만을 수행하려 하였을 뿐, 그보다 높은 강도의 업무에 복귀하겠다는 의사를 전혀 밝히지 아니한 점 등을 종합하면 (중략) 원고에게는 단체협약에 따른 해고사유가 있다고 할 것이다.[140]

138) 대법 2009.12.10. 2009두16398 판결 - 심리불속행 기각
139) 대법 1996.12.6. 선고 95다45934 판결
140) 서울행법 2007.8.31. 선고 2006구합17918 판결

㉤ 신체장애등급

노동능력이 일부 상실되었더라도 현재의 노동능력으로 근무가 가능한 보직으로 배치전환 되었다면 노동능력 상실로 인하여 그 직무를 감당할 수 없다는 사정이 인정되지 아니하므로 단순히 회사의 인사규정상에 명기된 신체장애등급에 해당된다는 이유만으로 당해 근로자를 직권면직하는 것은 부당하다.

관련판례

업무상 재해로 한쪽 귀가 고도난청상태가 되어 산업재해보상보험법 시행령 제9급 7호의 신체장애등급을 받은 근로자가 소음이 덜한 보직으로 배치전환되어 정상적으로 근무하고 있는 경우에 사용자가 내부규정인 업무상 재해자 관리지침상 신체장애등급 제9급까지는 취업 부적격자로서 해고한다는 규정에 따라 인사규정(신체장애로 인하여 집무능력을 상실하거나 노동불능자로 판정되었을 때)을 적용하여 근로자를 직권면직 시켰다면 원고(근로자)가 위와 같은 신체장애로 인하여 그 직무를 감당할 수 없다는 사정이 인정되지 아니하는 이 사건에 있어서 참가인(사용자)이 원고의 신체장애등급이 형식적으로 위 업무상 재해자 관리지침상의 취업 부적격자에 해당한다는 이유만으로 원고를 직권면직한 것은 정당한 이유가 없는 것으로서 부당해고에 해당한다 할 것이다.[141]

(e) 자격취소

㉠ 특수업무 자격취소

단체협약이나 취업규칙에 특별한 규정이 없는 한, 사용자가 특별한 자격을 가진 근로자를 특수업무에 종사시키기 위하여 채용한 경우 그 자격이 취소된 때에 행하는 직권면직은 정당하다.

관련판례

회사는 향토예비군설치법령에 의하여 직장예비군 중대를 편성 · 운영함에 있어서 반드시 보유하도록 되어 있는 그 지휘관 임명대상 자격자를 확보할 목적으로 원고(근로자)를 직

141) 대법 1997.8.26. 선고 96누14593 판결

장예비군 중대장으로 특별채용한 점, (중략) 수임군부대장인 제○○보병사단장은 원고를 (정년을 이유로) 참가인 회사의 중대장에서 해임하였고, 참가인(사용자) 회사는 원고에 대하여 직장예비군 중대장의 정년연령에 도달하는 6.30.자로 이 사건 퇴직처리를 한 점, 직장예비군 중대장의 정년연령에 도달한 사람을 일반직원으로 전환배치하여 계속 고용할 것인지 여부는 참가인 회사가 개개의 사례에 따라 제반사정을 고려하여 결정하는 것이고, 직장예비군 중대장으로 특별채용된 원고가 단지 다른 사례와의 형평을 주장하며 참가인 회사에 대하여 그와 같은 계속 고용을 요구할 권리를 가진다고 보기는 어려운 점 등을 종합하여 보면, 참가인 회사가 직장예비군 중대장으로서의 직무를 수행할 수 있는 자격을 상실한 원고에 대하여 한 이 사건 퇴직처리는 정당하다고 할 것이다.[142)]

㉡ 운전면허 취소

시내버스 운수회사의 취업규칙에 직권면직 사유의 하나로 운전기사의 면허 또는 자격증이 취소당한 때를 규정하고 있는 경우, 운전면허가 취소되면 그 근로자의 면허가 취소되었다는 사실만으로 직권면직은 정당하다.

관련판례

피고(사용자) 회사와 같은 시내버스 운수회사의 취업규칙에 당연퇴직사유의 하나로, "기능, 기술 및 전문직에 있는 자로서 면허 또는 자격증이 취소당한 때"를 규정하고 있는 경우, 그 취지는 달리 특별한 사정이 없는 한 운수회사라는 특성상 회사로서는 운전면허가 취소된 운전기사를 계속 고용할 수 없을 것이라는 고려에서 일단 근로자의 운전면허가 취소되면 그 근로자의 면허가 취소되었다는 사실만으로 당연퇴직사유에 해당하는 것이라는 데 있는 것으로 해석되고, 따라서 이를 이유로 회사에서 당연퇴직처분을 한 이상 설사 이후 위 운전면허취소처분이 행정심판절차에 의하여 다시 취소되어 소급하여 무효로 돌아간다고 하여도 퇴직처분 당시 위와 같은 당연퇴직사유가 있었던 것이므로 그 퇴직처분이 무효로 되는 것은 아니라 할 것이다.[143)]

142) 서울행법 2008.9.5. 선고 2008구합5735 판결
143) 대법 1993.12.21. 선고 93다43866 판결

ⓒ 주택관리 관련자격 미소지

입주자대표회의의 위수탁관리계약의 해지, 해당 근로자에게 요구되는 자격사항 미비 등을 고려할 때, 입주자대표회의로부터 감원요청에 따라 주택관리업체가 근로자를 해고한 것은 정당하다.

관련판례

이 사건 위수탁관리계약은 위임계약으로서 입주자대표회의는 언제든지 위 계약을 해지할 수 있는 점, 입주자대표회의에서 원고(근로자)의 근무태도 등에 대해 이의를 제기하면서 관리소장의 교체를 요청하였던 점, 원고는 주택관리사 · 주택관리사보 자격을 소지하고 있지 아니하여 참가인(○○개발)이 위탁관리하고 있는 아파트 중에 원고를 관리소장으로 배치하는 것이 어려웠던 점 등에 비추어 보면, 원고에 대한 참가인의 재임용 조치 후 입주자대표회의의 수용거부 및 위수탁계약해지에 따라 원고와 참가인 사이에 체결된 근로계약이 자동해지된다는 위 근로계약서의 규정이 부당하다거나 근로기준법상 해고제한에 관한 법리를 회피하기 위한 것이라고 보기는 어려우므로, 원고와 참가인 사이의 근로계약은 위수탁관리계약의 해지에 따라 당연히 종료되었다고 할 것이다.[144]

(f) 경제적 파산

개인의 경제적 사정으로 파산선고 받았다는 사유만으로 직권면직 처분을 했다면 정당성이 부정된다.

관련판례

이 사건 당연퇴직의 근거가 된, 직원이 파산선고를 받는 경우 예외 없이 당연퇴직시키도록 하는 이 사건 인사규정은 그 일응의 필요성과 취지에도 불구하고, 정당한 이유 없이 해고 등을 하지 못한다고 규정하고 있는 근로기준법 제30조제1항의 취지에 반할 뿐만 아니라, 비록 이 사건 당연퇴직처분 당시 시행되고 있었던 것은 아니나 채무자회생및파산에관한법률 제32조의2 규정의 누구든지 이 법에 따른 회생절차 · 파산절차 또는 개인회생절차 중에 있다는 이유로 정당한 사유 없이 취업의 제한 또는 해고 등 불이익한 처우를

144) 서울고법 2008.9.30. 선고 2008누7108 판결

받지 아니한다는 취지에도 명시적으로 반하는 것이며, 직원의 근로의 권리, 직업행사의 자유를 과도하게 침해하는 것으로, 위와 같이 개인의 경제적 사정으로 인해 원고(근로자)가 파산을 선고받았다는 사유만으로는 사회통념상 고용관계를 계속할 수 없을 정도로 근로자에게 책임있는 사유가 발생한 경우에 해당한다고 보기는 어렵다.[145]

3) 직권면직 사유와 징계사유가 동일한 경우

직권면직사유와 징계사유가 각각 규정되어 있으나 양자가 실질적으로 동일한 경우에는 실체적 정당성 판단기준은 위의 직권면직 사유와 징계사유가 구별되는 경우와 같으나, 직권면직 절차는 징계절차를 따라야 한다. 즉 취업규칙 등의 규정상 직권면직사유가 동시에 징계사유에도 해당하는 경우에는 직권면직 사유가 있더라도 해고의 절차는 반드시 징계의 절차에 의하여야 한다.

관련판례

① 특정사유가 단체협약이나 취업규칙 등에서 징계해고사유와 통상해고사유의 양쪽에 모두 해당하는 경우뿐 아니라 징계해고사유에는 해당하나 통상해고 사유에는 해당하지 않는 경우에도, 그 사유를 이유로 징계해고처분의 규정상 근거나 형식을 취하지 아니하고 근로자에게 보다 유리한 통상해고처분을 택하는 것은, 근로기준법 제27조제1항에 반하지 않는 범위내에서 사용자의 재량에 속하는 적법한 것이나, 근로자에게 변명의 기회가 부여되지 않더라도 해고가 당연시될 정도라는 등의 특별한 사유가 없는 한, 징계해고사유가 통상해고사유에도 해당하여 통상해고의 방법을 취하더라도 징계해고에 따른 소정의 절차는 부가적으로 요구된다고 할 것이고, 나아가 징계해고사유로 통상해고를 한다는 구실로 징계절차를 생략할 수는 없는 것이니, 절차적 보장을 한 관계규정의 취지가 회피됨으로써 근로자의 지위에 불안정이 초래될 수 있기 때문이다.[146]

② 10일이상 무단결근 등 자연퇴직사유가 동일하게 징계사유로도 규정되어 있는 경우에는 퇴직처분을 함에 있어서 징계에 관한 절차를 거쳐야 할 것인데,[147] 이는 근로자에게 징계사유가 있어 근로자를 해고함에 있어서 징계 이외의 절차에 의함으로써 징계에 관

145) 서울중앙지법 2006.7.14. 선고 2006가합17954 판결
146) 대법 2000.6.23. 선고 99두4235 판결
147) 대법 1995.7.14. 선고 95다1767 판결 등 참조

한 절차를 회피하는 것을 방지하기 위한 것이라고 할 것이다. 여기서 말하는 "자연퇴직사유가 동일하게 징계사유로도 규정되어 있는 경우"라고 함은 어느 구체적인 사건 내지 비위행위가 자연퇴직 사유에 해당하고 동시에 징계사유에도 해당하는 경우를 의미하는 것이 아니라 구체적인 사건의 적용 이전의 규정 내용 자체를 서로 비교하여 실질적으로 동일성이 인정되는 경우를 의미하는 것이라 할 것이다. 참가인의 무단결근 기간이 10일 이상이라는 점에서 취업규칙 제13조의 자연퇴직 사유인 10일 이상의 무단결근과 취업규칙 제50조에 규정된 징계해고사유인 무단결근 5일 이상인 때에 동시에 해당하기는 하나, 앞서 본바와 같이 일정한 사건이 두 사유에 동시에 적용된다는 사정만으로 양 사유가 동일하다고 볼 수는 없다. 또한 양 사유가 일정기간 이상의 무단결근에 관한 것이라는 점에서 서로 유사점이 있기는 하나, (중략) 원고(사용자) 회사의 취업규칙이 10일이상의 무단결근에 관하여도 징계해고에 관한 절차적 보장을 할 것을 예정하고 있다고 보기는 어려운 점 등에 비추어 보면, 참가인(근로자)의 무단결근이 당연퇴직 사유에 해당한다고 보아 징계절차를 거치지 않고 참가인을 퇴직처리하는 것은 허용된다고 할 것이고, 이를 징계해고사유에 관한 절차적 보장을 회피되는 것이라고 볼 수는 없다. 따라서 이 사건 퇴직처리에 관하여 징계절차를 거치지 않은 절차적 하자가 있다고 보기는 어렵다.[148)]

4) 직권면직이 징계의 한 종류인 경우

직권면직 사유가 별도로 규정되어 있지 않고 직권면직이 징계의 한 종류인 경우 직권면직은 형식적인 명칭여하에 관계없이 징계해고이므로 징계해고와 동일하게 징계사유 · 양정 · 절차를 판단한다. 인사규정상 면직과 정직이 징계의 종류로 규정되어 있고, 무기한 정직의 경우 징계일로부터 6월 내 복직명령이 없으면 자연면직된다는 규정이 존재하는 사례 (징계로서의 면직이외에 별도의 면직 규정은 존재하지 않음)에서, 자동면직을 징계로 보아 징계사유의 존부, 징계절차의 위법여부, 징계양정의 적정여부를 판단한다.

관련판례

원고(근로자)는 과다한 채무문제 등을 이유로 무기정직처분을 받았다가 복직명령을 받지 못하여 무기정직의 경우 징계일로부터 6월 내에 복직명령이 없으면 자연면직되는 인사

148) 서울행법 2010.12.24. 선고 2010구합13883 판결

규정에 따라 참가인(사용자)으로부터 자연면직의 통보를 받았다. (중략) 원고가 참가인의 회원사로부터 대출을 받을 당시 이미 채무가 자산을 초과하여 시중은행으로부터 더 이상 대출을 받을 수 없게 되자 참가인의 회원사들에게 대출을 신청했고, 회원사들로서는 원고가 대출자격이 없음을 알면서도 검사역이라는 원고의 지위가 부담스러워 대출을 해줄 수 밖에 없었는바, 원고가 대출자격이 되지 않음에도 자신의 지위를 이용해 참가인의 회원사로부터 부당하게 대출을 받고 변제하지 못함으로써 업무감독기관의 종사자로서 의무를 다하지 못하여 참가인의 명예를 훼손했다고 할 것이므로 원고의 비위행위는 복무규정에 위반된 것으로서 인사규정(징계의 대상)상 징계사유에 해당한다.[149)]

5) 대기발령에 이은 직권면직의 경우

근로자에 대한 대기발령(또는 직위해제[150)])은 일반적으로 근로자가 직무수행능력이 부족하거나 근무성적 또는 근무태도 등이 불량한 경우, 근로자에 대한 징계절차가 진행 중인 경우, 근로자가 형사사건으로 기소된 경우 등에 있어서 당해 근로자가 장래에 있어서 계속 직무를 담당하게 될 경우 예상되는 업무상의 장애 등을 예방하기 위하여 일시적으로 당해 근로자에게 직위를 부여하지 아니함으로써 직무에 종사하지 못하도록 하는 잠정적인 조치로서의 보직의 해제를 의미한다. 인사규정 등에 대기발령 후 일정기간이 경과하도록 복직발령을 받지 못하거나 직위를 부여받지 못하면 직권면직 된다는 규정을 두는 경우, 대기발령에 이은 직권면직처리를 일체로서 관찰하면 이는 근로자의 의사에 반하여 사용자의 일방적 의사에 따라 근로계약관계를 종료시키는 것으로서 실질상 해고에 해당하므로, 사용자가 직권면직 처분을 함에 있어서는 근로기준법 제23조 소정의 정당한 이유가 있어야 한다.[151)]

따라서 대기발령에 이은 직권면직의 정당성이 인정되기 위해서는 먼저 선행된 대기발령이 정당해야 한다. 대기발령이 정당하다면 대기발령 기간 동안 대기발령 사유가 소멸되었음에도 사용자가 합리적인 이유없이 직위를 부여하지 아니하고 직권면직한 경우가 아니라면 직권면직의 정당성을 인정한다. 최근에 대기발령 당

149) 대법 2008.1.10. 2007두21518 판결 - 심리불속행 기각, 이 사건에서 법원은 징계사유의 존부에 이어 징계절차의 위법여부, 징계양정의 적정여부를 판단하였다.
150) 직위해제와 대기발령은 개념적으로는 구분이 가능하나, 기업의 인사실무와 법원의 관행상 구분되지 않고 사용되고 있다.
151) 대법 2004.10.28. 선고 2003두6665 판결

시에 이미 직권면직 사유가 존재하였거나 대기발령 기간 중 그와 같은 면직사유가 확정되어야 한다고 본 사례도 있는 바, 이는 기존 판례의 태도에 비하여 대기발령에 이은 직권면직의 정당성 인정요건을 엄격하게 해석한 것이다.

(가) 직위 부여 사유 없는 경우

판례는 일단 대기발령이 적법하게 발령된 경우라면 그에 이은 직권면직 처분에 대해서는 인사재량권을 존중하여 대기발령 기간 동안 직위해제사유가 소멸되어 마땅히 직위를 부여하여야 할 사정이 있음에도 합리적인 이유 없이 직위를 부여하지 아니하는 등의 경우가 아닌 한, 직권면직의 정당성을 넓게 인정하고 있다.

관련판례

① 직위해제 처분과 당연퇴직 처리의 관계를 살펴보면, 피고(사용자) 조합의 운영규정상 직위해제 처분을 받은 자는 직위해제 처분 자체의 효력에 의하여 일정한 조건하에 당연퇴직 처리를 당할 수 있는 상당한 개연성을 가지게 되고, 반면 당연퇴직 처리는 직위해제 후 3월간 직위를 부여받음이 없이 직위해제 상태가 계속됨으로 인하여 이루어지는 처분이므로 일단 직위해제처분이 정당하게 내려진 경우라면 그 후 3월간의 기간 동안 직무수행 능력의 회복이나 근무태도 개선 등 직위해제 사유가 소멸되어 마땅히 직위를 부여하여야 할 사정이 있음에도 합리적인 이유없이 직위를 부여하지 아니하는 등의 경우가 아닌 한 당연퇴직 처리 그 자체가 인사권 내지 징계권의 남용에 해당한다고 볼 수 없다. 이 사건에 있어서, 원고(근로자)들이 집단 월차휴가를 주도한 행위는 불법쟁의행위로서 그 비위의 정도가 중하여 이로 인한 직위해제처분은 정당한 것임은 이미 판결에 의하여 확정된 바 있고, 따라서 피고 조합이 원고들에게 직위해제처분을 인정하고 소송을 취하하면 직위를 부여하겠다는 화해조건을 제시하였음에도 원고들이 이를 거부한 것으로 미루어 근무태도가 개선되지 아니하였다고 보고 직위를 부여하지 아니한 것이 부당하다고 볼 수 없을 뿐 아니라, 달리 위 3월의 기간 동안 원고들에게 직위해제 사유의 소멸 등 직위 부여하였어야 할 사정이 있었다고 볼 자료를 기록상 발견할 수 없다.[152]

---

152) 대법 1995.12.5. 선고 94다43351 판결, 고등법원은 대기발령과 직권면직·당연퇴직을 하나의 처분으로 보아 직위해제 사유의 경중, 직위해제 기간중의 근로자의 태도, 직위부여를 하지 아니하는 사유의 타당성 등을 고려하여 면직처리의 정당성 여부를 판단하여 사용자가 근로자의 근로복귀를 위한 교육훈련이나 특별연구과제의 부여 등의 조치를 취한 사실이 없다는 이유로 면직처분은 부당하다고 하였으나, 대법은 원심판결을 취소한 판결이다.

② 인사규정 등에 대기발령 또는 직위해제처분 후 일정기간이 경과하도록 복직발령을 받지 못하거나 직위를 부여받지 못하는 경우에는 당연퇴직 또는 면직된다는 규정을 두는 경우, 그 규정에 의하여 직위해제처분에 이은 당연퇴직 또는 면직은 이를 일체로서 관찰할 때 이는 근로자의 의사에 반하여 사용자의 일방적 의사에 따라 근로계약 관계를 종료시키는 것으로서 실질상 해고에 해당한다 할 것이고, 그 처분에 있어서는 근로기준법에 의한 제한을 받는다고 보아야 할 것인바, 일단 대기발령 또는 직위해제처분이 정당하고 그 대기발령 또는 직위해제처분 당시에 이미 근로자에게 사회통념상 근로관계를 지속시킬 수 없을 정도로 귀책사유가 있어 해고의 요건이 존재하는 경우에는 대기발령 또는 직위해제처분 후 직무수행능력의 회복이나 근무태도 개선 등 직위해제 사유가 소멸되어 마땅히 직위를 부여하여야 할 사정이 있음에도 합리적인 이유 없이 직위를 부여하지 아니하는 등의 경우가 아닌 한 대기발령 또는 직권해지처분에 이은 당연퇴직 또는 면직 처리 그 자체가 인사권 내지 징계권의 남용에 해당한다고 볼 수는 없다.[153)]

(나) 업무수행능력 향상 노력 부족

(a) 겸직활동

직무수행능력 부족으로 대기발령을 받았음에도 대기발령 기간 동안 다른 곳에서 일을 하는 등 업무수행능력 향상을 위한 노력을 하지 않은 경우, 대기발령 기간 경과 후 직권면직처분 하는 것은 적법하다고 본다.

관련판례

종전에 직무수행능력 부족으로 2회에 걸쳐 대기발령을 받은 원고(근로자)로서는 다시 직무수행능력 부족을 이유로 이 사건 대기발령을 받았으면 업무수행능력을 향상시키기 위한 노력을 기울여야 할 것임에도 대기발령 기간 동안 다른 곳에서 일을 하는 등 그러한 노력을 하지 아니하였으므로, 이러한 사실관계 하에서는 참가인(사용자) 회사가 원고에게 마땅한 직무를 부여하지 아니하였다고 하여 이를 두고 3월의 기간동안 직무수행 능력의 회복이나 근무태도 개선 등 직위해제 사유가 소멸되어 마땅히 직위를 부여하여야 할 사정이 있음에도 합리적인 이유없이 직위를 부여하지 아니하는 등의 경우에 해당한다고 할 수는 없다. 따라서 이 사건 면직처분은 적법하다.[154)]

153) 대법 2002.7.26. 선고 2000두9113 판결
154) 대법 2007.3.15. 2006두17413 판결 – 심리불속행 기각

(b) 명예훼손

명예훼손 행위로 대기발령을 받았음에도 대기발령 기간 동안 이를 반복한 경우 직무수행능력 향상을 위한 노력을 하지 않은 것을 이유로, 대기발령 기간 경과 후 직권면직처분 하는 것은 적법하다고 본다.

관련판례

적법한 직위해제 및 대기발령을 받은 참가인(근로자)으로서는 그 기간 중 근무태도를 개선하고 자신의 잘못을 반성하는 등으로 근신하여야 할 것임에도 불구하고, 그 이후에도 직위해제 및 대기발령을 받게 된 가장 중요한 원인인 명예훼손 행위를 수회에 걸쳐 또 다시 반복하였을 뿐만 아니라, 더 나아가 원고(사용자)법인 사무처장에 대한 각종 개인적인 비리의혹을 무책임하게 마구 제기함으로써 그 명예를 심각하게 훼손한 점, 참가인이 원고 법인 내부에서 차지하고 있는 지위 등에 비추어 볼 때, 원고가 이와 같이 전혀 개전의 정을 보이지 않고 근무태도도 나아졌다고 볼 수 없는 참가인에 대하여 직무수행능력 회복이나 근무태도의 개선 등 직위해제사유가 소멸되어 마땅히 직위를 부여하여야 할 만한 사정이 없다는 이유로 행한 이 사건 면직처분은 결코 원고의 정당한 인사권의 범위를 벗어난 것이라고 볼 수 없다.[155)]

(다) 직위해제 사유 존속 입증책임

직위해제 처분 후 대기발령 기간 중 직위해제 사유가 계속 존재한다는 것은 사용자가 입증하여야 하고, 이를 인정할 증거가 없는 경우에는 직권면직은 부당하다.

관련판례

원고(근로자)는 이 사건 직위해제처분 이후 자신의 실수로 참가인(사용자) 법인에게 손해를 입힌 사실을 시인하고 그 피해액을 환수하기 위하여 변호사의 자문을 거쳐 ㅇㅇ사의 담당자들과 수차례 접촉을 하는 등의 노력을 기울였으나, 참가인 법인이 공식적으로 ㅇ

155) 대법 2005.11.25. 선고 2003두8210 판결

O사에 대하여 피해액 회수를 위한 어떠한 노력을 기울이지 않은 채 원고에 대하여만 피해액의 변상을 요구하면서 원고를 업무상 배임 등의 혐의로 고소하고, 원고를 상대로 피해배상을 청구하는 소송을 제기해 옴에 따라 원고가 참가인 법인에 대하여 손해를 변상하거나 구체적인 변상계획을 밝힐 수도 없게 된 사정을 알 수 있고, 그 밖에 이 사건 직위해제처분 후 대기발령기간 중 원고의 직무수행능력이 부족하거나 근무성적이 불량하다는 직위해제사유가 계속 존재한다고 볼만한 증거가 없음에도 불구하고 참가인 법인이 합리적인 사유없이 원고에게 직위를 부여하지 아니하다가 3개월의 기간이 만료하였다는 사유만으로 이 사건 당연면직처분을 한 것으로 보이므로, 이는 징계권의 남용에 해당한다.[156)]

(라) 대기발령기간 중 해고사유 확정

최근 대법은 대기발령 당시에 이미 사회통념상 당해 근로자와의 고용관계를 계속할 수 없을 정도의 사유(퇴직사유)가 존재하였거나 대기발령 기간 중 그와 같은 해고사유가 확정되어야 한다고 판시함으로써, 일정한 대기발령 사유에 기인한 대기발령 처분이후 상황의 변화가 없다고 해서 자유롭게 해고시킬 수 있는 것이 아니고, 그 대기발령 사유가 대기발령 당시에 해고 사유에 해당하는 정도의 위법성을 지니거나, 대기발령기간 중에 다른 해고사유가 발생하여야 한다고 보고 있다.

관련판례

① 원심으로서는 원칙적으로 사용자의 고유권한에 속하는 인사명령인 대기발령자체의 정당성 뿐만 아니라, 그 대기발령 당시에 이미 사회통념상 고용관계를 계속할 수 없을 정도의 사유가 존재하였거나 대기발령기간 중 그와 같은 정당한 해고사유가 확정되었는지 여부에 관하여 더 나아가 살펴본 후 이 사건 당연퇴직 처분이 원고(사용자)의 인사권 내지 징계권의 남용에 해당하는지를 판단하였어야 할 것이다. 그런데도 원심은 이 점에 관한 참가인(근로자)의 주장에 대하여 아무런 판단을 하지 아니한 채 "원고가 원심 피고 보조참가인과 달리 참가인에 대하여만 당연퇴직 처분을 한 것이 형평에 반한다고 할 수 없으며, 그 처분은 원고의 취업규칙에 근거한 것이어서 유효하다"라고만 판단하고 말았으니, 이 부분 원심판결에는 대기발령에 이은 당연퇴직 처분의 성질 및 그것이 정당한 처분이 되기 위한 요긴에 관한 법리를 오해하여 심리를 다하지 아니하고 참가인의 주장에 대

156) 대법 2004.10.28. 선고 2003두6665 판결

한 판단을 누락한 위법이 있다.[157)]
② 당연퇴직 처분에 대하여는 인사규정 등에 정직 후 일정기간이 경과하도록 복직명령을 받지 못하는 경우에 당연퇴직된다는 규정을 두고 있는 경우 정직에 이은 당연퇴직처리를 일체로서 관찰하면 이는 근로자의 의사에 반하여 사용자의 일방적 의사에 따라 근로계약 관계를 종료시키는 것으로 실질상 해고에 해당한다고 할 것이나, 이 사건 당연퇴직처분은 위 무기정직 징계사유 등이 인정되고, 이 사건 사용자가 이 사건 근로자 등 4명에 대하여 6.30. 까지 이를 변상토록 하였으나 이 사건 근로자가 이를 이행하지 않은 사실 등이 인정되므로 이 사건 근로자의 위 비위행위는 그 비위행위가 중대하고, 사후관리를 소홀히 한 점과 이로 인하여 이 사건 사용자의 손해가 적지 않음에도 이 사긴 근로지가 이를 회복하지 않는 점 등을 보아 이 사건 당연퇴직 처분은 정당하다.[158)]

4. 사직으로 인한 근로관계종료

(1) 법률관계

1) 근로관계의 종료사유

근로관계가 종료되는 사유는 크게 사용자만의 의사에 의하여 종료되는 해고, 근로자의 의사나 동의에 의하여 종료되는 퇴직, 사용자나 근로자의 의사와 관계없이 이루어지는 자동소멸(계약기간 만료, 근로자의 사망 등)로 나누어 볼 수 있다. 위 종료사유 중 퇴직은 다시 근로자만의 의사(단독행위)에 의하여 근로관계가 종료되는 사직과 사용자와 근로자의 의사의 합치(계약)에 의하여 근로관계가 종료되는 합의해지로 나누어 볼 수 있다

근로자의 사직서제출에 의한 퇴직을 근로자의 단독행위에 의한 사직으로 본 판례는 많지 않으며, 다수의 판례는 사용자와 근로자의 의사의 합치에 의한 합의해지로 본다.

157) 대법 2007.5.31. 선고 2007두1460 판결
158) 서울고법 2010.9.8. 선고 2010누9176 판결

관련판례

① 근로관계가 법률행위에 의하여 종료되는 사유는 ① 사용자의 일방적 의사에 의하여 종료되는 경우(해고), ② 근로자의 일방적 의사에 의하여 종료되는 경우(사직), ③ 사용자와 근로자의 의사의 합치에 의하여 종료되는 경우(합의해지) 등으로 나누어 볼 수 있다. 이 중에서 사용자에 의하여 근로관계가 종료되는 사유인 해고는 근로자의 보호를 위하여 강행규정인 근로기준법에 의하여 강력한 규제를 받는데 비하여, 근로자에 의하여 근로관계가 종료되는 사직원제출의 경우에는 민법상의 의사표시에 관한 규정과 근로자의 해약의 자유를 보장하기 위한 민법 제660조의 규정 이외에는 별다른 규제를 받지 않는 것이 원칙이다.[159]

② 근로자가 근로계약 관계를 종료시키고자 하는 의사표시는 보통 사직원의 제출에 의하지만 구두로 사직의 의사표시를 하는 것도 가능하고, 근로자가 사직서를 제출하거나 사직의 의사표시를 한 경우 사용자가 민법 제660조에서 정한 기간 내에 승낙의 의사표시를 하면 근로관계는 합의에 의하여 종료하고, 그 기간 내에 승낙의 의사표시를 하지 않으면 그 기간이 경과함과 동시에 근로자의 사직서 제출에 따른 해지의 효력이 발생함으로써 근로계약 관계는 종료된다.[160]

2) 사직, 합의해지, 해고의 비교

사직과 합의해지는 모두 근로자의 의사가 반영되어 근로관계가 종료된다는 공통점이 있으나, 사직은 근로자의 일방적인 근로계약해지의 통고로 민법 제660조[161]의 기간이 경과하면 근로관계가 종료하고 의사표시가 사용자에게 도달한 후에는 철회할 수 없는 반면에, 합의해지는 근로자 또는 사용자의 근로계약 해지에 대한 청약의 의사표시를 사용자 또는 근로자가 승낙할 때 비로소 근로관계가 종료되고 근로자는 사용자의 승낙이 도달할 때까지 근로계약해지에 대한 청약의 의사표시를 철회할 수 있다.

해고의 경우에는 부당해고로부터 근로자를 보호하는 강행규정인 근로기준법

159) 서울행법 2008.12.4. 선고 2008구합33587 판결
160) 대법 1992.4.10. 선고 91다43138 판결 ; 대법 1996.7.30. 선고 95누7765 판결 등 참조
161) 민법 제660조(기간의 약정이 없는 고용의 해지통고) ①고용기간의 약정이 없는 때에는 당사자는 언제든지 계약해지의 통고를 할 수 있다. ②전항의 경우에는 상대방이 해지의 통고를 받은 날로부터 1월이 경과하면 해지의 효력이 생긴다. ③기간으로 보수를 정한 때에는 상대방이 해지의 통고를 받은 당기후의 일기를 경과함으로써 해지의 효력이 생긴다.

제23조의 정당한 이유라는 요건을 구비해야 하는 반면에, 사직 및 합의해지의 경우에는 사용자가 별다른 규제를 받지 않는다. 따라서 사용자는 근로기준법상 해고제한규정을 회피하기 위한 수단으로 근로자로 하여금 해지통고(사직)나 합의해지 청약의 의사표시를 유도하는 경우가 있다.

관련판례

① 사직의 경위와 그 이후의 경과 등에 비추어 원고(근로자)가 사직서를 직접 작성 제출하지는 않았다고 하더라도 진정한 사직의사가 있었다고 인정되고 사직의 의사표시가 강박에 의한 것이라고 볼 수 없으며 피고(사용자) 회사가 경영합리화를 위하여 원고를 비롯한 일정한 수의 근로자를 퇴직권고대상자로 삼기는 하였으나 피고 회사는 이들을 일방적으로 해고하지 아니하고 상당한 금전적 보상대책을 제시하면서 그들의 의사를 물어 그 명시적 또는 묵시적 의사표시에 기하여 의원면직처분을 한 것으로서 의원면직처분은 정리해고에 해당하지 아니할 뿐만 아니라 징계의 일종에 해당하는 조건부 해고라거나 정리해고를 회피하기 위한 조건부 해고라고도 볼 수 없다고 판단하고 있는 바, 기록에 비추어 살펴보면 원심의 위 사실인정과 판단을 수긍할 수 있고, 거기에 소론과 같은 채증법칙에 위반하여 사실을 그릇 인정한 잘못이나 법리오해의 위법이 있다고 할 수 없다.[162)]
② 근로자가 회사의 징계심사위원회의 권고사직결의에 따라 사직서를 제출하였다고 하더라도 회사가 이를 수리하지 아니하고 징계해임 하였다면 특별한 사정이 없는 한 근로자는 소로써 징계해임의 무효를 구할 법률상의 이익이 있다.[163)]

(2) 사직서 제출의 의미와 효과

1) 사직서 제출의 의미

사직과 합의해지는 근로관계의 종료시점, 철회의 가능성과 관련하여 구별의 실익이 있으므로 근로자가 제출한 사직서가 사직을 위한 근로자의 일방적인 근로계약 해지통고인지 합의해지를 위한 청약의 의사표시인지에 대한 구별이 필요하다. 이와 관련하여 근로자의 의사가 명확하지 않은 경우에는 의사표시의 해석을 통해 확정해야 한다. 판례는 의사표시의 해석기준으로 사직서의 기재내용, 사직서 작성 · 제출

162) 대법 1996.2.9. 선고 95다45972 판결
163) 대법 1992.10.13. 선고 92다24462 판결 등

의 동기 및 경위, 사직의 의사표시 철회의 동기 등을 고려해야 한다고 본다.

한편, 근로자가 사용자에게 사직의 승낙을 구하는 경우, 명예퇴직을 신청하는 경우, 사직서 수리를 위한 인사위원회 등 일정한 절차가 예정되어 있는 경우 등 사용자의 의사합치를 구하는 취지가 사직서나 절차에 포함되어 있다면 합의해지에 대한 청약의 의사표시로 볼 수 있다. 다수의 판례는 근로자의 사직서 제출을 근로계약을 합의해지 즉 계약에 의한 해지를 하기 위한 근로자의 청약의 의사표시로 보고 있는 경향이다.[164] 다만, 일부 판례는 사직서 제출을 근로자의 사용자에 대한 일방적 근로관계 종료의 의사표시 즉 단독행위에 의한 해지로서 해지의 통고로 보고 있다.[165]

관련판례

① 근로자가 사직원을 제출하여 근로계약관계의 해지를 청약하는 경우 그에 대한 사용자의 승낙의사가 형성되어 그 승낙의 의사표시가 근로자에게 도달하기 이전에는 그 의사표시를 철회할 수 있고, 다만 근로자의 사직의사표시 철회가 사용자에게 예측할 수 없는 손해를 주는 등 신의칙에 반한다고 인정되는 특별한 사정이 있는 경우에 한하여 그 철회가 허용되지 않는다 할 것이다.[166] 그런데도 원심은 근로자의 근로계약 합의해지 청약에 대한 사용자의 승낙의사가 형성되어 있기만 하면 그 의사가 아직 상대방인 근로자에게 도달하지 않은 단계에서도 확정적으로 근로계약 종료의 효과가 발생하여 근로자로서는 더 이상 의사표시를 철회할 수 없다는 전제에서 원고(근로자)의 사직의사표시 철회는 참가인(사용자)이 원고의 사직서를 수리한 이후에 이루어진 것이므로 그 효력이 없다고 판단하였으니, 원심판결에는 근로계약 합의해지에 있어서의 청약의 철회에 관한 법리를 오해한 위법이 있다. 그러나 사직의 의사표시는 특별한 사정이 없는 한 당해 근로계약을 종료시키는 취지의 해약고지로 볼 것인바, 원심이 확정한 사실관계 및 기록상 나타난 바와 같은 사직서의 기재내용, 사직서 작성 · 제출의 동기 및 경위, 사직 의사표시 철회의 동기 기타 여러 사정을 참작하면 원고의 위 사직서 제출은 위에서 본 원칙적 형태로서의 근로계약의 해지를 통고한 것이라고 볼 것이지, 근로계약의 합의해지를 청약한 것으로 볼 것은 아니며, 이와 같은 경우 사직의 의사표시가 참가인에게 도달한 이상 원고로서는 참가인의 동의 없이는 비록 민법 제660조제3항 소정의 기간이 경과하기 전이라 하여도 사직의 의

164) 대법 1992.4.10. 선고 91다43138 판결 ; 대법 1992.12.8. 선고 91다43015 판결 ; 대법 1995.6.30. 선고 94다17994 판결 등
165) 대법 2000.9.5. 선고 99두8657 판결
166) 대법 1992.4.10. 선고 91다43138 판결 ; 대법 1994.8.9. 선고 94다14629 판결 참조

사표시를 철회할 수 없다 할 것이므로, 원고의 사직 의사표시 철회로써 참가인과의 근로계약이 여전히 존속중이라는 원고의 주장을 배척한 원심의 판단은 결과적으로 정당하다 할 것이다.[167]

② 근로자가 사직서를 작성하여 사용자에게 제출한 경우에 있어서는 그 사직서에 사직의 의사표시라고 볼 수 없는 단순한 농담만을 기재한 것으로 인정되는 등의 특별한 사정이 없는 한 그 사직서는 사용자와의 근로계약관계를 해지하는 의사표시를 담고 있다 할 것이고, 따라서 사용자가 사직의 의사 없는 근로자로 하여금 어쩔 수 없이 사직서를 작성 · 제출하게 한 후 이를 수리하는 이른바 의원면직의 형식을 취하여 근로계약관계를 종료시키는 경우처럼 근로자의 사직서 제출이 진의 아닌 의사표시에 해당하는 등으로 무효이어서 사용자의 그 수리행위를 실질적으로 사용자의 일방적 의사에 의하여 근로계약관계를 종료시키는 해고라고 볼 수 있는 경우가 아닌 한 당사자사이의 근로계약관계는 사용자가 그 사직서 제출에 따른 사직의 의사표시를 수락하여 합의해지(의원면직)가 성립하거나 민법 제660조 소정의 일정기간의 경과로 그 사직서 제출에 따른 해지의 효력이 발생함으로써 종료된다.[168]

2) 사직서 제출의 효과

(가) 근로계약 해지통고로 해석되는 경우

근로자의 일방적인 근로계약 해지통고로 해석되는 경우 근로관계 종료시점은 사직서 제출 후 민법 제660조 소정의 기간(1개월)이 경과한 때이고, 해지의 통고가 사용자에게 도달한 이후에는 사용자의 동의 없이 철회할 수 없다.

관련판례

사회복지법인이 운영하는 어린이집의 원장으로 근무하던 근로자가 비위행위로 인해 전보되자 사직서를 제출한 사안에서, 사직의 의사표시는 특별한 사정이 없는 한 당해 근로계약을 종료시키는 취지의 해약고지로 볼 것이고, 근로계약의 해지를 통고하는 사직의 의사표시가 사용자에게 도달한 이상 근로자로서는 사용자의 동의 없이는 비록 민법 제660조 제3항 소정의 기간이 경과하기 이전이라 하여도 사직의 의사표시를 철회할 수 없다.[169]

---

167) 대법 2000.9.5. 선고 99두8657 판결
168) 대법 1996.7.30. 선고 95누7765 판결 ; 대법 2000.4.25. 선고 99다34475 판결
169) 대법 2000.9.5. 선고 99두8657 판결

(나) 합의해지에 대한 청약으로 해석되는 경우

(a) 해지의 의사합치

근로계약 합의해지에 대한 청약으로 해석되는 경우 근로관계 종료시점은 사용자의 승낙의 의사가 형성되어 근로자에게 표시된 때이고, "계약의 청약은 이를 철회하지 못한다"고 하는 민법 제527조의 규정에도 불구하고 사용자의 승낙의 의사표시가 근로자에게 도달하기 전까지는 철회가 가능하다고 본다.

관련판례

① 근로자가 사직원을 제출하여 근로계약관계의 해지를 청약하는 경우 그에 대한 사용자의 승낙의사가 형성되어 그 승낙의사 표시가 근로자에게 도달하기 이전에는 그 의사표시를 철회할 수 있는 것이나, 근로자와 사용자가 근로관계를 해지시키기로 합의하였다면 그 합의 시에 근로자의 근로관계 해지의 청약의 의사표시에 대하여 사용자의 승낙의 의사가 확정적으로 형성, 표시되어 해지의 의사의 합치가 있었다고 할 것이므로 이러한 경우 어느 일방 당사자가 임의로 이를 철회할 수 없다 할 것이고, 이는 근로자와 사용자가 위 합의 시 특별히 근로계약관계를 일정기간 경과 후 종료키로 약정하였다고 하여도 마찬가지라 할 것이다.[170]

② 참가인(근로자) 김○○이 다른 참가인들의 위임을 받아 사직서 수령자인 신○○ 이사에게 사직서 반려를 요청한 점, 당시는 참가인들의 사직서가 수리되기 전인 점 등을 알 수 있으므로, 참가인들의 사직서 제출을 통한 사직 의사표시는 김○○의 위 사직서 반려 요청행위로 인하여 모두 철회되었다고 봄이 상당하다.[171]

(b) 계약해지에 관한 조건

근로관계종료에 기한이나 조건을 부가한 경우에는 기한도래 또는 조건성취 시에 근로관계가 종료하므로, 계약당사자의 일방이 계약해지에 관한 조건을 제시한 경우 그 조건에 관한 합의까지 이루어져야 합의해지가 성립된다.

---

170) 대법 1994.8.9. 선고 94다14629 판결
171) 서울행법 2004.11.9. 선고 2004구합12865 판결

관련판례

계약이 합의해지되기 위하여는 일반적으로 계약이 성립하는 경우와 마찬가지로 계약의 청약과 승낙이라는 서로 대립하는 의사표시가 합치될 것을 요건으로 하는 바, 이와 같은 합의가 성립하기 위하여는 쌍방 당사자의 표시행위에 나타난 의사의 내용이 객관적으로 일치하여야 하므로 계약당사자의 일방이 계약해지에 관한 조건을 제시한 경우 그 조건에 관한 합의까지 이루어져야 합의해지가 성립된다고 할 것이다.[172] 참가인(근로자)의 복직 후 즉시 사직하고 금전보상을 받기로 하는 구체적인 방안이 논의된 바 있었다는 사정만으로는 원고(사용자)와 참가인 사이에 근로계약 해지의 구체적인 조건에까지 합의가 이루어졌다고 보기 어렵고, 달리 그와 같은 합의가 있었다고 인정할 만한 증거가 없으므로, 근로계약의 합의해지를 전제로 한 원고의 이 부분 주장은 이유 없다.[173]

(c) 사직의사 철회와 신의칙

철회로 인해 사용자에게 불측의 손해를 입히는 등 신의칙에 반한다고 인정될 만한 사정이 있는 경우에는 철회가 허용되지 않는다.[174]

관련판례

근로자가 일방적으로 근로계약관계를 종료시키는 해약의 고지방법에 의하여 임의사직 하는 경우가 아니라, 근로자가 사직원의 제출방법에 의하여 근로계약관계의 합의해지를 청약하고 이에 대하여 사용자가 승낙함으로써 당해 근로관계를 종료시키게 되는 경우에 있어서는, 근로자는 위 사직원의 제출에 따른 사용자의 승낙의사가 형성되어 확정적으로 근로계약종료의 효과가 발생하기 전에는 그 사직의 의사표시를 자유로이 철회할 수 있다고 보아야 할 것이며, 다만 근로계약종료의 효과발생 전이라고 하더라도 근로자의 사직의 의사표시를 철회하는 것이 사용자에게 불측의 손해를 주는 등 신의칙에 반한다고 인정되는 특별한 사정이 있는 경우에 한하여 그 철회가 허용되지 않는다고 해석함이 상당하다. (중략) 원고(근로자)의 위 사직원 제출(2.28.)은 곧 사용자에 대하여 근로계약관계의 합의해

172) 대법 1996.2.27. 선고 95다43044 판결 ; 대법 2000.3.10. 선고 99다70884 판결 ; 대법 2007.11.30. 선고 2005다21647, 21654 판결 참조

173) 서울고법 2010.7.14. 선고 2010누3345 판결

174) 대법 1992.4.10. 선고 91다43138 판결 등

지를 청약한 경우에 해당한다고 볼 것이고, 원고가 지병관계로 부득이 사직원을 작성 제출한 후에 그 지병이 완치됨에 따라 2.23. 위 학교측에 대하여 다시 근무할 것을 희망하는 의사를 밝힌 것은 종전의 사직의사표시를 철회한 것으로 보아야 할 것인 바, 이는 원고의 위 사직원 제출방법에 따른 근로계약관계의 종료를 위한 합의해지의 청약에 대하여 피고(사용자)법인의 내부적인 승낙의사가 형성되기 전에 이루어진 것으로서 특별히 위 사직의사표시의 철회를 허용하는 것이 피고 법인에 대한 불측의 손해를 주게 되는 등 신의칙에 반한다고 인정되는 특별한 사정이 없는 한 적법하게 그 철회의 효력이 생긴 것이라고 보아야 하고, 따라서 피고 법인이 원고의 위 사직의사의 철회 이후에 비로소 종전의 사직원에 기하여 원고를 의원면직 처분한 것은 무효라고 보아야 할 것이다.[175)]

(3) 사직의 의사표시[176)] 존재 여부에 대한 다툼

1) 사직의 의사표시 존재가 불분명한 경우

(가) 구두에 의한 사직의 의사표시

근로자의 사직서 제출이 없더라도 구두에 의한 의사표시 및 행동을 통해 근로관계를 지속하고자 하는 의사가 없다고 판단되는 경우, 사직의 의사표시를 인정한다.

관련판례

원고(근로자)는 6.30.과 7.1. 참가인(사용자) 회사에 대하여 명백히 사직의 의사를 밝혔고, 참가인 회사의 관리부장과의 사이에 퇴사시기를 7.31.로 하기로 합의한 점, 원고는 그 이후 퇴사시기로 정한 7.31.에 이르기까지 참가인 회사에 대하여 사직의 의사를 철회한 적이 없고, 원고의 퇴사를 전제로 하여 참가인 회사가 7월 말경 원고에게 8월 초경 실시될 예정인 운전교습과 관련하여 교습차량 및 수강생을 미배정한 행위에 대하여도 별다른 이의를 제기하지 아니한 점, 그러다가 사용자 측인 참가인 회사와의 합의에 따라 퇴사의 효과가 발생하여 근로계약관계가 종료한 결과 더 이상 사직의사를 철회할 수 없는 시점인 8.2.에 이르러서야 비로소 참가인 회사에 대하여 계속근로의 의사를 밝혔던 점, 원고가 사직의 의사를 밝히게 된 것은 급여가 적다는 사유에 의한 것으로, 사직서 등 서면의 제출없이 구두

175) 대법 1992.4.10. 선고 91다43138 판결
176) 근로자의 일방적인 근로계약 해지통고와 근로계약 합의해지에 대한 청약의 의사표시를 모두 포함하는 의미로 사용한다.

로 사직의 의사표시를 밝힌 것이기는 하나, (중략) 근로계약과 관련한 행위가 대체로 서면이 아닌 구두에 의하여 주로 이루어져 구두로 사직의 의사를 밝히는 원고에 대하여도 특별히 사직서의 제출을 요구하지 않은 것에 불과한 것으로 볼 수 있는 점을 종합하면, 원고와 참가인 회사사이의 근로계약관계는 위와 같이 원고의 사직의 의사표시와 참가인 회사의 이에 대한 승낙으로써 합의해지에 의하여 유효하게 종료되었다 할 것이다.[177)]

(나) 출근거부

구두에 의한 의사표시 후 출근거부를 통해 근로관계를 지속하고자 하는 의사가 없다고 판단되는 경우, 사직의 의사표시를 인정한다.

관련판례

참가인(근로자)들은 원고(사용자) 회사에게 일방적으로 근로계약에서 정한 본질적 근로조건이라 할 수 있는 1일 9시간의 근로시간을 일급 12만원을 유지한 상태에서 8시간으로 변경하여 줄 것을 요구하였고, 원고 회사가 이를 받아들이지 아니하자 최초 근로계약에서 정한 근로조건에 따라서는 더 이상 근무하지 않겠다는 의사를 표시한 뒤, 그 때부터 스스로 원고 회사에 출근하지 않았다고 보아야 할 것이므로, 이 사건 근로관계는 참가인들이 스스로 근로제공을 하지 않겠다는 의사표시를 하고 그 후 출근하지 않음에 따라 원고 회사가 사직처리를 함으로써 합의해지 되었다고 봄이 상당하다.[178)]

(다) 퇴직금 수령 및 물품반납

퇴직금 수령, 구직활동, 물품반납 등의 정황을 통해 근로관계를 지속하고자 하는 의사가 없다고 판단되는 경우, 사직의 의사표시를 인정한다.

관련판례

원고(근로자)가 참가인(사용자)에 대하여 사직서를 제출하지는 않았으나, 앞서 인정된 바

177) 대법 2005.12.8. 선고 2005구합22654 판결
178) 서울고법 2008.11.7. 선고 2008누16430 판결

와 같이 원고는 이 사건 근로관계종료일 이전에 다른 병원으로 이직을 위한 구직활동을 하여왔고, (중략) 원고는 특별히 이의를 제기하지 않고 평소의 급여지급일보다 이른 6.30. 정산된 성과급을 수령하였을 뿐만 아니라 퇴직일이 6.30.로 기재된 감사패를 수령하고 그동안 사용하던 진료실의 열쇠를 반환한 점, 참가인이 별다른 사유없이 자신의 비용을 들여 정상적인 병원 진료기간 중 원고에게 제주도 여행을 보내주었을 것으로 보이지 않으므로 이는 퇴직위로여행으로 보이고 원고는 아무런 이의없이 위 여행을 다녀온 점, 원고는 여행을 다녀온 후 7.말부터 ㅇㅇ병원에서 근무하여 온 점 등 이 사건 근로계약 종료일을 전후한 일련의 사정들을 종합하면, 이 사건 근로계약 종료일 무렵 이미 원고와 참가인 사이에는 6.30. 근로계약 종료합의가 있었던 것으로 봄이 상당하다.[179]

2) 사용자 입증책임

합의해지(또는 사직)인지 해고인지 여부가 다투어지는 상황에서 근로자의 구두에 의한 의사표시, 행동, 정황까지 검토하였음에도 불구하고 사직의 의사표시에 대한 존재여부가 불명확한 경우, 근로자가 사직의 의사표시가 없었음을 증명해야 하는지 아니면 사용자가 사직의 의사표시가 있었음을 증명해야 하는지가 문제가 된다. 다수의 판결취지에 비추어 볼 때, 근로자에 의한 사직의 의사표시가 있었음을 사용자가 증명해야 한다.

관련판례

① 참가인(근로자)과 원고(사용자)사이에 9.16. 이루어진 대화의 내용을 직접 인정할 만한 증거가 전혀 없는 점, 참가인이 사직을 할 합리적 이유에 대한 주장 · 입증이 전혀 없는 점, 참가인이 사직서 등 사직의 의사가 기재된 서면을 작성하지 아니하였고, 9.16. 이후에도 출근하였으며, 그 밖에 자발적 사직에 따른 전형적 · 통상적 행동을 하지 아니한 점, 원고가 참가인의 사직에 따른 조치를 취하였음에 대한 주장 · 입증이 없는 점 등을 종합하여 보면 참가인이 9.16. 사직의 의사를 표시하였음을 인정하기 어렵고, 달리 이를 인정할 만한 증거가 없다.[180]

② 원고(근로자)가 (중략) 총 9회만 배차를 받은 사실을 인정할 수 있으나, 한편 원고가 사

179) 서울고법 2009.1.7. 선고 2008누22787 판결
180) 대법 2009.1.15. 2008두18397 판결 – 심리불속행 기각

직을 할 만한 동기가 전혀 발견되지 아니하고, 또한 피고(사용자) 측의 주장에 의하더라도 원고는 이 사건 사직서를 제출한 며칠 후에 근무를 다시 희망하여 11.20.까지 밀린 사납금을 완납하겠다는 취지의 각서까지 제출하고 11.3.부터 근무하였다는 것인바, 이를 감안하면 위 사실 및 피고 측 주장의 다른 사정만 가지고는 원고가 진정으로 사직을 희망하였다고 보기 어렵다.[181]

(4) 사직의 의사표시의 하자로 인한 부당해고

1) 비진의 의사표시에 해당하는 경우

(가) 사용자가 인지한 경우

(a) 해고로 본 사례

민법 제107조 제1항 단서[182]에 의해 근로자의 사직의 의사표시가 진의 아님을 사용자가 알았거나 알 수 있었을 경우, 근로자의 사직의 의사표시는 무효가 된다.

관련판례

① 사직서 제출이 품질경영팀 직원 전원이 품질불량 등 문제에 대하여 근신하고 책임지는 모습을 보이기 위하여 형식상으로 제출한 것으로서, 이에 기한 사직의 의사표시는 "진의 아닌 의사표시"에 해당한다고 할 것이고, 상무를 통한 검토 지시 및 보고경위, 회사의 규모 등에 비추어 사직서 제출이 진의가 아니라는 점을 알았거나 알 수 있었다고 봄이 상당하다고 할 것이다.[183]

② 진의 아닌 의사표시인지의 여부는 효과의사에 대응하는 내심의 의사가 있는지 여부에 따라 결정되는 것인바, 비록 원고(근로자)들이 사직서를 작성 제출할 당시 그 사직서에 기하여 의원면직 처리될지 모른다는 점을 인식하였다고 하더라도 이것만으로써 그들의 내심에 사직의 의사가 있는 것이라고 할 수 없다. 따라서 원고들의 사직의사표시는 비진의 의사표시에 해당한다고 할 것이므로 같은 취지의 원심판단은 정당하고 소론과 같은 법리

181) 서울행법 2008.5.23. 선고 2007구합39120 판결
182) 민법 제107조 (진의 아닌 의사표시) ① 의사표시는 표의자가 진의아님을 알고한 것이라도 그 효력이 있다. 그러나 상대방이 표의자의 진의아님을 알았거나 이를 알 수 있었을 경우에는 무효로 한다.
183) 대법 2010.1.14. 선고 2009두15951 판결

오해의 위법이 있다 할 수 없다. 이처럼 사용자가 근로자로부터 사직서를 제출받고 이를 수리하는 의원면직의 형식을 취하여 근로계약관계를 종료시킨다고 할지라도, 사직의 의사없는 근로자로 하여금 어쩔 수 없이 사직서를 작성 제출하게 한 경우에는 실질적으로는 사용자의 일방적 의사에 의하여 근로계약관계를 종료시키는 것이어서 해고에 해당하고, 정당한 이유 없는 해고조치는 부당해고에 다름없는 것이다.[184)]

(b) 합의해지로 본 사례

당시의 상황에서는 최선이라고 판단하여 사직서를 제출한 경우, 비진의 의사표시의 적용을 부정하고, 사직의 의사표시로 인정한다. 즉 진의 아닌 의사표시에 있어서의 "진의"란 특정한 내용의 의사표시를 하고자 하는 표의자의 생각을 말하는 것이지 표의자가 진정으로 마음속에서 바라는 사항을 뜻하는 것은 아니므로 표의자가 의사표시의 내용을 진정으로 마음속에서 바라지는 아니하였다고 하더라도 당시의 상황에서는 그것이 최선이라고 판단하여 그 의사표시를 하였을 경우에는 이를 내심의 효과의사가 결여된 진의 아닌 의사표시라고 할 수 없다는 것이 일관된 판례의 입장이다.[185)]

㉠ 특별퇴직 권고 후 신청

특별퇴직 권고를 선뜻 받아들일 수는 없었다 할지라도 당시의 상황으로서는 그것이 최선이라고 판단하여 특별퇴직을 신청한 것으로 보이는 경우, 사직의 의사표시로 인정한다.

관련판례

원고(근로자)들이 특별퇴직을 신청하는 과정에서 피고(사용자) 은행의 구조조정에 관한 경영상의 의지 표명 및 간부 직원들을 통한 권유로부터 일정한 영향을 받은 점은 인정되

184) 대법 1991.7.12. 선고 90다11554 판결

185) 대법 1996.12.20. 선고 95누16059 판결 ; 대법 2003.4.25. 선고 2002다11458 판결 ; 대법 2005.9.9. 선고 2005다34407 판결 등

지만, 그러한 경영상의 의지 표명 또는 권유의 정도를 넘어 사직의 의사가 전혀 없는 원고들로 하여금 어쩔 수 없이 특별퇴직을 신청하게 하였다고 볼 수 있을 정도의 강압이나 퇴직의 종용이 있었다고 볼 수는 없고, 원고들로서는 그 당시 피고 은행의 경영상태 및 장래의 전망, 구조조정에 관한 경영진의 확고한 의지, 피고 은행이 제시한 특별퇴직의 조건, 각 개인들의 개별적 사정과 장래의 불확실성, 특별퇴직을 할 경우와 하지 않을 경우의 이해관계 등 제반 사정을 종합적으로 고려하여 원고들 스스로의 판단에 따라 그와 같은 퇴직의사를 결정하였거나, 마음 속으로는 피고 은행의 특별퇴직 권고를 선뜻 받아들일 수는 없었다 할지라도 당시의 상황으로서는 그것이 최선이라고 판단하여 이 사건 특별퇴직을 신청한 것으로 봄이 상당하고, 달리 원고들에 대하여 부당한 방법에 의한 강압이나 퇴직의 종용이 있었음을 인정할 증거가 없다는 이유로 피고 회사의 원고들에 대한 퇴직처분이 실질적으로는 정리해고에 해당함을 전제로 한 원고들 청구는 모두 이유 없다고 판단하였는바, 원심이 인정한 사실관계를 위 법리에 비추어 보면 원심의 위와 같은 판단은 정당하다.[186)]

㉡ 명예퇴직 신청

인력구조조정의 일환으로 명예퇴직제도를 실시할 때, 명예퇴직대상자가 명예퇴직 신청을 위한 사직원을 제출한 경우, 사직의 의사표시로 인정한다.

관련판례

피고(사용자)소속의 구조조정비상대책회의가 1999.1.경 인력구조조정의 일환으로 명예퇴직제도와 함께 순환명령휴직제도를 실시하기로 결정하면서 순환명령휴직 대상자를 선정하기 위하여 기준을 정하였는바, 위 기준에 해당하여 내부적으로 선정된 원고(근로자)가 위 명예퇴직제도 및 순환명령휴직제도의 실시에 즈음하여 1999.1.15. 명예퇴직을 신청한다는 내용의 이 사건 사직원을 제출한 것은 진정으로 마음속에서 명예퇴직을 바란 것은 아니라 하여도 그 당시 상황에서 명예퇴직을 하는 것이 최선이라고 판단하여 스스로의 의사에 기해 이 사건 사직원을 제출한 것이라고 봄이 상당하다.[187)]

186) 대법 2010.3.25. 선고 2009다95974 판결
187) 대법 2003.4.25. 선고 2002다11458 판결

(나) 사용자의 강요

사직의 의사표시를 비진의 의사표시로 인정하기 위해서는 그 전제로서 사직서 제출이 외부의 영향이 없는 자유로운 상태에서 이루어져야 한다. 사용자의 강요, 인사상 불이익 등 외부의 영향이 있는 상태에서 이루어진 사직의 의사표시는 비진의 의사표시는 적용될 여지가 없고, 강요에 의한 사직서 제출로서 실질적 해고에 해당하는지 여부만 문제가 된다.

관련판례

사용자가 근로자로부터 사직서를 제출받고 이를 수리하는 의원면직의 형식을 취하여 근로계약관계를 종료시킨다고 하더라도 사직의 의사 없는 근로자로 하여금 어쩔 수 없이 사직서를 제출하게 한 경우에는 실질적으로는 사용자의 일방적 의사에 의하여 근로계약관계를 종료시키는 것이어서 해고에 해당한다고 할 것이므로[188] 사실관계가 원심이 확정한 바와 같다면 위 면직조치는 원고(근로자)의 사직의사가 비진의 의사표시에 해당하는지 여부에 관계없이 실질적으로는 해고에 해당한다 하겠다.[189]

(다) 사직서 일괄제출

(a) 비진의 의사표시

사용자가 구조조정을 위해 사직서 일괄제출을 요구하여 근로자가 사직서를 제출한 경우, 판례는 강요에 의한 실질적 해고문제가 아닌 비진의 의사표시의 적용문제로 접근하고 있는 경향이 보인다. 즉 사용자가 사직서 일괄제출을 요구한 사정만으로는 자유로운 의사결정을 할 수 없을 정도의 외부영향이 있었다고 보지는 않으므로, 근로자들로부터 일괄적으로 희망 퇴직원을 받고 선별적으로 퇴직원을 수리한 경우, 진의아닌 의사표시라고 할 수 없다고 본다.

---

188) 대법 1991.7.1. 선고 90다11554 판결 ; 대법 1992.3.13. 선고 91다39085 판결 ; 대법 1992.3.13. 선고 91누10046 판결 ; 대법 1992.7.10. 선고 92다3809 판결 등 참조

189) 대법 1993.2.9. 선고 91다36666 판결

관련판례

회사에 구조조정과 인력감축의 필요성이 생겨, 희망퇴직제를 실시하였고 그 과정에서 퇴직권유에 응하지 않을 경우 어떤 불이익을 입을 수 있다는 취지의 설명을 한 이후, 사용자가 근로자들로부터 일괄적으로 희망 퇴직원을 받고 선별적으로 퇴직원을 수리한 경우, 원고(근로자)들이 피고(사용자) 회사에 사직원을 제출함으로써 사직의 의사표시를 한 데에 위 원고들의 내심의 효과의사가 결여되었다고 볼 수 없으므로, 위 원고들의 의사표시가 진의아닌 의사표시리고 할 수 없다.[190)]

(b) 강요로 해석되는 경우

그러나 사용자가 일괄사직서 제출을 요구한 정도에 그치지 않고 더 나아가 지속적인 사직서 제출강요 및 인사상 불이익을 준 경우에는 비진의 의사표시의 문제가 아닌 강요에 의한 사직서 제출로 실질적 해고에 해당하는지 여부가 문제가 된다.

관련판례

① 원고(사용자)가 참가인(근로자)을 비롯한 연구소 직원들에게 사직서를 제출받은 것은 연구소의 사정이 어려워지고 직원들에 대한 임금을 체불하게 되자 이러한 상황을 타개할 의도로 이루어진 것으로 보이고, 이러한 상황에서 연구소의 상황을 비관적으로 보이게 함으로써 연구소 직원들로부터 일괄 사직서를 받아낸 것은 사직서 제출을 강요 내지 종용한 것에 다름 아니라 할 것이다.[191)]

② 회사의 대표이사가 부장급 이상 간부들에게 공제회이사장에게 재신임을 묻겠다고 하면서 일괄하여 사직서를 제출하도록 지시를 하여 간부들은 모두 사직할 의사 없이 일괄하여 사직서를 제출하였는데 회사의 대표이사가 의원면직 처리하였다면 이는 실질적으로 대표이사의 일방적 의사에 의하여 근로계약관계를 종료시킨 것으로서 해고에 해당한다.[192)]

190) 대법 2001.1.19. 선고 2000다51919, 51926 판결 참조
191) 대법 2008.8.21. 2009두8987 판결 – 심리불속행 기각
192) 대법 1994.4.29. 선고 93누16185 판결

2) 강요에 의한 사직서 제출

(가) 해고의 정당성 부인

근로자의 사직서 제출이 외부의 영향을 받아 자유롭지 못한 상태에서 이루어진 경우에는 비진의 의사표시는 문제되지 않고, 강요에 의한 사직서 제출로서 실질적 해고로 볼 수 있는지 여부가 문제된다.

사용자가 부당하게 사직서 제출을 강요하고 이를 수리하여 의원면직처분을 한 경우, 예외적으로 의원면직 처분이 실질적으로 해고에 해당한다고 보면서, 다시 해고의 정당성 여부를 판단하고 있으나, 대부분의 경우 사용자가 의원면직처리를 하였으나 실질적으로는 해고를 한 이상, 절차를 포함한 해고의 요건을 구비해야 함에도 불구하고 이를 구비하지 못하였기 때문에 해고의 정당성이 부정되고 있다.

관련판례

사용자가 근로자로부터 사직서를 제출받고 이를 수리하는 의원면직의 형식을 취하여 근로계약관계를 종료시킨다 할지라도, 사직의 의사 없는 근로자로 하여금 어쩔 수 없이 사직서를 작성 제출하게 한 경우에는 실질적으로 사용자의 일방적 의사에 의하여 근로계약관계를 종료시키는 것이어서 해고에 해당하고, 정당한 이유가 없는 해고는 부당해고에 다름없는 것이다.[193)]

(나) 강요사실의 입증

사직서는 사법(私法)상의 의사표시가 포함된 법률행위로서 처분문서에 해당하므로 그 문언의 기재에 반하여 해고로 인정되기 위해서는 근로자의 의사결정의 자유에 대한 침해정도가 강해야 하고, 침해사실이 분명하게 증명되어야 한다.

---

193) 대법 1992.7.10. 선고 92다3809 판결 ; 대법 2002.5.14. 선고 2000두4675 판결 ; 대법 2005.11.25. 선고 2005다38270 판결 등

(a) 무보직 대기발령

사직원을 제출하지 아니하였다는 이유로 무보직 대기발령을 받고 회사의 거듭된 종용에 따라 사직서를 작성한 것은 해고로 본다.

관련판례

원고(근로자)에 대한 보직해임 경위 및 퇴직처리 경위에 관하여, 노사간 합의 및 인사위원회의 의결에 따라 구조조정대상자로 선정되는 문제 직원들에 대하여 스스로 사직원을 제출하지 아니할 경우 대기발령, 직위해제 및 해고예고절차를 거쳐 직권면직시킨다는 인사방침이 확정, 공고되었고 원고가 문제직원으로 선정된 후 이에 불복하여 사직원을 제출하지 아니하였다는 이유로 무보직 대기발령을 받고 회사의 거듭된 종용에 따라 사직서를 작성, 제출한 점 등 그 판시와 같은 사정에 비추어보면, 원고는 원래 사직의 의사가 없었음에도 회사가 자신을 문제직원으로 확정하여 무보직 대기발령을 내리고 명예퇴직신청을 하지 아니할 경우 직권면직하겠다는 의사를 거듭 표시하면서 사직원의 제출을 종용함에 따라 어쩔 수 없이 사직원을 작성, 제출하였다고 보이고, 회사가 이를 수리하여 퇴직처리한 것은 실질적으로 사용자의 일방적 의사에 의해 근로계약관계를 종료시키는 것이어서 해고에 해당한다.[194)]

(b) 특정 팀 설치 후 전보

사직원의 제출이 특정사원에 대한 위법한 해고를 회피하기 위한 회사의 적극적인 강요에 의한 것이었다면, 사실상 해고에 해당한다.

관련판례

원고(근로자)들이 소속되었던 팀의 근로조건은 다른 근무부서와 비교할 때 정상적인 근로를 제공하기 불가능할 정도로 열악한 것이었다 할 것이고, 원고들이 그와 같은 근로조건 하에서 회사 측의 사직서 제출 종용을 견디지 못하고 사직서를 제출한 것이라고 할 것이며, 따라서 원고들이 팀에 전보발령을 받아 결국 사직서 제출에 이르게 된 과정을 전체적으로 고려해 보면, 위 팀은 그 본연의 업무를 수행하기 위해서라기 보다는 해고에 따른

---

194) 대법 2002.6.14. 선고 2001두11076 판결

잡음과 반발을 최소화하기 위하여 계획적으로 설치된 부서에 불과하고, 위 원고들의 퇴직이 형식적으로는 의원퇴직에 해당한다 하더라도 사직원의 제출이 특정사원에 대한 위법한 해고를 회피하기 위한 회사의 적극적인 강요에 의한 것이었고 사실상 퇴직할 대상 사원이 회사에 의하여 확정되어 있었으며 이들에게는 퇴직이외에는 다른 선택의 여지가 없었다고 봄이 상당하므로, 위 원고들의 퇴직은 실질적으로 사직의 의사가 없는 근로자의 근로계약관계를 사용자가 일방적 의사표시에 의하여 종료시킨 것으로서 사실상 해고에 해당한다.[195]

(c) 반복적 퇴직종용

계속 반복적으로 퇴직을 종용하여 어쩔 수 없이 사직서를 제출할 수 밖에 없었다는 점이 인정되는 경우, 부당해고라고 본다.

관련판례

참가인(사용자) 회사는 실질적인 경영권을 가지고 있던 주주들로부터 이미 퇴직한 임원들이 선임한 직원이라는 사유로 원고(근로자)를 퇴직시켜야 한다는 지시를 받아 퇴직의 의사가 전혀 없던 원고에 대하여 계속 반복적으로 이를 종용하였고, 일부 주주 역시 직접적으로 원고에 대하여 퇴직할 것을 요구할 뿐만 아니라 원고가 생활하고 있던 기숙사에 새벽에 침입하여 폭언 등을 하면서 퇴직할 것을 요구하였다 할 것이므로 이러한 사실관계 하에서 특히 여자인 원고로서는 퇴직의 의사가 없었음에도 참가인 회사의 강요된 분위기에 위축되어 어쩔 수 없이 사직서를 제출할 수 밖에 없었고 참가인 회사는 이를 수리하여 원고를 의원면직하게 한 것이라 할 것이다. 따라서 이 사건 의원면직은 정당한 이유없이 참가인 회사의 일방적인 의사에 의하여 원고와의 근로계약관계를 종료시킨 부당해고라 할 것이다.[196]

(d) 정지조건부 퇴직

사용자의 강요에 의하여 정지조건부 퇴직의 의사표시를 한 경우, 조건이 미충족되었는데도 일방적으로 퇴직처리한 것은 부당해고이다.

---

195) 대법 2003.10.10. 선고 2001다76229 판결
196) 대법 2006.10.26. 선고 2006두15172 판결

관련판례

참가인(근로자)은 원고(사용자) 회사의 강요에 의하여 퇴직일을 12.31.로 하는 퇴직원을 제출하되 제3의 기관으로 하여금 12.31. 이전까지 재조사를 실시하게 하여 그 결과 참가인 등이 담합행위에 대하여 책임이 없는 것으로 드러날 경우 원고 회사는 참가인 등을 다시 복직시키고, 책임이 있는 것으로 드러날 경우에는 퇴직원에 따라 12.31.자로 퇴직시키기로 하되, 만일 12.31.까지 그 재조사가 완료되지 않으면 그 재조사가 종료될 때까지 참가인 등의 퇴직일을 연기하기로 약정한 것으로 봄이 상당하고, 따라서 참가인 등의 퇴직원은 제3의 기관의 재조사결과 참가인 등이 담합행위에 대하여 책임이 있는 것으로 확정될 경우 비로소 그 퇴직의 효력이 발생하기로 하는 정지조건부 퇴직의 의사표시라 할 것이다. (중략) 따라서 참가인이 원고 회사에 제출한 정지조건부 퇴직원은 그 조건이 충족되었다고 볼 수 없음에도 원고 회사가 퇴직원에 따라 참가인을 일방적으로 퇴직처리한 이 사건 면직처리는 실질적으로 해고에 해당한다고 할 것인데, 원고의 전 거증으로도 해고에 정당한 사유가 있음을 인정할 수 없으므로 이 사건 면직처리는 부당해고라 할 것이다.[197]

3) 사직의 의사표시의 하자에 대한 증명책임

사직의 의사표시는 존재하나, 그 의사표시가 비진의 의사표시에 해당하여 무효라거나 혹은 강요에 의한 것으로 이를 수리한 것은 실질적으로 해고에 해당한다는 점을 누가 증명해야 하는지 문제가 된다. 이에 대하여 사직의 의사표시가 비진의 의사표시로 무효이거나 사직서 제출이 강요에 의한 것이라는 점은 근로자가 증명해야 한다고 본다.

관련판례

① 참가인(근로자)이 제출한 증거만으로는 참가인이 원고(사용자)에게 이 사건 사직서를 제출한 것이 비진의 의사표시이고 나아가 원고가 위 사직서제출이 비진의 의사표시라는 점을 알았거나 알 수 있었다고 인정하기 부족하고 (중략) 참가인이 제출한 증거만으로는 이 사건 사직서 제출당시 원고의 기망 또는 강박행위가 있었고 참가인이 그로 인한 착오 또는 외포(畏怖)상태에서 어쩔 수 없이 사직서를 작성 · 제출하였음을 인정하기 부족하고, 달리 이를

197) 서울고법 2008.12.10. 선고 2008누14533 판결

인정할 만한 증거가 없으므로, 이 부분에 관한 참가인의 주장도 받아들이지 아니한다.[198]
② 참가인(사용자) 조합이 경영여건의 악화로 일정간부들을 대상으로 명예퇴직을 실시하기로 방침을 정하자 원고(근로자)도 불만을 가진 상태에서 참가인 조합의 방침에 응하여 다른 간부들과 함께 사직서를 제출하였음을 알 수 있는 바, 위와 같이 사직서 제출에 불만을 가졌다는 사정만으로는 원고의 사직서 제출이 비진의 의사표시라 할 수 없고, 설령 원고에게 사직의 내심적 효과의사가 결여되었다 하더라도 앞서 본 사실관계만으로는 참가인 조합이 이를 알았다거나 알 수 있었다고 볼 수도 없으며, 달리 이를 인정할 증거도 없으므로, 원고의 사직서 제출이 비진의 의사표시에 해당하여 효력이 없다는 원고의 주장은 이유 없다.[199]

4) 기타 사직과 관련한 쟁점

(가) 사직의 의사표시후 징계해고한 경우

사직의 의사표시후 징계해고한 경우, 사직으로 근로관계가 종료하였다고 보지 않고 해면처리 되었다고 본다.

관련판례

인사관리규정에 "사직원을 제출하였을 경우에는 수리하는 것을 원칙으로 한다. 단 회사형편에 의하여 반려할 수 있다"고 규정하고 있는데, 징계위원회 심의이후 사직서를 제출하였으나 사직서를 수리하지 않고 해면처분을 한 경우, 사직서는 수리하지 않아 그 효력이 발생하지 않았으므로, 해면처분 무효확인을 구할 법률상 이익이 있다. (중략) 상당한 시간적 여유를 두지 아니하고 촉박하게(1일) 사직서 제출기한을 정하여 권고사직을 하기는 하였으나, 권고사직을 통지받은 후 곧바로 사직원을 제출할 의사가 없음을 분명하게 표시한 이 사건에 있어서는 상당한 사직원 제출기간을 부여하지 아니한 것이 이 사건 해고를 무효로 할 만한 하자에 해당한다고 볼 수 없다.[200]

(나) 사직합의가 반사회질서적 행위인 경우

사직합의가 반사회질서적 행위인 경우에는 사직의 의사표시를 무효로 본다.

---

198) 대법 2009.3.26. 선고 2009두2528 판결
199) 서울행법 2005.10.18. 선고 2005구합16161 판결
200) 서울행법 2011.1.6. 선고 2010구합32778 판결

관련판례

민법 제103조에 의하여 무효로 되는 반사회질서 행위는 법률행위의 목적인 권리의무의 내용이 선량한 풍속 기타 사회질서에 위반되는 경우뿐만 아니라, 그 내용 자체는 반사회질서적인 것이 아니라고 하여도 법률적으로 이를 강제하거나 법률행위에 반사회질서적인 조건 또는 금전적인 대가가 결부됨으로써 반사회질서적 성질을 띠게 되는 경우를 포함한다.[201] 원고(근로자)는 4.25.에 실시되는 ㅇㅇ지부장 보궐선거에서 낙선하는 자는 사직하기로 하는 내용의 합의에 따라 선거관리위원회에 미리 퇴직원을 작성, 제출하였고, 참가인(사용자)은 선거관리위원회로부터 이들의 퇴직원을 제출받아 가지고 있다가 선거결과에 따라 당선된 ㅇㅇㅇ의 퇴직원은 반려하고, 낙선한 원고의 퇴직원은 수리하였다는 것인바, 원고와 ㅇㅇㅇ사이의 위 합의는 결국 선거결과에 따라 사직하기로 하는 약정으로서 이러한 합의는 법률상 강제할 수 없는 성질의 것이라 할 것인데, 원고와 ㅇㅇㅇ은 선거전에 미리 퇴직원을 제출하기로 함으로써 법률상 강제할 수 없는 의무의 내용을 실질적으로 강제하고 있으므로 이러한 사직의 합의는 민법 제103조 소정의 반사회질서행위에 해당하여 무효라 할 것이고, 이에따라 제출된 퇴직원에 기한 사직의 의사표시 역시 무효라 할 것이다(사직하기로 한 합의후에 선거가 치러지고, 선거결과에 따라 스스로 퇴직원을 제출한 경우와는 달리 보아야 한다). 따라서 원고가 참가인 공사에 제출한 정지조건부 퇴직원은 그 효력이 없음에도 불구하고, 참가인 공사가 퇴직원에 따라 원고를 일방적으로 퇴직처리한 이 사건 의원면직 처리는 실질적으로 해고에 해당한다 할 것이고, 그 해고에 정당한 사유가 있다고 볼 수 없으므로, 이 사건 의원면직 처리는 부당해고라 할 것이다.[202]

5. 기한이 정하여진 근로계약관계

(1) 기간제 근로계약

1) 개 요

기간제 근로계약의 기간은 근로계약의 존속기간인 것이 원칙이므로 계약기간이 만료되면 근로관계는 별도의 통지없이 당연히 종료된다. 이를 존속기간유형이라 한다. 그러나 이럴 경우 상당기간 반복하여 근로계약을 갱신한 근로자들의 보호에 공백이 생기므로 두 가지 방향의 판례가 나오고 있다. 하나는 비록 근로계약기간을

201) 대법 2001.11.27. 선고 99다33311 판결 ; 대법 2000.2.11. 선고 99다56833 판결 등 참조
202) 서울고법 2010.1.20. 선고 2009누18853 판결

정하였더라도 그 기간을 정하는 것이 형식에 불과한 경우에는 무기계약근로자와 마찬가지로 보아 보호하는 사실상 무기계약 유형이다. 다른 하나는 무기계약근로자로 인정되지는 않으나 계약갱신에 대한 정당한 기대권이 인정되는 경우에는 합리적 이유가 있는 경우에만 갱신거절의 정당성을 인정하는 갱신기대권 유형이다.

2) 기간제 근로계약의 유형

(가) 존속기간 유형

(a) 기간제 근로계약의 원칙적인 형태

㉠ 근로관계 당연종료

특별한 사정이 없는 한 근로계약기간은 근로관계의 존속기간이므로 그 기간이 만료함에 따라 사용자의 해고 등 별도의 조치를 기다릴 것 없이 근로관계는 당연히 종료하는 것이 원칙이다. 이 경우 사용자의 근로계약 갱신거절은 해고가 아니므로 근로기준법 제23조의 정당한 이유가 필요 없으므로 사용자의 갱신거절은 적법한 것으로 평가된다.

관련판례

근로계약서는 처분문서이기 때문에 그 진정 성립이 인정되는 이상, 반증이 있거나 이를 믿을 수 없는 합리적인 이유가 없는 한, 그 기재 내용대로 법률행위의 존재를 인정해야 할 것이고, 이러한 근로계약기간을 정한 경우에 있어서 근로계약 당사자 사이의 특별한 사정이 없는 한 그 기간이 만료함에 따라 사용자의 해고 등 별도의 조치를 기다릴 것 없이 근로자로서의 신분관계는 당연히 종료된다할 것이다.[203]

㉡ 기간 만료일 및 계약갱신 거절의사의 통지

계약기간 만료전에 계약기간 만료일 및 계약갱신 거절의사의 통지는 해고라고 보지 않는다.

---

203) 대법 2006.2.24. 선고 2005두5673 판결

관련판례

내부적으로 소속 부서장들에게 참가인에 대한 계약갱신여부에 관한 의견을 묻는 절차를 취한 것만으로 계약갱신이 이미 예정되어 있었다고 할 수 없고, 한편 근로계약기간을 정한 경우에는 특별한 사정이 없는 한 그 기간이 만료함에 따라 별도의 조처를 기다릴 것 없이 근로계약 당사자 사이의 근로관계는 당연히 종료되는 것이므로, 계약기간 만료전에 계약기간 만료일 및 계약갱신 거절의사의 통지는 근로계약의 해약 즉 해고라고 할 수 없다.[204)]

㉢ 계약 미체결 의사통지

재계약을 체결하지 않겠다는 의사가 명확히 표시된 경우에는 계약기간 종료의 유보를 약정한 것이라고 보지 않는다.

관련판례

이 사건 근로계약에서 기간을 정한 것이 단지 형식에 불과하다고 보기 어려운 이 사건에서 "계약이 만료되어 재계약기간까지는 모든 조건이 위와 같으며, 3개월 내에 재계약을 원칙으로 하여 계약이 되는 날부터 재계약이 되는 것으로 한다"는 내용의 약정만으로는 그 계약기간 종료에 앞서 재계약을 체결하지 않겠다는 의사가 명확히 표시된 경우에도 자동적인 계약의 갱신이나 연장 또는 이를 위한 계약기간 종료의 유보를 약정한 것이라고 보기에 부족하다.[205)]

(b) 고용계약 만료 후 일정기간 근무시

㉠ 5일간 추가근무

기간제 및 단시간 근로자보호 등에 관한 법률(기간제법) 시행 이후 2년의 근로계약이 종료된 이후 5일동안 근무한 예외적인 경우는 새로이 기간제 근로자로서 근무한 것으로 볼 수 없다.

---

204) 대법 1998.5.29. 선고 98두625 판결
205) 서울고법 2010.6.22. 선고 2009누29068 판결

관련판례

① 근로계약기간 만료 1개월 전 기간만료로 근로계약을 종료한다는 내용을 통보함으로써 근로계약은 적법하게 종료되었다. ② 그 후 새로운 근로계약 체결을 위한 공개채용에 응시할 수 있도록 기회를 부여함에 따라 5일간 더 근무하였는데, 이러한 추가근무의 경위 및 기간에 비추어 볼 때 5일 동안 근무한 것을 두고 기간제 근로계약을 체결한 기간제 근로자로서 근무한 것이라고 볼 수 없다. 또한 근로계약을 종료한 이후 업무를 대신할 새로운 직원을 채용할 때까지 단기간 동안 종전의 업무를 수행하도록 한 데에는 "사용자가 2년을 초과하여 기간제 근로자를 사용할 수 있는 경우"에 관하여 규정하고 있는 법 제4조 제1항 제2호에 준하는 합리적인 사유가 있다고 볼 수 있다.[206]

㉡ 고용계약 만료후 계속 근무한 경우

고용계약 만료후 계속 근무한 경우 기존 고용계약이 연장된 것으로 보아야 한다.

관련판례

민법 제662조에 의하면 고용계약이 만료된 후 노무자가 계속하여 노무를 제공하는 경우에 사용자가 상당한 기간 내에 이의를 하지 아니한 때에는 앞의 고용계약과 동일한 조건으로 고용한 것으로 보게 되어 있으므로 당초의 해외취업계약기간이 1년이었다면 그 연장계약기간도 특단의 사정이 없는 한 1년으로 연장되었다고 보아야 하며, 이에 반하는 주장을 하는 경우 그 주장자에게 입증책임이 있다.[207]

(나) 사실상 무기계약 유형

근로계약서의 문언에도 불구하고 여러 사실관계들을 종합적으로 고려하여 실질적으로 기간의 정함이 없는 근로자로 판단되는 경우, 사용자가 정당한 이유 없이 갱신계약의 체결을 거절하는 것은 부당해고로 평가된다. 이는 기간제 근로자를 근로기준법의 해고제한법리를 통한 보호영역으로 편입하기 위한 해석이나, 처

206) 서울행법 2010.11.11. 선고 2010구합31119 판결
207) 대법 1986.2.25. 선고 85다카2096 판결

분문서인 근로계약서의 명문에 반하는 해석이기에 매우 예외적으로만 인정된다.

관련판례

근로계약기간을 정한 근로계약서를 작성한 경우 처분문서인 근로계약서의 문언에 따라 특별한 사정이 없는 한 근로자와 사용자 사이에는 기간의 정함이 있는 근로계약을 맺었다고 보아야 하고, 이 경우 근로계약기간이 끝나면 그 근로관계는 사용자의 해고 등 별도의 조치를 기다릴 것 없이 당연히 종료됨이 원칙이다. 다만, 기간을 정한 근로계약서를 작성한 경우에도 예컨대 단기의 근로계약이 장기간에 걸쳐서 반복하여 갱신됨으로써 그 정한 기간이 단지 형식에 불과하게 된 경우 등 계약서의 내용과 근로계약이 이루어지게 된 동기 및 경위, 기간을 정한 목적과 채용당시 계속근로의사 등 당사자의 진정한 의사, 근무기간의 장단 및 갱신 횟수, 동종의 근로계약 체결방식에 관한 관행 그리고 근로자보호법규 등을 종합적으로 고려하여 그 기간의 정함이 단지 형식에 불과하다는 사정이 인정되는 경우에는 계약서의 문언에도 불구하고 사실상 기간의 정함이 없는 근로계약을 맺었다고 볼 것이며, 이 경우 사용자가 정당한 사유 없이 갱신 계약 체결을 거절하는 것은 해고와 마찬가지로 무효이다.[208)]

(다) 갱신기대형 유형

기간의 정함이 있는 근로계약을 체결하였으나 근로자에게 계약갱신에 대한 정당한 기대권이 인정되는 경우 사용자가 갱신을 거절할 합리적 이유가 없다면 부당해고에 준하여 갱신거절은 부당하다.

관련판례

계약기간을 정하여 임용된 근로자의 경우 그 기간이 만료됨으로써 근로사로서의 신분관계는 당연히 종료되고 재임용계약을 체결하지 못하면 재임용거부결정 등 특별한 절차를 거치지 않아도 당연퇴직되는 것이며, 근로자가 부당해고구제신청을 하여 해고의 효력을 다투던 중 계약기간의 만료로 근로관계가 종료되었다면 더 이상 구제절차를 유지할 필요가 없게 되어 구제이익이 소멸하는 것이 원칙이기는 하나, 임용의 근거가 된 법령 등의

208) 대법 2006.2.24. 선고 2005두5673 판결 ; 대법 2007.9.7. 선고 2005두16901 판결 등

규정이나 계약 등에서 임용권자에게 임용기간이 만료된 근로자를 재임용할 의무를 지우거나 재임용절차 및 요건 등에 관한 근거규정을 두고 있어 근로자에게 소정의 절차에 따라 재임용될 수 있으리라는 정당한 기대권이 인정되는 경우에는 사용자가 그 절차에 위반하여 부당하게 근로자를 재임용에서 제외하는 것은 실질적으로 부당해고와 동일시할 수 있는 것이므로 근로자로서는 임용기간이 만료된 후에도 재임용에서 제외한 조치의 유효 여부를 다툴 법률상 이익을 가진다.[209]

3) 기간제 근로계약 종료의 정당성 판단순서

(가) 근로계약의 기간이 형식에 불과한지 판단

기간제 근로계약 갱신거절 사건에서는 먼저 사용자와 근로자 사이에 체결된 근로계약의 기간이 형식에 불과한지 여부를 판단해야 한다. 계약기간이 형식에 불과하다면 갱신거절에 해고제한의 법리인 정당한 이유가 있는지 여부를 판단해야 한다.

관련판례

① 회사는 계약갱신을 할 때마다 임금조건 등의 근로조건에 대하여 별다른 논의 없이 갱신근로계약서에 서명을 받고 계약갱신을 하여 왔으며, 참가인(근로자) 등은 업무의 특성상 전문성이 인정되어 자신들의 근로계약이 계속 갱신될 것으로 기대를 가지고 있었던 점을 종합하여, 원고(사용자) 회사와 참가인 등 사이에 체결된 근로계약에서 정한 기간은 단지 형식에 불과하여 참가인 등은 사실상 기간의 정함이 없는 근로자의 지위에 있었다.[210]

② 참가인(근로자)이 약사로서 병원에서 담당하는 조제업무는 병원의 상시적 필수업무로서, 달리 원고(사용자)가 참가인을 1년이라는 단기간으로 그 근로관계의 존속기간을 정하여 고용해야 할 객관적인 사유(예컨대, 결원의 임시보충의 필요성)를 전혀 찾아볼 수 없는 점, 원고가 직원을 채용하면서 체결하는 근로계약에는 특약사항으로 "근로계약은 매년 체결하지 않고, 특별한 사유가 없는 한 자동 연장된 것으로 본다"고 규정하고 있는 점, 원고는 모든 직원을 1년의 기간을 정하여 채용하고 1년간의 기간이 만료되더라도 재계약에 관한 절차없이 자동적으로 갱신되었으며, 그동안 근로계약기간 만료로 근로관계가 종료된 직원이 없었던 점 등 제반 사정에 비추어 보면, 원고와 참가인 사이에 체결된 근로

---

209) 대법 2005.7.8. 선고 2002두8640 판결
210) 대법 2007.9.7. 선고 2005두16901 판결

계약에서 정한 기간은 단지 형식에 불과하여 참가인은 사실상 기간의 정함이 없는 근로자의 지위에 있었다고 보아야 할 것이므로 참가인에 대한 이 사건 근로계약기간 만료통지는 실질적으로 해고에 해당한다고 보아야 할 것이다.[211)]

(나) 갱신기대권 여부 판단

기간이 형식에 불과하지 아니하고 기간의 정함이 있는 근로계약이라면, 근로자에게 갱신기대권이 있는지를 판단해야 한다. 갱신기대권이 인정되지 않는다면 근로계약기간은 존속기간이므로, 근로관계는 기간의 도래로 종료되고 갱신거절은 정당한 것으로 평가된다.

관련판례

① 재위촉과정에서 기존의 단원은 신규모집단원 지원자와 별도로 특별전형제도를 거쳐 재위촉여부를 결정하여 온 점, 위촉기간이 종료된 단원들 중 일정기준을 충족한 단원들과 사이에 재위촉 계약이 체결된 점, 실제로 원고(근로자)들도 위촉된 이래 매2년마다 평정절차를 거쳐 재위촉 된 점에 비추어 보면, 원고와 참가인(사용자) 사이에 체결된 단원위촉계약상의 위촉기간은 그 만료로써 계약관계가 획일적으로 종결되는 존속기간이 아니라 갱신에 의하여 연장이 허용되는 갱신기간이라고 봄이 옳을 것이고, 이러한 경우 사회통념상 상당하다고 인정되는 합리적인 이유없이 근로계약의 갱신을 거절하는 것은 신의칙상 허용될 수 없다 할 것이다.[212)]

② 원고(사용자)은행이 참가인(근로자) 등 계약직 사무행원을 채용할 당시 채용공고 내용상 3개월 단위 계약갱신(장기근무 가능)이라고 명시하였던 점을 인정할 수 있고, 참가인들의 근로계약이 특별한 사정이 없는 한 이미 6차례 이상 갱신되어 왔으며, 그 과정에서 계약직 사무행원들의 의사에 반하여 재계약이 거부된 사례는 없었던 점 등 정황에 비추어 보면, 참가인들로서는 근로계약기간이 만료된 후에도 계속 근로관계가 유지될 것으로 기대할 만한 사정이 있었다고 볼 수 있다.[213)]

---

211) 대법 2009.12.24. 2009두18509 판결 - 심리불속행 기각
212) 대법 2006.7.13. 2006두7423 판결 - 심리불속행 기각
213) 대법 2007.7.27. 2007두9587 판결 - 심리불속행 기각

(다) 갱신거절의 합리적 이유 판단

갱신기대권이 인정된다면 갱신거절에 합리적 이유가 있는지 여부를 판단해야 한다. 합리적 이유로 주장되는 사유들은 대체로 정당한 이유로 주장되는 사유들과 형태상으로는 유사하나, 합리적 이유는 정당한 이유보다 완화된 기준이므로 갱신거절을 하는 경우 그 유효성은 해고보다는 넓게 인정된다.

(a) 근로자 측에 기인한 사유

근로자 측에 기인한 합리적 이유는 대체로 통상해고 · 징계해고사유의 형태와 유사한데, 근로자의 직무수행능력부족, 직무수행태만(통상해고 유사), 근로자의 비위행위(징계해고 유사) 등이 주로 주장된다. 다만, 징계해고 사유가 있는 경우는 주로 기간만료 전에 해고하는 경우가 많아 갱신거절의 사안에서는 드물게 나타난다.

㉠ 사회통념상 책임있는 사유

합리적 이유는 근로기준법 제23조의 정당한 이유보다 완화된 기준이므로, 사회통념상 근로계약을 존속시킬 수 없을 정도로 근로자에게 책임있는 사유(해고사유)가 있는 경우라면 기간제 근로계약 갱신거절에는 당연히 합리적 이유가 있는 것으로 평가할 수 있다.

관련판례

비록 원고(사용자)가 2회차 재계약대상자들과의 재계약을 거절하여온 사정이 있다 하더라도, 원고와 참가인(근로자) 사이의 계약기간은 그 기간의 만료로 근로관계가 확일적으로 종료되는 존속기간이 아니라 갱신에 의하여 연장이 허용되는 갱신기간으로서 참가인으로서는 담당업무 자체가 폐지되지 않는 한 원고와의 근로계약이 갱신될 것이라는 데 대한 합리적인 기대가 형성되었다고 봄이 상당하므로, 이러한 경우 갱신을 거절함에 있어서는 해고제한의 법리가 유추 적용되어 정당한 이유라는 해고제한의 기준보다는 완화된 기준이기는 하지만 사회통념상 상당하다고 인정되는 합리적인 사유가 있어야 할 것이다.[214)]

214) 서울고법 2010.11.26. 선고 2010누11674 판결

ⓛ 직무수행이 어려운 경우

불성실 근로 등으로 직무수행이 어려운 경우, 갱신거절의 합리적인 사유가 인정된다.

관련판례

① 원고(근로자)는 참가인(사용자)으로부터는 관리규약을 무시한 부당한 업무집행, 직원들에 대한 업무지휘의 미흡, 반복적인 민원업무회피, 현장관리소홀로 인한 주민들의 불만 등의 이유로 신임을 받지 못하였고, 근로자들로부터는 노동조합과의 갈등을 야기하였다는 이유로 배척당하여 관리소장으로서 직무를 수행하기 어려운 상태에 놓였다고 보이는 바, 이러한 사정에 참가인이 원고와의 사이에 체결한 근로계약서상 "관리소장으로서 계속 근무하는 것이 부적합하다고 참가인의 이사회에서 결정하는 경우"가 계약해지사유로 규정되어 있는 점을 더하여 보면, 참가인의 이 사건 갱신거절에는 합리적 이유가 있어 적법하고 이를 부당해고라 할 수 없다.[215)]
② 원고(근로자)가 참가인(사용자) 회사와의 사이에 약정한 운송수입금 납부문제로 승무정지처분을 받았음에도 계속하여 동일하게 운송수입금을 제대로 입금하지 아니하는 등 지속적으로 근로계약서에 정하여진 원고의 의무를 제대로 이행하지 아니한 점을 종합하여 보면, 참가인 회사가 원고를 불성실 근로자로 판단하여 한 이 사건 갱신거절에는 사회통념상 상당하다고 인정되는 합리적인 이유가 존재한다.[216)]

ⓒ 근무평정

재계약해지사유들에 대한 증명은 주로 근무평정을 통해 하게 되는데, 근무평정 기준과 그에 따른 평가가 자의적이지 않고 합리성 · 객관성이 있는 경우라면 합리적 이유를 인정한다.

참고판례

① 원고(사용자)가 참가인(근로자)에 대하여 행한 근무평정은 객관적 · 합리적으로 이루어

215) 서울행법 2009.4.24. 선고 2008구합38360 판결
216) 서울고법 2006.5.24. 선고 2005누20612 판결

졌다고 보이고, 그 결과 참가인은 재계약 기준점수에 미달하였을 뿐만 아니라, 참가인은 주임강사의 지시에 반하여 임의로 강의스케줄을 변경하고 계속하여 규정을 위반하여 병가를 사용하는 등 근무태도가 불량하였다 할 것이므로, 이 사건 갱신거절은 합리적인 이유가 있다고 할 것이다.[217)]

② 참가인(사용자) 회사가 종합평가결과에서 근로계약 해지기준에 해당하는 B등급을 받았다는 이유로 원고(근로자)에 대하여 한 이 사건 근로계약 해지는 합리적인 이유 있는 근로계약의 갱신거절에 해당한다고 봄이 상당하다.[218)]

㉣ 합리성, 객관성 없는 근무평정

근무평정에 따라 갱신거절 하였더라도 근무평정이 합리성 · 객관성이 없는 경우는 합리적 이유를 부정한다.

관련판례

원고(사용자)는 2007년 제1,2차 계약심사위원회에서 2003년 말경부터 지속되어온 재계약 심사기준을 변경하면서, "1일 평균 운행횟수"라는 중대하고 객관적인 심사항목 대신 "기타 계약서 위반"이라는 다소 포괄적인 심사항목을 포함시켜 그 위반내용의 경중이나 경위에 관하여 구별하지 않고 위반행위마다 5점씩을 감점하도록 하였고, 계약갱신여부를 판단하는 기준점수 역시 "80점 미만"에서 "85점 이하"로 전년도에 비해 사실상 10점이나 상향 조정하였는바. 이 같은 심사항목 및 갱신 기준점수의 변경에 관하여 참가인(근로자)을 비롯한 운전원들에 대해 사전에 공지된 바 없는 점, 만일 심사항목에서 정한 사유가 있다고 하여 그 경위를 살피지 않고 그 위반행위에 대하여 획일적으로 5점씩을 감점하여 이를 근거로 계약갱신 여부를 결정하도록 허용할 경우 원고가 특정 운전원에 대해 계약을 갱신할 것인지를 결정할 수단으로 남용될 가능성이 있는 점 등에 비추어 볼 때, 5점을 감점하게 되는 항목별 위반행위는 실질적으로 엄격하게 판단할 필요가 있다 (중략) 고려할 때, 참가인에 대한 이 사건 갱신거절은 합리적인 이유가 있는 근로계약의 갱신거절에 해당한다고 보기 어렵다.[219)]

217) 서울고법 2009.12.15. 선고 2009누11562 판결
218) 서울행법 2009.5.8. 선고 2008구합40721 판결
219) 서울고법 2009.11.20. 선고 2009누11524 판결

㉤ 갱신여부 결정 근거규정

근무평정에 따라 갱신여부를 결정한다는 내부규정이 있는 경우 평정결과가 우수함에도 다른 사유로 갱신거절 대상으로 선정하는 것은 합리적 이유로 인정될 수 없다.

관련판례

① 원고(사용자)회사는 이 사건 고용계약과 개정된 계약연봉직원인사관리규정에 의하여 이 사건 고용계약에서 정한 계약기간이 만료되면 참가인(근로자)과 재계약을 체결할지 여부에 관하여 이사대우평가기준을 근거로 참가인에 대하여 경영평가, 근무성적평정 및 가감점평정 등을 하여 종합평점이 전체 이사대우 중 하위 20%이내에 해당하는지 여부를 평가하는 절차를 거쳤어야 함에도 그러한 절차를 거치지 아니한 채 단순히 계약기간이 만료되었음을 들어 이 사건 계약종결통보를 한 것은 합리성이 인정된다고 할 수가 없다.[220]

② 원고(사용자)의 근무성적평정규칙에서는 정기평정결과를 재임용 등 인사관리에 반영하도록 규정하고 있는 점, 설사 원고가 그동안 근무성적평정규칙에서 정한 분포비율과 달리 임의적으로 근무평정을 하여왔고, 나아가 위 근무성적평가결과를 성과연봉의 지급기준으로만 삼아왔을 뿐 재임용여부를 결정하는 기준으로 사용한 바 없으며 이 사건 통지 전까지 재임용 심의지침을 별도로 작성한 바 없다 하더라도, 원고의 위와 같은 규정위반 행위 또는 재임용 심의 해태 행위의 결과를 참가인(근로자)들의 불이익으로 돌리는 것은 부당하여 허용될 수 없는 점 등을 종합하면, 원고가 참가인들에 대하여 원고의 규정에서 정한 바와 달리 공개경쟁신규채용시험에 응시하여 합격할 것을 재임용의 조건으로 제시하고 위와 같은 시험에 응시하지 않았다는 사유로 재임용을 거절한 것은 재임용 거절에 관한 합리적인 사유에 해당하지 않는다.[221]

㉥ 정황에 의한 근무태만

객관적인 근무평정이 없는 경우도 정황 등을 통해 직무수행능력부족, 직무수행태만 등이 증명되면 합리적 이유로 인정된다.

---

220) 서울행법 2005.6.2. 선고 2004구합32623 판결
221) 서울행법 2008.10.30. 선고 2008구합23658 판결

관련판례

① 참가인(근로자)들의 업무형태 및 근무태도, 참가인들이 근로계약이나 근로제공의 과정에서 요구되는 의무를 위반한 정도, 그로 인하여 원고(사용자) 회사에 미치는 영향 등을 고려할 때 원고 회사가 참가인들과의 근로계약갱신을 거절한 데에는 객관적으로 합리적인 이유가 존재하여 사회통념상 상당하다고 인정된다.[222]

② 참가인(근로자)이 병원에서 근무하는 과정에서 직원간 불화조장, 근무태만, 무단외출 등의 행위를 하였음을 인정할 수 있으므로, 결국 위 해지사유는 정당한 해지사유로 인정된다.[223]

(b) 사용자 측에 기인한 사유

사용자는 경영상해고의 요건 중 긴박한 경영상 필요와 유사한 사유를 합리적 이유로 주장하는 경우가 다수 있다. 이는 회사의 경영이 어려워질 때 회사는 정규직에 대해서는 정리해고로, 기간제에 대해서는 계약갱신 거절로 대응하는 경우가 많기 때문이다. 이 때 긴박한 경영상 필요성 보다도 다소 약한 정도의 경영상 필요가 인정되는 경우 합리적 이유를 인정할 수 인정된다.

㉠ 업무량 감소

업무량의 감소가 예상되어 채용당시부터 인력을 탄력적으로 조절할 필요성이 있었고, 그 후 업무량이 감소되어 고용의 필요성이 없어지게 되는 경우, 그 갱신 거절에는 합리적 이유가 인정된다.

참고판례

당초 참가인(근로자)들의 채용목적이 공과금수납제도의 개선을 계획하고 시범운영하는 과정에서 개선방안이 확정될 때까지 공과금수납업무에 투입될 인력을 탄력적으로 조절할 필

222) 서울고법 2009.5.12. 선고 2008누24523, 24530 판결
223) 서울고법 2009.12.10. 선고 2009누10897 판결

요성에 기인하였던 것인데 원고(사용자) 은행의 공과금수납업무가 정착되고 참가인들의 업무량이 감소함에 따라 더 이상 별도의 공과금 전담직원을 고용할 필요가 없어졌다고 보이는 사정 등을 종합하여 보면, 원고은행이 참가인들에 대하여 근로계약의 갱신을 거절한 것은 사회통념상 상당하다고 인정되는 합리적인 이유가 있다고 보인다.[224)]

ⓛ 업무의 폐지

사용자가 경영상의 어려움 등으로 근로자가 맡을 업무가 없어졌다고 주장하는 경우, 경영상 이유로 그 업무를 운용할 필요가 없어졌고, 실제로 운영하지 않는 경우라면 합리적 이유를 인정할 수 있다.

관련판례

근로계약해지를 전 · 후하여 병원의 입원 환자 중 간병업무의 주된 대상인 치매 · 뇌손상 환자의 감소경향이 뚜렷하여, 그에 따라 간병사에 대한 수요가 감소한 결과 병원에서 간병업무를 담당하는 간병사들의 수가 2006.7.경 20명에서 2007.11.경 8명으로 급격히 줄어든 점, 원고(사용자) 법인이 간병사와 보호사의 업무상 특성 및 환자비중의 변화를 반영하여 보호사를 새로 채용하여 기존에 간병사가 담당하던 정신질환자들에 대한 업무를 담당하게 하고 이에 따라 잉여인력이 발생한 간병사의 수를 감소시킨 것은 원고법인의 경영권에 속하는 점 (중략) 참가인(근로자)들은 노동조합활동과 관련하여 허위사실유포와 업무방해, 집단생리휴가 사용과 사내질서 문란 등을 이유로 원고법인으로부터 정직처분을 받았는바, 이와 같은 근로계약기간 중의 징계는 근로계약의 갱신여부를 판단함에 있어 중요한 참작사유가 되는 점 (중략) 등을 종합하여 보면 원고법인의 참가인들에 대한 이 사건 각 근로계약 해지가 참가인들의 노동조합 활동에 대한 보복적인 인사조치로서 합리적인 이유가 없는 근로계약 갱신거절에 해당한다고 보기 어렵다.[225)]

ⓒ 해당업무의 유지

그 업무를 유지할 필요가 있고, 그 업무가 계속 유지되는 경우라면 합리적 이유를 인정할 수 없다.

---

224) 대법 2007.7.27. 2007두9587 판결 -심리불속행 기각
225) 서울고법 2008.12.10. 선고 2008누18771 판결

관련판례

비록 원고(사용자) 공단의 주장과 같이 참가인(근로자)의 계약기간 만료 무렵 원고 공단의 노력에도 불구하고 물리치료사를 지도할 의사를 구하지 못하여 당분간 물리치료실을 운영하지 못하게 될 것이 예상되더라도 노인복지법령 규정상 원고 공단은 임의로 물리치료실의 운영을 중단할 수는 없고, 계약직 직원 채용규정을 변경하여 송○○을 다시 채용하거나 외부 의사의 처방을 받는 등 다른 방식에 의하여서라도 물리치료실을 계속 운영하여야 했으며, 실제로도 원고 공단은 계약직공무원 채용규정을 개정하여 의사가 공석이 된 지 2개월여 만에 송○○을 다시 계약직 의사로 채용하고, 물리치료실 운영을 재개한 점, 물리치료사로 참가인 이외에 1인이 있다고 하여도 혼자서는 물리치료실을 이용하는 인원을 모두 담당하기 어려운 것으로 보이고, 원고 공단 또한 의사가 채용되는 경우 물리치료사를 1명 추가로 채용하기로 계획하는 등 물리치료실을 정상적으로 운영하기 위해서는 물리치료사가 2명 필요하다는 사실을 인식하고 있었던 것으로 보이는 점 (중략)등을 종합하여 보면, 이 사건 재계약 거절에 사회통념상 상당하다고 인정되는 합리적인 이유가 있다고 보기 어렵다.[226)]

(c) 기타 갱신거절 사유

근로계약기간 만료 그 자체를 합리적 이유로 주장한 경우가 있는데, 계약기간 만료 그 자체는 합리적 이유로 인정되지 않으며, 특히 기간제법을 이유로 한 계약갱신 거부의 타당성은 인정되지 않는다.

㉠ 기간제법과 갱신기대권

판례에 의하여 인정된 재계약 기대권의 법리를 기간제법의 시행이후에도 그대로 적용할 경우 기간제 근로자가 재계약 기대권에 따라 재계약되어 근로기간 2년을 초과하면 기간제법 제4조에 따라 기간의 정함이 없는 근로계약을 체결한 것으로 의제되는데, 이렇게 되면 재계약 기대권의 법리는 그 본래 목적인 재계약 보장을 넘어 무기계약의 보장으로 귀결되어 부당하고, 특히 고임금의 기간제 근로자들은 기간제 보호법으로 보호할 필요성이 적으므로, 기간제법 시행후에는 재계약 기대권의 법리의 적용을 제한할 필요가 있다는 주장이 있으나 인정되지 않고 있다.

226) 서울고법 2009.10.22. 선고 2009누12831 판결

관련판례

① 재계약의 정당한 기대권은 채용의 근거가 된 법령 또는 계약 중 재계약 관련규정에서 발생하는 권리이므로, 기간제법이 기간제 근로자의 채용의 근거가 된 법령과 계약 중 재계약 관련규정을 특별히 제한하는 규정을 두고 있지 아니한 이상 기간제 근로자의 보호에 그 취지가 있는 기간제법의 시행을 원고의 주장과 같이 오히려 근로자에게 불리하게 재계약 기대권의 법리를 제한하여야 하는 사정변경으로 볼 수는 없다. 물론 재계약 기대권의 법리는 기간제계약의 만료시점에서 한번 더 계약이 체결될 것이라는 근로자의 정당한 기대를 보호하는 것으로서 예를 들어 2회째의 계약 체결시 근로계약서나 취업규칙에 재계약에 관한 규정을 삭제하는 방법등을 통하여 3회째의 계약에 대한 기대권은 발생하지 아니하도록 할 수 있는 것이므로, 사용기간 2년 초과를 요건으로 하여 무기계약으로의 전환을 규정한 기간제법 제4조보다는 보호의 범위가 더 좁다. 따라서 1년 이상의 기간을 정한 기간제 계약이 기간제법 공포일 이전에 체결되어 사용자와 근로자 모두 기간제법의 시행에 따라 사용기간 2년 초과시 무기계약으로 전환되리라는 점을 예측할 수 없었던 경우에, 그 계약이 기간제법 시행일 이후에 만료되고, 이어 재계약 기대권이 인정된 결과 재계약이 체결되고 여기에 기간제법 제4조가 적용되어 결국 사용기간이 2년을 초과하는 시점에서 위 재계약이 무기계약으로 전환되면, 경우에 따라 계약당사자가 의도하지 아니하였던 계약을 강제하는 불합리한 결과가 초래될 수도 있으나, 무기계약전환이라는 결과는 재계약 기대권 법리의 직접적 귀결이 아니라 기간제법 제4조에 의한 것이므로, 그와 같은 사정을 들어 이미 발생한 재계약 기대권을 제한하거나 소멸시킬 수는 없다 (위와 같은 불합리는 특히 재계약시 재계약 기대권의 근거가 되는 관련규정을 근로계약서 등에서 삭제한 경우에 두드러지는데 그와 같은 경우라 하더라도 대부분은 기간제법 제4조제1항 단서 또는 적법한 절차에 따른 정리해고, 근로계약의 합의해지 등의 방법으로 불합리함이 해결될 것으로 보이고, 그러한 수단을 통하여도 불합리성이 해소되지 아니할 경우 이는 결국 기간제법 제4조 및 같은 법 부칙 제2조의 축소해석으로 해결할 문제로 보인다.[227]

② 기간제보호법 제4조제2항에서 2년 이상 근무한 근로자로 하여금 무기근로자로 전환하도록 하는 것은, 이전에는 기간제 근로계약을 반복 갱신하여 기간제 근로자를 장기간 사용하는데 대한 법적 제한이 없어 일부 사용자들이 정규직 근로자에 대한 해고 제한 제도를 회피하기 위하여 기간제 근로자를 사용하는 등 기간제 근로자제도를 남용하는 경우가 있었고, 그로 인하여 근로자들의 지위가 불안정하게 된 측면이 있었던 것을 개선하려는 것이고, 2년 이상의 기간 동안 계속하여 근무함으로서 당해 근로자의 근무 필요성이 지속적이라는 점이 인정되어 기간제 근로자로 근무하도록 할 당위성이 없는 경우 무기 근로자로 근무하려는 것이다. 원고 공사의 주장처럼 2년의 기간을 기계적으로 적용하

227) 서울행법 2010.12.3. 선고 2010구합5943 판결

는 경우 당해 근로자의 사용 필요성이 소멸하였음에도 계속하여 근무하게 된다는 문제점이 제기될 수 있으나, 기간제보호법에서는 제4조제1항 단서의 규정을 두어 2년을 초과하여 기간제 근로자로 사용할 합리적인 사유가 있는 경우에 대한 예외를 두어 위 2년의 기간을 획일적으로 적용함으로써 발생할 수 있는 문제점들을 방지하고자 하였고, 무기 근로자로 전환된 이후에도 당해 사업부문의 폐업 등 사정 등으로 인원조정의 필요성이 인정되는 경우에는 근로기준법상 적법한 절차에 따른 정리해고 등으로 이를 해결할 수 있을 것이므로, 기간제 근로자의 경우 2년의 고용기간 후 무기근로자로 전환되는 것을 방지하기 위하여 일률적으로 계약갱신을 거부할 필요성이 인정된다고 보기는 어렵다.[228]

㉡ 사용자의 내부사정

사용자의 내부사정에 불과한 사유는 합리적 이유로 인정되지 않는다.

관련판례

① 계약직 직원들에 대하여 2회차 갱신계약을 할 경우 그 정한 기간이 형식에 불과하여 기간의 정함이 없는 계속적 고용형태로 판단될 것을 우려하여 그동안 2회차 재계약을 체결하지 아니하여 왔고 같은 이유로 참가인(근로자)에 대하여도 2회차 재계약을 거절하였다는 사유는 근로계약갱신에 관하여 위와 같이 합리적 기대가 형성된 원고(사용자)에 대하여는 그 갱신거절을 위한 합리적인 사유라고 보기 어렵다.[229]

② 사용자는 "계속적인 근로관계의 인정이 원고의 내부규정에 위배된다, 결과적으로 회사에게 다른 기간제 근로자들 까지 정규직으로 전환하여야 할 부담을 준다, 기간제 근로자의 사용목적에 반한다"는 주장을 하고 있으나, 이러한 점만으로는 원고(사용자)에게 참가인(근로자)과의 근로계약 갱신을 거절할 합리적인 이유가 있다고 보기 어렵다.[230]

㉢ 소의 제기

하청업체 근로자들이 원청업체를 상대로 소(근로자지위 확인 등)를 제기하였다는 이유로 계약갱신을 거절한 경우 합리적 이유가 부정된다.

228) 서울행법 2010.9.10. 선고 2010구합887 판결
229) 서울고법 2010.11.26. 선고 2010누11674 판결
230) 서울행법 2009.1.23. 선고 2008구합28264 판결

관련판례

재판청구권은 국민의 기본권이므로 하청업체 직원들이 원청업체에 대하여 근로자지위의 확인을 구하는 소를 제기하였거나 취하하지 않는다는 것을 이유로 한 하청업체의 계약갱신 거절은 합리적 이유가 없다.[231)]

(2) 정년의 도래

1) 정년규정의 효력

취업규칙에서 정한 정년에 도래하여 근로관계가 종료되는 것은 해고로 보지 않는다. 해고는 사업장에서 실제로 불리는 명칭이나 절차에 관계없이 근로자의 의사와는 무관하게 사용자 측에서 일방적으로 근로관계를 종료시키는 것이며, 사용자가 취업규칙 등에 어떤 사유의 발생을 당연퇴직사유로 규정하고 그 절차를 통상의 해고나 징계해고와 다르게 정하여 그 당연퇴직사유가 정년 등 근로관계의 자동소멸사유로 보이는 경우, 당연퇴직사유를 규정한 취업규칙이 유효한 이상 그러한 사유의 발생만으로 그 사유발생일 또는 소정의 일자에 당연히 근로관계가 종료하기 때문이다.

관련판례

사용자가 취업규칙 등에 어떤 사유의 발생을 당연퇴직 또는 면직사유로 규정하고 그 절차를 통상의 해고나 징계해고와 달리하였는데 그 당연퇴직사유가 근로자의 사망이나 정년, 근로계약기간의 만료 등 근로관계의 자동소멸사유로 보이는 경우, 위와 같은 당연퇴직사유를 규정한 취업규칙이 유효한 이상 그러한 사유의 발생만으로 그 사유 발생일 또는 소정의 일자에 당연히 근로관계가 종료하는 것으로 보아야 하고,[232)] 정년 등과 같은 근로관계의 자동소멸사유로 인한 퇴직처리는 법률상 당연히 발생한 퇴직의 사유 및 시기를 공적으로 확인하여 알려주는 "관념의 통지"에 불과할 뿐 근로자의 신분을 상실시키는 "해고처분"과 같은 새로운 형성적 행위가 아니다.[233)]

231) 대법 2009.3.12. 2009두737 판결 - 심리불속행 기각
232) 대법 1995.4.11. 선고 94다4011 판결 ; 대법 2007.10.25. 선고 2007두2067 판결 등 참조
233) 대법 1997.10.24. 선고 97누1686 판결 ; 대법 1997.11.11. 선고 97누1990 판결 등

2) 정년 후 재고용

정년에 도달한 근로자의 정년연장 또는 촉탁채용 등의 경우, 정년에 도달하여 당연퇴직하는 근로자에게 정년연장을 요구할 수 있는 권리가 있는지 여부 및 정년연장을 허용하지 아니한 조치의 정당성 판단 기준과 관련하여, 근로자에게 정년연장요구의 권리는 없으며, 취업규칙 등의 규정 내용이나 규정 취지에 위배되는지 여부에 의하여 판단해야 한다고 본다.

관련판례

사용자가 그 정년을 연장하는 등의 방법으로 근로관계를 계속 유지할 것인지 여부는 특별한 사정이 없는 한 사용자의 권한에 속하는 것으로서, 해당 근로자에게 정년연장을 요구할 수 있는 권리가 있다고 할 수 없고,[234] 사용자가 해당 근로자에게 정년연장을 허용하지 아니한 조치의 정당성은 사용자의 행위가 법률과 취업규칙 등의 규정 내용이나 규정 취지에 위배되는지 여부에 의하여 판단해야 하며, 단지 정년연장을 허용하지 아니하는 것이 해당 근로자에게 가혹하다든가 혹은 다른 근로자의 경우에 비추어 형평에 어긋난다는 사정만으로 그 정당성이 없는 것으로 단정할 수는 없다고 할 것이다.[235]

3) 단체협약에 의한 정년 재조정

새로운 단체협약의 체결로 인하여 정년연령이 낮아지는 경우, 동시에 취업규칙을 개정하지 않으면, 양 규정상 충돌이 생기게 된다. 이 경우 개정된 단체협약에는 당연히 취업규칙상의 유리한 조건의 적용을 배제하고 개정된 단체협약이 우선적으로 적용된다는 내용의 합의가 포함된 것이라고 보아야 한다.

관련판례

원칙상 노동조합은 사용자와 사이에 근로조건을 유리하게 변경하는 내용의 단체협약뿐

234) 대법 1989.3.28. 선고 88누4812 판결 ; 대법 1994.5.24. 선고 94누873 판결 ; 대법 1997.7.22. 선고 95다6991 판결 ; 대법 1998.2.13. 선고 96다52236 판결 등 참조

235) 대법 2008.2.29. 선고. 2007다85997 판결

만 아니라 근로조건을 불리하게 변경하는 내용의 단체협약도 체결할 수 있으므로, 근로조건을 불리하게 변경하는 내용의 단체협약이 현저히 합리성을 결하여 노동조합의 목적을 벗어난 것으로 볼 수 있는 것과 같은 특별한 사정이 없는 한 그러한 노사간의 합의를 무효라고 볼 수는 없고 단체협약의 개정 경위와 그 취지에 비추어 볼 때, 단체협약의 개정에도 불구하고 종전의 단체협약과 동일한 내용의 취업규칙이 그대로 적용된다면 단체협약의 개정은 그 목적을 달성할 수 없으므로 개정된 단체협약에는 당연히 취업규칙상의 유리한 조건의 적용을 배제하고 개정된 단체협약이 우선적으로 적용된다는 내용의 합의가 포함된 것이라고 봄이 당사자의 의사에 합치한다고 할 것이다.[236] 이 사건 근로자 1은 2008.6.5. 단체협약 제36조를(조합원의 정년은 57세) 변경하면서 취업규칙상 징년(60세)의 규정을 변경하지 아니하여 「유리한 조건 우선의 원칙」에 의거 취업규칙에서 규정된 정년을 적용받아야 하므로 정년 도과로 근로계약을 해지한 것은 부당하다고 주장한다. 참가인(사용자)이 원고(근로자)에 대하여 유효하게 적용되는 단체협약상 정년규정을 적용하여 원고를 퇴직 처리한 것은 원고가 정년으로 당연퇴직 하였음을 알려주는 사실의 통지에 불과하고, 근로자의 의사와 관계없이 사용자 측에서 일방적으로 근로관계를 종료시키는 해고의 실질을 가지고 있다고 보기 어려우며, 또한 원고가 주장하는 모든 사유를 참작하더라도 참가인 회사에 정년을 도과한 근로자에 대하여 고용관계를 계속 유지하는 고용계약상 관행이 생겼다거나 참가인에게 정년으로 퇴직 처리된 근로자를 다시 고용하여야 할 의무가 있다고 보기 어렵다.[237]

4) 정년 후 근로계약관계 지속

근로자가 정년이 지난 후에도 사용자의 동의 아래 기간의 정함이 없이 사용자와의 근로관계를 계속 유지하여 왔다면, 당해 근로자를 해고하기 위해서는 근로기준법 소정의 정당한 이유가 있어야 한다.

관련판례

근로자가 정년이 지난 후에도 사용자의 동의 아래 기간의 정함이 없이 사용자와의 근로관계를 계속 유지하여 왔다면, 사용자는 특별한 사정이 없는 한 단순히 당해 근로자가 정년이 지났다거나 고령이라는 이유만으로 근로관계를 해지할 수는 없고, 당해 근로자를 해

236) 대법 2002.12.27. 선고 2002두9063 판결
237) 대법 2007.2. 22. 선고 2006두18126 판결

고하기 위해서는 근로기준법 제30조제1항(현행 근로기준법 제23조제1항) 소정의 정당한 이유가 있어야 하는 것이나,[238] 이러한 법리는 사용자와 근로자 쌍방이 근로자의 정년 도래 사실을 인식하면서도 계속적으로 근로관계를 유지하였음을 전제로 하는 것이다. 그런데, 참가인(사용자) 회사가 이 사건 해고를 하면서 원고(근로자)의 정년 도래를 이유로 들지 않은 사실은 앞서 본 바와 같으나, 한편 참가인이 원고의 정년 이후 근로수령을 거부한 사실은 원고가 자인하고 있으므로, 그와 같은 사정만으로 원고와 참가인 회사 사이의 근로계약관계가 원고의 정년 이후에도 계속되었다고 할 수 없다(설사 원고의 주장과 같이 참가인 회사의 근로자들 중에 아직까지 정년을 이유로 퇴직한 근로자가 없고, 참가인 회사의 동의 아래 계속하여 근무하고 있는 근로자가 있다고 하더라도, 이는 참가인 회사가 당해 근로자의 업무능력, 근무태도 등을 고려하여 그와 같은 근로계약관계를 유지함에 따른 것으로 볼 수 있을 뿐이다). 따라서 원고의 위 주장은 이유 없다.[239]

6. 시용 · 수습 · 채용내정과 해고

(1) 시용 · 수습 · 채용내정의 개념

시용이란 본채용(정식채용) 전에 일정기간 동안 정식근로자로서의 적격성 유무 및 본채용 가부를 판정하기 위한 시험적 사용을 의미한다. 수습기간이란 정식채용 이후 근로자의 직업능력에 대한 양성 · 교육을 목적으로 설정된 기간을 의미하며, 이미 정식채용이 되었고 본채용 여부를 결정하는 적정성 평가가 예정되어 있지 않다는 점에서 시용과 구별된다. 채용내정이란 본채용(정식채용) 상당기간 전에 채용할 자를 미리 결정하여 두는 것을 의미하며, 입사일까지 현실적인 근로제공이 행해지지 않는다는 점에서 시용과 구별된다.

(2) 시용 · 수습

1) 법적성질

시용과 수습은 개념적으로는 구분될 수 있으나, 기업의 인사규정[240]은 수습과

238) 대법 2003.12.12. 선고 2002두12809 판결 참조
239) 서울행법 2009.12.4. 선고 2009구합19748 판결
240) 다음의 경우 적정성 평가를 통해 정식채용 여부를 예정하고 있으므로 수습은 시용의 의미이다.
(수습기간) ① 학교직원으로서 적성과 자질을 갖추기 위하여 일정기간의 수습을 거쳐 정규

시용을 구별하지 않고 혼용하여 사용하고 있다. 해고예고의 적용이 제외되는 "수습 사용 중인 근로자(근로기준법 제35조)" 역시 시용근로자를 포함하는 개념으로 보아야 한다. 시용계약의 법적 성질과 관련해서, 판례는 근로자의 업무부적격성을 이유로 사용자가 시용관계를 해지할 수 있는 권리를 유보하고 있는 해약권유보부 근로계약이라고 보고 있다. 이 경우 근로계약이 성립된 이상 본채용의 거부는 해고에 해당한다.

관련판례

① 시용기간 중의 근로관계는 수습사원으로 발령한 후 일정 기간 동안 당해 근로자가 앞으로 담당하게 될 업무를 수행할 수 있는가에 관하여 그 인품 및 능력 등을 평가하여 정식사원으로의 본채용여부를 결정하는 것이므로 일종의 해약권유보부 근로계약으로서 시용기간 중의 채용거부는 유보해약권의 행사라 할 것이다.[241]

② 사용자가 정식채용을 전제로 하여 근로자를 채용함에 있어 수습기간 등 시용기간을 설정하는 것은 확정적인 근로관계를 맺기에 앞서 당해 근로자의 직업적 능력이나 업무적격성의 유무 등을 판단하기 위하여 확정적인 근로계약의 체결을 어느 정도 유보하는 것이기는 하나, 이와 같은 경우에도 어디까지나 정식으로 채용된 경우와 마찬가지로 근로계약관계는 성립한 것이므로 그 시용기간 중이나 기간 경과 후에 정식채용을 거절하는 것은 사용자에게 유보된 해약권의 행사로서 해고에 해당한다.[242]

2) 시용기간

(가) 시용기간의 제한

시용기간은 근로자의 적격성 판단에 필요한 최소한의 기간에 한정되어야 한다. 근로기준법 시행령 제16조는 해고예고의 적용제외 대상이 되는 수습근로자를 "수습 사용한 날부터 3개월 이내인 자"로 규정하고 있고, 이에 따라 통상적으

채용하며 수습기간을 3개월 이내로 한다 ② 수습기간 종료와 동시에 계속 근무가 부적당하다고 인정되는 자는 정규 채용하지 않는다.

241) 대법 1992.8.18. 선고 92다15710 판결

242) 대법 2006.2.24. 선고 2002다62432 판결

로 인사규정에 시용(수습)기간을 3개월로 규정하고 있는 경우가 많다. 다만 특별한 사정이 있는 경우, 6개월도 타당하다고 본다.

관련판례

버스운전기사인 근로자의 시용기간이 6개월로 규정되어 있더라도, 시용기간을 두는 제도적 취지, 대폭적인 버스운행노선 및 체계 개편으로 상당한 적응기간이 필요했던 점 등에 비추어 볼 때, 위 6개월의 시용기간이 사회통념상 불합리하다고 볼 수 없다.[243]

(나) 시용기간의 연장 또는 갱신

시용기간의 연장 또는 갱신은 원칙적으로 허용될 수 없다. 다만 채용당시에는 예견할 수 없었던 질병 또는 휴업 등의 사유에 의해 근로자의 적격성을 평가할 수 없었던 경우에는 근로자의 동의 또는 근로자에 대한 통보를 전제로 시용기간을 연장할 수 있다.

관련판례

시용기간의 연장은 근로자의 법적지위에 중대한 영향을 미치고, 근로계약의 중요한 일부를 이루는 사항이므로 최소한 시용기간 연장은 그에 대하여 근로자가 동의하거나 근로자에게 통보되어야 그 효력이 있다.[244]

3) 시용근로관계 여부에 대한 판단요소

(가) 시용목적 명시

사용자와 근로자사이에 일정기간동안의 취업활동이 시용목적을 위한 것임을 명시하여야 한다. 다만, 반드시 근로계약서에 명시될 필요는 없으며, 시용기간 및

243) 서울행법 2006.5.9. 선고 2005구합42061 판결
244) 서울행법 2006.9.26. 선고 2006구합20655 판결

본채용에 대한 적정성 평가를 예정하는 내용의 시용입사원 또는 서약서 등을 제출한 경우도 포함된다.

관련판례

① 원심판결 이유에 의하면 원심은, 피고(사용자) 회사의 취업규칙이 유효함을 전제로 하여 피고 회사의 취업규칙 중 이른바 시용기간의 적용에 관한 규정은 근로자에 대한 시용기간의 적용을 선택적 사항으로 규정하고 있으므로 근로자를 신규채용하는 경우에는 그 근로자에 대하여 시용기간을 적용할 것인가의 여부를 근로계약에 명시하여야 하는데 원고(근로자)와의 근로계약에는 시용기간이 적용된다고 명시되지 않았으며 원고에게 시용기간이 적용된다는 취지를 명시하였음을 인정할 수 있는 증거가 없다고 인정한 다음 거시 증거에 의하여 원고는 시용근로자가 아닌 정식직원으로 채용되었다고 인정하였는바, 기록에 비추어 보면 원심의 위 사실인정은 옳고 거기에 소론이 주장하는 채증법칙 위반으로 인한 사실오인의 위법이나 취업규칙의 법률적 성격과 근로조건의 주지의무에 관한 법리오해의 위법이 있다고 할 수 없다.[245)]

② 취업규칙에 신규 채용하는 근로자에 대한 시용기간의 적용을 선택적 사항으로 규정하고 있는 경우에는 그 근로자에 대하여 시용기간을 적용할 것인가의 여부를 근로계약에 명시하여야 하고, 만약 근로계약에 시용기간이 적용된다고 명시하지 아니한 경우에는 시용 근로자가 아닌 정식 사원으로 채용되었다고 보아야 할 것이다.[246)]

(나) 정황상 시용이 인정되는 경우

취업규칙에 모든 신규근로자에 대해 필수적으로 시용기간을 두도록 규정하고 있다면 근로계약체결 당시 시용목적을 명시하지 않은 경우라도 시용근로관계를 인정한다.

관련판례

입사 당시 작성된 면접표와 서약서에는 3개월 시용의 취지가 기재되어 있는 점, 원고가 입사 당시 3개월간의 시용기간이 있다는 사실을 알았던 것으로 보이는 점, 취업규칙이 신

245) 대법 1991.11.26. 선고 90다4914 판결
246) 대법 1999.11.2. 선고 99다30743 판결

규사원에 대하여는 원칙적으로 3개월의 시용기간을 두는 것으로 규정하고 있는 점과 일반인에게 시용과 수습이 명확히 구분되어 사용되고 있다고 보이지 않는 점 등에 비추어 보면 근로계약서에 근로계약의 종기가 명시되어 있지 아니하고 시용에 관한 기재가 없는 점만 가지고는 이 사건 근로계약이 정식 근로계약에 해당한다고 보기 어렵다.[247)]

4) 시용근로자에 대한 해고의 정당성 판단기준

(가) 해고(본채용 거부)의 사유

시용기간 중 해고 또는 시용기간의 종료 시 본채용 거부는 해고에 해당하므로 해고 또는 본채용을 거부하기 위해서는 근로기준법 제23조의 정당한 사유가 존재해야 한다. 다만 시용 자체가 당해 근로자의 자질 · 성격 · 능력 등 그 일에 대한 적격성 여부를 결정하는 단계이므로 통상의 해고보다 정당성이 광범위하게 인정된다.

관련판례

확정적인 근로관계를 맺기에 앞서서 정식채용을 전제로 하여 당해 근로자의 직업적 능력이나 업무적격성을 판단하기 위하여 시용기간을 두는 시용제도의 취지에 비추어 볼 때 시용기간 중의 해고 및 정식채용 거부는 통상의 근로자에 대한 해고와 동일한 기준에 따라야 한다고 볼 수는 없고, 직업적 능력이나 업무적격성에 대한 부정적 평가로 인하여 정식채용을 거부할 합리적인 이유가 있을 때에는 그 해고 및 정식채용 거부가 가능하다고 할 것이다.[248)]

(나) 해고(본채용 거부)의 정당성 판단기준

시용기간 중에 있어서의 근무태도 · 능력 등의 관찰에 의하여 앞으로 맡게 될 임무에의 적격성 판단에 기초하여 해고가 행하여지고, 해고 또는 본채용거부에 객관적으로 합리적인 이유가 존재하여 사회통념상 상당하다고 인정되어야 한다.

---

247) 서울고법 2008.5.9. 선고 2007누30057 판결
248) 대법 1994.1.11. 선고 92다44695 판결 ; 대법 1999.2.23. 선고 98두5965 판결

관련판례

① 시용기간 중에 있는 근로자를 해고하거나 시용기간 만료 시 본계약의 체결을 거부하는 것은 사용자에게 유보된 해약권의 행사로서, 당해 근로자의 업무능력, 자질, 인품, 성실성 등 업무적격성을 관찰 · 판단하려는 시용제도의 취지 · 목적에 비추어 볼 때 보통의 해고보다는 넓게 인정되나, 이 경우에도 객관적인 합리적인 이유가 존재하여 사회통념상 상당하다고 인정되어야 한다.[249)]

② 원고(근로자)와 피고(사용자) 회사 사이의 근로관계는 원고의 근무형태가 기본적으로는 일당제 대무운전기사에 불과하고 그러한 대무운전기사와 피고 회사 사이에는 대무운전의 요구방법이 권리적인 지시가 아니라 의뢰적이며 그에 대한 업무종사의 승낙 여부가 원고에게 있는 점 및 원고에 대한 임금지급방식이 반드시 근로자체만의 대상적 성격이 있다고 볼 수 없는 점 등에 비추어 원고와 같은 일당제 대무운전기사를 지칭하는 수습기사라는 명칭에도 불구하고 다만 일정기간 동안 일용근로계약관계가 반복적으로 발생하였다가 종료된 것에 불과하여 근로기준법이 적용되는 계속적 근로관계 특히 원고가 주장하는 이른 바 시용계약관계가 성립되었다고 볼 수 없다고 판단하였다. 그러나 원심이 인정한 바와 같이 원고가 피고 회사의 정식기사로 취업하기 위하여 구비서류를 제출하고 피고 회사의 단체협약과 취업규칙이 정한 수습기간 내의 기간 중 일당제 대무운전기사로 근무하여 온 것이라면 원고와 피고 회사 사이의 근로관계를 단순히 일용근로계약관계가 반복적으로 발생한 것이라고 할 수는 없고, 시용기간 중에 업무부적격성 등 별다른 취업장애사유가 발견되지 아니하면 정식기사로 채용하기로 하는, 근로기준법의 적용을 받는 계속적 근로계약관계가 성립된 것이라고 보아야 할 것 이므로 이와 같은 취지에서 원심판결에 법리 오해가 있다는 논지는 우선 이유 있다. 그러나 원 · 피고 사이에 시용계약관계가 성립하였다 하더라도 그러한 경우 시용제도의 목적에 비추어 볼 때 정식채용 여부는 통상의 근로자에 대한 해고와 동일한 기준에 따라야 한다고 볼 수는 없는 것이어서 합리적인 이유가 존재하면 피고 회사는 정식채용을 거절할 수 있다고 해석할 것인바, 피고가 앞서 본 원고의 불성실한 근무태도와 피고 회사에 택시기사로 채용되기 위하여 법령상 요구되는 취업 전 교육을 받지 아니한 사유로 원고를 근무부적격자로 보아 원고에 대하여 한 취업거절은 합리적인 이유가 있고 사회통념상 상당한 것으로 보여진다.[250)]

(다) 시용근로자 해고 시 징계절차규정 적용여부

(a) 본채용 거부 시

시용근로자에 대하여 유보된 해약권의 행사로서 시용기간 중 또는 시용기간 종

---

249) 대법 2006.2.24. 선고 2002다62432 판결 ; 대법 2008.12.11. 선고 2006두13220 판결
250) 대법 1994.1.11. 선고 92다44695 판결

료후에 본채용을 거부하는 경우에는 인사규정의 징계절차규정이 적용되지 않는 것이 원칙이다.

관련판례

① 시용기간 중에 있는 근로자를 해고하거나 시용기간 만료 시 본계약의 체결을 거부하는 것은 사용자에게 유보된 해약권의 행사로서 일반적인 징계해고와는 성질을 달리하므로 채용거절을 하면서 징계절차를 거치지 않았다 하여 이를 위법한 것으로 볼 수 없다.[251]
② 참가인(사용자) 회사의 수습기간 중 견습직 해지에 관한 취업규칙규정의 내용과 목적, 취지 등에 비추어 징계절차는 수습기간을 무사히 마친 정식 임직원에 대한 징계를 통한 해고의 경우에 따라야 할 절차일 뿐 수습기간 중에 고용계약을 해지할 경우에도 반드시 거쳐야 할 필요는 없다고 보이고, 수습 임직원에 대한 해지통고가 사회통념상 부당하지 아니하다고 판단되는 이상 회사가 근로자에게 사전에 경고하지 아니하거나 소명기회를 주지 아니하였다는 사정만으로 상당성을 결여하였다고 할 수 없다.[252]

(b) 징계해고 시

시용근로자에 대하여 징계해고를 하는 경우에는 징계절차규정이 적용되어야 한다. 징계해고와 채용취소를 동시에 한 경우에도 마찬가지이다.

관련판례

피고(사용자)는 원고(근로자)를 징계위원회에 회부하여 징계의결을 거쳐 징계해고를 하고 원고에게 징계통보를 함에 있어서 징계사유로서 취업규칙 제34조제2항(서약서 등의 위반) 외에 징계사유가 아니라 채용취소사유인 단체협약 제18조제2항(제출서류 하자)도 덧붙여 기재한 사실이 인정되는바, 위와 같이 피고가 징계절차를 거쳐 징계해고의 형식으로 원고를 해고한 이상 원고에 대한 해고는 오직 징계해고만이라고 할 것이고, 징계사유에 채용취소사유를 덧붙여 기재하였다고 하여 징계해고가 아닌 채용취소로서의 해고처분도 아울러 존재한다고 볼 것이 아니다. 원심이 위와 달리 원고에 대하여 징계해고 외에 채용취소로서의 해고처분이 아울러 존재하는 것으로 보고, 징계해고는 무효이지만 채용취소

251) 서울고법 2006.2.14. 선고 2004누23638 판결
252) 대법 2005.9.9. 선고 2005두4991 판결 - 심리불속행 기각

처분으로서의 해고는 정당하다고 보아 피고의 해고처분을 유지한 것은 징계해고에 관한 의사표시의 해석을 그르쳐 판결에 영향을 미친 위법을 저지른 것이다.[253)]

(라) 본채용 거부와 서면통지

시용근로자에 대한 본채용 거부를 해고로 보고 있으므로, 해고가 효력을 발생하기 위해서는 서면통지를 하여야 한다.

(3) 채용내정

1) 채용내정의 법적성질

채용내정의 법적성질과 관련하여, 근로계약의 성립으로 보며, 다만 일정한 사정(채용내정 통지서나 서약서에 기재된 취소사유 발생, 학교를 예정대로 졸업할 수 없는 경우 등)이 생기는 경우 채용내정을 취소할 수 있다는 취지의 합의가 포함된 특수한 근로계약(해약권유보부 근로계약)으로 본다. 이에 의하면 회사의 모집공고는 청약의 유인으로, 응모자의 응모를 청약으로, 채용내정을 승낙으로 해석함으로써 근로계약이 체결된 것으로 본다.

관련판례

원고(근로자)가 1997년 11월경 피고(사용자) 회사로부터 채용내정 통지를 받았으나, 피고 회사가 경영상의 사정을 이유로 입사예정일인 1998.4.6.이 지나도록 위 원고를 입사시키지 못하고 1999.6.30. 그 채용내정을 취소함으로써 위 원고를 정리해고한 사실을 인정한 다음, 피고 회사가 1997년 11월경 위 원고에게 채용내정 통지를 함으로써 위 원고와 피고 회사 사이에는 근로계약관계가 성립되어 위 원고는 늦어도 입사예정일인 1998.4.6. 부터는 피고 회사의 종업원의 지위에 있으므로, 피고 회사는 위 원고에게 입사예정일인 1998.4.6. 부터 정리해고일인 1999.6.30. 까지의 임금을 지급할 의무가 있다고 판단 (중략) 이러한 원심의 사실인정과 판단은 정당한 것으로 수긍이 간다.[254)]

253) 대법 1993.2.9. 선고 92다45636 판결
254) 대법 2002.12.10. 선고 2000다25910 판결

2) 채용내정 취소의 정당성 판단

채용내정의 취소는 근로계약의 해지, 즉 해고에 해당한다. 따라서 채용내정을 취소하여 내정자를 해고하려면 근로기준법 제23조의 정당한 이유가 존재해야 한다. 채용내정자를 경영상 이유에 의해 해고하는 경우에도 근로기준법 제24조 경영상이유에 의한 해고의 제한의 요건을 구비해야 하나, 제3항의 근로자대표와의 성실한 협의요건은 적용되지 않는다.

관련판례

원심은 (중략) 1997.11월경 최종 합격통보를 각 한 사실, 1997.11.30. 열린 입사예정자 소집 간담회에서 신입사원 입사교육계획 일정과 늦어도 1998.4.6. 까지는 모두 입사일이 지정되어 근무가 시작될 것임이 고지된 사실, 그 후 1997. 11월경부터 IMF 구제금융을 받게 되는 경제위기가 도래하자 피고(사용자)는 1997. 12월경부터 시작될 예정이었던 입사교육을 연기하고 1998. 2월경 당초의 입사일정이 추후 별도로 결정될 것임을 알리는 안내문을 송부하였고, 1998.6.11.과 12일 개최된 신입사원간담회에서 마침내 신규채용의 취소를 통보한 사실 등을 인정한 후, 피고가 1997.11월경 원고(근로자)들에게 최종 합격통보를 해 줌으로써 원고들과 피고 사이에 근로계약관계가 유효하게 성립되어 늦어도 1998.4.6. 이후에는 원고들이 피고 회사의 근로자가 되었다고 할 것이므로 그 후 피고가 원고들에게 한 신규채용의 취소통보는 실질적으로 해고에 해당한다고 하고, 이어서 그 해고가 정당하다는 피고의 주장을 정리해고의 정당성에 관한 주장으로 본 다음, 피고의 위 정리해고는 판시와 같은 여러 인정사실에 비추어, ① 긴박한 경영상의 필요에 의하여, ② 해고 회피를 위한 사용자의 노력이 병행되면서, ③ 객관적 · 합리적 기준에 의하여 해고 대상자를 선정하여, ④ 근로자 측과의 성실한 협의를 거쳐서 행하여진 것이고, 한편 피고 회사의 취업규칙에 비추어 신규채용된 자들의 채용내정시부터 정식발령일까지 사이에는 사용자에게 근로계약의 해약권이 유보되어 있다고 할 것이어서 원고들에 대하여는 근로기준법 제31조(현행 제24조) 제3항이 적용되지 않는다고 보아야 한다고 하여, 결국 피고의 원고들에 대한 정리해고가 정당하다고 판단하고 있다. 기록에 의하여 인정되는 사실관계에 비추어 볼 때 원심의 위 판단은 모두 정당한 것으로 인정된다.[255]

255) 대법 2000.11.28. 선고 2000다51476 판결

제2절 인사이동

1. 전보 · 전직, 전적

(1) 개 요

사용자는 근로계약 체결시 근로자에게 "취업의 장소와 종사하여야 할 업무에 관한 사항"을 명시하여야 하므로,[256] 원칙적으로 이에 따라 근로제공을 받게되나, 경영상 필요할 경우 인사권을 행사하여 인력을 재배치할 수 있다. 따라서 업무의 효율성 증대, 생산력 향상, 조직개편, 근로자의 역량 개발, 인사교류를 통한 업무협조 증진 등을 위하여 기업내 인사발령(전보, 전직 등)을 할 수도 있고, 경영위험분산이나 영역확장을 위하여 소사장, 자회사 등의 형태로 기업을 계열화하거나 계열회사간 기술이전을 해야 할 경우 인력지원을 하기 위하여 기업간 인사발령(전적 등)을 할 수도 있다.

이러한 사용자의 인사권에는 상당한 재량이 인정되나, 민법상 권리남용 금지의 원칙이나 근로기준법 제23조의 정당한 이유 조항 등에 의하여 제한을 받게 된다.

관련판례

직장질서의 유지나 회복, 또는 근로자 간의 인화를 위한 전보도 업무상 필요성이 있다고 인정되므로 정당한 이유가 있는 경우에는 허용된다고 할 것인데, 이 경우 비록 전보에 당해 근로자에 대한 제재적인 의미가 내포되어 있다고 하더라도 그 자체가 단체협약이나 취업규칙 등에 정한 징계절차를 요하는 징계로서 규정되지 아니한 이상 그러한 징계절차를 거치지 않았다고 하더라도 효력에 영향이 없다.[257]

256) 근로기준법 제17조, 같은 법 시행령 제8조
257) 대법 1998.12.22. 선고 97누5435 판결

(2) 전보 · 전직의 정당성 요건 등

1) 전보 · 전직의 의의

원칙적으로 근로계약 체결시 약정된 근무장소를 변경케 하는 것을 전보(전근)라 하고, 직무내용을 변경케 하는 것을 전직이라 한다. 그러나 보통 기업현장에서는 이 두 가지 개념의 인사발령을 혼용 또는 혼합하여 사용하는 등 양자를 명확히 구분하지 않고 있다.

2) 전보 · 전직의 정당성 요건

근로기준법 제23조는 정당한 이유 없이 전직할 수 없다고 규정하고 있는데, 이때 정당한 이유는 인사이동을 명하기 위한 필요성이 있는지 여부, 업무상 필요와 근로자의 생활상 이익에 미치는 영향과 비교형량, 나아가서 인사이동 절차에 있어 신의성실의 원칙 위반이 있는지 여부에 따라 판단하여야 한다.

관련판례

① 근로자에 대한 전보나 전직은 원칙적으로 인사권자인 사용자의 권한에 속하므로 업무상 필요한 범위 내에서 사용자는 상당한 재량을 가지며 그것이 근로기준법 등에 위반되거나 권리남용에 해당되는 등의 특별한 사정이 없는 한 무효라고 할 수 없고, 전보처분 등이 권리남용에 해당하는 지의 여부는 전보처분 등의 업무상의 필요성과 전보 등에 따른 근로자의 생활상 불이익을 비교, 교량하고 근로자 측과의 협의 등 그 전보처분 등의 과정에서 신의칙상 요구되는 절차를 거쳤는지 여부를 종합적으로 고려하여 결정하여야 할 것이다.[258)]
② 근로자에 대한 전직이나 전보처분은 근로자가 제공하여야 할 근로의 종류 · 내용 · 장소 등에 변경을 가져온다는 점에서 근로자에게 불이익한 처분이 될 수도 있으나, 원칙적으로 인사권자인 사용자의 권한에 속하므로 업무상 필요한 범위 안에서는 상당한 재량을 인정하여야 하고, 그것이 근로자에 대하여 정당한 이유 없이 해고 · 휴직 · 정직 · 감봉 기타 징벌을 하지 못하도록 하는 구 근로기준법 제23조제1항에 위배되거나 권리남용에 해당하는 등 특별한 사정이 없는 한 무효라고는 할 수 없고, 전직처분 등이 정당한 인사권의 범위 내에 속하는지의 여부는 당해 전직처분 등의 업무상의 필요성과 전직에 따른 근

---

258) 대법 1998.12.22. 선고 97누5435 판결 ; 대법 2000.4.11. 선고 99두2963 판결 등

로자의 생활상의 불이익을 비교 · 교량하고, 근로자가 속하는 노동조합(노동조합이 없으면 근로자 본인)과의 협의 등 그 전직처분을 하는 과정에서 신의칙상 요구되는 절차를 거쳤는지 여부를 종합적으로 고려하여 결정하여야 한다.[259]

(가) 업무상 필요성에 관한 사정

(a) 기업의 합리적인 운영

직장질서의 유지나 회복, 근로자 간의 인화 등 기업의 합리적인 운영을 위한 전보나 전직도 업무상의 필요성이 있다고 보며, 회사에서 정기적으로 전보 등을 실시하여 왔고 그 목적과 취지 등을 객관적인 자료를 통하여 확립해 두었거나 사업장이 폐지되는 등의 경우에는 대체적으로 업무상 필요성이 인정된다.

관련판례

① 업무상의 필요성은 사용자의 주관적 판단에 의할 것이 아니라 노동력의 적정배치로 인한 업무의 능률증진, 근로자의 능력개발과 근로의욕의 고양 등 기업의 합리적 운영에 기여하는 것인지 여부에 관한 객관적 기준에 의하여 판단하여야 할 것이다.[260]

② 직장질서의 유지나 회복, 근로자 간의 인화 등 기업의 합리적인 운영을 위한 전보나 전직도 업무상의 필요성이 있다고 볼 것이므로[261] 기록 및 원심의 인정사실에 나타난 원고의 ○○도지부에서의 근무기간, ○○도지부 내의 급여과와 관리과를 거쳐 근무하는 동안인 1992.11월경부터 1995.2월경까지 계속된 행정심판청구에서 감사원 재심사청구에 이르는 일련의 행위로 인하여 동료 및 상급자들이 원고(근로자)에 대하여 가지고 있는 불편한 감정, 원고의 성품, 근무태도 등에 비추어 보면 공단이 행한 원고에 대한 위 전보인사는 업무상의 필요성에 따라 행하여졌다고 인정되고, 또 원고가 저지른 비위의 유형과 정도, 공단은 그 수행사업의 성격상 직장질서를 엄정하게 유지하여야 할 필요가 있는 점 등을 감안하면 위 전보인사는 공단운영상 부득이한 조치였다고 보이므로, 원고가 급여과에서 관리과로 전보된 것이 5개월 남짓 밖에 되지 아니하였다고 하더라도 전보인사의 기준을 정한 공단의 인사규정 제32조의 규정을 위반한 것이라고 할 수 없다.[262]

259) 대법 2009.4.23. 선고 2007두20157 판결
260) 대법 2006.1.27. 선고 2005두16772 판결
261) 대법 1998.12.22. 선고 97누5435 판결 참조
262) 대법 1999.9.3. 선고 97누2528 판결

(b) 당해 근로자 선택 필요성

업무상 필요성은 당해 근로자를 다른 근무장소나 직무로 인사발령하는 것이 기업운영에 있어 합리적 · 효율적인가 여부, 근로자의 업무수행능력 향상에 기여하는가 여부 등을 고려하여 객관적으로 판단하여야 한다.

관련판례

업무상의 필요성이 있는 경우라 함은, 인원배치를 변경할 필요성뿐만 아니라 그 변경에 당해 근로자를 해당시킬 인원선택상의 필요성(합리성)도 있는 경우를 의미한다.[263]

(나) 생활상 불이익에 관한 사정

(a) 통상 감수하여야 할 범위

근로자의 생활상 불이익은 전보 등에 따라 해당 근로자가 받게 되는 일체의 불이익을 뜻하는데, 직무내용 변경으로 인한 업무수행상의 어려움, 근무장소 변경으로 인한 출퇴근의 어려움, 기존의 직무수행으로 인하여 근로자가 받고 있는 특수한 이익이 있는 경우(전문성이나 각종 자격 인정 등) 그러한 특수한 이익의 상실 등을 들 수 있다. 그리고 생활상의 불이익이라 함은 경제적 불이익에 한정되지 않고 정신적, 육체적, 사회적 불이익 나아가 조합활동상의 불이익[264]까지도 포함한다.

관련판례

업무상의 필요에 의한 전보 등에 따른 생활상의 불이익이 근로자가 통상 감수하여야 할 정도를 현저하게 벗어난 것이 아니라면 이는 정당한 인사권의 범위 내에 속하는 것으로서 권리남용에 해당하지 아니한다.[265]

---

263) 서울고법 2010.11.4. 선고 2010누12721 판결
264) 서울고법 2010.11.4. 선고 2010누12721 판결
265) 대법 2000.4.11. 선고 99두2963 판결

(b) 주택자금 보조

야간근로나 연장근로 중단으로 인한 수당감소는 대부분 생활상 불이익으로 보고 있지 않으며, 주거지를 옮기게 된다고 하더라도 회사에서 주택자금을 보조하거나 기숙사를 제공하는 등의 경우 발생하는 생활상의 불이익은 근로자가 통상 감수하여야 할 범위 내라고 보고 있다.

관련판례

전보발령 특히 원격지 발령은 당해 근로자에 있어서는 생활상, 경제상의 불이익이 필연적으로 수반될 수밖에 없다는 점과 앞서 본 바와 같이 참가인(사용자) 회사는 원격지 발령에 따른 이주비를 지원하고, 이주에 따른 주택마련과 관련하여 주택자금 대출을 지원하고 있는 점, 원고(근로자)는 이 사건 전보발령으로 대전지점으로 출퇴근하면서 하루 5-6시간이 소요되고 교통비로 월 100만원에 근접한 비용이 소요된다고 주장하고 있으나 이는 원고 스스로가 대전지역으로 이주하지 아니하고 현재의 주거지에서 출퇴근을 선택한 때문인 점, 원격지 전보로 인하여 영업실적의 감소가 예정됨에 따라 참가인 회사는 전보발령 후 4개월 간은 원고가 전보발령 이전에 수령하였던 급여를 모두 지급하였던 점 (중략) 등 제반 사정을 두루 고려하여 보면, 이 사건 전보발령으로 말미암아 원고에게는 어느 정도의 생활상, 경제상의 불이익이 예상되기는 하나 그것이 근로기준법 등에 위반되거나 재량권의 범위를 벗어나 권리남용에 해당된다고 보이지 아니한다.[266]

(다) 사전의 협의절차에 관한 사정

(a) 신의칙상 요구되는 절차

전보처분 등의 과정에서 신의칙상 요구되는 절차를 거쳤는지 여부가 고려된다.

관련판례

"신의칙상 요구되는 절차"란 사용자의 일방적인 전보명령을 제한하기 위한 절차적 정당성을 말하는 것으로, 그 내용으로는 전보의 필요성에 대한 설명, 고려기간의 부여, 대상조치(반대

266) 서울행법 2006.9.22. 선고 2006구합4080 판결

급부)에의 배려 등 사용자가 근로자의 동의를 얻기 위한 노력의 정도나 동의를 얻지 못한 경우에도 본인의 가정생활상의 사정을 어디까지 고려하였는지의 사정 등을 들 수 있다.[267)]

(b) 사전협의 절차의 효력

사전협의 절차를 거치지 아니하였다는 사정만으로 전보처분 등이 권리남용에 해당하여 당연히 무효가 되지는 않는다.

관련판례

전보명령에 관하여 사전에 협의를 거치지는 않았다고는 하나, 전보처분 등을 함에 있어서 근로자 본인과 성실한 협의절차를 거쳤는지의 여부는 정당한 인사권의 행사인지 여부를 판단하는 하나의 요소라고는 할 수 있으나, 그러한 절차를 거치지 아니하였다는 사정만으로 전보처분 등이 권리남용에 해당하여 당연히 무효가 된다고는 볼 수 없다.[268)]

(c) 노동조합과의 협의나 동의

취업규칙이나 단체협약에 인사이동의 기준 및 절차를 규정하고 있거나 노동조합과의 협의나 동의를 거치도록 규정되어 있다면 원칙적으로 이에 따라야 할 것이나, 회사가 노동조합과 사전합의를 하기 위하여 성실하고 진지한 노력을 다하였음에도 불구하고 노동조합이 협의나 합의절차에 불응하는 등 스스로 권리를 포기한 것으로 볼 수 있는 경우에는 그러한 절차를 거치지 않았다는 이유만으로 정당성이 부정되는 것은 아니다.

관련판례

① 단체협약에서 조합간부의 인사에 대하여는 사전합의를, 조합원의 인시에 대하여는 사전 협의를 하도록 용어를 구분하여 사용하고 있다면, 위 단체협약은 사용자의 인사권에

267) 서울고법 2010.11.4. 선고 2010누12721 판결
268) 대법 1997.7.22. 선고 97다18165, 18172 판결 ; 대법 2009.3.12. 선고 2007두22306 판결

대하여 조합간부와 조합원을 구분하여 제한의 정도를 달리 정한 것으로 보아야 하고, 그 정도는 노조원에 대한 협의는 인사권의 신중한 행사를 위하여 의견수렴절차를 거치라는 뜻이나, 노조간부의 인사에 대하여는 노동조합과 의견을 성실하게 교환하여 노사간에 의견의 합치를 보아 인사권을 행사하여야 한다는 뜻에서 사전 합의를 하도록 규정한 것이라고 해석하는 것이 타당하다.[269]

② 사용자가 인사처분을 함에 있어 노동조합의 사전동의나 승낙을 얻어야 한다거나 노동조합과 인사처분에 관한 논의를 하여 의견의 합치를 보아 인사처분을 하도록 단체협약 등에 규정된 경우에는 그 절차를 거치지 아니한 인사처분은 원칙적으로 무효로 보아야 할 것이다. 다만, 이처럼 사전 합의조항을 두고 있다고 하더라도 사용자의 인사권이 어떠한 경우를 불문하고 노동조합의 동의나 합의가 있어야만 행사할 수 있는 것은 아니고, 노동조합이 사전합의권을 남용하거나 스스로 사전합의권의 행사를 포기하였다고 인정되는 경우에는 사용자가 이러한 합의없이 한 인사처분도 유효하다고 보아야 한다. 여기서 노동조합이 사전합의권을 남용한 경우라 함은 노동조합 측에 중대한 배신행위가 있고 이로 인하여 사용자 측의 절차적 흠결이 초래되었다거나 인사처분의 필요성과 합리성이 객관적으로 명백하며, 사용자가 노동조합 측과 사전합의를 위하여 성실하고 진지한 노력을 다하였음에도 불구하고 노동조합 측이 합리적 근거나 이유 제시도 없이 무작정 인사처분에 반대함으로써 사전합의에 이르지 못하였다는 등의 사정이 있는 경우에 인정된다 할 것이다.[270]

(d) 근로자의 동의

근로계약상 근로의 장소가 특정되어 있는 경우에 이를 변경하는 전직이나 전보명령을 하려면 근로자의 동의가 필요하다.

관련판례

근로계약상 근로의 장소가 특정되어 있는 경우에 이를 변경하는 전직이나 전보명령을 하려면 근로자의 동의가 있어야 할 것인데, 이 사건에서 원고(사용자) 회사가 근로계약상 근무장소가 ㅇㅇ현장으로 되어 있는 참가인(근로자) 박ㅇㅇ을 나른 곳으로 전직명령한 것은 이것이 승진이기는 하나 그의 의사에 반하여 이루어진 것으로서 인사권의 남용에 해당된다고 할 것이다.[271]

---

269) 대법 1993.8.24. 선고 92다34926 판결 참조
270) 대법 2007.9.6. 선고 2005두8788 판결 ; 대법 2010.7.15. 선고 2007두15797 판결
271) 대법 1992.1.21. 선고 91누5204 판결

(라) 종합적 고려

이상의 요소는 서로 독립되어 요건을 충족시켜야 되는 것은 아니고 이를 종합적으로 고려하여 정당성 여부를 판단한다.

관련판례

이러한 업무상의 필요성과 근로자의 생활상의 불이익, 그리고 신의칙 위반은 그 내용과 정도에 따라 상대적 관점에서 사회통념에 따라 종합적으로 판단하여야 할 것이다.[272)]

3) 기타 전보 · 전직 관련 쟁점

(가) 후선역 제도의 정당성

금융권을 중심으로 시행되고 있는 후선역 제도(실적이 좋지 않은 직원을 임시 보직에 배치하여 급여 등을 줄이고 일정 실적을 달성해야 원직으로 복귀시켜 주는 제도)에 대해, 명예퇴직 대상자를 대상으로 하거나 노동조합과의 합의를 거쳤다면 신의성실의 원칙에 위반되지 않는다고 보면서 대체적으로 그 정당성을 인정하고 있다.

관련판례

① 은행이 노동조합과 합의하여 조직 경쟁력을 강화하고 연공서열 중심의 고연령, 고비용 인력구조를 개선하기 위하여 직급별 근속년수를 중요한 기준으로 삼아서 명예퇴직 및 후선 발령 대상 근로자를 선정하여 인사발령한 것은, 은행이 노동조합과 직급별 근속년수를 후선 발령 대상자 선정기준으로 합의한 점 등에 비추어 그 선정기준이 합리성과 공정성을 결여한 것으로 볼 수 없으므로, 인사발령이 정당한 인사권의 범위 내에서 행사된 것으로 적법하다.[273)]

② 후선 발령되는 경우 직책에 따른 각종 수당이 지급되지 않는 등으로 총 급여상 23%

---

272) 대법 2006.1.27. 선고 2005두16772 판결

273) 대법 2009.4.23. 선고 2007두20157 판결

정도가 감액되는 것은 사실이나, 이는 위 후선 발령 직원 인사관리지침의 적용에 따른 당연한 결과이고, 후선 발령 그 자체가 업무실적 부진, 사고의 우려 등 문책의 성격을 가지므로 그에 따른 경제적 제재는 어느 정도 불가피하다는 점 등을 고려하면, 위와 같은 정도의 경제적 불이익이 통상 감수되어야 할 정도를 현저하게 벗어나 참가인들에 과도한 생활상의 불이익을 가하는 것이라고 보기 어렵다.[274)]

(나) 전직과 징계

근로자에게 징계처분을 내리면서 동일한 사유로 전직처분을 내린 경우, 전직처분에 의하여 임금이나 기타 근로조건이 저하되는 등 사실상 전직처분이 징계로서의 의미를 가질 경우 징계처분과 전직처분을 포함하여 하나의 징계로 보아 징계양정을 판단한다.

관련판례

은행 직원이 감봉처분과 동시에 동일한 징계사유로 이른바 역직위 조치를 받아 급여가 삭감된 채 감봉처분기간이 지난 뒤에도 역직위에 머물게 한 조치는 감봉처분과 동일한 징계사유에 기하여 함께 이루어 졌으므로 위 감봉처분과 역직위 조치를 포함하여 하나의 징계로 보아 징계양정의 과중여부를 판단하여야 한다.[275)]

(3) 전적의 정당성 요건 등

1) 전적의 의의

전보나 전직이 기업내 인사이동임에 반하여 전적은 기업 간의 인사이동에 해당한다. 즉 전적은 현재의 기업과의 근로관계를 완전히 종료하고 다른 기업과 새로운 근로관계를 형성하는 것을 뜻하는데, 주로 모 · 자기업이나 기업 계열사 사이의 인사교류의 목적으로 행해진다.

---

274) 서울행법 2006.12.5. 선고 2006구합22576 판결
275) 대법 2007.10.12. 선고 2007두15896 판결

시내버스 회사가 회사 경영의 악화로 그 소유 버스를 다른 회사에 양도하면서 버스와 함께 운전사를 양수회사가 인수하기로 양수회사와 합의함에 따라 해당 운전사에게 양수회사에서 근무하도록 통지한 것은 전적명령에 해당하고 실질적인 정리해고에는 해당하지 아니한다고 본다.

관련판례

○○여객이 9.10. 원고(근로자)들에게 "근무지 변경에 관한 업무 통보"라는 제목하에 "회사의 경영이 악화되어 부득불 차량감축이라는 피치 못할 상황에 처하여 상대회사에서 선정한 전속기사가 전근된다"고 통지한 점, 위의 통지에 앞서 버스 양수회사와 운전사의 인수를 합의한 점, 같은 달 14. 원고들에 대하여 위 전근명령에 대한 태도표명을 분명히 하도록 공고한 점, 이에 대하여 원고들이 같은 달 20. ○○여객에 대하여 위와 같은 전근명령에 따를 수 없다는 통지를 한 점, 그 후 ○○여객은 같은 해 11.경 원고들에 대하여 승무하던 차량이 양도된 회사에 전입신고를 계속 미룰 경우 사임처리하겠다는 내용의 통지를 한 점 등에 비추어 보아 위 통지는 전적명령으로 보아야 할 것이고, 실질적인 정리해고라고는 할 수 없을 것이다.[276]

2) 전적의 정당성 요건

(가) 근로자의 동의

전적은 근로자에 대하여 종전 기업과의 근로관계를 합의해지하고 이적하게 될 기업과 사이에 새로운 근로계약을 체결하는 것이거나 또는 근로계약상의 사용자의 지위를 양도하는 것이므로 원칙적으로 근로자의 동의가 필요하다.[277]

관련판례

전적은 근로자를 그가 고용된 기업으로부터 다른 기업으로 적을 옮겨 다른 기업의 업무에 종사하게 하는 것으로서, 종래에 종사하던 기업과 간의 근로계약을 합의 해지하고 이

276) 대법 1996.4.26. 선고 95누1972 판결
277) 민법 제657조제1항 사용자는 노무자의 동의없이 그 권리를 제3자에게 양도치 못한다.

적하게 될 기업과 간에 새로운 근로계약을 체결하는 것이거나 근로계약상의 사용자의 지위를 양도하는 것이므로, 동일기업 내의 인사이동인 전근이나 전보와 달리, 사용자가 근로자의 동의를 얻지 아니하고 다른 회사로 전적시키는 관행이 있어서 그 관행이 근로계약의 내용을 이루고 있다는 등의 특별한 사정이 없는 한 근로자의 동의를 얻어야 효력이 생기는 것이다.[278)]

(나) 확립된 관행

그룹 내의 기업에 고용된 근로자의 경우 입사시 동의서나 서약서 등을 제출하여 기업그룹 내의 전적에 관하여 포괄적인 동의를 할 수도 있으나, 이 때 근로자는 전적될 기업과 그 기업에서 종사하여야 할 업무 등 기본적인 근로조건에 관하여 구체적으로 인식하고 있어야 한다.

관련판례

① 근로자를 그가 고용된 기업으로부터 다른 기업으로 적을 옮겨 다른 기업의 업무에 종사하게 하는 이른바 전적(轉籍)은, 종래에 종사하던 기업과 사이의 근로계약을 합의해지하고 이적하게 될 기업과 사이에 새로운 근로계약을 체결하는 것이거나 근로계약상의 사용자의 지위를 양도하는 것이므로, 동일 기업 내의 인사이동인 전근이나 전보와 달라 특별한 사정이 없는 한 근로자의 동의를 얻어야 효력이 생기고, 나아가 기업그룹 등과 같이 그 구성이나 활동 등에 있어서 어느 정도 밀접한 관련성을 갖고 사회적 또는 경제적 활동을 하는 일단의 법인체 사이의 전적에 있어서 그 법인체들 내에서 근로자의 동의를 얻지 아니하고 다른 법인체로 근로자를 전적시키는 관행이 있어서 그 관행이 근로계약의 내용을 이루고 있다고 인정하기 위하여는, 그와 같은 관행이 그 법인체들 내에서 일반적으로 근로관계를 규율하는 규범적인 사실로서 명확히 승인되거나, 그 구성원이 일반적으로 아무런 이의도 제기하지 아니한 채 당연한 것으로 받아들여 기업 내에서 사실상의 제도로서 확립되어 있지 않으면 아니 된다.(중략) 조합중앙회의 조정에 따라 인사교류를 한다는 인사규정을 두고 있었다는 사정만으로 직원의 동의없는 일방적인 전적의 관행이 규범적인 사실로서 명확히 승인되었거나 사실상의 제도로서 확립되었다고 볼 수도 없다.[279)]

278) 대법 1993.1.26. 선고 92누8200, 92다11695 판결 참조
279) 대법 2006.1.12. 선고 2005두9873 판결

② 근로자를 그가 고용된 기업으로부터 별개의 기업체인 다른 기업으로 적(籍)을 옮겨 그 다른 기업의 업무에 종사하게 하는 전적(轉籍)은 원칙적으로 근로자의 동의를 얻어야 효력이 생기는 것이고, 다만 다양한 업종과 업태를 가진 계열기업들이 자본 · 임원의 구성 · 영업활동 등에 있어서 어느 정도 밀접한 관련성을 갖고 경제활동을 전개하는 기업그룹 내의 계열기업 사이의 전적에 있어서는 미리 전적할 계열기업을 특정하고, 그 기업에서 종사하여야 할 업무에 관한 사항 등의 기본적인 근로조건을 명시하여 사전동의를 얻은 경우나 기업그룹 내에서 근로자의 동의를 얻지 아니하고 다른 계열기업으로 근로자를 전적시키는 관행이 있어서 그와 같은 관행이 기업 내에서 일반적으로 근로관계를 규율하는 규범적 사실로 명확하게 승인되거나 기업의 구성원이 일반적으로 아무런 이의를 제기하지 아니한 채 당연한 것으로 받아들여 기업 내에서 사실상의 제도로 확립되어 있어 근로계약의 내용을 이루는 것으로 인정되는 경우처럼 특별한 사정이 있는 경우에 한하여 근로자의 구체적인 동의를 얻지 아니하더라도 근로자를 다른 계열기업으로 유효하게 전적시킬 수 있다 할 것이다.[280)]

(다) 인사권의 한계

구체적인 동의를 얻지 아니한 채 근로자를 다른 법인체로 유효하게 전적시킬 수 있는 경우라 하더라도 그것이 근로기준법 등에 위반하거나 권리남용에 해당하는 경우 허용될 수 없고, 전적처분이 정당한 인사권 범위 내에 속하는지 여부는 업무상 필요성과 근로자의 생활상의 불이익과의 비교형량, 근로자 본인과의 협의 등 전적명령을 하는 과정에서 신의칙상 요구되는 절차를 거쳤는지 여부를 종합적으로 검토하여 판단하여야 한다.

관련판례

이 사건 전적명령을 할 만한 업무상 필요성이 별로 없는 데 반하여 그로 인하여 여태껏 신용업무만을 담당하여 오던 원고(근로자)가 다른 업무인 지도업무를 처음으로 맡게 된데다가 출퇴근 시간이 현저히 증가하는 등 원고에게는 생활상의 불이익을 주고 전적과정에서 원고의 동의는 아니더라도 양해나 협조를 구하는 등 신의칙상 요구되는 절차를 취하였다는 증거도 없으므로 정당한 인사권의 범위를 넘는 부당한 조치라고 판단하여, 부당전

280) 대법 1996.5.10. 선고 95다42270 판결 ; 대법 1993.1.26. 선고 92다11695 판결 등

적이 아니라는 피고(중앙노동위원회) 및 피고 보조참가인(사용자)의 주장을 배척하고 원고의 이 사건 청구를 인용한 제1심판결을 그대로 유지하였다. (중략) 원심이 그 결론에 있어서 이 사건 전적명령에 관하여 부당전적이 아니라는 피고의 재심판정이 위법하다고 보아 그 취소를 구하는 원고의 이 사건 청구를 인용한 것은 결과적으로 정당하다.[281]

3) 계속 근로관계

특별한 사정이 없는 한 당해 근로자의 종전 기업과의 근로관계는 단절되는 것이고, 이적하게 될 기업이 당해 근로자의 종전 기업과의 근로관계를 승계하는 것은 아니므로, 비진의 의사표시에 해당한다 하더라도, 사용자가 알았을 경우에만 계속 근로관계가 유지된다.

관련판례

전적은 종전 기업과의 근로관계를 합의해지하고, 이적하게 될 기업과 사이에 새로운 근로계약을 체결하는 것이므로 원칙적으로 근로자의 동의가 필요한 것으로서, 근로자가 전적명령에 응하여 종전 기업에 사직서를 제출하고 퇴직금을 수령한 다음 이적하게 될 기업에 입사하여 근무를 하였다면 특별한 사정이 없는 한 이는 전적에 대한 동의를 전제로 한 행동이라고 보아야 하고 가사 근로자가 퇴직 및 입사 등의 행위를 한 때에 그 내심의 의사가 종전 기업과의 근로관계를 종료하고 이적하게 될 기업과 근로관계를 맺으려는 것이 아니라 오로지 퇴직금을 지급받을 의사에 불과한 것으로서 비진의 의사표시에 해당한다고 하더라도 사용자가 그 진의 아님을 몰랐고 알 수도 없었던 경우에는 그 효력을 부인할 수 없다. 유효한 전적이 이루어진 경우에 있어서는 당사자 사이에 종전 기업과의 근로관계를 승계하기로 하는 특약이 있거나 이적하게 될 기업의 취업규칙 등에 종전 기업에서의 근속기긴을 통산하도록 하는 규정이 있는 등의 특별한 사정이 없는 한 당해 근로자의 종전 기업과의 근로관계는 단절된다.[282]

---

281) 대법 2006.1.12. 선고 2005두9873 판결
282) 대법 1998.12.11. 선고 98다36924 판결

2. 직위해제, 대기발령

(1) 대기발령과 직위해제의 관계

대기발령은 근로자가 종전과 동일한 업무를 수행할 수 없는 여건이 있는 경우 근로자에게 보직을 부여하지 않고 대기시키는 잠정적인 인사조치를 말하며, 직위해제는 근로자에게 그 직위를 계속 유지시킬 수 없는 사유가 있어 그 직위를 부여하지 아니하여 직무에 종사하지 못하도록 하는 잠정적인 조치로서의 보직의 해제를 말한다.

직위해제와 대기발령은 공무원법에서 유래된 것으로 보이는데, 본래 직위해제는 제재로서 행하여지는 불이익처분이지만, 대기발령은 제재가 아닌 일반적인 인사명령으로 행하여지는 경우도 많다는 점에서 양자는 개념적으로 구별이 가능하다. 다만, 기업의 인사실무상 직위해제 후에는 직무에 종사하지 못하게 하는 대기발령을 명하여 양자가 일체로서 행하여지는 경우가 많고, 양자를 엄격하게 구별하지 않고 쓰고 있다.

(2) 대기발령의 법적성질 및 종류

1) 법적성질

(가) 인사명령

근로자의 장래의 업무상 장애 등을 예방하기 위한 인사명령으로, 업무상 필요한 범위 안에서 사용자에게 상당한 재량이 인정된다.

관련판례

기업이 그 활동을 계속적으로 유지하기 위하여는 노동력을 재배치하거나 그 수급을 조절하는 것이 필요 불가결하므로, 대기발령을 포함한 인사명령은 원칙적으로 인사권자인 사용자의 고유권한에 속한다 할 것이고, 따라서 이러한 인사명령에 대하여는 업무상 필요한 범위 안에서 사용자에게 상당한 재량을 인정하여야 하며, 이것이 근로기준법 등에 위반되거나 권리남용에 해당하는 등의 특별한 사정이 없는 한 위법하다고 할 수 없고, (중략) 이러한 법리와 기록에 의하여 살펴보면, 피고(사용자)의 인사규정은 징계사유에 해당하여 인사위원회에 부의될 때에는 대기발령을 할 수 있다고 규정하고 있고, 원고(근로자)는 형사사건에서 원고에게 과실이 있는지 여부는 별론으로 하고 고의로 업무상 임무에 위배한 것은 아니라는 이유로 무죄판결을 선고받았으며, 원고는 징계 및 변상조치 여부를 확정하기 위하여 인사위원회에 부의되었고, 대기발령을 받은 자에게는 본봉에 직책수당을 합한 고정급여의 80%에 해당하는 금액을 지급하도록 되어 있는 이 사건에서, 원고가 징계사유에 해당하여 인사위원회에 부의되었음을 이유로 한 피고의 8.20.자 이 사건 대기발령이 근로기준법 등에 위반되거나 권리남용에 해당한다고 볼 특별한 사정이 있다고 할 수 없으므로, 위 대기발령은 정당한 인사권의 행사로서 적법하다고 보아야 할 것이다.[283)]

(나) 징계와의 차이

(a) 인사명령과 징계

대기발령은 과거의 근로자의 비위행위에 대한 제재인 징계와는 그 성질이 다르다.

관련판례

직위해제는 일반적으로 근로자가 직무수행능력이 부족하거나 근무성적 또는 근무태도 등이 불량한 경우, 근로자에 대한 징계절차가 진행 중인 경우, 근로자가 형사사건으로 기소된 경우 등에 있어서 당해 근로자가 장래에 있어서 계속 직무를 담당하게 될 경우 예상되는 업무상의 장애 등을 예방하기 위하여 일시적으로 당해 근로자에게 직위를 부여하지 아니함으로써 직무에 종사하지 못하도록 하는 잠정적인 조치로서의 보직의 해제를 의미하므로 과거 근로자의 비위행위에 대하여 기업질서 유지를 목적으로 행해지는 징벌적 제재로서의 징계와는 그 성질이 다르다.[284)]

(b) 징계사유로 열거되어 있는 경우

징계로서의 승무정지와는 별도로 업무명령으로서의 승무정지도 가능하다.

283) 대법 2005.2.18. 선고 2003다63029 판결
284) 대법 2007.5.31. 선고 2007두1460 판결

관련판례

운송사업체에 있어서의 배차중지(승무정지)처분은 사용자가 경영권행사의 일환으로 업무수행을 위하여 근로자에 대하여 행하는 업무명령인 배차지시의 소극적 양태라 할 것이고, 이러한 배차중지(승무정지)처분이 경영상의 필요나 업무수행의 합리적인 이유에 기인한 경우에는 이는 정당한 업무명령에 속한다고 할 것이므로 비록 단체협약에 승무정지가 징계사유로 열거되어 있다고 하여도 징계로서의 승무정지와는 별도로 업무명령으로서의 승무정지도 가능하다고 할 것이다.[285)]

(c) 징계를 위한 사전처분

합리적인 이유가 있으면, 징계처분이 이루어질 때까지로 기간을 한정하여 대기발령하는 것이 가능하다.

관련판례

운수회사가 원고(근로자)를 징계위원회에 회부하면서 징계위원회에 회부된 자가 차량을 운행할 경우 사고의 위험 등을 예방하기 위하여 징계처분이 이루어질 때까지로 기간을 한정하여 한 이 사건 대기발령은 업무수행의 합리적인 이유에 기인한 정당한 업무명령에 해당한다고 판단한 것은 정당하다.[286)]

2) 종류

대기발령은 임금삭감 및 승진보류 등 불이익을 수반하는 대기발령과 불이익을 수반하지 않는 대기발령으로 구분할 수 있다.

관련판례

① 이 사건의 직위해제처분을 받는 자는 어떠한 직무에도 종사하지 못하게 될 뿐만 아

285) 대법 1997.11.25. 선고 96누13231 판결
286) 대법 2006.11.23. 선고 2006두11644 판결

니라 승급, 승호, 보수지급 등에 있어서 불이익 한 처우를 받게 되고 나아가 일정한 경우에는 직위해제를 기초로 하여 직권면직처분을 받을 가능성까지 있으므로 직위해제는 인사상 불이익한 처분에 속한다.[287)]

② 원고(근로자)가 인정사유만으로도 징계대상이 된다고 보기에 충분한 행위를 한 점, 이 사건 대기발령으로 인하여는 참가인(사용자) 조합의 인사규정 또는 급여규정상 원고에게 별다른 불이익이 없는 점 그리고 그 후 원고가 징계에 부의된 점 등에 비추어 보면, 원고를 징계에 부의하기 위한 사전조치로서 한 이 사건 대기발령이 인사재량권을 남용한 것으로서 위법하다고 할 수는 없다.[288)]

(3) 부당대기발령 구제신청사건의 심사요건

1) 노동위원회의 심사권

불이익을 수반하는 대기발령의 경우는 근로기준법 제23조제1항의 “전직” 또는 “기타 징벌”에 포함되므로 노동위원회가 심사권을 가지나, 불이익을 수반하지 않는 대기발령과 같은 단순한 인사명령의 경우는 노동위원회의 심사권이 없으므로 그에 대한 구제신청을 각하할 수도 있으나, 실무상으로는 각하처리하지 않고 대기발령으로 인한 불이익이 없다는 점을 대기발령의 정당성을 인정하는 근거 중 하나로 들고 있다. 판례에서 대기발령에 따른 불이익이 있으면 소의 이익을 인정하므로, 이를 반대해석하면 불이익이 없다면 소의 이익이 부정된다는 취지이다.

관련판례

사실상 직위해제가 급여 등에 있어 오히려 징계처분인 정직이나 감봉보다 당사자에게는 더 불이익하게 작용하고 있을 뿐만 아니라, 승진 소요 최저연수 산정 시 재직기간에서도 제외되고, 직위해제기간은 승급에 필요한 최저근무 기간에서도 제외되는 등 원고(근로자)들이 참가인(사용자) 공단의 직원의 지위를 계속 보유하고 있는 한 직위해제에 의한 영향이 지속되고 있으므로 원고들에게 이 사건 직위해제의 취소를 구할 이익도 인정된다고 보아야 할 것이다.[289)]

---

287) 대법 1992.7.28. 선고 91다30729 판결
288) 서울행법 2005.1.21. 선고 2004구합19583 판결
289) 서울행법 2007.4.19. 선고 2006구합32474 판결

2) 구제신청의 구제이익

(가) 대기발령 처분 해제

(a) 전보발령

대기발령 이후 대기발령 처분이 해제되어 다시 직위를 부여받았다면 대기발령에 따른 구제신청은 구제이익이 존재하지 않는다.

관련판례

원고(사용자)의 인사규정에 따르면, 대기발령을 받은 경우에는 직위가 부여되지 아니하여 직무에 종사할 수 없고, 6개월 경과 시까지 직위를 부여받지 못하는 경우 당연면직될 수 있는 가능성도 있으므로, 이는 인사상의 불이익처분에 해당한다고 할 것이지만, 한편 직권으로 살펴보건대, 원고는 이 사건 재심판정 전인 3.17. 이미 참가인(근로자)에 대한 대기발령을 해제하고 이 사건 전보발령을 통하여 새로운 직위를 부여하였으므로, 이러한 경우 당초의 대기발령 처분에 어떠한 하자가 있음을 이유로 노동위원회에 구제를 신청할 이익은 없다고 할 것이다. (이에 대하여 참가인은 이 사건 대기발령으로 직원들로부터 냉대를 받았고 대기발령 중 전례 없는 급여삭감 등의 사정이 있다고 주장하나, 직원들의 냉대 등 사회적인 명예의 손상은 사실상의 이익에 불과하고, 대기발령 중 급여삭감이 있었다면 그 부분에 대하여는 임금청구소송 등 민사소송을 제기하여 구제받을 수 있는 것이므로, 위와 같은 사정만으로 구제를 신청할 이익이 있다 할 수 없다).[290]

(b) 배차실시 통보

배차실시 예정이니 근무할 것을 촉구한다는 내용의 통보문을 발송한 경우, 승무정지의 효력이 상실되었다고 본다.

관련판례

운송사업체에서의 승무정지는 근로자에 대하여 소극적인 양태의 승무를 지시하는 업무명

290) 서울고법 2009.12.17. 선고 2009누13193 판결

령이므로 운송사업체가 그 승무정지를 철회하거나 승무를 재개하는 의사표시에 의하여 그 효력이 상실된다 할 것인바, 배차를 실시할 예정이니 정상적으로 근무할 것을 촉구한다는 내용의 통보문을 발송하고 공고한 이상, 이는 기존에 발하였던 승무정지처분을 철회하거나 승무를 재개하는 의사표시를 한 것이고, 회사 측의 사정으로 인하여 업무에 복귀하지 못할 특별한 이유가 있지 않는 한 승무정지의 효력이 상실되었다고 보아야 한다.[291)]

(나) 동일한 사유를 이유로 한 후속 징계처분

(a) 대기발령 후 징계처분

근로자를 대기발령한 후 그 대기발령 사유와 동일한 사유를 이유로 징계처분을 하였다면 뒤에 이루어진 징계처분에 의하여 그 전에 있었던 대기발령처분은 그 효력을 상실하므로, 대기발령에 대한 구제신청은 구제이익이 존재하지 않는다.

관련판례

직위해제처분을 한 후, 그 직위해제사유와 동일한 사유를 이유로 파면처분을 하였다면 뒤에 하여진 파면처분에 의하여 그 전에 하였던 직위해제처분은 그 효력을 상실한다고 봄이 상당할 것이다.[292)]

(b) 후속 징계의 효력을 다투는 경우

직위해제처분 이후에 이루어진 후속 해임처분의 효력을 둘러싸고 다툼이 있는 경우, 그 직위해제처분에 대한 구제의 이익이 있다

관련판례

근로자가 보직해임처분 이후 해고되었다고는 하더라도 그 해고의 효력을 둘러싸고 법률

291) 서울고법 2010.6.22. 선고 2009누22593 판결
292) 대법 1985.3.26. 선고 84누677 판결

적인 다툼이 있어 그 해고가 정당한지 여부가 아직 확정되지 아니하였고, 그 해고가 보직해임처분에 따라 발생한 의무의 불이행 등을 그 해고사유로 삼고 있어서 보직해임처분의 적법성 여부가 위 해고의 사유와도 직접 관련을 갖고 있다면, 그 보직해임처분에 대한 구제의 실익이 있다고 할 것이다.[293)]

(c) 직위해제가 불이익 처분인 경우

인사규정 등에서 직위해제처분에 따른 효과로 승진 · 승급에 제한을 가하는 등의 법률상 불이익을 규정하고 있는 경우에는 직위해제처분을 받은 근로자는 이러한 법률상 불이익을 제거하기 위하여 그 실효된 직위해제처분에 대한 구제를 신청할 이익이 있다.

관련판례

직위해제처분은 근로자로서의 지위를 그대로 존속시키면서 다만 그 직위만을 부여하지 아니하는 처분이므로 만일 어떤 사유에 기하여 근로자를 직위 해제한 후 그 직위해제사유와 동일한 사유를 이유로 징계처분을 하였다면 뒤에 이루어진 징계처분에 의하여 그 전에 있었던 직위해제처분은 그 효력을 상실한다.[294)] 여기서 직위해제처분이 효력을 상실한다는 것은 직위해제처분이 소급적으로 소멸하여 처음부터 직위해제처분이 없었던 것과 같은 상태로 되는 것이 아니라 사후적으로 그 효력이 소멸한다는 의미이다. 따라서 직위해제처분에 기하여 발생한 효과는 당해 직위해제처분이 실효되더라도 소급하여 소멸하는 것이 아니므로, 인사규정 등에서 직위해제처분에 따른 효과로 승진 · 승급에 제한을 가하는 등의 법률상 불이익을 규정하고 있는 경우에는 직위해제처분을 받은 근로자는 이러한 법률상 불이익을 제거하기 위하여 그 실효된 직위해제처분에 대한 구제를 신청할 이익이 있다. (중략) 직위해제처분으로 인하여 승진 · 승급에 제한을 받고 보수가 감액되는 등의 인사상 · 급여상 불이익을 입게 되었고, 이 사건 해임처분의 효력을 둘러싸고 다툼이 있어 그 효력여하가 확정되지 아니한 이상 근로자의 신분을 상실한다고 볼 수 없어 여전히 이와같은 인사상 불이익을 받는 상태에 있으므로, 비록 이 사건 직위해제처분이 이 사건 해임처분에 의하여 그 효력을 상실하였다고 하더라도 원고(근로자)는 이 사건 직위해제처분에 대한 구제의 이익이 있다.[295)]

293) 대법 1995.2.17. 선고 94누7959 판결
294) 대법 1997.9.26. 선고 97다25590 판결 등 참조
295) 대법 2010.7.29. 선고 2007두18406 판결

(4) 대기발령의 정당성 판단기준

1) 실체적 정당성

(가) 인사규정

대기발령사유가 존재하여야 하고, 인사규정상 대기발령사유가 한정되어 있는 경우에는 그 외의 사유로 대기발령을 행하는 것은 부당하다.

관련판례

사용자의 인사규정 등에 직원의 대기발령사유에 관하여 규정하고 있는 경우에 사용자가 위 규정에 의하여 직원을 대기발령하였다면 그 대기발령의 당부는 당해 처분에서 대기발령사유로 삼은 사유에 의하여 판단하여야 하고, 이와는 전혀 별개의 사유까지를 포함하여 위 대기발령처분의 당부를 판단할 수는 없다고 할 것인바,[296] 피고(사용자) 회사는 원고(근로자)에 대한 대기발령사유 중 "소외 3인을 폭행한 건"을 그 사유로 적시하지 아니하였음이 분명함에도 원심이 위 사유까지를 포함하여 대기발령의 당부를 판단한 것은 잘못이라고 할 것이다.[297]

(나) 업무상의 필요성, 생활상의 불이익

대기발령사유가 존재하는 경우 대기발령의 업무상의 필요성과 그에 따른 근로자의 생활상의 불이익을 비교하여 재량권의 일탈 · 남용여부를 심사한다.

관련판례

대기발령이 정당한 인사권의 범위 내에 속하는지 여부는 대기발령의 업무상의 필요성과 그에 따른 근로자의 생활상의 불이익과의 비교교량, 근로자와의 협의 등 대기발령을 하는 과정에서 신의칙상 요구되는 절차를 거쳤는지의 여부 등에 의하여 결정되어야 한다.[298]

296) 대법 1995.3.10. 선고 94누11880 판결 참조
297) 대법 2000.6.23. 선고 98다54960 판결
298) 대법 2002.12.26. 선고 2000두8011 판결

(다) 정황상 정당성 인정

구체적인 사안에 따라 대기발령에 따른 근로자의 생활상 불이익과의 비교 · 형량없이도 대기발령 사유의 존부만으로 대기발령의 정당성을 판단하는 경우가 있으며, 사용자의 경영상 필요에 의한 대기발령의 경우가 대표적인 예이다.

관련판례

근로자에 대한 대기발령이 정당하기 위해서는 해당 근로자에게 직위를 부여하지 않을만한 사유가 있어야 할 것이고, 특히 직무수행능력부족이나 근무태도불량 등을 대기발령 사유로 삼을 경우에는 사용자의 자의적 판단이 문제될 수 있으므로, 객관적인 자료에 의해 대기발령사유가 존재함이 입증되어야 하는 것이지만, 직무수행능력 혹은 근무태도 자체가 근로자의 능력 및 태도에 대한 일반적 · 추상적인 평가를 전제로 하는 것이므로, 인사고과결과, 업무실적, 출결상황, 상급자 혹은 동료 근로자들의 당해 근로자에 대한 평가 등의 자료를 모두 종합하여, 당해 근로자의 직무수행능력이 부족하거나 근무태도가 불량한 것으로 판단된다면, 해당 근로자에게 직위를 부여하지 않는 대기발령은 정당한 것이라고 보아야 한다.[299]

(라) 장기간의 대기발령

대기발령 사유가 인정되고 재량권 범위 내에서 행하여진 대기발령이라 하더라도, 부당하게 장기간 대기발령을 하는 경우는 정당성을 부정한다.

관련판례

① 대기발령이 일시적으로 당해 근로자에게 직위를 부여하지 아니함으로써 직무에 종사하지 못하도록 하는 잠정적인 조치이고, 근로기준법 제30조제1항에서 사용자는 근로자에 대하여 정당한 이유 없이 전직, 휴직, 기타 징벌을 하지 못한다고 제한하고 있는 취지에 비추어 볼 때, 사용자가 대기발령 근거 규정에 의하여 일정한 대기발령 사유의 발생에 따라 근로자에 대기발령을 한 것이 정당한 경우라고 하더라도 당해 대기발령 규정의 설

---

299) 대법 2001.7.26. 선고 2000두9113 판결

정 목적과 그 실제 기능, 대기발령 유지의 합리성 여부 및 그로 인하여 근로자가 받게 될 신분상 · 경제상의 불이익 등 구체적인 사정을 모두 참작하여 그 기간은 합리적인 범위 내에서 이루어져야 하는 것이고, 만일 대기발령을 받은 근로자가 상당한 기간에 걸쳐 근로의 제공을 할 수 없다거나, 근로제공함이 매우 부적당한 경우가 아닌데도 사회통념상 합리성이 없을 정도로 부당하게 장기간 동안 대기발령 조치를 유지하는 것은 특별한 사정이 없는 한 정당한 이유가 있다고 보기 어려우므로 그와 같은 조치는 무효라고 보아야 할 것이다.[300)]

② 인사규정에서 직위해제기간을 3월 이내로 제한하고 있음에도 97일(3개월 5일)간 직위해제를 유지하였는바, 인사규정에 직위해제기간의 상한이 정하여진 이상 그 기간의 도과로 직위해제의 효력은 당연히 상실되므로 해당 근로자는 사용자에게 직무복귀를 신청할 권리가 있고, 또한 그 상한을 도과한 기간에 대하여는 인사와 보수 등의 불이익을 받지 않도록 요구할 권리가 있음은 별론으로 하고, 직위해제기간의 상한을 도과한 기간이 불과 5일에 불과하고 그 도과사유도 징계절차가 다소 지연되어 일어난 것뿐으로 보이는 이 사건에서는 인사규정상의 직위해제기간의 상한을 도과하였다는 후발적인 사정만으로 이 사건 각 직위해제처분이 위법하게 된다고 볼 수 없다.[301)]

2) 절차적 정당성

(가) 징계처분인지 여부

취업규칙 등에 대기발령이 징계처분의 하나로 규정되어 있지 아니한 이상 사용자가 대기발령 처분을 함에 있어서 당해 근로자에게 변명의 기회를 부여하는 등의 징계절차를 거칠 필요는 없다. 그러나 취업규칙 등에 대기발령이 징계의 일종으로 규정되어 있는 경우는 징계절차를 거쳐야 한다.

관련판례

① 피고 회사의 취업규칙이나 인사관리규정에 대기발령이 징계처분의 하나로 규정되어 있지 아니한 이상 위 처분을 함에 있어서 해당자에게 변명의 기회를 부여하는 등의

---

300) 대법 2007.2.23. 선고 2005다3991 판결
301) 서울고법 2009.12.30. 선고 2009누6621 판결

징계절차를 거칠 필요는 없다 할 것이고,[302] 피고 회사의 취업규칙에 대기발령을 받고 3개월 이상 경과한 직후까지 복직되지 아니한 자는 해고할 수 있도록 규정하고 있으며, 대기발령사유와 징계사유가 유사하고, 대기발령 처분을 받은 자는 월 급여에서도 불이익을 당한다고 하여 징계처분에 대기발령이 포함되어 있다고 할 수 없는바, 이와 같은 취지의 원심 판단은 옳다.[303]

② 취업규칙 등에 직위해제에 관한 특별한 절차규정이 있는 경우가 아닌 한 직위해제를 함에 있어서 징계에 관한 절차 등을 거쳐야 하는 것은 아니며 직위해제의 성질 및 근로자의 비위행위에 대하여 여러 종류의 징계처분을 할 수 있도록 되어 있는 징계의 경우와는 달리 사용자로 하여금 직위해제 사유가 존재하는 근로자에 대하여 직위해제처분 외의 다른 처분을 하도록 강제할 수 있는 것이 아닌 점 등에 비추어, 근로자에 대한 직위해제처분의 정당성은 근로자에게 당해 직위해제 사유가 존재하는지 여부나 직위해제에 관한 절차규정을 위반한 것이 당해 직위해제처분을 무효로 할 만한 것이냐에 의하여 판단할 것이고, 단지 당해 직위해제처분이 근로자에게 가혹하고 다른 근로자의 유사한 비위행위에 대한 징계처분 등에 비추어 형평에 어긋난다는 사정만으로 그 정당성이 없는 것이라고 단정할 수 없다.[304] 위와 같은 직위해제는 사용자가 업무상 필요에 따라 근로자에게 다음 보직의 부여 시까지 대기발령을 명하는 것으로서 그 성질상 보직해임과 유사한 개념이라고 할 것이므로 위에서 설시한 직위해제에 관한 법리는 이 사건 보직해임에 있어서도 유추 적용된다고 볼 것이다.[305]

(나) 절차가 규정되어 있는 경우

단체협약 · 취업규칙상 규정된 대기발령 절차가 있다면 그에 따라야 하고, 정한 절차가 없더라도 근로자와의 협의 등 신의칙상 요구되는 절차를 거쳤는지의 여부를 고려할 수 있다.

관련판례

대기발령이 정당한 인사권의 범위 내에 속하는지 여부는 대기발령의 업무상의 필요성과 그에 따른 근로자의 생활상의 불이익과의 비교교량, 근로자와의 협의 등 대기발령을 하는

302) 대법 1995.3.10 선고 94누11880 판결 참조
303) 대법 2000.6.23. 선고 98다54960 판결
304) 대법 1996.10.29. 선고 95누15926 판결 참조
305) 서울행법 2010.6.18. 선고 2009구합42977 판결

과정에서 신의칙상 요구되는 절차를 거쳤는지의 여부 등에 의하여 결정되어야 하며, 근로자 본인과 성실한 협의절차를 거쳤는지의 여부는 정당한 인사권의 행사인지의 여부를 판단하는 하나의 요소라고는 할 수 있으나 그러한 절차를 거치지 아니하였다는 사정만으로 대기발령이 권리남용에 해당되어 당연히 무효가 된다고는 볼 수 없다.[306)]

(다) 인사발령통지서 미교부

직위해제시 인사발령통지서를 교부하도록 되어 있으나, 직위해제 사유 설명서만 교부된 경우 직위해제를 무효로 보지는 않는다.

관련판례

인사규정에 "직위해제를 행함에 있어서는 인사발령통지서에 직위해제처분 사유 설명서를 첨부하여야 한다"고 규정되어 있는 경우, 이 조항의 취지는 직위해제처분의 존재와 사유를 당사자에게 문서로서 정확히 알리고, 불복 시 방어권 행사를 용이하게 할 수 있도록 하며, 인사권자로 하여금 직위해제사유의 존부를 신중하고 합리적으로 판단하게 함으로써 직위해제권한을 적정하게 행사하도록 하기 위함이라고 할 것이다. 따라서 참가인(근로자)들에게 인사발령통지서가 교부되지 않았더라도 그 인사발령내용을 포함하는 직위해제처분 사유 설명서가 교부된 이상, 참가인들을 보호하려는 인사규정의 위 조항의 취지에는 어긋남이 없고, 이러한 절차상의 하자로 인하여 직위해제가 위법하게 된다고 할 수 없다.[307)]

(5) 대기발령에 이은 직권면직[308)]

대기발령에 이은 직권면직의 정당성이 인정되기 위해서는 먼저 선행대기발령이 정당하여야 한다. 대기발령이 정당한 경우, 대기발령 기간 동안 대기발령사유

306) 대법 2002.12.26. 선고 2000두8011 판결 ; 대법 2005.2.18. 선고 2003다63029 판결 ; 대법 2009.3.12. 선고 2007두22306 판결 등

307) 서울고법 2009.12.30. 선고 2009누6621 판결

308) 제3편, 제2장, 제1절, 3. 직권면직, 다. 직권면직의 정당성 판단, 4) 대기발령에 이은 직권면직의 경우 부분 참조

가 소멸하였음에도 사용자가 합리적 이유 없이 직위를 부여하지 아니하고 직권면직을 하는 경우를 제외하고는, 대기기간이 경과되었다면 대기발령에 이은 직권면직의 정당성을 넓게 인정하는 것이 기존 판례태도이다. 한편 최근 판례 중에는 대기발령에 이은 직권면직의 정당성에 대해, 대기발령당시에 이미 직권면직사유가 존재하였거나 대기발령기간 중 그와 같은 면직사유가 확정되어야 한다고 보아, 기존 판례의 태도에 비하여 정당성을 좁게 인정한 사례가 있다.

3. 휴직, 정직

(1) 개 념

휴직이란 근로자를 그 직무에 종사하게 하는 것이 불능이거나 또는 적당하지 아니한 사유가 발생한 때에 그 근로자의 지위를 그대로 두면서, 일정한 기간 그 직무에 종사하는 것을 금지시키는 사용자의 처분을 말한다. 휴직은 근로자가 신청하는 경우와 사용자가 직권으로 휴직을 명하는 경우가 있다. 직권휴직은 징계가 아닌 질병, 부상이나 근로자의 기소 등을 이유로 출근이 정지된다는 점에서 정직과 다르다.

정직이란 근로계약관계는 유지시키면서 출근 및 근로제공을 일시적으로 금지시키는 것을 의미한다. 정직기간 동안 임금은 일반적으로 지급되지 않으나 일부 임금을 지급하는 경우도 있다. 정직은 출근하지 않으면서 근로자의 지위가 유지된다는 점에서 휴직과 유사하나, 징계의 일종으로 인사처분이 이루어진다는 점에서 차이가 있다. 따라서 정직에 대해서는 앞에서 본 징계의 정당성 판단기준들이 적용되므로 여기에서는 휴직에 대해서만 살펴본다.

관련판례

① 피고(사용자) 회사의 취업규칙 제24조제1항은 직원이 다음 각 호의 1에 해당할 때에는 괄호 안에 명시된 기한 내에서 휴직시킬 수 있다고 규정하면서 그 사유의 하나로 다른 구체적인 사유와 아울러 제2호에 본인이 휴직을 원할 때(1년)라고 규정하고 있고, 피고 회사의 단체협약 제22조는 조합원은 다음 각 호의 1에 해당할 경우에는 괄호 안에 명시된 기한 내에서 휴직할 수 있다고 규정하면서 이에 해당하는 사유의 하나로 제7호에 본

인이 휴직을 원할 때(1년)라고 규정하고 있음을 알 수 있는 바, 이와 같은 단체협약 및 취업규칙의 휴직규정은 일정한 휴직사유가 발생한 경우 사용자는 일방적으로 휴직명령을 할 수 있는 권한이 있고 동시에 근로자는 휴직청구권이 있음을 규정한 것이라 풀이할 것이다.[309)]

② 피고(사용자) 회사의 취업규칙 제63조제1항제3호에서는 징계의 한 종류로 "정직"을 열거하면서 "정직기간은 3개월 이내로 하고, 사원의 신분은 유지하되 직무에는 종사하지 못하며, 사안에 따라 일정 기간 출근을 정지하고, 정직기간은 임금을 지급하지 아니한다"라고 규정하고 있음을 알 수 있다. 이에 따라 원고(근로자)는 이 사건 징계처분으로 인하여 정직기간 동안 임금을 전혀 지급받지 못하는 법률상 불이익을 입게 된 이상 이 사건 징계처분은 정직기간 동안의 임금 미지급 처분의 실질을 갖는 것이고, 이는 원고의 임금청구권의 존부에 관한 현재의 권리 또는 법률상 지위에 영향을 미치고 있으므로, 원고로서는 비록 징계처분에서 정한 징계기간이 도과하였다 할지라도 이 사건 징계처분의 무효 여부에 관한 확인 판결을 받음으로써 가장 유효 · 적절하게 자신의 현재의 권리 또는 법률상 지위에 대한 위험이나 불안을 제거할 수 있다고 봄이 상당하다.[310)]

(2) 정당성 판단

1) 일반적 기준

근로기준법에 위배되거나 권리남용에 해당하는 등 특별한 사정이 없는 한 무효라고 할 수 없다.

관련판례

기업이 그 활동을 계속적으로 유지하기 위해서는 노동력을 재배치하거나 그 수급을 조절하는 것이 필요불가결하므로, 휴직명령을 포함한 인사명령은 원칙적으로 인사권자인 사용자의 고유권한에 속한다 할 것이고, 따라서 이러한 인사명령에 대하여는 업무상 필요한 범위 안에서 사용자에게 상당한 재량을 인정하여야 하고,[311)] 그것이 근로자에 대하여 정당한 이유 없이 해고 · 휴직 · 정직 · 감봉 기타 징벌을 하지 못하도록 하는 구 근로기준법 제30조제1항에 위배되거나 권리남용에 해당하는 등 특별한 사정이 없는 한 무효라고 할 수 없다.[312)]

309) 대법 1997.7.22. 선고 95다53096 판결
310) 대법 2010.10.14. 선고 2010다36407 판결
311) 대법 2005.2.18. 선고 2003다63029 판결 참조
312) 대법 2009.9.10. 선고 2007두10440 판결

2) 관련규정의 사유발생

(가) 직권휴직

직권휴직의 정당성은 관련규정의 사유발생 여부와 구체적인 사정을 종합 참작하여야 한다.

관련판례

직권휴직처분이 단체협약의 규정에서 정하는 사유가 있음을 근거로 한 이상, 그것이 근로기준법 제 30조제1항에서 말하는 정당한 이유에 의하여 이루어 진 것인지의 여부는 먼저 단체협약 규정에서 정한 휴직사유가 발생한 것인지의 여부를 따져본 다음, 구체적인 사정을 종합 참작하여 과연 상당한 기간에 걸쳐 근로의 제공을 할 수 없거나 근로제공을 함이 매우 부적당하다고 인정되는지의 여부에 의하여 판단하여야 할 것이다.[313)]

(나) 근로자의 신청

근로자의 휴직신청에 상당한 이유가 있음에도 휴직신청을 승인하지 아니한 조치는 부당하다.

관련판례

휴직신청 당시 근로자가 근무부서의 상사 · 동료로부터 여러 차례에 걸친 폭행 · 협박으로 불안한 직장생활을 감당할 수 없게 되었고 자신에게 폭행 · 협박 등 부당노동행위를 한 직원들을 수사기관에 고소까지 제기한 상태인 점 등을 종합하면, 근로자로서는 근무부서에서 상당한 기간에 걸쳐 근로를 제공함이 매우 부적당한 상태에 있었다고 할 것이므로 그 휴직신청에는 상당한 이유가 있었다고 할 것인바, 그럼에도 회사가 휴직신청 사유의 사실 유무에 관하여 면밀히 조사하지도 아니한 채 정당한 휴직사유가 아니라는 이유로 휴직신청을 승인하지 아니한 조치는 부당하므로, 근로자가 회사에 그 휴직신청의 승인을 계속 요구하면서 출근을 거부하게 되었다면, 비록 그 결근이 회사의 승인이 없이 이루

313) 서울행법 2010.1.14. 선고 2009구합40193 판결

어져 무단결근에 해당하는 것이라고 할지라도 이는 통상의 무단결근 행위와는 달리 사회통념상 근로계약관계를 지속케 하는 것이 현저히 부당하다고 인정할 정도의 비위행위라고는 볼 수 없으니, 회사가 징계 양정상 가장 무거운 징계처분인 징계면직처분을 한 것은 징계권의 남용이거나 형평의 원칙에 어긋난 것으로서 무효이다.[314)]

3) 상당한 기간 근로제공이 어려운 경우

근로자가 상당한 기간에 걸쳐 근로의 제공을 할 수 없다거나, 근로제공이 매우 부적당하다고 인정되는 경우에만 정당한 이유가 있다.

관련판례

휴직이라 함은 어떤 근로자를 그 직무에 종사하게 하는 것이 불능이거나 또는 적당하지 아니한 사유가 발생한 때에 그 근로자의 지위를 그대로 두면서, 일정한 기간 그 직무에 종사하는 것을 금지시키는 사용자의 처분을 말하며, 통례적으로 이러한 휴직제도는 사용자의 취업규칙이나 단체협약 등에 의하여 규정되고 있다. 그런데 근로기준법에서 사용자는 근로자에 대하여 정당한 이유 없이 휴직하지 못한다고 제한하고 있는 취지에 비추어 볼 때, 위와 같은 휴직 근거규정에 의하여 사용자에게 일정한 휴직사유의 발생에 따른 휴직명령권을 부여하고 있다 하더라도 그 정해진 사유가 있는 경우, 당해 휴직규정의 설정 목적과 그 실제기능, 휴직명령권 발동의 합리성 여부 및 그로 인하여 근로자가 받게 될 신분상, 경제상의 불이익 등 구체적인 사정을 모두 참작하여 근로자가 상당한 기간에 걸쳐 근로의 제공을 할 수 없다거나, 근로제공을 함이 매우 부적당하다고 인정되는 경우에만 정당한 이유가 있다고 보아야 할 것임은 물론이다. 우선 이 사건에 있어, 피고(사용자)회사의 원고(근로자)들에 대한 휴직처분이 피고의 단체협약 및 취업규칙의 각 규정에 정하여진 사유가 있음을 근거로 한 것임이 분명한 이상, 그것이 근로기준법 제27조제1항에서 말하는 정당한 이유에 의하여 이루어진 것인지의 여부는 먼저 원고들에게 위 단체협약이나 취업규칙에 정한 휴직사유가 발생한 것인지의 여부를 따져 본 다음, 위에서 본 바와 같은 구체적인 사정을 종합 참작하여 과연 원고들이 상당한 기간에 걸쳐 근로의 제공을 할 수 없거나 근로제공을 함이 매우 부적당하다고 인정되는지의 여부에 의하여 판단하여야 할 것인데, 원심이 원고들에 대한 위 휴직처분의 사유가 산업안전보건법 시행규칙 제49조제1항에 정하여진 근로금지 사유에 해당되는지의 여부를 기준으로 위 휴직처분의

314) 대법 1997.7.22. 선고 95다53096 판결

정당성 유무를 판단한 것은 소론과 같이 휴직처분의 정당성에 관한 법리를 오해한 잘못이 있다고 보지 않을 수 없다.[315)]

4) 경영상의 이유에 의한 휴직

경영상의 필요를 이유로 하여 휴직명령이 취해진 경우 경영상의 필요성과 근로자가 받게 될 신분상 · 경제상의 불이익을 비교 · 교량하고, 휴직명령 대상자 선정의 기준이 합리적이어야 하며, 노동조합과의 협의 등 그 휴직명령을 하는 과정에서 신의칙상 요구되는 절차를 거쳤는지 여부를 종합적으로 고려하여 정당성 여부가 결정된다.

관련판례

경영상의 필요를 이유로 하여 휴직명령이 취해진 경우 그 휴직명령이 정당한 인사권의 범위 내에 속하는지 여부는 당해 휴직명령 등의 경영상의 필요성과 그로 인하여 근로자가 받게 될 신분상 · 경제상의 불이익을 비교 · 교량하고, 휴직명령 대상자 선정의 기준이 합리적이어야 하며, 근로자가 속하는 노동조합과의 협의 등 그 휴직명령을 하는 과정에서 신의칙상 요구되는 절차를 거쳤는지 여부를 종합적으로 고려하여 결정하여야 한다.[316)] 원심은 (중략) 원고(사용자)가 2003년부터 매출액과 영업이익이 꾸준히 증가하기 시작하여 2004년 상반기에는 영업이익이 흑자로 전환되는 등 경영상태가 호전되어 가고 있었고, 이 사건 휴업휴가 당시 근로자 1인당 매출액이나 생산성도 전년도에 비하여 증가하였으며, 이 사건 휴업휴가를 실시한 후에도 원고 내의 연장근로가 거의 전 부문에 걸쳐 꾸준히 행하여졌고, 그 동안의 경영적자가 주로 유휴인력의 존재에 기인한 것이라고 볼 만한 객관적 증거가 없으며, 원고가 이 사건 휴업휴가를 회피하기 위한 노력을 다하였다고 인정하기도 어려운 사정들을 종합하여, 이 사건 휴업휴가의 실시가 경영상 부득이하게 필요한 경우로서 구 근로기준법 제30조제1항 소정의 정당한 이유 있는 조치라고 보기 어려울 뿐만 아니라, 노조 지회와 ㅇㅇ노동조합이 원고와 작성한 합의서들의 내용이나 작성경위 등을 보더라도 이 사건 휴업휴가에 대해 노조 지회가 이를 승인하고 ㅇㅇ노동조합이 추인하는 등 그 실체적 · 절차적 하자가 치유된 것으로 보기는 어려워, 결국 이 사건 휴업휴

---

315) 대법 1992.11.13. 선고 92다16690 판결
316) 대법 2009.4.23. 선고 2007두20157 판결

가가 위법하다는 전제하에 내려진 재심판정은 적법하다고 판시하였다. 앞서 본 법리 및 기록에 비추어 살펴보면, 원심의 이 부분 사실인정 및 판단은 정당한 것으로 수긍할 수 있다.[317)]

(3) 휴직과 직권면직

1) 복직원 미제출

회사가 복직원을 제출하지 않는 근로자를 직권면직시키는 것은 근로자의 상기 휴직으로 인한 회사의 업무마비를 막기 위한 것이고, 휴직기간을 넘겨 계속하여 무단결근한 경우는 원칙적으로 직권면직사유에 해당한다고 본다.[318)]

그러나 취업규칙에 일정한 기한 내의 복직원 제출이 의무사항으로 되어 있더라도 이는 그 기한 내에 회사에 대해 복직의 의사를 표시하라는 취지이므로 회사관계자와 복직에 관한 협의를 함에 있어 구두로 복직의사를 명백히 밝힌 경우 직권면직을 하는 것은 정당성이 없다.[319)]

2) 노동능력 상실

근로자의 노동능력상실을 이유로 퇴직처분(직권면직)하는 경우에는, 업무능력상실이 사용자의 귀책사유 또는 업무상 부상으로 인한 것인지의 여부, 근로자의 치료기간 및 치료종결 후 노동능력상실의 정도, 종업원이 사고를 당할 당시 담당하고 있던 업무의 성격과 내용, 근로자가 그 잔존 노동능력으로 감당할 수 있는 업무의 존부 및 그 내용, 사용자로서도 신체장애를 입은 근로자가 순조로운 직장복귀를 위하여 담당업무를 조정하는 등의 배려를 하였는지 여부, 사용자의 배려에 의하여 새로운 업무를 담당하게 된 근로자의 적응노력 등 제반 사정을 종합적으로 고려하여 합리적으로 판단하여야 한다.[320)]

---

317) 대법 2009.9.10. 선고 2007두10440 판결
318) 대법 1996.10.29. 선고 96다21065 판결
319) 서울행법 2007.7.10. 선고 2006구합4119 판결
320) 대법 1992.11.13. 선고 92누6082 판결

4. 감급(감봉)

(1) 개 념

근로기준법 제95조[321]의 감급이란 노무제공상의 태만이나 직장규율의 위반(징계사유)에 따른 제재로서 근로자가 실제로 제공한 노무급부에 대한 임금액에서 일정액을 공제하는 것을 의미한다. 따라서 근로의 양이나 질에 따라 임금이 결정되는 경우에 결근 등으로 임금이 삭감되는 것은 임금계산의 방법에 불과하므로 징계로서의 감급이라 할 수 없다.

(2) 감급의 제한

임금액의 일정부분을 삭감하는 감급은 징계처분의 유형 중에서는 비교적 경징계로 분류된다. 근로기준법 제95조는 근로자가 감급의 징계처분을 당하더라도 생활상의 불이익이 지나치지 않도록 그 감액은 "1회의 금액"이 평균임금의 1일분의 2분의 1을, "총액"이 1임금지급기의 임금총액의 10분의 1을 초과하지 못하도록 규제하고 있다. 이 경우 "1회의 금액"이란 1 임금지급기에 대한 감급액을 의미하고, "총액"이란 수 회의 임금지급기에 걸친 감급액을 의미한다. 제재로서의 "감급"이라 함은 종전과 동일한 근로를 제공함에도 불구하고 그에 대응하여 산정된 임금액에서 일정액을 삭감하는 것을 의미하고, 근로자가 인사처분을 받아 종전과 동일하지 않은 근로를 제공한 결과 임금이 감소되는 경우에는 근로기준법 제95조 소정의 "감급"에 해당하지 않는다.

관련판례

피고보조참가인(근로자)은 원고(사용자)의 자격규정에 따른 인사처분에 의하여 회사내 직급 및 직위가 5급 대리에서 6급 평사원으로 강급됨에 따라 그 담당업무가 변경되고 책임 및 권한이 줄어들게 되어 더 이상 종전과 동일한 질 내지 종류의 근로를 제공하지 않게

---

321) 근로기준법 제95조(제재 규정의 제한)취업규칙에서 근로자에 대하여 감급(減給)의 제재를 정할 경우에 그 감액은 1회의 금액이 평균임금의 1일분의 2분의 1을, 총액이 1임금지급기의 임금 총액의 10분의 1을 초과하지 못한다.

되었으므로, 피고보조참가인이 이 사건 강급 후에 종전에 비하여 임금이 줄어들게 되었다 하더라도, 이러한 사정만으로 이 사건 강급이 근로기준법 제95조 소정의 "감급"에 해당 한다고 보기 어렵다.[322]

(3) 양정의 적정 여부

1) 대출관리 소홀

감봉처분이 사회통념상 현저하게 타당성을 잃은 처분이라고 하려면 구체적인 사례에 따라 직무의 특성, 비위사실 내용과 성질 및 징계에 의하여 달하려는 목적과 그에 수반되는 제반 사정을 참작하여 객관적으로 명백히 부당하다고 인정되는 경우여야 한다.

관련판례

근로자에게 징계사유가 있어 징계처분을 하는 경우 어떠한 처분을 할 것인가는 원칙적으로 징계권자의 재량에 맡겨져 있는 것이므로, 그 징계처분이 위법하다고 하기 위하여서는 징계권자가 재량권을 행사하여 한 징계처분이 사회통념상 현저하게 타당성을 잃어 징계권자에게 맡겨진 재량권을 남용한 것이라고 인정되는 경우에 한하고, 그 징계처분이 사회통념상 현저하게 타당성을 잃은 처분이라고 하려면 구체적인 사례에 따라 직무의 특성, 징계 사유가 된 비위사실 내용과 성질 및 징계에 의하여 달하려는 목적과 그에 수반되는 제반 사정을 참작하여 객관적으로 명백히 부당하다고 인정되는 경우라야 한다.[323] 실질적인 대출 실행 권한과 제반 업무에 대한 관리책임을 담당하는 지점장인 참가인(근로자)이 대출에 대한 관리를 소홀히 하여 원고(사용자)에게 손해를 발생하게 한 점, 참가인 외에 대출취급 관련자 전원에 대하여 직위와 책임 정도에 따라 견책, 경고 등 차등을 두어 징계조치가 취해진 점, 원고가 참가인에 대하여 당초 감봉 6월의 처분을 하였다가, 재심청구를 받아들여 감봉 3월로 감경하여 최종 처분한 점 등을 종합적으로 고려하면, 이 사건 감봉처분이 사회통념상 현저하게 타당성을 잃었다고 볼 수 없다.[324]

---

322) 서울고법 2010.7.1. 선고 2009누37090 판결
323) 대법 2000.10.13. 선고 98두8858 판결 참조
324) 서울고법 2010.9.8. 선고 2010누5402 판결

2) 감봉과 역직위 조치

감봉처분과 동시에 동일한 징계사유로 역직위 조치를 받은 경우, 감봉처분과 역직위 조치를 포함하여 하나의 징계로 보아 징계양정의 과중 여부를 판단한다.

관련판례

은행 직원이 감봉처분을 받음과 동시에 동일한 징계사유로 이른바 역직위 조치를 받아 급여의 50% 정도가 삭감된 채 감봉처분 기간이 지난 뒤에도 무기한 자택 대기를 한 경우, 역직위 조치는 실질적으로 정직에 상당한 징계로서 위 감봉처분과 동일한 징계사유에 기하여 함께 이루어졌으므로, 위 감봉처분과 역직위 조치를 포함하여 하나의 징계로 보아 징계양정의 과중 여부를 판단하여야 한다.[325)]

325) 서울행법 2006.7.13. 선고 2005구합31290 판결

제3편 인사관리조치의 정당성 기준

제3장 불이익취급의 부당노동행위

제1절 성립요건

사용자의 불이익 취급 행위가 부당노동행위로 성립되기 위해서는 ① 근로자가 정당한 노동조합 활동에 참여하고 (불이익취급의 이유), ② 사용자가 이를 이유로 하여 (부당노동행위 의사), ③ 근로자에게 불이익한 취급을 하여야 한다(불이익취급의 유형).

관련판례

① 노동조합법 제39조(현행 노동조합 및 노동관계조정법 제81조)제1호는 노동조합의 업무를 위한 정당한 행위를 한 것을 이유로 사용자가 그 근로자에게 불이익을 주는 행위를 부당노동행위의 한 형태로 규정하여 이를 금지하고 있는바, 사용자의 어떤 행위가 위 법 규정에 정하여진 부당노동행위에 해당하는 것으로 인정되기 위하여는 첫째, 그 행위가 해고, 사직서의 제출강요, 근로계약의 갱신거부, 근로자에게 불리한 배치전환이나 전근, 출근정지, 승급정지, 감봉, 승임거부 등과 같이 근로자의 지위 그 자체나 그 지위에 따른 인사 · 경제적 대우상의 불이익취급이거나 또는 정상적인 담당업무를 배정치 아니하고 잡역을 시키는 등의 정신적 생활상의 불이익취급이어야 하고, 둘째, 그러한 조치가 정당한 노동조합활동을 이유로 한 것이어야 한다.[1)]

② 노동조합 및 노동관계조정법 제81조제1호는 "근로자가 노동조합에 가입 또는 가입하려고 하였거나 노동조합을 조직하려고 하였거나 기타 노동조합의 업무를 위한 정당한 행위를 한 것을 이유로 그 근로자를 해고하거나 그 근로자에게 불이익을 주는 행위"를 사용자의 부당노동행위의 한 유형으로 규정하고 있으므로, 같은 법조의 부당노동행위가 성립하기 위해서는 근로자가 "노동조합의 업무를 위한 정당한 행위"를 하고 사용자가 이를 이유로 근로자에 대하여 해고 등의 불이익을 주는 행위를 한 경우라야 한다.[2)]

---

1) 서울고법 1992.5.1. 선고 91구11447 판결
2) 대법 1996.9.10. 선고 95누16738 판결

제2절 성립요건별 판단

1. 불이익취급의 이유

(1) 조합원, 노동조합에 가입 · 조직

노동조합은 노동조합및노사관계조정법 제2조제4호의 규정에 의한 자주성과 민주성을 갖춘 노동조합을 의미하므로 일시적인 쟁의단, 노사협의회 등은 이에 해당되지 않는다.

(2) 정당한 조합활동 또는 단체행동

노동조합의 업무를 위한 정당한 행위란 일반적으로는 노동조합의 정당한 활동을 가리키나, 조합원이 조합의 결의나 구체적인 지시에 따라서 한 노동조합의 조직적인 활동 그 자체가 아닐지라도 그 행위의 성질상 노동조합의 활동으로 볼 수 있거나 노동조합의 묵시적인 수권 혹은 승인을 받았다고 볼 수 있을 때에는 그 조합원의 행위를 노동조합의 업무를 위한 행위로 본다.[3)]

단체행동이란 노동조합과 관련된 단체행동을 의미하며, 업무의 정상적 운영을 저해하는 쟁의행위 뿐만 아니라 투쟁복 · 리본 착용 등과 같은 단체행위까지 포함된다고 보아야 한다.

(3) 노동위원회에 신고 · 증언, 증거 제출

신고한다는 것은 사용자의 부당노동행위에 대하여 근로자 또는 노동조합이 노동위원회에 구제신청 또는 재심신청을 하는 것을 의미하며, 증언한다는 것은 사용자의 부당노동행위에 대한 노동위원회의 조사 및 심문과정에서 이루어지는 구제신청 당사자, 참고인, 대리인 등의 증언을 의미한다.

---

3) 대법 1995.6.23. 선고 95다1323 판결

2. 부당노동행위 의사

부당노동행위가 성립하기 위해서는 사용자의 부당노동행위 의사가 있어야 한다. 부당노동행위는 사용자의 의사에 기초를 둔 언동이라 할 것이므로 사용자의 반조합적 의도 내지는 동기라는 부당노동행위 의사를 필요로 한다.

관련판례

부당노동행위 의사의 존재는 사용자가 내세우는 해고사유와 그 근로자가 한 노동조합업무를 위한 정당한 행위의 내용, 징계해고를 한 시기, 사용자와 노동조합과의 관계, 동종의 사례에 있어서의 조합원과 비조합원에 대한 제재의 불균형 여부, 종래의 관행에 부합하는지 여부, 사용자의 노동조합에 대한 언동이나 태도 등 기타 부당노동행위 의사의 존재를 추정할 수 있는 제반 사정 등을 비교 검토하여 판단하여야 한다.[4)]

3. 불이익취급의 유형

(1) 개 념

불이익 취급은 해고 등 징계 조치, 전보, 승진 등 인사면의 불이익, 임금 차별 등 경제적 불이익, 보직박탈 등 정신적 불이익, 조합활동에서의 불이익 등의 형태로 나타난다. 이러한 불이익취급이 현실적인 행위나 조치로 나타나지 않은 경우에는 불이익 취급의 부당노동행위에 해당하지 않는다.

관련판례

"불이익을 주는 행위"란 해고 이외에 그 근로자에게 휴직 · 전직 · 배치전환 · 감봉 등 법률적 · 경제적으로 불이익한 대우를 하는 것을 의미하는 것으로서 어느 것이나 현실적인 행위나 조치로 나타날 것을 요한다고 할 것이므로, 단순히 그 근로자에게 향후 불이익한 대우를 하겠다는 의사를 말로써 표시하는 것만으로는, 위 법 제81조제1호 소정의 불이익을 주는 행위에 해당한다고는 볼 수 없다. 원심이 같은 견해 아래, 회사 대표이사인 피고인 1이 노동조합 위원장인 피고인 2에게 노동조합을 없애라는 말을 하고, 부위원장인 ○

4) 대법 1991.4.23. 선고 90누7685 판결

○○에게 사직서를 제출하라는 말을 하고, 부장인 피고인 ○○○이 노동조합원인 ○○○와 ○○에게 노동조합을 탈퇴하지 않으면 ○○팀에서 일하지 못하도록 하겠다는 말을 한 사실은 인정되나, 피고인들이 위와 같은 의사표시를 현실화하여 노동조합을 없애거나 ○○○을 해고하거나 ○○○와 ○○을 ○○팀에서 방출하였음을 인정할 증거가 없는 이상, 위 법 제81조제1호에 해당함을 전제로 한 공소사실은 범죄의 증명이 없는 경우에 해당한다고 판단하여 제1심판결을 파기하고 무죄를 선고한 것은 옳다.[5)]

(2) 해고 등 불이익조치

1) 일반적인 판단기준

해고 등 불이익 취급이 부당노동행위에 해당되는지 여부는 조합활동의 정당성, 징계사유의 정당성, 징계양정 및 절차 등 사용자의 부당노동행위 의사를 추정하여 판단한다.

관련판례

사용자가 근로자를 해고함에 있어서 표면적으로 내세우는 해고사유와는 달리 실질적으로는 근로자의 정당한 노동조합 활동을 이유로 해고한 것으로 인정되는 경우에 있어서는 그 해고는 부당노동행위라고 보아야 할 것이고, 근로자의 노동조합 업무를 위한 정당한 행위를 실질적인 해고사유로 한 것인지의 여부는 사용자 측이 내세우는 해고사유와 근로자가 한 노동조합 업무를 위한 정당한 행위의 내용, 해고를 한 시기, 사용자와 노동조합과의 관계, 동종의 사례에 있어서 조합원과 비조합원에 대한 제재의 불균형 여부, 종래의 관행에 부합 여부, 사용자의 조합원에 대한 언동이나 태도, 기타 부당노동행위 의사의 존재를 추정할 수 있는 제반 사정 등을 비교 검토하여 판단하여야 한다.[6)]

2) 징계양정에서 차별

유사한 징계사유에 대하여 비조합원이나 조합탈퇴자에 대하여는 비교적 경미하게 처분하고 조합원이나 조합활동에 적극적인 자에 대하여는 중징계하는 경우

5) 대법 2004.8.30. 선고 2004도3891 판결
6) 대법 1999.11.9. 선고 99두4273 판결

부당노동행위의사를 추정할 수 있다.

관련판례

시내버스운수회사가 교통사고를 일으킨 운전사들에 대한 징계를 함에 있어서 노동조합을 탈퇴하였거나 노동조합에 가입하지 아니한 운전사들에 대해서는 감봉처분을 하면서도 그들과 동일 내지 유사한 교통사고를 일으킨 운전사로서 노동조합업무를 실질적으로 이끌고 가던 조합의 총무에 대하여는 징계사유로서는 미흡한 징계불복 등의 사유를 추가하여 징계해고 처분한 것은 노동조합활동을 혐오한데서 나온 부당노동행위라고 보아야 한다.[7)]

3) 정리해고 시 차별

조합원이라는 이유로 불리하게 인사고과를 하고 그 인사고과로 해고되었다고 하여 부당노동행위라고 주장하는 경우, 그것이 부당노동행위에 해당하는지 여부는, 조합원 집단과 비조합원 집단 사이에 통계적으로 유의미한 격차가 있었는지, 인사고과에서 사용자의 부당노동행위 의사의 존재를 추정할 수 있는 객관적인 사정이 있었는지, 인사고과에서의 그러한 차별이 없었더라면 해고대상자로 선정되지 않았을 것인지 등을 검토하여 판단하여야 한다.

관련판례

사용자가 어느 근로자에 대하여 노동조합의 조합원이라는 이유로 비조합원보다 불리하게 인사고과를 하고 그 인사고과가 경영상 이유에 의한 해고 대상자 선정기준이 됨에 따라 그 조합원인 근로자가 해고되기에 이르렀다고 하여 그러한 사용자의 행위를 부당노동행위라고 주장하는 경우, 그것이 부당노동행위에 해당하는지 여부는, 조합원 집단과 비조합원 집단을 전체적으로 비교하여 양 집단이 서로 동질의 균등한 근로자 집단임에도 불구하고, 인사고과에 있어서 양 집단 사이에 통계적으로 유의미한 격차가 있었는지, 인사고과에 있어서의 그러한 격차가 노동조합의 조합원임을 이유로 하여 비조합원에 비하여 불이익취급을 하려는 사용자의 반조합적 의사에 기인하는 것, 즉 사용자의 부당노동행위 의사의 존재를

7) 대법 1991.2.22. 선고 90누6132 판결

추정할 수 있는 객관적인 사정이 있었는지, 인사고과에 있어서의 그러한 차별이 없었더라면 해고 대상자 선정기준에 의할 때 해고대상자로 선정되지 않았을 것인지 등을 심리하여 판단하여야 한다. 원심은, 피고 보조참가인(사용자)으로부터 경영상 이유로 해고된 근로자들은 모두 원고(노동조합)의 지부 소속 조합원들이기는 하나, 피고 보조참가인이 해고 대상자 선정기준으로 사용한 인사고과자료인 근로자들의 개인별 종합평가표, 개인별 최종합계표 등 평정결과가 기재된 모든 문서가 제출되지 않은 상태에서, 피고 보조참가인이 조합원들에 대하여 비조합원들에 비하여 불리하게 차별적으로 평정하여 인사고과를 한 것으로 단정할 수 없고, 달리 원고의 주장사실을 인정할 증거가 없다는 취지에서 피고보조참가인의 원고의 지부 조합원들에 대한 이 사건 해고가 위 제81조제1호에 정한 부당노동행위에 해당한다는 원고의 주장을 받아들이지 않았다. 위에서 본 법리와 기록상 나타나는 증거관계에 비추어 살펴보면, 원심의 이러한 사실인정과 판단은 정당하다.[8)]

4) 비합리적인 평가기준 적용

노동조합에 가입한 수습 근로자와 근로관계를 단절할 목적으로 비합리적인 평가 기준을 적용해 본계약 체결을 거부한 경우 부당노동행위가 인정된다.

관련판례

원고(사용자)는 표면상으로는 참가인(근로자) 등의 근무 평가 점수가 적격 판정 점수에 미달한다는 것을 이유로 본계약의 체결 거부라는 형식으로 근로관계를 단절하였지만, 그 실질은 ○○노조에 가입한 참가인 등의 노동조합 활동을 방해하고, 참가인 등과의 근로관계를 일방적으로 단절할 목적으로 객관적이고 합리적인 평가 기준을 적용하지 아니한 채 다른 수습 근로자들에 비하여 비합리적인 평가 점수를 부여하여 참가인 등을 사실상 해고한 것이므로 이 사건 해고는 부당노동행위에 해당한다고 판단하였다. 앞서 본 법리와 기록에 비추어 살펴보면, 원심의 위와 같은 사실 인정 및 판단은 정당한 것으로 수긍할 수 있다.[9)]

5) 법규정 적용 차별

근무형태나 노사관행에 어긋나게 조합설립후 또는 단체교섭 시기 등에 조합원

8) 대법 2009.3.26. 선고 2007두25695 판결
9) 대법 2008.12.11. 선고 2006두13220 판결

에 대해서만 법정근로시간 등 관련 법규정을 엄격하게 적용하는 경우 부당노동행위가 인정된다.

관련판례

중재재정이 노조원에 대하여만 적용되고 1일 배차시간은 식사 및 휴게시간 1시간 20분을 포함하여 8시간 40분으로 정하고 있으나, 회사의 승인을 얻은 경우 초과근로시간으로 인정하여 시간외 근로수당을 지급하도록 하고 있는 점에 비추어 보면, 위 중재재정에서 정한 1일 배차시간은 운송수입금 전액관리제 및 완전월급제의 시행에 따라 정액급여의 산정을 위한 기준으로 볼 것이지, 노조원들로 하여금 1일 배차시간을 초과하여 근무하는 것을 절대적으로 금지하는 취지라고 볼 것은 아니므로, 회사가 비노조원에게는 종전과 같이 1일 10~11시간의 운행을 허용하면서 노조원에 대하여는 1일 8시간 40분으로 승무시간을 엄격히 통제한 것은 부당한 차별대우라 할 것이다.[10)]

(3) 승진 등 인사상 불이익조치

1) 일반적인 판단기준

승진, 전보 등 인사상 불이익은 승진탈락 등 외형상의 불이익뿐만 아니라 노동조합에 가입할 자격이 부여되지 아니한 직급으로의 승진 등의 행위까지 포함된다.

관련판례

사용자가 근로자의 노동조합활동을 혐오하거나 노동조합활동을 방해하려는 의사로 노동조합의 간부이거나 노동조합활동에 적극적으로 관여하는 근로자를 승진시켜 조합원 자격을 잃게 한 경우에는 노동조합활동을 하는 근로자에게 불이익을 주는 행위로서 부당노동행위가 성립될 수 있을 것인바, 이 경우에 근로자의 승진이 사용자의 부당노동행위 의사에 의하여 이루어진 것인지의 여부는 승진의 시기와 조합활동과의 관련성, 업무상 필요성, 능력의 적격성과 인선의 합리성 등의 유무와 당해 근로자의 승진이 조합활동에 미치는 영향 등 제반 사정을 고려하여 판단하여야 할 것이다.[11)]

10) 대법 2002.10.11. 선고 2002두5535 판결
11) 대법 1992.10.27. 선고 92누9418 판결

2) 인사기준에서 차별

그간의 인사관행에 어긋나거나 인사기준 자체가 불합리하여 사실상 조합원과 비조합원, 조합활동에 적극적인 자와 그렇지 않은 자를 차별하는 것은 부당노동행위에 해당한다.

관련판례

승진규정에 직원의 승진임용은 인사고과 및 근무평정기준표에 의하되 승진소요 연한을 기준으로 승진대상자를 선정하도록 규정되어 있더라도 회사 설립이래 승진은 인사고과 및 근무평정 기준에 의하기보다는 경력순으로 승진하는 것이 일반적인 관례임에도 조합원 중 승진한 예가 없고, 근속년수가 짧은 비조합원을 먼저 승진시킨 것에 대해 노동조합에서 항의하자 뒤늦게 노조원을 승진발령한 것은 조합원이라는 이유로 부당하게 승진인사에 탈락시키는 불이익 취급에 해당한다.[12)]

3) 조합활동이 불가능하도록 인사발령

(가) 사용자부서로 전보

사용자부서로 노동조합원을 전보한 전보명령이 부당노동행위에 해당하는지 여부는 전보명령의 동기, 목적, 전보명령에 관한 업무상의 필요성이나 합리성의 존부, 전보명령에 따른 근로자의 생활상의 불이익과의 비교형량, 전보명령의 시기, 사용자와 노동조합과의 관계, 전보명령을 하기에까지 이른 과정이나 사용자가 취한 절차, 그 밖에 전환배치 당시의 외형적, 객관적인 사정에 의하여 추정되는 부당노동행위 의사의 존재유무 등을 종합적으로 검토하여 판단하여야 한다.

관련판례

위 인정사실과 이에 의하여 알 수 있는 아래 각 사정 등을 위 법리에 비추어 보면, 이 사건 전환배치가 이 사건 근로자들에 대한 불이익취급으로서 부당노동행위에 해당한다거

12) 대법 2003.4.10. 선고 2002누6264 판결

나 원고들의 조직과 운영에 대한 지배 · 개입으로서 부당노동행위에 해당한다고 하기 어렵다 ① (중략) 단체협약에서 노사간의 상호협의에 의하여 규약상 노동조합의 조직대상이 되는 근로자의 범위와는 별도로 조합원이 될 수 없는 자를 특별히 규정함으로써 일정 범위의 근로자들에 대하여 위 단체협약의 적용을 배제하고자 하는 취지의 규정을 둔 경우에는, 비록 이러한 규정이 노동조합 규약에 정해진 조합원의 범위에 관한 규정과 배치된다 하더라도 무효라고 볼 수 없으므로,[13] 사용자와 노동조합이 단체협약에서 노동조합원이 사용자부서에서 근무하는 경우에 조합원 자격이 자동상실 내지 정지 된다는 규정을 둔 경우에 그 규정은 유효하다 할 것이므로, 상호간에 성실하게 이행하도록 협력하여야 한다. ② 법 제2조제4호 가목에서 노동조합 결격사유의 하나로 "사용자 또는 항상 그의 이익을 대표하여 행동하는 자의 참가를 허용하는 경우"를 정하고 있는 것은 사용자에 해당하는 자가 노동조합에 가입하여 노조의 조직운영에 지배 · 개입하는 행위를 방지함으로써 노조의 자주성을 보호하는 한편, 사용자의 노무관련 기밀에 관한 사항이 노조에 누설됨을 방지하여 노사교섭력의 균형을 기하고자 하는 데 그 입법취지가 있다.[14]

(나) 승진발령

조합활동을 방해할 의도로 조합원 자격을 상실하거나 조합활동이 불가능한 곳으로 승진 또는 전보발령하는 경우 정당한 인사권의 행사로 보기 어렵다.

관련판례

참가인은 노동조합의 위원장으로 재직하면서 적극적으로 정당한 노조활동을 하다가 같은 해 8.23 노조위원장 선거에서 낙선하고 같은 해 9.1. 원직 복귀하였는데, 노조위원장 선거에서 낙선한 후 불법선거임을 주장해 오다가 선거무효확인소송을 제기하는 등 조합원으로서 노동조합의 조직 및 운영에 영향을 미칠 활동을 계속적으로 하여 오던 상태에서, 업무상 필요성을 이유로 갑자기 조합원 자격이 없어 조합활동을 할 수 없는 과장으로 승진시킴과 동시에 본사 자재부 소속 ○○지역 폐지구매 연락사무소를 다른 회사 ○○ 공장 내 2평 성도 탈의실에 급조하여 신설하고 그 연락담당 및 원료 상차 감독으로 배치전환하여 본래 업무와는 동떨어지고 생활근거지와 이격된 곳에서 근무하도록 하였으며, 이에 불복하여 출근을 거부하자 노조간부들을 순차로 위 연락사무소로 배치전환한 것이라면, 실질적

13) 대법 2003.12.26. 선고 2001두10264 판결 ; 대법 2004.1.29. 선고 2001다5142 판결 등 참조
14) 서울고법 2010.10.14. 선고 2010누575 판결

으로는 종전 노동조합활동을 혐오한 나머지 이에 대한 예방적 차원의 조치로서 노동조합 활동을 방해하려는 의사로 행한 것으로서 부당노동행위에 해당한다 할 것이다.[15)]

(4) 금전 기타 불이익조치

1) 시간외근로의 차별

관행적으로 이루어진 시간외근로를 정당한 이유 없이 일방적으로 조합원에게만 실시하지 아니하여 수입을 감소시키는 경우 부당노동행위에 해당한다.

관련판례

일반적으로 근로자가 연장 또는 휴일근로(이하 "연장근로 등"이라고 한다)를 희망할 경우 회사에서 반드시 이를 허가하여야 할 의무는 없지만, 특정 근로자가 파업에 참가하였거나 노조활동에 적극적이라는 이유로 해당 근로자에게 연장근로 등을 거부하는 것은 해당 근로자에게 경제적 내지 업무상의 불이익을 주는 행위로서 부당노동행위에 해당할 수 있다. 한편, 사용자가 근로자를 해고함에 있어서 표면적으로 내세우는 해고사유와는 달리 실질적으로는 근로자의 정당한 노동조합 활동을 이유로 해고한 것으로 인정되는 경우에 있어서는 그 해고는 부당노동행위라고 보아야 할 것이고, 근로자의 노동조합 업무를 위한 정당한 행위를 실질적인 해고사유로 한 것인지의 여부는 사용자 측이 내세우는 해고사유와 근로자가 한 노동조합 업무를 위한 정당한 행위의 내용, 해고를 한 시기, 사용자와 노동조합과의 관계, 동종의 사례에 있어서 조합원과 비조합원에 대한 제재의 불균형 여부, 종래 관행에의 부합 여부, 사용자의 조합원에 대한 언동이나 태도, 기타 부당노동행위 의사의 존재를 추정할 수 있는 제반 사정 등을 비교 검토하여 판단하여야 하는바,[16)] 이는 근로자에게 연장근로 등을 거부하여 해당 근로자에게 경제적 내지 업무상의 불이익을 주는 행위의 경우에도 마찬가지이다.[17)]

15) 대법 1998.12.23. 선고 97누18035 판결
16) 대법 1994.12.23. 선고 94누3001 판결 ; 대법 2000.4.11. 선고 99두2963 판결 등 참조
17) 대법 2006.9.8. 선고 2006도388 판결

2) 차량배치의 차별

비조합원 또는 노조탈퇴자에 비해 조합원에게 노후차량을 배차하는 등 근무환경을 열악하게 제공하는 경우 부당노동행위에 해당된다.

관련판례

회사는 1999.2.4. 파업 종료 후 승무에 복귀한 노조원들에 대하여는 스텔라, 에스페로 등 노후한 차량을 배차하였으나, 노조를 탈퇴한 사람들에 대하여는 탈되 당일 소나타, 크레도스 등 고급차량을 배차하거나 고급차량이 없을 경우 일단 노후 차량을 배정한 뒤 이후 다시 고급차량을 배차하였는바 (노조원 중 극히 일부를 제외하고는 위 파업 이후 고급차량을 배차받지 못하다가 노조를 탈퇴한 뒤에야 고급차량을 배차받은 사실이 인정된다), 이는 정당한 사유 없이 노조원에 대하여만 불이익을 주는 행위에 해당된다고 판단된다.[18)]

---

18) 대법 2002.10.11. 선고 2002두5535 판결

제3절 부당노동행위 의사와 정당한 사유의 경합

사용자의 부당노동행위 의사가 추정됨과 동시에 사용자가 주장하는 불이익 취급의 사유도 정당한 경우에 부당노동행위가 성립하는지가 문제가 된다. 부당노동행위 제도가 사용자의 정당한 권한 행사나 지휘명령권의 행사까지 제한한다고 볼 수 없으므로, 근로자에게 복무위반 등의 귀책사유가 인정되어 그 불이익 취급이 정당한 경우에는 사용자에게 부당노동행위 의사가 추정되거나 근로자의 노동조합 활동을 혐오한 사정이 엿보인다고 하더라도 부당노동행위로 단정하기는 어렵다.

일반적으로 사용자의 불이익 취급에 대하여 근로자는 노동조합 활동을 이유로 한 부당노동행위라고 주장하는 반면, 사용자는 근무불량 등 근로자의 귀책사유로 인한 정당한 인사권 행사라고 주장한다. 이와 같이 불이익 취급에 대한 노사의 주장이 상이하고 노동조합 활동과 사용자의 노무지휘권 등이 충돌하는 사례가 빈번하여 부당노동행위 해당 여부를 판단하는데 어려움이 생긴다.

1. 불이익취급의 정당한 사유가 있는 경우

(1) 부당노동행위 의사 추정

불이익 취급의 정당한 사유가 인정되면 비록 부당노동행위 의사가 추정되더라도 부당노동행위의 성립이 부정된다.

관련판례

부당노동행위가 성립하기 위하여는 사용자의 반조합적 의도 내지 동기라고 하는 이른바 부당노동행위 의사가 있어야 하고, 한편 근로자에 대한 징계처분에 정당한 이유가 있는 것으로 인정되는 경우에는 비록 사용자가 근로자의 조합활동을 못마땅하게 여긴 흔적이 있다거나 사용자에게 반노동조합의사가 추정된다고 하더라도 당해 불이익처분의 사유가 단순히 표면상의 구실에 불과하다고 할 수는 없어 그와 같은 불이익처분은 부당노동행위에 해당하지 않는다.[19]

19) 대법 2004.6.10. 선고 2004두2882 판결

(2) 불이익처분을 할 당시 처분사유

불이익처분을 할 당시 실제로 그 처분사유가 존재하였고 당시 사정으로 보아 사용자가 당해 불이익처분을 할 만한 정당한 이유가 있다고 판단한 것이 무리가 아니었다고 인정되는 경우에는 그 불이익처분이 형사처벌대상[20]이 되는 부당노동행위에 해당한다고 보기 어렵다.

관련판례

시용자가 근로사에 대하여 해고 등 불이익처분을 하면서 표면상 내세우는 불이익처분 사유와는 달리 실질적으로는 근로자의 정당한 노동조합활동을 이유로 불이익처분을 한 것으로 인정되는 경우에는 구 노동조합및노동관계조정법(2006.12.30 법률 제8158호로 개정되기 전의 것) 제81조제1호가 정한 부당노동행위라고 보아야 할 것이지만, 불이익처분을 할 당시 실제로 그 처분사유가 존재하였고 당시 사정으로 보아 사용자가 당해 불이익처분을 할 만한 정당한 이유가 있다고 판단한 것이 무리가 아니었다고 인정되는 경우에는 그 불이익처분이 같은 법 제90조, 제81조제1호의 형사처벌대상이 되는 부당노동행위에 해당한다고 단정하기는 어렵다. (중략) 원심은 피고인(사용자)이 한 공소외 1에 대한 해고와 공소외 2, 3, 4, 5에 대한 2003.11.1.자의 각 전직 및 공소외 4, 5에 대한 각 해고는 정당한 이유 없이 노동조합활동을 하였다는 것을 이유로 한 것으로 각각 부당 전직, 부당 해고 및 부당노동행위에 해당한다는 공소사실에 대하여 범죄의 증명이 없거나 부족하다는 이유로 무죄를 선고하였는바, 원심이 인정한 바와 같이 피고인이 위 각 전직 및 해고처분을 할 당시 그러한 불이익처분을 할 사유가 존재하였고 당시의 제반 사정에 비추어 피고인이 그러한 불이익처분을 할 만한 정당한 사유가 있다고 판단한 것이 무리가 아니었던 것으로 보인다고 한다면, 그와 같은 행위를 구 근로기준법 및 구 노동조합및 노동관계조정법 위반으로 형사처벌할 수 없다고 한 원심의 판단은 위 법리에 비추어 수긍이 간다.[21]

---

20) 노동조합및노동관계조정법상 부당노동행위 금지규정을 위반한 자는 제90조의 벌칙이 적용되며, 확정된 구제명령 불이행에 대한 처벌규정은 제89조로 별도로 규정되어 있다. 제90조(벌칙) 제81조의 규정에 위반한 자는 2년 이하의 징역 또는 2천만원 이하의 벌금에 처한다 제89조(벌칙) 다음 각 호의 어느 하나에 해당하는 자는 3년 이하의 징역 또는 3천만원 이하의 벌금에 처한다. 2. 제85조제3항에 따라 확정되거나 행정소송을 제기하여 확정된 구제명령에 위반한 자

21) 대법 2008.9.25. 선고 2006도7233 판결

2. 입증책임

부당노동행위의 입증책임은 이를 주장하는 측에 있으므로, 심리한 결과 그 처분을 할 만한 정당한 사유가 있다면 부당노동행위 의사에 기한 것이라고 단정하기 어렵다.

관련판례

사용자의 행위가 노동조합및노동관계조정법에 정한 부당노동행위에 해당하는지 여부는 사용자의 부당노동행위 의사의 존재 여부를 추정할 수 있는 모든 사정을 전체적으로 심리 검토하여 종합적으로 판단하여야 하고, 부당노동행위에 대한 증명책임은 이를 주장하는 근로자 또는 노동조합에게 있으므로, 필요한 심리를 다하였어도 사용자에게 부당노동행위 의사가 존재하였는지 여부가 분명하지 아니하여 그 존재 여부를 확정할 수 없는 경우에는 그로 인한 위험이나 불이익은 그것을 주장한 근로자 또는 노동조합이 부담할 수밖에 없다.[22]

---

22) 대법 2007.11.15. 선고 2005두4120 판결

노동위원회 구제신청 관련 서식

1. 부당해고 등, 부당노동행위 구제신청서

<table>
<tr><td colspan="5">□ 부당해고 등
□ 부당노동행위   구제 신청서</td></tr>
<tr><td rowspan="2">노동조합</td><td>명 칭</td><td></td><td>대표자</td><td></td></tr>
<tr><td>소 재 지</td><td colspan="3">(☎ :)</td></tr>
<tr><td rowspan="2">근로자</td><td>성 명</td><td colspan="3">(주민등록번호 :)</td></tr>
<tr><td>주 소</td><td colspan="3">(☎ :)</td></tr>
<tr><td rowspan="3">사용자</td><td>사업체명</td><td></td><td>대표자</td><td></td></tr>
<tr><td>소 재 지</td><td colspan="3">(☎ :)</td></tr>
<tr><td>해고등 또는 부당노동행위 사업장</td><td colspan="3">– 사업장명 :
– 소 재 지 :
– 대 표 자 : 직위 및 성명
※ 해고등 불이익처분 당시의 사업장과 본사가 다른 경우 기재</td></tr>
<tr><td colspan="2">신청 취지</td><td colspan="3">1.
2.</td></tr>
<tr><td colspan="2">신청 이유
(별지 기재 가능)</td><td colspan="3">1. 해고 등이나 부당노동행위 경위
2. 부당한 이유</td></tr>
<tr><td colspan="5">위 근로자 또는 노동조합은
□ 「근로기준법」 제28조와 노동위원회규칙 제39조
□ 「노동조합 및 노동관계조정법」 제82조와 노동위원회규칙 제39조   에 따라   □ 부당해고 등 □ 부당노동행위
구제를 위와 같이 신청합니다.

년 월 일
신청인 (서명 또는 날인)

○○지방노동위원회위원장 귀하</td></tr>
<tr><td colspan="2">구비서류</td><td colspan="3">1. 해고의 경우 해고통지서
2. 부당노동행위에 대한 사실을 증명할 수 있는 자료</td></tr>
</table>

2. 대표자 선정서

대 표 자 선 정 서

사건번호 및 사건명칭 :

선정대표자

성 명	주민등록번호	주 소
		(☎ :)
		(☎ :)
		(☎ :)

위 사건에 대하여 위 사람들을 대표자로 선정하고 사건 진행에 관한 일체의 권한을 위임합니다.

년 월 일

선정자 : 등 ○명

※ 선정자 명단

연 번	성 명	주민등록번호	주 소	서명 또는 날인
			(☎ :)	
			(☎ :)	
			(☎ :)	
			(☎ :)	

○○노동위원회위원장 귀하

3. 대리인 선임신고서

<table>
<tr><th colspan="3">대 리 인 선 임 신 고 서</th></tr>
<tr><td colspan="2">사건번호 · 사건명</td><td></td></tr>
<tr><td rowspan="3">위임인</td><td>성 명</td><td>(주민등록번호 :)</td></tr>
<tr><td>주 소</td><td>(☎ :)</td></tr>
<tr><td>당사자 지위</td><td>□ 근로자(또는 노동조합) □사용자 (해당란에 ∨표시)</td></tr>
<tr><td rowspan="3">대리인</td><td>상 호</td><td>※ 변호사 · 공인노무사가 아닌 경우 위임인과의 관계 기재</td></tr>
<tr><td>성 명</td><td>(주민등록번호 :)
※ 법인인 경우 법인명 및 법인등록번호 기재</td></tr>
<tr><td>사무소
(주소)</td><td>(☎ :)</td></tr>
<tr><td colspan="2">대리의 범위</td><td></td></tr>
<tr><td colspan="3">위 사건에 관하여 위임인으로부터 대리인으로 선임되었으므로 「노동위원회규칙」 제36조에 따라 위와 같이 신고합니다.
년 월 일
신고인 : (서명 또는 날인)
○○노동위원회위원장 귀하</td></tr>
<tr><td colspan="2">구비서류</td><td>1. 위임상(법인인 경우 심판수행자 지정서 포함)
2. 직무개시등록증(변호사 · 노무사가 아닌 경우 주민등록등본 등 위임인과의 관계를 입증할 수 있는 자료)</td></tr>
</table>

4. 심문회의 연기신청서

<table>
<tr><td colspan="3">심 문 회 의 연 기 신 청 서</td></tr>
<tr><td colspan="2">사 건</td><td></td></tr>
<tr><td rowspan="3">신
청
인</td><td>성 명</td><td>(주민등록번호 :)</td></tr>
<tr><td>주 소</td><td>(☎ :)</td></tr>
<tr><td>당사자
지위</td><td>□근로자(또는 노동조합) □사용자 (해당란에 ∨표시)</td></tr>
<tr><td colspan="2">연기 사유
(해당란에
∨표시)</td><td>□ 근로자가 조합선거 출마자로서 선거일이 심문회의 당일인 경우
□ 사용자의 주주총회일이 심문회의 당일인 경우
□ 당해 구제신청사건과 같은 원인에 의한 소송의 재판기일이 심문회의 당일인 경우
□ 당사자나 대리인이 수행하는 심판사건의 심문회의가 같은 날 다른 노동위원회에서 개최 예정인 경우
□ 당사자 또는 대리인이 해외출장 중인 경우
□ 중대한 신병치료 중으로 거동이 불편하거나 상해, 급성질병 등이 발생한 경우
□ 「형사소송법」 에 따라 체포 · 구속
□ 본인이나 배우자의 직계존 · 비속과 형제자매의 사망으로 장제기간 중인 경우
□ 당사자가 합의하여 심문회의의 연기를 신청한 경우
□ 그 밖의 사유(상세히 기재)</td></tr>
<tr><td colspan="3">「노동위원회규칙」 제53조제1항에 따라 위와 같이 심문회의 연기를 신청합니다.

년 월 일

신청인 (서명 또는 날인)
(대리인) (서명 또인 날인)

ㅇㅇ노동위원회위원장 귀하</td></tr>
<tr><td colspan="2">구비서류</td><td>연기사유에 대한 소명 자료</td></tr>
</table>

5. 증인신청서

<table>
<tr><td colspan="3">증 인 신 청 서</td></tr>
<tr><td colspan="2">사 건</td><td></td></tr>
<tr><td rowspan="3">신
청
인</td><td>성 명</td><td>(주민등록번호 :)</td></tr>
<tr><td>주 소</td><td>(☎ :)</td></tr>
<tr><td>당사자
지위</td><td>□근로자(또는 노동조합) □사용자 (해당란에 ∨표시)</td></tr>
<tr><td rowspan="2">증인
인적
사항</td><td>성 명</td><td>(주민등록번호 :)</td></tr>
<tr><td>주 소</td><td>(☎ :)</td></tr>
<tr><td colspan="2">신 청 사 유</td><td></td></tr>
<tr><td colspan="2">증인심문 사항</td><td></td></tr>
<tr><td colspan="3">「노동위원회규칙」 제56조에 따라 위와 같이 증인을 신청합니다.

년 월 일

신청인 (서명 또는 날인)
(대리인) (서명 또인 날인)

○○노동위원회위원장 귀하</td></tr>
<tr><td colspan="2">구비서류</td><td>없음</td></tr>
</table>

6. 금전보상명령신청서

<table>
<tr><td colspan="6">금 전 보 상 명 령 신 청 서</td></tr>
<tr><td colspan="2">사 건</td><td colspan="4"></td></tr>
<tr><td rowspan="2">신
청
인</td><td>성 명</td><td colspan="2"></td><td>주민등록번호</td><td></td></tr>
<tr><td>주 소</td><td colspan="4">(☎ :)</td></tr>
<tr><td rowspan="7">보
상
금

요
구
금
액</td><td>합 계</td><td colspan="4">금 원 ( )</td></tr>
<tr><td rowspan="2">임금
상당액</td><td>금 액</td><td colspan="3"></td></tr>
<tr><td>산출근거</td><td colspan="3"></td></tr>
<tr><td rowspan="2">비 용</td><td>금 액</td><td colspan="3"></td></tr>
<tr><td>산출근거</td><td colspan="3"></td></tr>
<tr><td rowspan="2">기 타
( )</td><td>금 액</td><td colspan="3"></td></tr>
<tr><td>산출근거</td><td colspan="3"></td></tr>
<tr><td colspan="6">위 사건에 관하여 귀 위원회에서 부당해고로 판정할 경우 복직명령에 갈음하여 위와 같이 금전보상을 명령하여 주시기를 「근로기준법」 제30조제3항 및 「노동위원회규칙」 제64조에 따라 신청합니다.

년 월 일

신청인 (서명 또는 날인)
(대리인) ○ ○ ○ (서명 또는 날인)

○○노동위원회위원장 귀하</td></tr>
<tr><td colspan="2">구비서류</td><td colspan="4">근로계약서, 임금명세서, 그 밖에 비용에 관한 영수증 등 소명자료</td></tr>
</table>

7. 화해신청서

<table>
<tr><th colspan="5">화 해 신 청 서</th></tr>
<tr><td colspan="2">사 건</td><td colspan="3"></td></tr>
<tr><td rowspan="3">신
청
인</td><td>성 명</td><td></td><td>주민등록번호</td><td></td></tr>
<tr><td>주 소</td><td colspan="3">(☎ :)</td></tr>
<tr><td>당사자
지위</td><td colspan="3">□ 근로자(노동조합) □ 사용자 (해당란에 ∨표시)</td></tr>
<tr><td colspan="2">화 해 취 지</td><td colspan="3"></td></tr>
<tr><td colspan="5">「노동위원회법」 제16조의2제1항에 따라 위와 같이 화해를 신청합니다.

년 월 일

신청인 (서명 또는 날인)
(대리인) ○ ○ ○ (서명 또는 날인)

○○노동위원회위원장 귀하</td></tr>
<tr><td colspan="2">구비서류</td><td colspan="3">없 음</td></tr>
</table>

8. 재심신청서

<table>
<tr><td colspan="5">□ 부당해고 등
□ 부당노동행위 구제 재심 신청서</td></tr>
<tr><td rowspan="2">노동조합</td><td>명 칭</td><td></td><td>대표자</td><td></td></tr>
<tr><td>소재지</td><td colspan="3">(☎ :)</td></tr>
<tr><td rowspan="2">근로자</td><td>성 명</td><td colspan="3"></td></tr>
<tr><td>주 소</td><td colspan="3">(☎ :)</td></tr>
<tr><td rowspan="2">사용자</td><td>사업체명</td><td></td><td>대표자</td><td></td></tr>
<tr><td>소 재 지</td><td colspan="3">(☎ :)</td></tr>
<tr><td colspan="2">초심 사건</td><td colspan="3">○○지방노동위원회 2007. 00. 00. 판정 2007부해○○</td></tr>
<tr><td colspan="2">판정서 수령일</td><td colspan="3"></td></tr>
<tr><td colspan="2">재심신청 취지</td><td colspan="3">1.
2.
3.</td></tr>
<tr><td colspan="2">재심 신청 이유
(초심판정의 부당성)</td><td colspan="3"></td></tr>
<tr><td colspan="5">위 근로자 · 노동조합 · 사용자는
□ 「근로기준법」 제31조와 노동위원회규칙 제90조
□ 「노동조합 및 노동관계조정법」 제85조와 노동위원회규칙 제90조
에 따라 □ 부당해고 등 □ 부당노동행위
구제 재심을 위와 같이 신청합니다.

년 월 일
재심신청인 (서명 또는 날인)

중앙노동위원회위원장 귀하</td></tr>
<tr><td colspan="2">구비서류</td><td colspan="3">없음(다만, 대리인이 신청한 경우 대리인 선임 신고서, 위임장, 직무개시등록증)</td></tr>
</table>

9. 위원 제척 · 기피 신청서

<table>
<tr><th colspan="3">위원 제척 · 기피 신청서</th></tr>
<tr><td colspan="2">사건번호 · 사건명</td><td></td></tr>
<tr><td rowspan="3">신
청
인</td><td>성 명</td><td>(주민등록번호 :)</td></tr>
<tr><td>주 소</td><td>(☎ :)</td></tr>
<tr><td>당사자
시위</td><td>□근로자(또는 노동조합) □사용자 (해당란에 ∨표시)</td></tr>
<tr><td rowspan="2">제
척</td><td>대상위원</td><td></td></tr>
<tr><td>사유
(해당란에∨
표시)</td><td>□ 위원 또는 그 배우자나 배우자이었던 자가 당해 사건의 당사자가 되거나 당해 사건의 당사자와 공동권리자 또는 의무자의 관계에 있는 경우
□ 위원이 당해 사건의 당사자와 「민법」 제777조에 따른 친족의 관계에 있거나 있었던 경우
□ 위원이 당해 사건에 관하여 진술이나 감정을 한 경우
□ 위원이 당해 사건에 관하여 당사자의 대리인으로서 관여하거나 관여하였던 경우
□ 위원이 당해 사건의 원인이 된 처분 또는 부작위에 관여한 경우</td></tr>
<tr><td rowspan="2">기
피</td><td>대상위원</td><td></td></tr>
<tr><td>사 유</td><td></td></tr>
<tr><td colspan="3">「노동위원회법」 제21조, 「노동위원회규칙」 제22조에 따라 위와 같이 제척 · 기피를 신청합니다.

년 월 일

신청인 (서명 또는 날인)
(대리인) (서명 또는 날인)
○○노동위원회위원장 귀하</td></tr>
<tr><td colspan="2">구비서류</td><td>제척 · 기피 사유에 대한 증명자료</td></tr>
</table>

저자소개 (조정호)

〈학 력〉

- 성균관대 졸업(경제학사)
- 런던 정경대(LSE) 졸업(인사 및 노사관계학석사)
- 단국대학교 대학원(경영학박사)

〈경 력〉

- 제24회 행정고등고시 합격(1980)
- 국제노동기구 아태지역사무소 임금 · 노사관계 전문가
- 미국 코넬대학교 노사관계대학 객원연구원
- 노동부 근로기준과, 임금복지과 사무관
- 노동부 임금복지과장, 법무담당관
- 서울지방노동청장, 경인지방노동청장
- 노사정위원회 운영국장
- 중앙노동위원회 상임위원겸 사무처장
- 경기대, 단국대, 수원대 외래강사
- 한국기술교육대학교 산학협력교수(현)